绿色生态探究

张严凡　孙　娜　主编

群言出版社
QUNYAN PRESS
·北　京·

图书在版编目（CIP）数据

绿色生态探究 / 张严凡，孙娜主编. -- 北京：群言出版社，2018.7
ISBN 978-7-5193-0458-4

Ⅰ. ①绿… Ⅱ. ①张… ②孙… Ⅲ. ①绿色经济-研究 Ⅳ. ①F062.2

中国版本图书馆 CIP 数据核字(2018)第 086066 号

责任编辑：朱前前
封面设计：王希杰

出版发行：群言出版社
地　　址：北京市东城区东厂胡同北巷 1 号（100006）
网　　址：www.qypublish.com（官网书城）
电子信箱：qunyancbs@126.com
联系电话：010-65267783　65263836
经　　销：全国新华书店

印　　刷：北京虎彩文化传播有限公司
版　　次：2018 年 7 月第 1 版　2018 年 7 月第 1 次印刷
开　　本：889mm×1194mm　1/16
印　　张：22. 25
字　　数：450 千字
书　　号：ISBN　978-7-5193-0458-4
定　　价：68. 00 元

编 委 会

目　录

第一部分　绿色农业

第二部分 田园新说

第三部分　特色小镇

第四部分　文体旅游

第五部分　直言不讳

第六部分　他山之石

第一部分　绿色农业

绿 色 农 业

绿色农业概念的提出源于我国绿色食品产业约二十年长足发展的丰富实践。事实证明，绿色食品的思想理念、管理方式和标准体系是符合我国国情、适合现代农业发展新形势的。绿色农业是指一切有利于环境保护、有利于农产品数量与质量安全、有利于可持续发展的农业发展形态与模式。绿色农业在其循序高级化过程中会逐步采用高新绿色农业技术，形成现代化的产业体系。产业高级化的关键是规模、市场和技术，目标是实现农业可持续发展和推进农业现代化，确保整个国民经济的良性发展，满足新世纪城乡居民的生活需要。绿色农业的发展是成熟的绿色食品产业发展模式向农业的全面推广和示范，是一种“精英平民化”的发展模式。绿色农业涵盖一个“大农业”整体由低级逐步向高级演进的漫长过程，在这个过程中，随着社会和居民消费偏好的逐步升级，农业科学技术与管理手段的进步，绿色等级认证的规范化和标准化在整个农业产业链条的实施，初级绿色农业模式渐进演变为高级绿色农业模式。当前，绿色农业发展的阶段性要求应该是绿色等级认证制度和产业标准化的构建及相应制度环境的构建与完善。

一、出自良好的生态环境

地球为人类活动提供了适宜的气候、新鲜的空气、丰富的水源、肥沃的土壤，使人类能够世代繁衍生息。但是，人口剧增和经济发展使资源遭到了浪费与破坏，环境受到了污染，这种对自然资源和生态环境的伤害，按反馈规律最终都回报给行动主体的人类本身，随之而来的是环境综合征、“文明病”及各种怪病。于是，出于本能和对科学的认识，人们开始越来越关心自身健康，注重食品安全，加强对生态环境的保护，特别是对于没有被污染、没有公害环境的农产品倍加青睐。在这样的背景下，绿色农业及绿色农业产品以其固有的优势被广大消费者认同和接受，成为具有时代特色的产物。

二、受到保护的农业

绿色农业既是改善生态环境、提高人们健康水平的环保产业，同时也是需要支援、加以保护的弱质产业。绿色农业尽管没有立法，但是作为绿色农业的特殊产品——绿色农业产品是在质量标准全程控制下进行生产的。绿色农业产品认证除要求产地环境、生产资料投入品的正确和合理使用外，还对产品内在质量、执行生产技术操作规程等方面都有极其严格的质量要求标准，可以说从土地到餐桌，从产前、产中、产后的生产、加工、管理、储运、包装、销售的全过程都是靠监控来实现的。因此，较之其他农产品，绿色农业及其产品更具有生态性、优质性和安全性，也是我国政府在努力追求的食物发展目标。

三、与传统农业有机结合的模式

传统农业是自给自足型的小农业，其优势是节约能源、节约资源、节约资金、精耕细作、人畜结合、施有机肥、不造成环境污染，但也存在低投入、低产出、低效益、种植单一、抗灾能力弱、劳动生产率低等弊端。绿色农业是传统农业和现代农业的有机结合，以高产、稳产、高效、生态、安全为目标，不仅增加了劳力、农肥、畜力、机械、设备等农用生产资料的投入，还增加了科学技术、智力、信息、人才等软投入，使绿色农业发展更具有鲜明的时代特征。

四、绿色农业是多元结合的综合性大农业

绿色农业融第一、二、三产业为一体，以农、林、牧、渔业为主体，农工商、产加销、贸工农、运建服等产业链为外延，大搞农田基础设施建设，提高了农业抗灾能力与农民运用先进科学技术水平，体现了多种生态工程元件复式组合。

五、贫困地区脱贫致富的有效途径

从 1996 年到 2000 年，联合国工业发展组织中国投资促进处曾多次组织专家到绿色产业项目所在地进行实地考察。多数项目地区水质、土壤、大气环境质量良好，绿色食品原料资源丰富。但由于缺少科学规划、市场信息不灵、科技素质低下，一些贫困地区只能出售绿色食品原料，产品深加工不足，附加值没有得到有效体现，效益不高。实施绿色食品开发之后，贫困地区发挥了受工农业污染程度轻、环境相对洁净的资源优势，原料转化为产品，高科技、高附加值、高市场占有率拉动了贫困地区绿色产业的快速发展，促进了区域经济的振兴。这一点对我国边远山区、经济不发达地区和欠发达地区有很大的借鉴意义。

绿色农业既充分利用人类文明进步特别是科技发展的一切优秀成果，依靠科技进步、物质投入等提高农产品的综合生产能力，又重视农产品的品质和卫生安全，以满足人类对农产品的数量和质量要求，体现了开放兼容的特点。

持续安全即在合理使用工业投入品的前提下，注意利用植物、动物和微生物之间的生物系统中能量的自然流动和循环转移，把能量转化和物质循环过程中的损失降到最低程度，重视资源的可持续利用和保护，并维持良好的生态环境，做到可持续发展。

全面高效即绿色农业发展的社会效益、经济效益和生态效益的高度有机统一。绿色农业既注重合理开发利用资源、保护生态环境，注重保障人类食物安全，也注重发展农业经济，特别关注推动发展中国家农业和农村经济的全面发展。规范标准即绿色农业鲜明地提出农业生产要实行标准化全程控制与管理，而且特别强调绿色农业发展的终端产品——绿色农业产品的标准化，通过绿色农业产品的标准化来提高产品的形象和价格，规范市场秩序，实现“优质优价”，并增强绿色农业产品的国际竞争力。

我国幅员辽阔，不同区域自然条件差异较大，根据区域的温度条件和水分条件组合大致相同，区域气候的成因基本相似，土壤、植被、土地利用等方面有一定共性，对自然环境和资源开发利用方向也基本一致的原则将全国划分为 7 个自然区：东北、华北、华中、华南、内蒙古、西北、青藏。

1. 东北地区是温带冷湿性的森林、森林草原大景观。国家商品粮大基地，土地利用为一年一熟制，克服低温冷害，保护森林和草原是长期应着重注意的课题。

2. 华北地区是暖温带半湿润半干旱夏绿林、森林草原景观。为两年三熟。春旱，水土流失及土壤次生盐渍化，农业环境污染是农业生产中的主要问题。

3. 华中地区是湿热的亚热带、常绿林景观，北部混有落叶阔叶林。华中西部地形复杂，自然界的垂直分带显著，不少地区由于旱季明显，日照偏短、气温略低、水热状况组合的特征同本区东部有不少差异。提高复种指数，改良土壤，发展林业是农业发展的重要措施和基础建设的主要内容 (工程)。

4. 华南地区包括具有热带性的地区，即把南亚热带划入华南地区。从气候土壤、植被以及土地利用、农业生产条件看，南亚热带与热带有较大的相似性，而以南岭山地及其以北的地区差异较大。尽管有冬季强冷空气南下时受到影响，但仍不失为我国发展热带作物的地区。南亚热带的北界基本上是我国热带作物的北限。将南岭南麓以南地区划在一起，使华南地区成为一个比较完整的自然地区。在大农业生产中，属于国家安全物质的天然胶林生产尤为重要。

5. 内蒙古地区是温带干草原景观。东部农业比重较西部大，发展畜牧业优于西部。东、西二部均存在以改良草原为主要课题的科研工作，西部荒漠草原改良工作量较大。

6. 西北地区为暖温带干旱荒漠景观。山麓地带绿洲是农业生产重点区域。植被修复，“草、灌、乔”结合，集雨节水工程是本区域农业发展的最重要措施。

7. 青藏高原以独特的高寒景观出现在我国西南部，深入揭示青藏高原自然条件、自然资源条件、自然资源潜力，进行农产品、畜产品数量和质量评价，提出合理利用开发的途径，还有待长期做基础工作。现今，地质学者们对青藏高原北界划界存有不同看法。所以，绿色农业示范区，只布局在西宁周边的河流谷地，在青藏高原三江源头这样一个特殊的区域，农业环境保护重于资源开发利用。

中国绿色农业发展的几点建议：一是在一个模式中采取多物种与主物种相结合的方

式，形成物种的合理竞争，充分利用单位空间的各种能源；二是在空间分配上做到物种的搭配形式、密度、空间的适度应用，并进而提高时间的利用长度；三是在生产结构上按照能量转化和物质循环规律进行，通过延长或完善食物链，增加营养级，以提高模式的能量转化和物质循环的效率。如果能做到由一熟变两熟，变农闲为农忙，庭院种植、养殖和加工的一体化则可有利解决农村剩余闲散劳动力的转移问题；四是技术方面发挥各种技术措施的科学组合，形成机械技术和食物技术相结合、有机农业技术和无机农业技术结合的农业系统，实现长远的生态效益与经济效益的有机统一：形成宜林则林，宜牧则牧，宜水则水，宜观光旅游则发展旅游的高效农业群。

无公害农业

无公害农产品是指使用安全的投入品，按照规定的技术规范生产，产地环境、产品质量符合国家强制性标准并使用特有标志的安全农产品。

产地符合一定条件、生产符合一定规范、产品符合一定标准，认证符合一定程序的，取得合法环境品质优良特征标志的农产品叫无公害农产品。无公害农产品既要有优质农产品的营养品质，又要有健康安全的环境品质。国内无公害种植水平很高的“不老泉”，国内没有销售，主要是出口及供应政府。这种特殊性也就是无公害农产品的商品特殊性。无公害农产品是一种具有独特标志的专利性产品，严格有别于其他农产品，而这种独特标志包含了其生产技术的独特性、管理办法的独特性。基于此，开发无公害农产品是有别于一般性农业生产，它必须有一套完善的运作机制，并能很好地适应现代市场经济的发展环境。

无公害农业是随着无公害农产品生产活动的开展而形成和逐渐明确与完善的，它指的是一种没有“公害”的农业生产方式，即农事活动及其产品不对公众的生命、健康、财产安全和生活环境的舒适性以及社会和生活造成危害的一种农业生产方式，该方式通过充分利用自然资源，合理使用生产资料，限制外源污染物进入农业生产系统，确保环境清洁，同时防止生产和加工方式对环境和产品造成危害或损害，从而保障农产品质量和安全特性以及生产方式符合相关要求和标准。无公害农业是生态效益、社会效益和经济效益相统一的产业，其生产依赖于高新技术，也离不开传统农业技术，还需要较多的劳动力，其产品开发以市场信誉为首要条件，需要科学管理及法律监督做保障，它具有安全性、系统性、生态性、重点性、可操作性和可追溯性等特征。

无公害农产品开发是一项系统工程，在巩固和发展这一门专业技术中必须遵循以下基本原则。

无公害农产品开发是从生产到市场的全过程控制与管理，涉及无公害农产品的每个环节都应纳入控制与管理之中，要建章立制，有章可循，做到生产有规程，产品有标志，认证有程序，市场有监理，过程有记录，确保无公害农产品的质量控制在严格管理之中，使无公害农产品的质量要求和良好的产品信誉有可靠的保证。

无公害农产品的环境品质独特性是其生产技术的独特性所决定的，只有严谨规范的生产技术，才有符合特定标准的无公害农产品。无公害农产品是丰富多样的，具体到每种产品都应有与之相对应的产地、产品环境标准和生产全过程的操作规程。对无公害农产品生产影响甚大的外部环境如产地有无工业三废污染源，生产内部环境如土壤重金属值过高，农药、化肥、除草剂等农资的环境负效在产品中的富积与残留，都必须按标准和规程要求予以科学严谨的把握，不能混同于一般的产品生产要求。

农产品丰富多样，无公害农产品开发领域非常广泛，但并不是什么农产品都要开发成无公害农产品，也不是什么农产品都同时开发成无公害农产品，这要按市场规律循序渐进，不能一概而论。市场消费能力、消费观念、消费特点都有阶段性，有不同档次和层次的要求，现阶段消费市场对无公害农产品正处于培育扩大过程，在生产中必须相适应地发展。由于技术进步的渐进性，有些农产品生产的无公害技术还受到现实技术水平限制，难以达到无公害的质量标准，因此决定了无公害农产品的渐进性。

一、农产品生产基地环境控制技术

无公害农产品开发是农业生态环境保护工作适应市场经济发展需要而产生的，是将农业环保工作的社会效益、生态效益转化为现实经济效益的一种形式和途径。无公害农产品开发也是将生产建设与环境保护与一体的生态农业发展到一定阶段的产物，无公害农产品以生态农业为技术保障，生态农业以无公害农产品为市场载体，从而形成以产品开发带动生态农业，以生态农业建设促产品开发的良性发展机制。因此，无公害农产品开发基地应建立在生态农业建设区域之中，在生态农业建设中提高无公害技术份额。具体地说，其基地在土壤、大气、水质方面必须符合无公害农产品产地环境标准，其中土壤主要是重金属指标，大气主要是硫化物、氮化物和氟化物等指标，水质主要是重金属、硝态氮、含盐量、氯化物等指标。无公害农产品产地环境评价是选择无公害农产品基地的标尺，只有通过其环境评价，才具有生产无公害农产品的条件和资格。

二、农产品生产过程控制技术

无公害农产品的农业生产过程控制主要是农用化学物质使用限量的控制及替代过

程。重点生产环节是病虫害防治和肥料施用。病虫害防治要以不用或少用化学农药为原则，强调以预防为主，以生物防治为主。肥料施用强调以有机肥为主，以底肥为主，按土壤养分库动态平衡需求调节肥量和用肥品种。在生产过程中制定相应的无公害生产操作规范，建立相应的文档、备案待查。

三、农产品质量控制技术

无公农产品最终体现为产品的无公害化。其产品可以是初级产品，也可能是加工产品，其收获、加工、包装、贮藏、运输等后续过程均应制定相应的技术规范和执行标准。产品是否无公害要通过检测来确定。无公害农产品首先在营养品质上应是优良，营养品质检测、环境品质、卫生品质可以依据相应如谱尼测试等检测机构的检测结果来体现。

立体农业

立体农业是指利用生物间的相互关系，兴利避害，为了充分利用空间把不同生物种群组合起来，多物种共存、多层次配置、多级物质能量循环利用的立体种植、立体养殖或立体种养的农业经营模式。

一、综述

立体农业，又称层状农业，就是利用光、热、水、肥、气等资源，同时利用各种农作物在生育过程中的时间差和空间差，在地面地下、水面水下、空中以及前方后方同时或交互进行生产，通过合理组装，粗细配套，组成多种类型的多功能、多层次、多途径的高产优质生产系统，来获得最大经济效益。如在葡萄地里种草莓、草莓收后种菜等。

二、类型

立体农业最早产生于农作物的间作套种。在中国已有 2000 多年的历史。长期生产实践中形成的基塘农业，利用江河低洼地挖塘培基，水塘养鱼，基面栽桑、植蔗、种植瓜果蔬菜或饲草，形成“桑基鱼塘”“蔗基鱼塘”或“果基鱼塘”等种植和养殖结合的生态农业系统，是一种比较理想的立体农业。

狭义立体农业指地势起伏的高海拔山地、高原地区，农、林、牧业等随自然条件的垂直地带分异，按一定规律由低到高呈现多层性、多级利用的垂直变化和立体生产布局特点的一种农业。

仅立体种植而言，是农作物复合群体在时空上的充分利用。根据不同作物的不同特性，如高秆与矮秆、富光与耐荫、早熟与晚熟、深根与浅根、豆科与禾本科，利用它们在生长过程中的时空差，合理地实行科学的间种、套种、混种、复种、轮种等配套种植，形成多种作物、多层次、多时序的立体交叉种植结构。

狭义立体农业是指在单位面积土地上 (水域中) 或在一定区域范围内，进行立体种植、立体养殖或立体复合种养，并巧妙地借助模式内人工的投入，提高能量的循环效率、物质转化率及第二性物质的生产量，建立多物种共栖、多层次配置、多时序交错、多级质、能转化的立体农业模式。

广义的立体农业是指根据各种动物、植物、微生物的特性及其对外界生长环境要求各异的特点，在同一单位面积的土地或水域等空间，最大限度地实行种植、栽培、养殖等多层次、多级利用的一种综合农业生产方式。如水田、旱地、水体、基塘、菜园、花园、庭院的立体种养等；林地的株间、行间混交和带状、块状混交等；水体的混养、层养、套养、兼养等均属之。

着眼于整个大农业系统，它包括农业的广度，即生物功能维；农业的深度，即资源开发功能维；农业的高度，即经济增值维。它不是通常直观的立体农业，而是一个经济学概念，与当前“循环经济”的概念相似。

三、概念简析

对立体农业进行理论尝试，都是对传统平面农业单作的扬弃。第一种概念的边界只限于立体多层种植，是农作物轮作、间作、套作在现代农业技术下的延伸和发展，由于概念边界过窄，局限于种植业内部的山、水、田、滩、路的多维利用，忽略了兴起中的林牧 (渔)、农牧 (渔) 复合种、养，以及庭院种、养加工，容易使立体农业同间作、套作混淆起来；第二种概念能够反映出当代中国立体农业的本质特征，它既有区域内垂直梯度的立体种养循环布局，又有单位面积 (水体) 立面空间的种养 (加工) 合理配置；第三种概念边界过宽，包括农、工、商综合发展，边界的无限延长无疑否定了立体农业本身的特点，造成与生态农业、农业综合开发、农业现代化之间的概念重叠和模糊，失去了立体农业的存在价值。

总之，开发立体农业、发挥其独特作用，可以充分挖掘土地、光能、水源、热量等自然资源的潜力，提高人工辅助能的利用率和利用效率，缓解人地矛盾，缓解粮食与经济作物、蔬菜、果树、饲料等相互争地的矛盾，提高资源利用率，可以充分利用空间和时间，通过间作、套作、混作等立体种养、混养等立体模式，较大幅度地提高单位面积的物质产量，从而缓解食物供需矛盾；同时，提高化肥、农药等人工辅助能的利用率，缓解残留化肥、农药等对土壤环境、水环境的压力，坚持环境与发展“双赢”，建立经济与环境融合观。

传统耕作方法中的灌溉现在已经用去淡水的70%。这些水用在农作物上后，又经过过多的农作物沉积入地球水层中去，使得泥沙、农药、除草剂、化肥把淡水都给污染了，不能被再次使用。发达国家必须在世界性饥荒发生之前找到新的解决方法，不能因为一杯纯净的水，导致一盘优良的大米和大豆战斗这样的事情发生。

立体农业就像是一种生态功能的系统，废弃物可以被重新利用，那些用于营养液和气栽法技术中的水也经过除湿后被使用，这样的重复形成一种良性的生态环境。建立立体农业的技术现在已被用于环控农业设施，但还没有与在城市的高层建筑里生产食物建立密切的关系。

创意农业

一、简说

创意农业学以美学经济理论、总部经济理论、战略资本理论、附加值文化理论、消费教育理论为理论基础，以附加值文化为理论核心，瞄准世界农业高新技术发展前沿，着力构建创意农业理论创新体系，为形成城乡经济社会发展一体化新格局提供有力支撑，推进社会主义新农村建设。附加值文化理论的出发点和着眼点是充分调动广大农民的积极性、主动性、创造性，大力培育农产品附加值文化，改善农村生活方式，改善农村生态环境，统筹城乡产业发展，不断发展农村社会生产力，达到农业增产、农民增收、农村繁荣，推动农村经济社会全面发展的目标。

说到要发展创意农业，就不得不提创意农业产生的背景，即为什么要搞创意农业、要建立科技农业园区以及高新技术农业示范区。这是因为农业在我国的发展存在以下问题。

二、存在的问题

（一）发展不平衡

1. 人口分布不均衡

①农村人口比例高，城市人口比例低（给出比例）；②地区不同，城乡人口比例差

别大，一般发达地区乡村人口占当地总人数比例低，落后地区比例高（没法形成大区域内的经济良性循环，导致更大的贫富差距）。

2. 经济发展不平衡

①农村人均收入和城市均收入差距悬殊；②不同地区的农村收入差距也较为悬殊。

（二）粗放型农业

与发达国家和地区的农业比较，我国农业仍是一种以粗放型为主的农业增长模式。就是说农业科技对农业生产贡献率低，目前我国的贡献率约为35%，而发达国家为60%~80%；另外一个是农业劳动生产率低，这是由我国的农业科技贡献率低、机械化程度低以及水的利用率低导致的。

（三）经营规模较小

发达国家的家庭农场规模都较大，少则几公顷，多则几百公顷。而我国农民仍以单家独户的小规模分散经营为主，难以推广机械化作业，农机拥有量少，农业现代化水平较低，导致农业经济效益低下。

（四）农村文化水平较低，基础设施差

创意农业的特色及其优势在于能够构筑多层次的全景产业链，通过创意把文化艺术活动、农业技术、农副产品和农耕活动，以及市场需求有机结合起来，形成彼此良性发展的产业价值体系，为农业和农村的发展开辟全新的空间，并实现产业价值的最大化。

三、概念

（一）激活乡村经济的投、融资

我国长期存在农村反哺城市的资金反响流动状况，这加剧了城乡二元结构，抑制内需消费，是当前我国经济及社会亟待调整的问题。

创意农业为乡村的投融资带来契机，同时也要求对乡村投融资的全面激活。加大金融对创意农业的支持力度，是创意农业发展不可或缺的重要条件。

通过政府引导、政策支持、市场激励的方式，加快创意农业发展的资本市场建立。鼓励农村信用社、小额农业贷款机构、农业合作银行等乡村农业金融机构的切实措施，真正从投融资体系上支持创意农业的发展。

（二）嵌入专业知识与创意理念

创意农业同其他创意产业一样，是知识密集型和文化创意型的集合成果。所以，发展创意农业同样需要紧扣时代的相关知识与创意理念。无论从产业规划、品牌策划、生态设计，还是文化的嵌入、功能的创新，都需要有“创意知识”的融入。

在具体行动上，通过相关专业的介入，带来时代前沿创意艺术及科技知识，培育乡土“创意社会”的环境氛围，激发民众的创意思维。这样才能使创意农业的发展有着厚实的土壤环境。

（三）构建组织化的运作机制

虽然创意农业不排斥“家庭小单位”的经营模式，如农家乐及小型庄园经济，但其更渴望规模化与组织化的运营方式。

从创意农业开发的产业链来看，过于分散的经营方式，将会造成投入产出比的偏离，缺少规模化的企业等市场力量的跟进，将很难投放市场、树立高端品牌，从而将大大限制其资本运作的潜力。此外创意产品的研发、生态田园的设计、创意产业的经营，都需要统一研发、统一规划、统一管理。

四、特点

创意农业的特点：重视教育,积极提高国民农业创意性；拥有高科技生产工具，并利用高新技术建立电子信息网络。

农产品的创意，是创意农业的第一层次。其打造目标是，让农产品由实用功能型消费向文化审美型消费转变，实现农产品的多种功能。其重点包括农产品的形态加工与农作物的科技改造。

产品的形态加工，是最为常见的创意农业打造手法。对原生自然农产品，通过传统民俗技艺或现代科技艺术改变农产品的外观，为农产品打造独特外观个性，赋予农产品全新的艺术和文化价值，而从达到吸引消费市场，提升农产品价值的目标。如根据顾客需求用激光技术在玫瑰上雕刻个性化文字，价格就会翻几十倍；利用现代技术培育的迷你型、巨大型的农产品，往往能引起轰动效应，凸显市场营销价值。

农作物的科技改造，表现在科技新颖与生态健康两个层面。通过农业科技的手法，改变农作物的生态、生物学特征，一方面使农作物的花、果、枝、叶形态产生变化，另一方面让作物的生长节令改变，这样可以形成四季性、反季节的新型农作物，能极大地吸引大众猎奇的心理。而生态健康则是对农作物创意的核心要求，是对接时下社会趋势，发展创意农产业，保障创意农业可持续发展的切实措施。

五、创意

（一）创意景观

景观的创意是创意农业的第二层次，在于营造创意化的自然与人文环境，重点针对农业田园与民居庭院。

农业田园的创意，突出乡村田地的大地艺术化，以营造富有造型的、具有强震撼性的乡野景观为重点。民居庭院的创意，通过挖掘乡土自然材料，以现代生态设计手法，表现民居庭院的原生态性。

（二）创意民俗

民俗的创意，是创意与农业深入融合的结果，也是创意农业可持续发展的保障。创意民俗的重点，在于以现代创意的理念，融入到对传统民俗的继承之中，赋予民俗新的活力与生命力，达到改进化、创新化地传承民俗的目标。

原生民俗丰富多样，但很多虽具有特色，却无法对现代都市民众产生吸引力，只有对接时代发展，秉持“创造未来的遗产”理念，以既“严肃地传承”又“合理地创新”态度，把时代文化与流行元素，融入到民俗文化之中，创造新的民俗文化，让民俗伴随时代的变迁，活化发展。

（三）创意生活

创意乡村生活是创意农业的最高境界。其不是从乡村农业的点点滴滴着手,而是综合了农产品、农业创意与民俗的创意，通过凝练乡村生活的主题理念，发展乡村创意产业，实现对传统乡村文化的改进与产业结构的调整，实现对乡村的创意改进与创新建设,最终达到现代新村建设与可持续发展的目标。

首先，缺乏创意农业的战略规划和总体设计。大多数创意农业均为自发形成，个体经营居多，布局凌乱，各自为战；政府也没有专门的政策支持，基础设施和公共服务缺乏，形不成规模效益和优势品牌。其次，创意农业知识含量低，产业链条短，品牌意识薄弱。创意农业主要被理解为郊区观光、旅游农业。不少创意农业简单模仿，同质化严重，生产粗放、产品粗糙，品牌缺乏文化内涵和产品创新动力。最后，缺乏创意农业专业人才，特别是具有创意理念的高素质农民和产品品牌运作高层次人才。

都市农业

一、概念

都市农业是指地处都市及其延伸地带，紧密依托并服务于都市的农业。它是大都市中、都市郊区和大都市经济圈以内，以适应现代化都市生存与发展需要而形成的现代农业。都市农业是以生态绿色农业、观光休闲农业、市场创汇农业、高科技现代农业为标志，以农业高科技武装的园艺化、设施化、工厂化生产为主要手段，以大都市市场需求为导向，融生产性、生活性和生态性于一体，高质高效和可持续发展相结合的现代农业。

“都市农业”的概念，是20世纪五六十年代由美国的一些经济学家首先提出来的。它是指在都市化地区，利用田园景观、自然生态及环境资源，结合农林牧渔生产、农业经营活动、农村文化及农家生活，为人们休闲旅游、体验农业、了解农村提供场所。换言之，都市农业是将农业的生产、生活、生态等“三生”功能结合于一体的产业。

都市农业是指地处都市及其延伸地带，紧密依托城市的科技、人才、资金、市场优势，进行集约化农业生产，为国内外市场提供名、特、优、新农副产品和为城市居民提供良好的生态环境，并具有休闲娱乐、旅游观光、教育和创新功能的现代农业。

都市农业的研究类型主要包括农业公园、观光农园、市民农园、休闲农场、教育农园、高科技农业园区、森林公园、民俗观光园、民宿农庄等。

（一）它所包括的范围是指都市城市化地区与周边间隙地带的农业，不同于一般城郊型农业；

（二）都市农业的生产、流通和消费，农业的空间布局和结构安排，农业与其他产业的关系等，必须首先服从城市的需要并为此服务。这种由城市需要决定农业的发展，体现了大都市对农业的依赖性，并进而实现相互依存、相互补充、相互促进的一体化关系；

（三）都市农业不仅是经济功能的开发，而且要进行生态、社会等功能的开发，进而实现全功能性的大农业；

（四）农业生产经营明显的表现为高度集约化的经营方式，实现生产、加工、销售一体化经营，进而达到高度的农业发展形态和为都市服务的特殊功能。

1. 生产功能，也称经济功能。通过发展都市地区生态农业、高科技农业和可持续发展农业，为都市居民提供新鲜、卫生、安全的农产品，以满足城市居民食物消费需求。

2. 生态功能，也称保护功能。农业作为绿色植物产业，是城市生态系统的组织部分，它对保育自然生态，涵养水源，调节微气候，改善人们的生存环境起重要作用。

3. 生活功能，也称社会功能。农业作为城市文化与社会生活的组成部分，通过农业活动提供市民与农民之间的社会交往，精神文化生活的需要，如观光休闲农业和农耕文化与民俗文化旅游。

4. 示范与教育功能。都市郊区农业具有“窗口农业”的作用，由于现代化程度高，对其他地区起到样板、示范作用。作为城郊高科技农业园和农业教育园，可为城市居民进行农业知识教育。

5. 直接接受大都市的辐射，充分利用大都市完善的城市基础设施条件来发展现代农业，如四通八达的交通和通信网络，以及水、电、煤气等公共设施，这些都是农业现代化的重要条件；

6. 直接吸纳大都市工业对农业的投入。由于城乡之间的渗透和融合，增加了城市工业在现代技术和物质装备等方面对农业投入的驱动力，可以迅速提高农业的集约化程度和现代化水平；

7. 直接利用大都市的市场优势，进入和占领国内外市场，可以利用大都市的信息优势和辐射功能，开拓国内外市场，有利于提高农业的专业化和商品化水平；

8. 直接受大都市产业结构的布局调整，采取与大都市相适应的农业产业结构和经营管理方式，农村二、三产业发展快，农业内部经营也普遍引入和采用现代经营管理方式；

9. 直接接受大都市的市场配置资源的基础作用，建立与大都市市场相适应的现代化、集约化、设施化的农业生产体系，机械化、自动化程度高，土地产出率、资源利用率和劳动生产率高。

10. 直接利用大都市的先进科技手段和科技人员指导，有利于发展高科技农业和生态高效农业，实施农业的专业化、规模化、基地化生产。

二、类型划分

（一）农业公园

这种类型的特点是把公园与农业生产场所、消费场所和休闲场所结合起来进行建设，利用农业生产基地来吸引市民游览，主要是供观赏和旅游，面积比较大。一般选择依山傍水，有林草的地方，以地形和农产品种类而形成自己的风格特色。农业公园分专业性农业公园和综合性农业公园。

（二）观光农园

这种类型的特点是，开放农业园地，让市民观赏、采摘或购置。有的主要是供观赏农村景观或生产过程，有的可以购买新鲜产品（如花卉），有的还可以参加采摘果实。有的农户开放自家的花卉种植温室，有的观光农园集中区建立了展览室，让游人在观赏之余还能增长知识。

（三）市民农园

这种类型的特点是，让没有土地所有权的市民承租农地，直接参与农业植栽，亲身体验农业劳动过程。市民农园一般设在市区较近、交通、停车都便利的地方。农园经营者把整个园地划分若干块，分别租给不同的市民，供他们进行耕作体验，有的可以解决一些吃菜或就业问题。

（四）休闲农场

这是一种综合性休闲农业区，以吸引旅客住宿为特点。农场以生产果、菜、茶等农作物为主，经过规划设计，充分利用农场原有的多种自然景观资源，如溪流、山坡、水塘，以及植物、动物、昆虫，引进一些游乐项目，开发为休闲农场（或度假农庄），把市民的观赏景观、采摘果实、体验耕作、住宿餐饮和娱乐等多种活动结合在一起，适应他们度假游乐的需要。如日本的“民宿农场”、澳大利亚的“度假休闲农场”。

（五）教育农园

这是兼顾农业生产与科普教育功能的农业经营形态，即利用农园中所栽植的作物、饲养的动物以及配备的设施，如特色植物、热带植物、农耕设施栽培、传统农具展示等，进行农业科技示范、生态农业示范，传授游客农业知识。代表性的有法国的教育农场、日本的学童农园、台湾的自然生态教室、北京的少儿农庄。

（六）高科技农业园区

这是采用新技术生产手段和管理方式，形成集生产加工、营销、科研、推广等功能于一体，高投入、高产出、高效益的农业种植区或养殖区。这些园区有的可以对外开放，接受游人的观赏，有的属于封闭型，不接待游客。

（七）森林公园

这是一个以林木为主，具有多变的地形，开阔的林地，优美的林地和山谷、奇石、溪流等多景观的大农业复合生态群体。以森林风光与其他自然景观为主体，在适当位置建设狩猎场、游泳池、垂钓区、露营地、野炊区等，是人们回归自然、休闲、度假、旅游、野营、避暑、科学考察和进行森林浴的理想场所。

（八）民俗观光园

选择具有地方或民族特色的村庄，稍加整修提供可过夜的农舍或乡村旅店之类的游憩场所，让游客充分享受农村浓郁的乡土风情和浓重的泥土气息，以及别居一格的民间文化和地方习俗。

（九）民宿农庄

民宿农庄主要是为已退休或将退休的城里人租住农村房屋，迁居农家。这些人中有教授、导演、设计师、工程师等，他们在城里均有较好的楼房，但非常向往农村的风光，游览田园景观，希望在林间散步，呼吸着农村新鲜空气，过着宁静淡泊、无噪音、无污染的世外桃园式生活。

三、按区域划分

（一）中心区农业

本类型位于城市中心地区人口和建筑密度高，土地利用的混合程度和集约程度最高，通常以公务和商业零售活动为主。这里的农业主要分布于屋缘（屋顶、阳台、宅院）、闲置地、院区和园区，具有较高价值和需要较多投资的农业。其中很多采用小型温室农业系统的形式。这类农业最容易被城市改造所吞噬。

（二）走廊区农业

本类型是位于高速公路或铁路两侧的交通地带的农业，属于高集约发展地区。这类农业处在交通设施发达、与市场联系便捷、居民密度较高的有利环境中；走廊地区的农业结构，可以经营观赏性园艺、温室蔬菜和花卉、放牧、家禽、微型动物，以农家产品集贸市场和批发市场为主。这类农业容易被城市和交通设施的建设所取代。

（三）隔离区农业

本类型农业地处交通走廊之间，呈楔式地分布，是都市农业土地、就业、产出集中地区之一。在城市化迅速成长的时期，这里往往是城市住宅、工业、绿化等建设发展的主要区域，土地利用类型有可能从农业用地大量转为建设用地，所以要注意保护农业。

（四）外缘区农业

本类型是相对稳定的农业区，也是都市农业土地、就业、产出集中地区之一。外缘农业区的大小，很大程度上取决于交通运输效率和自然条件特征。外缘区农业的特点是以大量中小型农场的形式，按照都市区市场的需要，要以生产鲜活农产品为主；这一带的农业家庭比一般农区有更多的非农业就业机会和收入。

四、经济功能

此模式适用于地广人稀、工业发达、劳动力不足的国家。走的是从农业机械化起步、以提高劳动生产率和商品率为目标的农业现代化的发展道路。

注重联合的农业经营体系，以企业为主体，与农场进行多种形式的联合，形成一个产供销有机结合的农业经济体系，有利于农业规模经营发展，并且与农业技术体系的发展相适应，采用新技术措施，生产高附加值的优质农产品。注重发展休闲、观光旅游，同时，也可带来可观的经济效益。

五、生态社会功能

价值观念在农业上的体现并不是一味地追求经济效益，充满绿色和阳光的田园、农村成为主要度假地，把美食作为生活的重要内容。这种都市农业把体验、休闲农业以及环境看作都市农业发展的关键，大力推动农村休闲度假事业，既满足了精神需求，又增加了农民收入。

精确农业

“精确农业”（Precision Agriculture），指的是利用全球定位系统（GPS）、地理信息系统（GIS）、连续数据采集传感器（CDS）、遥感（RS）、变率处理设备（VRT）和决策支持系统（DSS）等现代高新技术，获取农田小区作物产量和影响作物生长的环境因素（如土壤结构、地形、植物营养、含水量、病虫草害等）实际存在的空间及时间差异性信息，分析造成小区产量存在差异的原因，并采取技术上可行、经济上有效的调控措施，区域对待，按需实施定位调控的“处方农业”。

精确农业技术在现代农业生产中的应用十分广泛。比如，根据土壤的需要使肥力的状况得到改善，根据病虫害的情况来调节农药喷洒量，不再耕种那些已经板结的土地，自动调节拖拉机的耕种深度等。

在产量预测、预报方面，精确农业对投入和产出能按不同地块、不同时间进行详细记录，对预测产量和耕作决策者有着极其重要的意义。在提高水资源利用率方面，精确农业技术也具有极大的作用。

精确农业的生产过程包含 3 个实施阶段：确定田间管理事件、制定对策和实施对策。

由于精确农业优点多，其发展前景十分广阔，已在美国、英国、德国、荷兰、意大利等西方发达国家蓬勃兴起。

名为“精确农业”的高科技农业示范工程，即将卫星、遥感、计算机和自动控制等高新技术应用于农业生产，以提高产量，降低能耗。这项国际先进的农田耕作技术成熟后将向全国推广，以解决我国地少人多的农业发展瓶颈，减少污染和浪费，走农业持续发展的道路。

精确农业是在美国、加拿大和欧盟一些国家发展起来的高新技术与农业生产相结合的新型农业模式。它的特点是“精确”，它利用卫星全球定位系统、遥测遥感技术和计算机，做到精确作业、精确施肥和精确估产。

波特是美国明尼苏达州的农民，他驾驶拖拉机在田里工作，他的拖拉机上装了一部 586 电脑，从屏幕上可看到面积达 700 公顷的玉米和大豆田的地图，计算机还会告诉他哪个地方需要施肥，施多少肥。如果再装一个卫星信号接收器，就可以收到全球卫星定位系统发出的遥感遥测信息，根据这些信息可进行精确的土壤调查、合理施肥、作物估产、农业环境监测和土地合理利用等。

土壤调查和合理施肥可减少用肥量，减少浪费、投入，从而提高经济效益。土壤调查首先要采集土壤样品，如在播种之前，农民驾驶适合地形的车辆在土地上行驶一遍，采集土壤样品数据，并输入计算机；同时全球定位系统精确记录下样品采集地的位置，绘出土壤成分分布图。另外，存入计算机的施肥软件就能根据不同土壤、不同肥料类型和不同作物的施肥标准，推荐最佳方案，做到合理施肥。

作物估产不但能较准确地监测产量，还能绘出产量分布图。当农民驾驶联合收割机收割玉米时，玉米棒就碰动收割机上计数器的开关，从而计算出收割的玉米棒子数；与此同时，卫星全球定位系统记录收割这些玉米棒时收割机所处的地理位置，这样就可画出产量分布图和计算出每块土地的产量，根据产量分布图也可判断出何处缺肥，需要施多少肥。

精确农业能针对各条块农田的土壤结构、肥力状况和作物生长情况等因素进行精确测量和计算，提出种子、化肥、生长剂、除草剂、杀虫剂等的合理用量。美国农业生产部依阿华州艾姆斯土壤耕作实验室制订了一项“卫星指导农业生产联合计划”，在种植大豆、玉米、燕麦和苜蓿的450公顷的农田上进行试验，每隔13米收集一组农田各种数据信息，输入计算机，并同时在拖拉机上安装了无线电信号接收系统，接收卫星信号，并确定自身位置。拖拉机即可根据联合计划，进行各种农业生产活动。

节水农业

节水农业是提高用水有效性的农业，是水、土、作物资源综合开发利用的系统工程。

农田是用水大户，用水量大约占全国用水总量的63%，但是，其中真正被农作物用到的还不到30%。大量的水在灌溉过程中蒸发了。因此，应当改进灌溉方式，发展节水农业。

一、综说

节水农业是提高用水有效性的农业，是水、土、作物资源综合开发利用的系统工程。衡量节水农业的标准是作物的产量及其品质、用水的利用率及其生产率。节水农业包括节水灌溉农业和旱地农业。节水灌溉农业是指合理开发利用水资源，用工程技术、农业技术及管理技术来提高农业用水效益。旱地农业是指在降水偏少而灌溉条件有限条件下而从事的农业生产。节水农业是随着节水观念的加强和具体实践而逐渐形成的。它包括四个方面的内容：一是农艺节水，即农学范畴的节水，如调整农业结构、作物结构，改进作物布局，改善耕作制度（调整熟制、发展间套作等），改进耕作技术（整地、覆盖等）；二是生理节水，即植物生理范畴的节水，如培育耐旱抗逆的作物品种等；三是管理节水，即农业管理范畴的节水，包括管理措施、管理体制与机构，水价与水费政策，配水的控制与调节，节水措施的推广应用等；四是工程节水，即灌溉工程范畴的节水，包括灌溉工程的节水措施和节水灌溉技术，如精准灌溉、微喷灌、滴灌、涌泉根灌等。

滴灌带是利用塑料管（滴灌管）道将水通过直径约10 mm毛管上的孔口或滴头，把水一滴一滴地均匀而缓慢地滴在作物根部附近的土壤中。

滴灌带是目前干旱缺水地区最有效的一种节水灌溉方式，其水的利用率可达95%。滴灌较喷灌具有更高的节水增产效果，同时可以结合施肥，提高肥效一倍以上。可适用于果树、蔬菜、经济作物以及温室大棚灌溉，在干旱缺水的地方也可用于大田作物灌溉。其不足之处是滴头易结垢和堵塞，因此应对水源进行严格的过滤处理。国产设备已基本过关，有条件的地区应积极发展滴灌。

二、有机组成

1.节约了土地。以往传统的灌溉方法是水通过干渠、支渠、斗渠、毛渠四级渠道输送到田间的，而在田间还要挖大量埂、畦、沟渠，这样真正有效的种植面积只有 70%~80%，而采用喷、微灌取消了田埂、沟渠，可增加种植面积 15%~20%，这就节约了土地。

2.经济效益好，农民增产、增收：一方面，采用节水灌溉节约的水能扩大可灌溉的农田面积，以此来增加产量；另一方面，采用节水灌溉有利于运用科学的方法进行灌溉，因为采用节水灌溉是可以根据作物生长的需求按时按量进行灌溉，有利于作物的生长，因此总的说来采用节水灌溉技术能显著增加农业产量。当然由于节水灌溉的方法很多，有不同的优缺点，因此必须因地制宜做出正确的选择，并采取科学的管理办法，才能达到增产的目的。采用节水灌溉普遍能取得节水、节能、节地；省工、省肥、省钱，增产、增收的效果，因此群众总结节水灌溉有“三节、三省、二增”的显著优点。如：河南省平舆县在 7.8 万亩项目区内打 1575 个眼井，配套喷灌机 1000 套，与非项目区相比每亩净增收 159 元,一季作物增收的效益就可回收投资 90%，吉林、黑龙江西部地区每投资 1 元钱，可以增产 2 公斤粮。

3.减少了农田水利建设的工作量，促进了农业现代化的发展。采用传统的地面沟灌、畦灌、自流漫灌，要大搞平整土地，这就加大了农田水利基本建设的工作量。采用喷灌后，土地基本不需平整，种地实现了“三无”，即无渠、无沟、无埂，大大减少了水利建设的工作量，有力促进了农业向机械化、产业化、现代化方向的发展。

4.有利于保护环境。渠道防渗，田间实行节水灌溉，能有效地防止由大水漫灌造成的土壤次生盐碱化，缓解了由地下水超采和大量引用河水带来的环境问题。

总之，节水农业是根据农作物生长发育的需水规律以及当地自然条件下的供水能力，为有效利用天空降雨和灌溉水来达到农作物最好的增产效果和经济效益而采取的各种措施，节水不是最终目的，而是高效用水。而节水灌溉是节水农业的中心，是水利现代化的重要组成部分，也是农业现代化的重要组成部分，是农村可持续发展的有机组成部分。

让农业绿起来

让我国农业尽快“绿”起来，要把农民增收作为基本任务，构建绿色发展产业链、增值链，让农民从新发展方式中得到的收益，大于以前那种粗放发展方式所带来的收益。

推进农业绿色发展是农业发展的一场深刻革命，也是农业供给结构性改革的主攻方向。

近日中办国办印发的《关于创新体制机制推进农业绿色发展的意见》（以下简称《意见》），在体制机制层面做出了一系列约束与激励并重的制度性安排，目的是从根本上扭转重生产轻生态、重眼前轻长远、重产量轻质量的粗放发展方式。

把农业绿色发展的美好蓝图变为现实，让我国农业尽快“绿”起来，固然要靠建立法律法规和技术标准体系，加强对农业生产者的规范和约束，但更为关键的是处理好农业绿色发展和生态环境保护、粮食安全、农民增收的关系，尤其是要把农民增收作为基本任务，构建绿色发展产业链、增值链，让农民从新发展方式中得到的收益，大于以前那种粗放发展方式所带来的收益，从而使绿色生产成为农民的自愿行为、自觉行动。

构建农业绿色发展增值链，首先要激发市场的力量。随着消费者收入水平的提高和健康意识的增强，不少消费者是愿意为绿色优质农产品付更高价格的。日本的消费者的这种支付意愿能够为农业绿色发展创造巨大空间。日本目前按热量计算的食物自给率只有 38%，而按金额计算的食物自给率为 68%，这表明日本国产食品价格是进口食品价格的近两倍。为什么会这样？除了关税因素外，日本消费者对国内农业生产方式更加信任，愿意为国产食品付更高价格，也是一个重要原因。和日本相比，我们面临的情况是，如何让绿色优质的产品在市场上拥有竞争优势，并获得消费者的信任？解决这个问题，需要发挥品牌和渠道的作用。因此，我们要实施农业绿色品牌战略，培育具有区域特色和国际竞争力的农产品区域公用品牌、企业品牌和产品品牌。借助互联网和电子商务，建立从田间地头到厨房餐桌的直销通道，也是一个不错的选择。

围绕农民培育绿色产业增值链，除了依靠消费者为绿色优质产品付更高价格外，也离不开公共财政的支持。农业转向绿色发展方式，成本肯定要比原来高出许多。这高出的成本，需要政府和市场分担。特别是早期阶段，更需要财政资金的撬动和引领。为此，应尽快建立以绿色生态为导向的农业支持政策体系，加大对农业绿色生产的补贴。

比如，秸秆资源化利用可以为农民带来一定收益，但农民为收集、运送秸秆需要付出较高成本，还不如焚烧省事。如果要杜绝焚烧，就需要政府给予一定补贴，使收集、运送秸秆有利可图。陡坡耕地退耕还林还草后可以为农民带来林业、牧业收益，但要等很长时间才能见效，如果财政不在一定期限内给予补贴，农民就没有退耕还林还草的积极性。用有机肥替代化肥、用生物防治替代化学农药，可以提高产品品质、降低对环境的损害，但需要投入较多人力，如果不给予一定补贴，很难大面积地推广。增加以绿色生态为导向的农业补贴，是世贸组织规则允许的，也是发达国家农业政策调整的方向，我国亟待在这方面加大力度、提高精准度。

推进农业绿色发展是个系统工程。在强调利益驱动的同时，还应做好宣传和培训工作，唤醒农民的绿色自觉，增强他们贯彻绿色发展理念的意愿，提高他们应用绿色生态技术、营销绿色优质产品的能力。

乡村振兴战略

农业绿色发展将摆在我国生态文明建设全局的突出位置，我国将全面建立以绿色生态为导向的制度体系，基本形成与资源环境承载力相匹配、与生产生活生态相协调的农业发展格局。

一、目标任务

到 2020 年的四大类目标任务：

（一）资源利用更加节约高效

严守 18.65 亿亩耕地红线，全国耕地质量平均比 2015 年提高 0.5 个等级，农田灌溉水有效利用系数提高到 0.55 以上。

（二）产地环境更加清洁

主要农作物化肥、农药使用量实现零增长，化肥、农药利用率达到 40%；秸秆综合利用率达到 85%，养殖废弃物综合利用率达到 75%，地膜回收率达到 80%。

（三）生态系统更加稳定

全国森林覆盖率达到 23%以上，湿地面积不低于 8 亿亩，基本农田林网控制率达到 95%，草原综合植被盖度达到 56%。

（四）绿色供给能力明显提升

全国粮食（谷物）综合生产能力稳定在5.5亿吨以上，农产品质量安全水平和品牌农产品占比明显提升，休闲农业和乡村旅游加快发展。

二、分为六点

（一）节约资源

《意见》提出，在资源保护与节约利用方面，要建立耕地轮作休耕、节约高效农业用水等制度，健全农业生物资源保护与利用体系。

（二）产地保护

《意见》提出，在产地环境保护治理方面，紧扣农业投入品和农业废弃物资源化利用问题，建立工业城镇污染向农业转移防控机制，健全化肥、农药等农业投入品减量使用制度，完善秸秆、畜禽粪污等资源化利用制度，建立废旧地膜和包装废弃物等回收处理制度。

（三）化肥开刀

《意见》对于化肥农药使用量提出了目标，到2020年，主要农作物化肥、农药使用量实现零增长，化肥、农药利用率达到40%以上。

（四）资源利用

《意见》提出，到2020年秸秆综合利用率达到85%，养殖废弃物综合利用率达到75%，农膜回收率达到80%。

（五）修复生态

在修复农业生态系统方面，《意见》提出，要推进草原生态保护与恢复，加强水生生态保护修复、林业和湿地养护，打造种养结合、生态循环、环境优美的田园生态系统。

（六）绿色流通体系

《意见》要求，要建立低碳、低耗、循环、高效的加工流通体系。

三、发展政策

（一）农业绿色发展首入中共中央、国务院《关于深入推进农业供给侧结构性改革，加快培育农业农村发展新动能的若干意见》

文件特别提出“加强资源保护和生态修复，推动农业绿色发展，推动农业可持续发展，必须确立发展绿色农业就是保护生态的观念，加快形成资源利用高效、生态系统稳定、产地环境良好、产品质量安全的农业发展新格局”。

（二）农业绿色补贴政策出台

2016年12月，财政部、农业部近日联合印发了《建立以绿色生态为导向的农业补贴制度改革方案》，首次提出到2020年，基本建成以绿色生态为导向、促进农业资源合理利用与生态环境保护的农业补贴政策体系和激励约束机制，进一步提高农业补贴政策的精准性、指向性和实效性。

(三) 绿色兴农政策

2017 年《中共中央、国务院关于深入推进农业供给侧结构性改革 加快培育农业农村发展新动能的若干意见》中明确提出"质量兴农",强调绿色发展要突出一个"绿"字,通过转变农业发展导向,实施农业标准化战略、推行绿色生产方式、健全农产品质量和食品安全的监管体制四大措施推进农业的绿色发展。

(四) 农业绿色发展五大行动

2017 年 5 月,农业部宣布启动实施"农业绿色发展五大行动",包括启动畜禽粪污资源化利用行动、果菜茶有机肥替代化肥行动、东北地区秸秆处理行动、农膜回收行动和以长江为重点的水生生物保护行动。

(五) 农业 PPP 划定绿色发展等六个重点领域

2017 年 6 月,财政部、农业部发布了《关于深入推进农业领域政府和社会资本合作的实施意见》,将重点引导和鼓励社会资本参与农业绿色发展、高标准农田建设、现代农业产业园、田园综合体、农产品物流与交易平台、"互联网+"现代农业六个重点领域。

四、发展方向

(一) 农村一、二、三产业融合

1. 以农牧渔结合、农林结合为导向,积极发展林下经济,推进稻渔综合种养等养殖业与种植业有效对接模式。

2. 推进农产品、林产品加工废弃物综合利用,延伸产业链,提高附加值。

3. 推进农业与旅游、教育、文化、健康养老等产业深度融合。

(二) 园林废弃物资源化利用

1. 建立园林废弃物回收利用体系,探索园林废弃物资源化利用技术路线,鼓励利用园林绿地废弃物进行堆肥、生产园林有机覆盖物、生产生物质固体成型燃料、人造板、制作食用菌棒等。

2. 推动园林废弃物与餐厨废弃物、粪便等有机质协同处理。

3. 鼓励市政园林、花圃、苗圃、果园等使用有机肥、基质、土壤调理剂等园林废弃物资源化利用产品。

(三) 农林废弃物资源化利用

1. 推动农作物秸秆肥料化、饲料化、燃料化、基料化和原料化利用。

2. 鼓励利用林业剩余物生产板材、纸张、活性炭及颗粒、液体燃料生物质能源等。

3. 支持建设病死畜禽、水生生物、屠宰废弃物处理设施,因地制宜地发展各类沼气工程、有机肥设施,支持在种养大县开展种养结合整县推进及规模化、专业化的生物天然气示范,推动实施果菜茶有机肥代化肥行动。

4、推进废旧农膜、灌溉器材、农药兽药疫苗容器、渔具渔船等回收利用。

（四）绿色农资制造

推广使用生物饲料、生物肥料、生物农药、生物地膜等绿色农业生产资料。

（五）工农复合型循环经济示范区建起来

选择粮食主产区等具备基础的地区建设20个工农复合型循环经济示范区。

以农业生产为基础，以龙头企业为核心，发挥农业专业合作组织的作用，按现代产业组织方式，汇集资金、技术、农田等生产要素，向产前投入、产后加工、贮藏、运输、销售以及农业废弃物综合利用环节延伸，推进农业、工业、旅游、教育、文化、健康养老等产业横向链接，形成种、养、加、游等深度融合的工农复合型循环经济产业链。

乡村发展反思

一、概说

中国是否要走以乡村文明消亡为代价的城市化之路？这是一个值得关注的、关系到中国未来发展走向与中华民族伟大复兴的重大战略问题。党的十八大报告提出走向生态文明新时代，是顺应时代发展必然做出的重大抉择。2012年，中国城镇人口首次超过农村人口，城镇化率达到了51.3%。这标志着当代中国已经从乡村社会转型为城市社会。在历史的天平已经开始向城市社会倾斜之时，中国是否一定要走以乡村文明消亡为代价的城市化之路？这是一个值得关注的、关系到中国未来发展走向与中华民族伟大复兴的重大战略问题。

二、乡村消亡危机的表现

1.文明形态上判处死刑：使乡村失去希望

作为中国传统文明载体的乡村目前遇到的最致命的危机，是在被认为是世界发展必然趋势的城市化浪潮中，失去了存在的时代理由。不论是一些地区正在搞的大规模“拆村建区”的城市化，还是许多地方热衷的“拆村进城”农民被城市化；不论是主流学者所主张的五年内让农民工终结的城市化，还是各地政府正在编制的城市化率成倍增长的城市化目标，在所有这些理论和行动的背后，都包含这样一个似乎是毋庸置疑的逻辑：

农村作为中国五千年农耕文明的载体，无法承载以工业化为内容的中国现代化。中国要实现近代以来几代人梦寐以求的现代化，必须走城市化之路。无论是被主流经济学理论的论证，还是西方发达国家已经走过的现代化之路，似乎都准确无误地回答了，单向的走向城市化进程必然是城市替代乡村的两元归一的过程。在这个过程中，作为传统文明载体的乡村走向终结也就成为历史的必然。据国家统计数据显示，2000 年中国有 360 万个自然村，到 2010 年，自然村减少到 270 万个，10 年里有 90 万个村子消失，平均每天有将近 250 个自然村落消失。

2.教育上撤点并校：使乡村文化传承断根

2000~2010 年，中国农村平均每一天就要消失 63 所小学、30 个教学点、3 所初中，几乎每过 1 小时，就要消失 4 所农村学校。撤拆点并校使维系乡村文明的乡村文化传承系统遭到了摧残性破坏：一方面从根本上切断了落后乡村文化的传承；另一方面让孩子进城，成为小手拉大手，孩子带动大人进城的一个诱饵。

3.农业发展资本化、规模化：使乡村失去存在根基

尽管中国以小农经济这种方式在过去 60 年里，创造了以世界 7%左右的耕地、5%左右的水资源，养活全球 20%人口的奇迹，农业成就的普惠化，又进一步创造了对全球减贫贡献 67%的另一奇迹。而且这些奇迹，是在仍然存在农产品剪刀差、农民进城打工之余兼职的条件下实现的。然而，对于这些奇迹，我们不但没有感到自豪和自信，进而去研究它，保护它，反而更多的是不满和批评，以及坚定不移地改造。因为这个奇迹不是由现代化农业创造的，恰恰是由在中国存在几千年的以家庭为单位的小农经济创造的。特别是在中国城市化、工业化发展到一定阶段后，仍然保留着如此“落后”的小农经济，显然是中国实现现代化的短板。在这种背景下，政府主导资本配合的一次轰轰烈烈的农业现代化运动正在启动。按照中国未来农业现代化的目标定位，应当是让中国农村留下 20%或更低比率的农民从事高效率、规模化、产业化的农业，来养育 80%的城市人。

然而，在现代化农业的背后，恰恰是另一番景象：过度规模化带来的将是农民失业、乡村社区消亡、多样化遭到破坏的惨状。此外中国粮食安全的风险性也会增加。按照这个道路走下去，中国传统的家庭农业将不复存在，我们所憧憬的农业现代化与城市化彻底实现之日，即是失去经济基础的中国数千年农耕文明彻底消失之时。

4.盲目输入外来制度：使乡村互助社会解构

目前中国乡村萧条的另一个表现，是中国乡村社会组织的缺位，导致乡村家庭原子化、乡村社会碎片化。农村社会“空壳化”带来传统道德“荒漠化”，使农村已经从温馨淳朴的熟人社会，变成冷漠寂寥的半熟人社会。按照乡村必然消亡论的逻辑，农村组织碎片化也是一种必然的结果。乡村互助社会组织的碎片化解构，与按照城市管理模式盲目输入外来制度密切相关。在乡村就是愚昧落后、城市就是进步文明的主流认识前提下，乡村的改革与发展，就成了按照城市模式改造的过程。比如，我们不加改造地将适

应生人社会的民主选举导入乡村，就导致了中国乡村传统熟人社会自组织能力丧失，处在输入新治理模式而又无法消化的断层中。农村基层民主选举制度，在经历20多年后，仍然处在乱象中。

5.乡村被城镇化工具利用：使农民陷入无助与恐慌

面对城乡收入和公共服务的巨大差异：一方面是越来越萧条的乡村，另一方面是越来越美好的城市。在如此巨大诱惑下，农民进入城市成为不二选择。但是在目前许多地方政府推动所谓为农民着想的城镇化中，农民积极性不高。这是因为在政府推动的城市化与农民心目中的城市化是两种不同的城镇化。

首先，在一些学者和政府计算中，农民进城市可以带动城市投资与消费。而在农民计算中，进城市意味着生活成本的提高，如果收入不增加，进城意味着负债进城。其次，让农民让出土地进城，在房地产商和政府眼中，是让农民拥有的土地资产化，获得收益的好机会；但在农民心目中，恰恰成为一种不平等的迫不得已的痛苦出让。最后，政府认为，拆村进城，是为了让农民享受与市民一样的美好生活，但是农民非常清楚，城市化不是免费的午餐，进城意味着他们不仅要付出高成本的生活代价，还要付出乡土纽带撕裂、乡土知识离弃、乡土文化缺失带来的精神损失的代价。

6.工业文明病在乡村蔓延：使乡村生态环境恶化

以高能耗、高消费为代价的高福利工业文明，是一种高成本的文明。在当今城乡二元化的社会结构中，农村与城市相比，所获得的工业文明的好处比城市要少得多，而承受的文明成本却远高于城市。农村不仅承受着农业化学带来的严重污染，还承受着城市工业化所转移的污染。在国家工业化时代，资本的原始积累从农民身上提取农业剩余，在当前的城镇化时代和全球经济金融危机过程中，全球性的城市危机，又一次通过社会成本外部化和生态成本外部化，将危机代价向农村转移。

三、拯救与保护乡村文明的理由

1.乡村是中国五千年文明之根、传承之载体

城市化过程中导致乡村消亡、从两元走向一元是城市化发展必然规律的观点是不能成立的。特别是西方发达国家所走的城市之路也适用于中国的观点，更是无法成立。因为支持这个观点的历史前提就不存在。中国与西方属于两种不同的文明类型，决定了中国与西方不可能走相同的城市化之路。

中国五千年的文明属于农耕经济主导的文明。而农耕经济的载体不是城市是乡村。所以，以乡村为载体成长起来的中国文明之根不在城市，而在乡村。历史证明，只要乡村在，中国文明就会一次又一次地劫后重生。

相反，诞生于地中海、起源于古希腊、古罗马的西方文明，从一开始就是建立在古代工商业经济基础上的另一种形态的文明。由于工商业经济的载体是城市，西方文明之根在城市，而不是在农村。所以，近代以来西方走向文明复兴之路，也是从地中海城市

的繁荣导致的文艺复兴开始的。近代以来的城市化对于西方而言，是西方传统文明发扬光大、走向世界的过程。

西方发达国家走向城市化的过程中乡村是否消失，不会触动西方文明传承的中断问题。相反，当代中国推进城市化的过程中，乡村的命运则涉及中华文明的永续传承问题。中国乡村文明不是一个文化符号，中国乡村就像构成生命体的细胞一样，携带着中华文明演化的秘密和基因，它不仅是中华民族的精神家园和归宿，同时也同中华民族的兴盛衰微紧密联系在一起。乡村兴之中国兴，乡村衰之中国衰。

2.乡村文明遇工业文明衰，逢生态文明兴

从逻辑上判定乡村走向消亡的时代前提，就是认为当代人类仍处在工业文明时代。乡村作为农业文明的时代产物，无法成为工业化的载体，乡村消亡是时代的必然。但是进入 21 世纪以来，在人类文明进入生态文明时代的背景下，特别是党的十八大已明确提出中国将走向生态文明新时代，这不是一种偶然，而是顺应了时代发展必然的重大抉择。因为中国五千年传统文明与生态文明具有高度时代契合性。中国乡村文明的复生恰恰是时代的必然。

西方走向工业文明是通过文艺复兴，从他们的老祖宗那里找到了文化与自信的动力开始的。相反，近代以来，中国由于近代兴起的工业文明模式与中国传统农耕文明缺乏这种内在的契合性，决定了中华民族走向工业文明的过程是逆水行舟，是一个不断进行自我批评与否定、自我解构与革命的过程。

因此，工业文明只能是中华民族从古代走向现代的过渡文明，不可成为中华民族走向伟大复兴的文明。相反，中国五千年传统文明与已经开启的生态文明在能源形态、价值观、文化特征等方面具有天然契合性。所以，生态文明之路，是一条沿着历史螺旋式上升的回归之路，是顺流而行。生态文明才是中华民族走向伟大复兴之路的文明。

3.乡村兴则中国兴，这是中国文明史的铁律

中国农村与农民的发展既是中国走向复兴与繁荣的前提和基础，也是中国经济与社会安全不能突破的底线。我们坚守这个底线，不仅适用于中国的过去，也适用于中国的今天，更适用于中国的未来。从承包制到解决“三农”问题，从小康社会到新农村建设等一系列工作，都表明了中央始终把中国的农村、农民问题放在维护中国经济社会稳定的战略地位。但需要引起警觉的是，目前正在以乡村文明消亡为代价的城市化并不是在加固这个底线，而是在瓦解着这个底线。以土地流转推动的农业现代化和农民被城市化触动了农民安身立命的底线。以宅基地置换为代价的激进式农民市民化，超出了农民所能承受的代价，形成了社会安全隐患。

四、乡村在生态文明时代的作用

逢生态文明兴的中国乡村文明，在生态文明新时代，将具有城市无法替代的六个功能：

1.千年乡村文明蕴藏着医治工业文明病之解药

现代的工业文明病严重存在着缺乏精神制衡的物质主义和消费主义的泛滥病。在工业化文明系统中，缺乏精神与文化制衡的物质财富无限增长，不仅吞噬了大量资源，造成资源环境危机，而且也吞噬了人类的精神能量，使人类文明在物质主义、病态消费主义、GDP主义的单极化世界中越走越远。

医治工业文明病的解药，不仅在西方文明世界中找不到，在今天中国的城市中也找不到，因为中国城市染上的这种文明病，某种程度上比西方还要重。医治当代人类文明危机的解药，就在中国乡村文明中。在几千年的农耕经济中，中国先民发现，大自然虽然给人类提供的物质财富是有限的，但它提供给人类智慧的精神财富却是无限的。中国在几千年历史形成中的古代乡村文明，本质上是“耕读”文明。即通过“耕”来满足物质需求，通过“读”来满足精神提升。正是这种在耕读中形成的物质与精神的均衡互动，才是中华文明成为长寿文明的秘密所在。现代西方工业文明之所以是短命的文明，就是缺乏这种物质与精神的均衡。而中国古代耕读的乡村文明携带着我们可利用的人类文明永续发展的基因。

2.新能源革命使生态文明建设再度从农村起航

新能源革命，正在从根本上改变着中国乡村在工业化与城市化冲击下的边缘化地位。非均衡分布、集中开发、高运输成本的传统能源，使分散居住的农村处在分享工业化好处的边缘化或被淘汰的地位。相反具有高度分散性、相对均衡分布的太阳能、风能、地热能、生物能等新能源，越是人口分布密度低的地方，人均可利用的新能源量越大。新能源这种特性使农村获得了城市不具备的新优势。而且农村使用新能源的优势在当代中国已经成为一种的现实。目前我国已成为世界上最大的太阳能热水器生产和消费的国家，而太阳能热水器90%以上的市场在中国农村。从20世纪70年代末到80年代初发展起来的中国农村沼气，也显示出良好的发展前景。新能源在农村生活领域的使用，不仅从根本上改变着中国农村的生活方式，而且新能源经济在农村也具有极大的开发潜力。按照这个趋势发展下去，新能源将从根本上改变中国农村的命运。农村将会成为引领低碳经济与绿色消费的新生力量。

3.乡村幸福生活模式是生态文明需要的新模式

生态文明恰恰是一种符合生态文明要求的另一种幸福生活模式。被GDP增长和资本增值所捆绑和刺激起来的高消费、高能耗、高成本幸福生活，是一种加剧能源和环境危机的病态生活。环保部披露数据显示，目前中国城市的人均能耗是农村的3倍。目前的乡村虽然没有城市的收入高，但农民享有城市用金钱无法购买或成本很高的另一种福利，这就是人类幸福生活所需要的真情、健康、清洁空气、宁静和生态化食物等。从生态文明建设看，乡村低成本、低消费、低能耗的幸福生活模式，恰恰是需要倡导的新生活方式。

4.生态农业革命是中国对世界文明的新贡献

目前，威胁人类大多数人的最大危机是粮食危机，西方式的农业工业化模式，是造成当代人类粮食危机的深层次根源。目前全球性的粮食危机，以报复性灾难向现代人类昭示着：粮食危机是工业化技术与工业生产方式在农业领域推广失灵的危机。把解决工业领域化合物的科学技术方式，简单地搬用到农业中的生物世界，由于违背了生命的本质和规律，导致了生物世界的破坏和危机。同样，将满足追求无限增长的加工化合物的生产方式，搬用到以生命为对象的农业领域，也严重违背了生命物特性和规律的生产方式。由此破坏了农业生产持续发展并造成了许多灾难性后果。

中国五千年农牧业发展，所使用的智慧和技术，恰恰是在遵循天道和命理的生命规律中形成的。以家庭为单位的小农经济的农耕生产方式，以互助为主的游牧生产方式，同样也是服从于生命物质财富增值的规律形成的。

当代世界需要一次新的农业革命，发源地就在中国。中国农业革命，要在中国传统农业发展模式与现代新能源、智能化技术结合中，探索生态、低碳、可持续发展的农业。中国的农业革命，将为世界生态文明的发展做出重大贡献。

5.乡村绿色发展新机遇：乡村新兴产业潜力巨大

2008 年金融危机之后兴起的新能源革命与生态经济以及目前的中国经济转型，为边缘化的中国乡村产业的发展提供了新的时代契机。如果说现代信息技术和交通技术为乡村承载现代产业经济提供了可能性条件，那么在生态经济推动下回归自然的低碳消费、文化性消费等，为中国乡村生态产业的发展提供了广阔的市场和极大的动力。从发展趋势看，有六类产业将会成为中国振兴乡村文明发展的新兴产业：一是生态有机农业。高附加值的农业生态产品将成为未来生态农业产业发展的新方向。二是乡村旅游业。我国广袤的农村聚集了全国大约 70%的旅游资源。乡村的旅游将成为乡村经济发展的支柱产业，成为带动农村脱贫致富的一个亮点。三是乡村手工业。在新需求的推动下，借助现代市场经济、乡村旅游业与文化产业发展的契机，中国的乡村手工业正在悄悄复兴。四是乡村农副产品生产与加工业。五是乡村新能源产业。在中国农村发展沼气、太阳能、风力发电、微小水电、生物能源等具有广阔的应用前景。六是乡村养老服务业。乡村特有的低成本生活，高环境福利与浓厚的乡土人情，随着中国进入老年化社会，乡村具有的养老作用越来越明显。

6.乡村就地文明化：创造城乡两元共生城镇化新模式

今天的中国需要城镇化，但绝不能走西方式的让乡村消亡的城镇化。以城市替代乡村两元归一的、以乡村终结为代价的城市化，是西方文明演化的必然规律，并不是中国的必然规律。

生态文明需要乡村与城市两元共生的新人口居住模式。中国特色生态文明，是在生态文明的时空中，实现人类与自然、传统与现代、乡村与城市、东方与西方、物质与建设、创新与传承、生活与生产等一系列的系统整合，而承担这个系统整合的载体，只能是携带着不同信息和基因的城市与乡村两元共生的载体。中国城市化目标，就不是城市化率越高越好，而是两元制衡、均衡、互动程度越高越好。

五、共同建设乡村文明的行动

1.守住三条底线，给乡村文明留下复生的根

目前迫在眉睫的是，让乡村消亡的步伐慢下来，最好是停下来。面对轰轰烈烈的城市化寒流的冲击，如果我们守护好以下三条底线，乡村文明就有自我修复和复生的希望。

（1）要保护乡村文明的守护者。我们要关注留守在乡村三类20%的群体，守望在家中的20%的老人，乡村中20%的贫困家庭，仍默默从事农业的20%的农民。从城市化和工业化发展来看，这三类20%的弱势群体是这个时代的落伍者、淘汰者。但是选择在生态文明导向下走乡村文明发展的道路，这20%的弱势群体，不仅是乡村历史、文化、传统农业的守护者和载体，也是对乡村乡土情结最重的群体。因此，要从保护乡村20%的弱势群体开始，他们是乡村文明复生的希望和底线。

（2）要保护空心化村落，为乡民、游子留下回归的巢

要以长远的眼光来看待目前萧条的村庄。人类感情变化是有周期性的，城市化发展也是有周期性的。发展到一定周期后人们开始厌倦城市生活，希望回到乡下去。目前在中国大城市，已经出现了逆城市化的苗头，在未来5~10年内，中国将会出现一个回乡的高潮。在逆城市化中出现的回乡高潮，将是一个社会资源从城市向乡村回流的过程，这也将是中国乡村文明复生的高潮期。

但是如果我们把这些萧条的村庄拆掉了，让城市周边乡村社区化、城镇化，在未来逆城市化中和大量农民工怀着乡愁想回家时，他们将找不到回家的路，找不到回归的巢。为未来告老回乡的游子留下回家的巢，这是保护乡村文明不能突破的另一条底线。

（3）要保护传统生产方式，为乡村文明留下复生的根。

集智慧、文化与传统技术为一体的中国传统农业，是人类文明的财富，也是中国智慧与文化生成的根。守住了传统生产方式，就为乡村文明复兴留下复活的根。

总之，守住了乡村中20%的文明守护者，也守住了乡村文明复兴的魂；守住了传统农业生产方式，也就守住了乡村文明发展的根；守住了乡土文明，就守住了中华文明永续发展的底线。

2.重新认识与定位乡村价值，给乡村以生的希望

目前乡村文明建设最需要的是，让逐渐萧条的乡村获得生的希望。在理论上，要走出主体缺失的西方之风，立足中国本土，进行理论创新，形成符合中国乡村文明的新理论体系。在社会舆论和国家意识形态中，要重新认识与定位中国乡村文明在当代中国的价值和功能，提升中国乡村文明在中华民族永续发展中的地位与作用。建议启动制定

“中国乡村文明保护法”，真正使乡村承担起中国五千年文明成长之根，确立民族自信之基，中华民族伟大复兴之本，生态文明建设精神之源的时代功能。

3.启动乡村文明建设，让乡村走向永续发展的道路

为适应十八大后中国进入生态文明发展新时代的要求，需要把新农村建设上升为中国乡村文明建设的高度来对待。

（1）乡村文明建设目标，就是要“把乡村建设得更像乡村”。按照乡村文明本质内涵，乡村文明建设应当是中国乡村规划设计院院长李昌平所主张的“五我乡村：我村我素，我村有我村的元素和独特性。我村我品，我村能够建设成品位、品格、品质、品牌等四品的村庄。我村我业，在新历史条件下乡村完全能够形成自我发展的产业。我村我家，使建设好乡村成为自己的精神家园、生活的乐园。我村我根，这是一个能够吸引认祖归根、告老回乡、祖代相传的永续发展的乡村。”

（2）乡村文明建设一定要尊重农民的需要进行。中国乡村文明有很强的自我复生的能力。政府应按照乡村的五个需要进行建设。即乡村文明建设最需要的精神是希望；最需要的帮助是信任，政府不要越位干预；最需要的投资是公共投资；最需要的服务是病有医保，灾有互助、老有所养的服务；最需要的组织是自治管理。

（3）乡村文明建设的动力，是内求式的自主创新。改革开放以来中国城市建设依靠的是外求式创新，其实是缺乏主体性，跟风、模仿的外求式创新，使中国城市成为千城一面的城市，成为中国传统文化失语的城市。我们的村庄应该建成什么样，不需要去美国学习、向国外城市看齐，而是要我们智慧地与我们生活的这块土地进行对话，从而找到我们是谁、从哪里来、到哪里去。依靠这样一种“内求式创新”才能真正实现“五个我”的乡村文明。

4.拯救中国的乡村文明，从拯救我们的心开始

中国乡村文明的复生，是人类文明中心在轮回中再次回到东方之后的一次涅槃。十八大之后，生态文明的曙光已经出现在东方的地平线上，时代需要我们的顿悟，需要我们从惯性思维的迷途中觉醒，来迎接新时代的曙光。

5.共建诗意乡村与田园城市的美丽中国

中国拥有世界历史上最悠久、最具有多样性的乡村文明，她不仅属于中国，也属于世界最稀缺的文化遗产。

从文化与历史看：我们有中华民族历史活化石的少数民族的村寨文明，我们有承担中国民族兴盛衰微、源远流长、继往开来的农耕乡村文明，我们还有负载着藏传佛教、伊斯兰教的游牧乡村文明。

从产业类型看：我们有农耕乡村、渔业乡村、游牧乡村、手工业乡村、商贸乡村等。我们还相信，在生态文明新时代，中国乡村还会成为现代新兴产业乡村，如画家乡村、禅修乡村、总部乡村、太阳能乡村、学者乡村、高校乡村、科学家乡村、养老乡村

等。无论我们有怎样的想象力，面对中国高度多元化的乡村，都相形见绌。

从自然环境看：我们的美丽乡村更是缤纷多彩，在丘陵地带的有“诗意乡村”，在濒海、滨江的有“渔歌乡村”，坐落在平原上的有“田园乡村”，位于高原的是“天堂乡村”，隐藏在深山中的是“桃园乡村”。即使人走房空的废墟乡村，也魅力十足，因为在这里我们看到的是立在自然博物馆中的“古老乡村”，因为她的历史一定会比美国悠久，可能与法国同龄。

我们之所以对中国的乡村文明充满了希望，不仅因为中国的乡村文明接到了时代太阳之阳气而复生，还因为今天中国乡村文明建设是站在西方文明的肩膀上前行的。当代中国走向生态文明，一开始就是在“三高一新”的高位上进行。即中国有自有技术的高铁，正在酝酿中的移动多媒体高集中信息技术以及已经遍布中国的高速公路，再加上高度机动性、低排放的新能源。这种集工业文明遗产与生态文明新资源为一体的集成技术，将把中国带入突破空间限制和地域限制的人类文明贡献的地球村时代。这个新时代技术，不仅为诗意乡村建设提供了技术支撑，而且是在18世纪英国的霍华德所追求的在西方没有实现的、也无法实现的田园城市建设将成为可能。

在生态文明与中国传统文明构成的新天地时空中，在诗意乡村与田园城市提供的多元世界中，不是让我们与西方比谁飞得更高，而是谁飞得更自由、更幸福，这才是我们的梦，中国梦。

乡村的反转趋向

乡村生活的闲适性，正是当下休闲旅游市场所追求的，具有无穷的吸引力，已经成为中国未来最稀缺的旅游资源。

进入21世纪以来，为了解决食品安全问题，西方国家开始反思现代化农业的弊端，探索走向另一种后现代化农业，这就是回归自足家庭农业、小规模的自然生态农业。都市消费开始追逐穿粗布衣，用手工作坊物品，吃自己种的有机粮蔬。乡村生活，在世界范围内，已经成为时尚、高端、奢侈的生活方式。

一、从城市生活到乡村生活

在不同的时期，事情往往在朝两个相反的方向过渡和发展。从居民生活方式转变的阶段来看，前些年，处于中国城市化高潮阶段，大量居民涌入市区，步入了城居生活时代。

随着城市人口压力不断增加、城市资源逐步稀缺，城市空间趋于狭窄、城市环境越发恶化，人们开始逃离城市的压力和氛围，急迫需要一个缓解压力、释放身心的生活空间。

这方面做得较好的国家是日本，日本的退休人士和一些在城市工作的人士，一年中有较长一段时间居住在乡村。这种乡村生活方式，近几年在国内蔓延开来，部分退休的年长人士，不愿意长期住在城市。

一部分游客到乡村已不再是单纯的旅游，而是被乡村的环境所吸引，在当地较长时间地生活和居住，这种现象出现在大都市，甚至出现了“候鸟式旅居”。

乡村生活时代似乎已经到来，而首当其选的就是带有旅游性质的乡村生活。

二、从旅游方式到生活方式

休闲旅游的主要目的是修身养性。从观光旅游发展到休闲旅游，最典型的旅游方式就是度假，与观光旅游所追求的“多走多看”的诉求不同，休闲度假者往往在一个地方停留较长的时间，以体验原居住环境所没有的异质化的生活方式。

乡村旅游首先是一种生活方式，然后才是一种旅游方式。从乡村旅游，到乡村休闲，再到乡村度假，乃至乡村旅居，不能不说是新中国成立以来的一种惊喜和进步。我之所以这样说，是因为在中国社会几千年来的农耕时代，士大夫阶层早有这种情结，在乡村一直存在归隐的乡贤，是他们固守并传承了乡土文明和文化。

只不过，现阶段这种乡村生活的回归与反转，已经从高端的小众化逐渐向中高端的大众化转换，其生活也有了高层次的品质。这不得不说是社会的一种根本性进步。旅游乡村生活方式的提倡和引导，会让乡村和逐渐消失的耕读文化，找回应有的价值和生命的延续。

因为从休闲角度讲，中国乡村有人们渴望的原生态的风景和原真性的人文，有未来最大的休闲产品。这不仅仅是乡村景观，还有天人合一的自然慢生活，古朴纯真，恬淡静谧，原汁原味，知足简单，有故事、有亲情、有交流。

乡村不仅是一个生产粮食的地方，还是一个离大自然最近，可以医治现代工业文明创伤的地方，许多难以治愈的城市病在乡村生活中得以康复。

休闲旅游是一种旅游化的生活方式，乡村旅游的生活化特征更为明显。乡村作为迥异于都市的悠闲、宁静、生态、传统的自然文化环境，承载着旅游转型升级后的高层次的市场需求，是新的耕读生活栖息地，是未来城乡人共同的家园，因此，乡村的定位首先是生活区，然后才是生态、绿色、低碳性质的其他产业区，其首先关注的应是生命质量。

三、从城市工作到乡村休闲

乡村与城市功能性不同，乡村生活可以与城市生活做差异化的分工，未来乡村旅游要承担起乡村物质和精神空间存续的重任，更多地追求精神和个性，追求与自然、生态、文化的共融，在本质上是精神相对稳定、心灵有所安放和寄托的状态，是从事创造性劳动和诗一般生活的空间。

适合那些从事文化创意、高科技、金融工作的人，也适合老人孩子，以及节假日到乡村放松身心的城市人，可同时实现城市生活空间的优化扩展、城市生活质量的品质提升。

事实上，从城到镇、到乡、到村，生活功能一直在强化，这是社会进步、人类觉醒的必然结果。欧美的乡村发展已经证明，其庄园就是高端人士度假的地方。

从某种意义上说，追求产业的投资强度与产出效率，那是城市的责任，劳动力应在城里从事高附加值的工作，至于乡村，那是养心、养生、养老的地方。

乡村不仅对中国城里人有诱惑力，对外国人更是如此。中国文化对于欧美国家一直是神秘的，而乡村则是中国的文化秘境和集聚点。乡村休闲就是生活化的乡村旅游，其对于国人，是历史之旅、心灵之旅和朝圣之旅，对于发达国家的外国人，则是文化之旅、探秘之旅和风情之旅。这样的乡村产品才能与城市交换，才能为外国人所钟情。

四、从乡村旅游到乡村旅居

根据过往国外发达国家旅游发展规律，在后工业革命时代，必然引发乡村旅游革命。乡村旅游源于工业革命，乡村旅游却依赖于生态革命。工业革命在给人类带来丰富物质享受的同时，也使城市失去人类不可缺少的自然环境；信息革命更是在促进世界经济一体化发展的同时，造成世界性城市文化雷同化的负面影响。正是由于人们意识到环境的恶化，会使人类失去栖息地，乡村旅游才受到城里人的青睐，成为旅游发展的新热点。

乡村旅游发展是风头正劲，但随着全域旅游的推进，未来乡村旅游不可能是景区化发展，不可能是以观光为主。事实上，乡村哪有那么多的风景，好的风景早已圈起来成为景区，有的只是生活体验。

这种乡村旅游的定义是不准确的，这既是旅游发展初级阶段观光概念的固化，又受到了当前旅游主导产业形势下，要政绩、走形式、重利益的劣风影响。对于乡村旅游，我宁愿说成是乡村旅居。我明白，这个观点是小众的，但我希望为大众所接受，起码一些有乡村情怀的人已经接受了。因为这个观念如果端正了，乡村旅游发展就有了方向。

随着我国逐步进入后工业化时代，会议集群、休闲商业集群、文化创意集群等服务业新兴产业开始外移，未来在远离城区的区域将形成环境优越、配套完善的，既宜居又宜业的区域。以乡村旅居为代表的乡村旅游，可以将居住和旅游融为一体，提高人的生命质量，达到生活和工作无间相融的生命状态。

当休闲成为常态，旅游就成为一种休闲方式；当乡村旅游成为时尚，乡村旅居就成为一种生活方式。旅居模式呼之欲出，乡村旅游未来必定走向乡村旅居时代。

回到 30 年后的农村

后 30 年与今天一定有极大的差异性，不同的人有不同的预言，30 年后，农村会发生哪些变化？

一、空心村为河南农村带来希望

中国乡村逐步变成空心村，外出上学、务工，年轻人和文化人流向城市。不少学者与城市人批评政府剥削了农村的资源，不！正好相反，让农民回村是在剥夺农民的希望，农民 70%的收入来自城市。

二、村长比市长更有荣誉感

30 年后，乡村不再是 5000~8000 亩地的范围，村依然在，可能有很多改为庄园与农场，农业机械化程度达到 60%。庄园的面积可能在 5~15 公顷，村里居住的绝大多数是有文化有钱的市民，他们都在村干部的领导下。

三、农村户口要升值

农村户口可能会用 10 万~30 万元才能买到，村里有土地、户口、河流、林地等珍贵资源，就业岗位不多，城市环境进一步恶化，约有 2.5 亿~3 亿农民涌入城市，不少城市系统处于崩溃状态，社会二元结构问题重新提上议事日程。

那时，城市生活指数比农村差 3~4 倍，中国正式步入“农民问题”转入“城市问题”的时代。

四、传统建筑全面取代欧式建筑

中国元素开始蔓延西方。从 2006—2036 年农民房子还要经过 2.5 次重建，可是一次比一次建得更能恢复本土文化，这种文化会在 2026 年左右盛行，建筑风格以唐宋为主体，建筑材料会做得极为精致，超过今天的罗马柱、歌德墙。

农民觉悟了，富裕了是中国步入强大的开始。2030 年前后，开始提出保护时代的文化与建筑，我们主要工作之一，就是要保护这个时代的建筑记忆。建筑用木料量会逐步增加，村里的庙与寺会比今天多很多，祠堂与传统仪式和传统建筑同步成长。

五、一产（农业）时代的到来

30年后，农业进入生态与科技、自然与工业化融为一体的“一产时代”，传统的农耕用具在20年中就基本用不上了。

农耕文明的消灭由科学技术来决定，工业化生产方式与百分之百的商品化生活方式，让绝大多数农村开始迅速进入乡村城市状态，中国政府的新农村建设更是依照城市化的理念推进，推动着农民并不太欢迎的新农村。

严格的说，新农村建设是对中国农耕文明的一次破坏，这场破坏从本质上改变了中国农民，同时也终结了城市时代的命运。

六、女人将退出半边天

安居乐业、相夫教子、男耕女织这是中国的儒教文化，是在中国传统文化背景下形成的。男主外女主内，这并不是对妇女存在歧视，而是重新认定女人的价值，女人在这个世界的位置。

如果这个价值错了，社会就乱了，因为女人是一个社会与家庭的母亲，女人是一个社会的稳定与平稳的轴心，一个家没有女人就不成家，没有了女人就失去了凝聚力。

七、以自然为本

从人的基本要求来看，“食”，在田园乡村绝对重要，蔬菜基本是有机蔬菜，人们又开始从有机蔬菜追求本地和原种食品。

“住”，目前建房是以人们的需求为原则，三十年后，开始从内心世界关注土壤，开始把土壤与树木视为自己的孩子，把它们看成有生命的物质。

而真正能把人与自然融为一体，那是50年后的事了。那时的“住”，追求的不仅是室内的舒适度，而是开始强调室内外的环境、人与人之间的道德，住房与自然间的和谐，由“以人为本”转变为“以自然为本”。

乡村环境会成为城市人追求的主流目标，房地产也开始转向广阔的乡村市场。“行”与路是一体的。目前的城市在最初规划时，并不是现在的规模，城市是带着沉重的压力在被动发展。迅速增长的人口，是城市发展没有预料到的，“行”成为所有人很不满意的问题之一。

城市的路在修修补补中发展，乡村的路因为每个小城市均为3万~5万人，道路呈现放射状的，小城市不是在水泥钢筋之中，而是在林中、水塘边、小山坡，这里的路是景是田是人文环境，农村不再是汽车，可能是自行车、摩托车（太阳能）盛行，很多路又把水泥路给改成砂石路和泥路。

三十年之后，乡村将是未来中国人的奢侈品。中国乡村正如今天的城市让人们向往，城市将会成为“问题与破坏”的代名词。

未来农村要做的

一、做优第一产业

农业生产是第一产业，也是最基本的产业，现在国家的目标是供给侧结构改革。下半年及明天，有以下几点请大家关注。

1. 高标准农田建设：当前，我国中低产田比重过大，粮食增产压力很大，所以迫切需要下大力气改造中低产田、建设旱涝保收高标准农田。

2. 种养结合：种养结合是一种新型发展模式，既符合调结构的总趋势，同时也符合生态环保发展理念，还能有效地降低风险。

3. 优质农产品生产：主要以农产品加工业为引领，未来投资建设一批标准化、专业化、规模化原料生产基地将会获得大力扶持。生产无公害、绿色农产品也将被提上日程。

种养殖的朋友应关注土地、政策、补贴这方面的信息，将是下一步改革的重点。

二、做强二产加工业

农产品加工业是一个要重点提升的产业。总体来说，有三方面内容：

1. 提升农产品精深加工整体水平。现在我国农产品加工业还处于初级水平，未来要支持粮食主产区发展粮食特别是玉米深加工，去库存、促消费。

2. 发展农产品产地初加工。比如粮食、果蔬、茶叶等主要及特色农产品的干燥、储藏保鲜等初加工设施建设等，特别是扩大农产品产地初加工补助政策实施区域、品种范围及资金规模。

3. 推动农产品及加工副产物综合利用。例如秸秆、稻壳、米糠、麦麸、饼粕、果蔬皮渣等的废料综合利用。

想发展加工业或从事加工业的朋友，未来可重点关注加工业政策，以及加工业发展模式，这方面将有很大潜力。

三、做活第三产业

农村三产融合有两个重点：

1. 休闲农业和乡村旅游：2018 年将是一个爆点。这两年休闲农业一直很热，但真正怎么发展，朝哪个方向发展一直很模糊，在 2018 年将会有一个统一的基调。

2. 农村电子商务：农村要快速发展，就要和互联网深度融合，就要促进流通，只有产品流通起来，才会产生价值。

从事休闲和电商的朋友，可重点关注下半年的中央农村会议及相关政策，2018 年将是休闲农业发力的一年。

四、创新融合机制

1. 多产业融合：这是指产业链的延伸，鼓劲经营主体向产业链前后延伸发展，产供销一体化，增强经营主体实力。

2. 经营主体融合：这包括两个模式，一个是主体和主体间的合作模式，比如家庭农场、合作社与农业公司融合模式；另一个就是主体与农户的融合模式，也就是我们一直在说的带动作用，农户作为单一的力量相对薄弱，抗风险能力差，盈利能力也差，那么就通过合作社、农业企业等这些主体来吸纳农户，融合发展。

经营主体多关注如何提高带动作用，这对于未来拿补贴及示范社等将有很大作用。

政策这么多？我们该重点关注什么？

如果您是合作社、家庭农场或种养大户，可以多留意产业融合发展，以及农产品加工，补贴方面将有大动作。

如果您是农企、农业公司，可以多留意模式联合，以及产业链延伸，以及休闲旅游这方面；在政策和资金方面将有突破；

如果您是个体农户，可以多留意项目或考虑组建合作社或加入当地发展不错的合作社，也可多留意相关补贴政策。

四荒地和闲置宅基地

中国农业进入黄金十年以来，不少有市场敏感度的企业家争先恐后地转型特色小镇、休闲农业，休闲农业已经成为了企业家选择的热门项目。然而，大多数企业家都直接表示：干休闲农业瓶颈之一就是用地标准了。

一、建设用地，如何做休闲农业

国家对耕地的保护是非常严格的，要坚守“十八亿亩的耕地红线”，农用地只能用于农业生产，禁止用于其他的商业用途，必须是建设用地才能进行休闲农业项目的运作。

遇到这样的问题，从房地产转型农业做休闲农业，前期拿地时并不了解用地标准，以1400元/亩的高价流转了350亩农用地30年，准备上项目时，却被当地政府告知没有建设用地不可开展休闲农业项目。如此，高价流转的土地从事农业生产肯定不挣钱，而申请土地变性的指标迟迟下不来。

二、国家为休闲农业用地“撕开一个口子”

为了鼓励休闲农业的发展，近日农业部下发《关于积极开发农业多种功能大力促进休闲农业发展的通知》（以下简称《通知》），在用地方面为大家“撕开一个口子”，降价了用地标准，不是建设用地，也可以做休闲农业了！

三、鼓励闲置宅基地发展“农家乐”

《通知》明确用地政策：在实行最严格的耕地保护制度的前提下，对农民就业增收带动作用大、发展前景好的休闲农业项目用地，各地要将其列入土地利用总体规划和年度计划优先安排。

《通知》提出：“农家乐”可通过多种通道获取土地，闲置宅基地整理结余的建设用地可用于休闲农业。与往年包括去年底出台的休闲农业扶持文件相比，此份文件最精华的地方即在于这条关于明确“用地政策”的规定。

四、鼓励“四荒地”发展农家乐

《通知》鼓励：利用“四荒地”（荒山、荒沟、荒丘、荒滩）发展休闲农业。对中西部少数民族地区和集中连片特困地区利用“四荒地”发展休闲农业，其建设用地指标给予倾斜。

《通知》鼓励开展城乡建设用地增减挂钩试点，发展农民自有住宅从事旅游经营，与一般农区土地相比，以发展休闲农业的项目对土地进行开发，土地价值将获得更高反映。

五、休闲农业将引入 PPP 模式

《通知》指出：加大对休闲农业的金融支持。鼓励利用 PPP 模式、众筹模式、“互联网+模式”、发行私募债券等方式，探索休闲农业多元化投融资机制，鼓励符合条件的休闲农业企业上市。并探索新型融资模式，探索以旅游资源、扶贫资金等入股方式，使贫困群众在项目发展中获得资产性收益。

六、让土地产生更大的价值

在城镇化快速发展的今天，城镇人口“看得见山、望得见水、记得住乡愁”的需求，也为农民创办农家乐、休闲农庄提供了土壤。此次《通知》的出台，我们看到，农村土地不仅仅是耕地，还有农民的宅基地、村内集体建设用地、四荒地等。

我们在发展休闲农业的过程中，要充分利用好这些土地，盘活农民宅基地、村集体建设用地资产，创造更高的土地经济价值。同时，这些土地的开发和利用，对增加农民的资产性收入也可以发挥很大的作用。

七、做休闲农业的误区

（一）无址可选也要选

有时候，土地并不像普通商品，有充分的选择空间。在选址的过程中，土地往往独此一家，让你别无其他选择，例如，家乡有限的土地资源，而作为开发者，又急切想去做，以至于无址可选的时候也要去选。这种选址方式最终效果不理想。

（二）有地就先拿下再说

休闲农业作为一个舶来词，许多人对此并没有深刻的见解。许多企业家拿地心切，在没有做好充分的休闲农业规划前，就匆匆决定，先拿下再说，到手之后再去为它量身定做合适的衣服，效果不得而知。

（三）跟着感觉走

做休闲农业项目不能跟着感觉走，而是要有一双犀利的慧眼，慧眼是要对所选之地的价值有准确的认识，了解土地如何开发与利用，对未来的发展有远见，尤其是目标客户及将来市场情况的判断，还要有项目与市场的对接手段，等等。唯有具备这些，才不至于陷入误区。

生态旅游缺什么

“旅游+”是以旅游业为主体和主导的“+”，是相关产业和领域发展的旅游化，是相关资源基础上的“+旅游”。两者都带着“+”号，一前一后，产业、行业和专业主导性却迥然不同。是否可以引发我们对当下旅游发展的再思考？

近日，国家发改委与旅游局联合印发了《全国生态旅游发展规划（2016-2025年）》（以下简称《规划》），确定了全国生态旅游发展的指导思想、基本原则、发展目标、总体布局和重点任务，提出全国生态旅游8个片区、培育20个协作区、建设200个重点目的地，形成50条跨省和省域精品旅游线路，打造25条国家生态风景道。《规划》称，到2025年成为“世界生态旅游强国”。

初一看，《规划》有原则、有目标、有布局、有产品、有项目、有措施，还有一个“世界生态旅游强国”的宏伟愿景，很全面，也很振奋心人。

但是，细一想，疑惑就来了：开展生态旅游的主体是谁？管理生态旅游的主管部门是谁？这个规划谁来落实？“规划”中提到的自然保护区、风景名胜区、森林公园、地质公园、湿地公园、水利风景名胜区、沙漠公园、海洋公园等七类自然保护地，离开了国土、城建、林业、水利、海洋、环保和农业等部门等，能保护、建设、管理和开展好生态旅游吗？笔者不清楚这个“规划”在调研、编制、论证过程中是否有相关部门和专家的参与，在旅游媒体的报道中也没有提及这一点。

早在2009年国务院《关于加快发展旅游业的意见》就指出，“大力推进旅游与文化、体育、农业、工业、林业、商业、水利、地质、海洋、环保、气象等相关产业和行业的融合发展”。

为此，2010年国务院办公厅又专门下文《贯彻落实国务院“关于加快发展旅游业意见”重点工作分工方案》，对发展旅游业中部门合作作了明确、具体的规定，如“支持有条件的地区发展生态旅游、森林旅游、商务旅游、体育旅游、工业旅游、医疗健康旅游、邮轮游艇旅游（旅游局会同有关部门负责）；合理确定景区游客容量，严格执行旅游项目环境影响评价制度，加强水资源保护和水土保持（旅游局、环境保护部、住房城乡建设部、林业局、文物局、海洋局、水利部负责）"。近几年来，国务院曾发布过十多个关于发展旅游业或与旅游业相关的文件，无不提到部门合作。国家旅游局与农业部、林业局和海洋局等也曾签署过合作协议，但是为什么在制定这个涉及众多部门的全国性规划时，偏偏又忘了这些文件与协议呢？

近两年来，"旅游+"是旅游界说得很多的一个口号和方针，甚至被说成是一个"理论创新"。有专家在阐述这一点时写道："'旅游+'是以旅游业为主体和主导的'+'，'旅游+'的本质实际是相关产业和领域发展的旅游化"，并由此断定"已经从利用相关资源的'+旅游'，跨越到以旅游为主导的'旅游+'新时代"，道破了提出"旅游+"的本意：是为了实现以旅游为"主体和主导"一个"新时代"，是要把"相关产业和领域发展旅游化"。这个《规划》的编制和印发，就是体现"旅游+"的一个例子。

生态旅游资源和环境的保护、利用和开展是一项综合性、专业性和技术性很强的社会系统工程，既要遵循生态系统保育规律，又要符合旅游经济运行规律，融自然生态演绎与经济生态变迁于一体，才能实现生态优化与经济增长互相促进、同步推进。按理说，发展生态旅游发展最需要"+旅游"与"旅游+"的结合。以我国行政体制的框架而言，以上到下各类生态旅游资源的主管部门是国土资源部、城乡建设部、环境保护部、林业局、海洋局、农业部和水利部等，它们对各类生态资源与环境最了解，在如何严格保护和适度利用这些资源科学开展生态旅游上最有发言权。

在这些领域开展生态旅游，旅游局必须与相关部门密切合作、虚心求教，主动做好协助与配合工作，得到这些部门的理解与配合，从而发挥指导与协调作用。不用回避，由于部门职责与专业背景的不同，在如何开展生态旅游上，相关部门与旅游部门及专家在理念与对策上有差异，甚至有争论。其实，正是这种差异、争论和由此形成的某种制约，对于合理、适度、持续发展旅游在根本上是有益的。旅游局或其他相关部门单独进行，都不利于生态旅游的健康发展。

本文一开头曾说，就其内容层面而言，这个规划"什么都不缺"；但是从其制订与执行层面而言，独缺了"部门合作"这个关键词；而没有"部门合作"，"产业融合"也容易落空。试想，如果这个规划是由发改委牵头，旅游与国土、建设、环保护、林业、海洋、农业和水利等部门与专家共同编制、联合发布，它的科学性、权威性、可行性也许会强一些。当然，这样做可能在编制过程中"扯皮"多一些、时间长一些，但这样"磨合"形成的规划，也许就会有很大的实践价值。

度假区发展方向

从单一观光到复合型，观光旅游出人气，休闲度假出财气，文化旅游出名气；乡村休闲跟进，商务休闲主导，特种旅游补充。

一、市场对应与发展

（一）市场对应与项目发展，怎么丰富

一般而言，项目越丰富吸引力越大，但是深入来看，里面就产生了一些问题，是不是越丰富越好？因为越丰富成本越高，成本怎么把握？并且这些项目在不断地变化，比如两年以后这个项目要淘汰了，淘汰了怎么办？所以必然就涉及这类的问题。这类问题实际上就是一个怎么具体把握的问题。我为什么看重户外运动项目？户外运动项目投资小、品种丰富、变化快，过两年不适应市场需求了就要换，因为投资量小所以掉头快，如果上来就是主题公园那种格局，那想改是改不了的。

（二）度假产品与要素，多还是少

有一些基本要素，这是必须有的，没有就不叫度假产品，但是其他要素怎么办？尤其很多度假区，现在高尔夫球场不让搞了，那么就研究其他的，搞一个马场行不行？反正总是有富人，富人就追求高端，追求时尚，做一个马场也不错，或者不搞马会，搞一个飞行会，专门玩低空飞行这类东西，这个吸引力是最大的。

（三）竞争的激烈，如何突出特色

这种竞争一个是国际竞争，尤其是我们周边一些地方的竞争。第二个就是国内竞争，国内现在一说这么多度假区了，哪个度假区因为它的特色能让我们记得住？我真是想不起来。有的是有历史积淀，比如说一开始 12 个，基本都叫有历史积淀，有的是产品创新，但是多数想不起来。

（四）重资产与轻资产，如何运作

一个度假区的建设，从一开始必须研究资本运营。里面有一部分叫政府，或者叫政府平台公司，实实在在的投入，因为做基础设施，不能指着投资商做，必须得政府做。但是这些重资产怎么化解？那就是二次招商，通过二次招商，土地升值逐步得到化解。另外一种更重要的化解方式，就是形成一种轻资产、高成长、网络化的模式，在资本市

场化解。

二、战略目标

打造成为河南一流、国际知名的时尚休闲度假区。河南一流：一流格局山水城，一流环境遍城乡，一流模式超前越，一流品质人人夸。国际知名：经济依托，个性化表现，差异化格局。时尚休闲度假：新区域，新产业，新发展。

三、总体思路

以后工业化视角，挖掘前工业化资源，利用工业化成果，创造超工业化产品，对应变化中的市场。传统观光旅游，是工业化模式，休闲度假发展，追求后工业化模式。超越时代看时代，超越旅游说旅游，超越项目论项目。天下第一玩，河南第一闲。转型升级是必由之路，产品转型：单一到复合，体系化；发展升级：粗放到精品，层次化；产业构建：跨界融合，全面拉动；全区推动：提升品牌，促进完善。总体格局：度假深化，中心；都市发展，时尚；文化休闲，独特；商务休闲，完善。提质发展是强区之基，争取领先：公共环境，公共设施，公共产品，公共服务。精品酒店，精品娱乐，精品设施，精品服务。精品不是奢华，效率，个性，便捷，舒适。差距偏大，全面提升。

四、度假区建设方略

（一）建设要求

1. 理念：强化提升环境，强化要素，增加吸引力，原生态着眼，次生态着手，泛生态着力，深生态着魂，以人为本。

2. 规划：引领市场需求，形成市场品牌，建设产品体系，形成服务体系，培育产业体系。

3. 布局：云布局，大分散，小集中。

4. 建筑：有特色，成体系。

5. 文化：有当地文化内涵、文化元素和文化符号。

6. 设计：隐、藏、贴、揉、融、特；近林，亲水，留白。

（二）生态推进

生态旅游，是遵循可持续发展的原则，依托自然生态系统以及与之共生的人文生态系统，追求人与自然和谐的高级旅游形态，是现代社会发展的必然需求和产物。作为一种发展理念，生态旅游是指在旅游活动全过程及旅游经营管理的各环节，均以生态保护为首要原则，突出环境责任、社会责任和文化责任，强调天人合一，追求可持续发展；作为一种旅游产品，生态旅游主要是指采用生态友好的方式，为消费者提供高质量生态体验的服务和要素组合；作为一种旅游活动，生态旅游是指到具有生态价值的地区，用生态友好的方式，体验生态之美的行为。

立足大旅游。不能把生态旅游仅仅局限在符合一定标准和条件的特殊旅游区域或产品，还要扩展应用到旅游产业的各个要素、各个环节和旅游活动的全过程，以最大限度地提高旅游的生态友好程度。立足大生态。不能把生态旅游对象仅仅框定为原生态或单纯自然环境，还要拓展到与自然生态共生的人文生态，进一步将生态恶化区域作为生态旅游的体验对象，以更加充分地发挥生态旅游的教育、警示和督促作用。立足大市场。不能把生态旅游仅仅限定为少数人、少数区域的旅游，体验生态、享受生态是人类的基本权利，只有面向大众、服务大众、教育大众，才能真正使环境安全意识和生态保护意识落到实处，产生实效。

充分利用优势，创造品牌，形成产品，产生吸引力。

（三）文化休闲

文化覆盖各个方面，深入挖掘，研究主题，推进文化建设。历史价值、考古价值、科研价值与审美价值、休闲价值、市场价值要区分，让历史变得时尚，让文化变得可亲让自然可以接触，让休闲融入生活。

（四）度假房地产

以度假诉求为主体的房地产项目，是复合型度假产品。特点：异地休闲，停留较长，自由性强，复游率高，家庭方式，持有者多。土地：浅山丘陵最佳，水地、沙地、平地、坡地、山地。度假房地产，这是我们河南的一个特点，严格地说，全世界一流的度假区，比如说墨西哥的坎昆、巴厘岛等地区这些没有房地产的概念。但是到了法国的蓝色海岸、澳大利亚的黄金海岸，度假房地产就出来了。澳大利亚黄金海岸是日本人过去开发的，所以这套模式我们很接受。这样的话，度假房地产在河南的度假区里现在变成一个必备的要素了，有的甚至是主体要素。

（五）运营综合分析

选址与布局，选址各安其位，布局各定其位，形成聚集发展，突出级差效益，保障大众需求。运营区分：开发商：销售性物业和持有性物业。购买者：投资、使用、混合。销售，基本方式；衍生分期销售，租赁，重要方式；衍生分期租赁。底线行业不亏损，中线达到平均利润率，高线创新形成超额利润。从发展角度来看，发展的前景是有的，但是具体到每个具体项目，如果我们还拘泥于原来这种景区式的开发，或者拘泥于房地产式的开发，这肯定不行。

总体来说，实事求是，把项目做好，就会有相应的发展。也不是说别人做了我们就要学，能把自己的特色做出来，会有很好的前景。

土地流转与田园综合体

一、主平台

党的十九大报告指出，实施乡村振兴战略，建立健全城乡融合发展体制机制和政策体系，加快推进农业农村现代化；深化农村土地制度改革，构建现代农业产业体系、生产体系、经营体系，发展多种形式适度规模经营，培育新型农业经营主体，促进农村一、二、三产业融合发展。

土地流转是“深化农村土地制度改革”和“发展多种形式适度规模经营”的前提和主抓手；

在深入推进农业供给结构性改革，加快培育农业农村发展新动能的新阶段，土地流转和田园综合体建设理应成为乡村振兴战略的主抓处与主平台。

美好的“田园”是我国古代人们向往的理想空间。农村是我国传统文明的发源地，乡土文化的根不能断，农村不能成为荒芜的农村、留守的农村、记忆中的故园。

实施乡村振兴战略，让农业经营有效益，让农业成为有奔头的产业，让农民成为体面的职业，让农村成为安居乐业的美丽家园，必须着眼于“新田园时代”背景，在城乡融合发展中创造“现代田园”。关键平台就是“田园综合体”。

2017 年《中共中央、国务院关于深入推进农业供给侧结构性改革 加快培育农业农村发展新动能的若干意见》首次提出了“田园综合体”这一新概念，“支持有条件的乡村建设以农民合作社为主要载体、让农民充分参与和受益,集循环农业、创意农业、农事体验于一体的田园综合体,通过农业综合开发、农村综合改革转移支付等渠道开展试点示范”。“田园综合体”是培育新型农业经营主体，促进农村一、二、三产业融合发展的支撑和主平台。

这是加快推进农业供给侧结构性改革,实现乡村现代化和新型城镇化联动发展的一种新模式,是培育和转换农业农村发展新动能,推动现有农庄、农场、合作社、农业特色小镇、农业产业园以及农旅产业、乡村地产等转型升级的新路径,具有广阔的发展前景。

二、论点

（一）田园综合体将成为城乡一体化的新支点和新引擎

中央城市工作会议指出，“我国城镇化必须同农业现代化同步发展,城市工作必须同‘三农’工作一起推动,形成城乡发展一体化的新格局。”

中央农村工作会议指出，“一定要看到,农业还是‘四化同步’的短腿,农村还是全面建成小康社会的短板。中国要强,农业必须强；中国要美,农村必须美；中国要富,农民必须富。”以城带乡、以工促农、形成城乡发展一体化新格局,必须在广阔的农村地区找到新支点、新平台和新引擎。具有多元集聚功能的田园综合体恰好成为实现这一目标的优良载体。

也就是说,田园综合体将成为实现乡村现代化和新型城镇化联动发展的一种新模式。

（二）田园综合体将成为农业供给侧结构性改革新的突破口

近年来,我国将农业供给侧改革作为转化“三农”发展动能的主要抓手,进行了多项改革尝试,取得了一定效果,积累了良好的基础,特别是在“提质”和优质农产品供给方面,取得了较大突破。

下一步,如何将现有改革项目集聚、联动,形成精准发力、高起点突破的新引擎,在进一步“提质”的基础上做到“增效”,让农民充分受益,让投资者增加收益,将是“三农”领域改革面临的新挑战。

田园综合体集循环农业、创意农业、农事体验于一体,以空间创新带动产业优化、链条延伸,有助于实现一、二、三产深度融合,打造具有鲜明特色和竞争力的“新第六产业”,实现现有产业及载体 (农庄、农场、农业园区、农业特色小镇等) 的升级换代。

（三）田园综合体将成为新农村建设的新样本

我国农村幅员辽阔,要实现“农村美、产业兴、百姓富、生态优”的综合效益,应该选择聚居模式。但以往部分地区“赶农民上楼”的聚居模式,并不能满足广大农民的宜居愿望,也不符合中国乡村自古以来的田园居住特色。

依托田园综合体,可以探索多元化的聚居模式,既保持田园特色,又实现现代居住功能。借助聚居功能,田园综合体也将成为实现城乡基础设施和公共服务均等化的最佳空间。

（四）田园综合体将成为高端人群集聚地

在我国现代化发展较快的地区,作为主要潮流的城市化,和非主要潮流的逆城市化是共同存在的。特别是在沿海发达城市,逆城市化的主要群体是高端人群。可以预见,在较为发达的城市,郊区化现象将进一步扩散。而中国人传统的“田园”情结,也将吸引越来越多的人住在郊区、回归田园。

（五）田园综合体将成为农民脱贫新模式

精准扶贫最重要的是赋予农民及其从事的产业自主“造血”的功能。田园综合体集聚产业和居住功能,让农民充分参与和受益,是培育新型职业农民的新路径。

各种扶贫政策和资金,可以精准对接到田园综合体这一“综合”平台,释放更多红利和效应,让农民有更多获得感、幸福感,让“三农”有可持续发展支撑,让农村真正成为“希望的田野”。

总之,田园综合体将推动农业发展方式、农民增收方式、农村生活方式、乡村治理方式的深刻变化,实现新型城镇化、城乡一体化、农业现代化更高水平的良性互动,奏响“三农”发展全面转型、乡村全面振兴的“田园交响曲”!

三、主抓手

土地问题依然是“三农”发展的关键问题。党的十九大报告指出,完善承包地“三权”分置制度,保持土地承包关系稳定并长久不变,深化农村集体产权制度改革,保障农民财产权益。

近年来,在农村土地制度改革领域,一项最具活力的改革举措是“土地流转”。乡村振兴战略必须建立在土地流转机制不断完善的基础上。当前,农村土地流转面临着多种机遇叠加。

根据住建部等9部门联合印发《关于在人口净流入的大中城市加快发展住房租赁市场的通知》,按照国土资源部、住房城乡建设部的统一工作部署,超大城市、特大城市可开展利用集体建设用地建设租赁住房试点工作。这一探索,为农村土地流转创造了新的机遇。

党的十九大报告进一步明确,坚持“房子是用来住的、不是用来炒”的定位,加快建立多主体供给、多渠道保障、租购并举的住房制度,让全体人民住有所居。可以预见,随着“租购并举”的推进,城市郊区以及处于郊外交通节点上的农村集体土地流转,将迎来重大利好。

国土资源部提出,深度贫困地区开展城乡建设用地增减挂钩,可不受指标规模的限制,增减挂钩节余指标可在东西部扶贫协作和对口支援省市范围内流转。

党的十九大报告进一步明确,坚决打赢脱贫攻坚战,动员全党全国全社会力量,坚持精准扶贫、精准脱贫,深入实施东西部扶贫协作,重点攻克深度贫困地区脱贫任务,确保到现行标准下农村贫困人口实现脱贫,贫困县全部摘帽,解决区域性整体贫困,做到脱真贫、真脱贫。可以预见,随着扶贫攻坚的推进,农村土地流转的广度和深度都将迎来新的转变。

田园综合体将成为乡村地产转型的强大动力。乡村地产经过长期的探索和创新,积累了一定能量,但也进入了“瓶颈期”,土地供应机制、开发模式、营销渠道等都面临转型。

田园综合体包含新的农村社区建设模式,同时,田园综合体在土地盘活机制、建筑特色、适宜人群等方面将有一次飞跃式的变革,借助这一载体和平台,乡村地产将寻找到新的发展“蓝海”。

总体来看,乡村振兴战略实施和田园综合体建设,必将带来农村土地的规模化流转,使土地流转进入新时代。而土地流转机制的盘活、规范的建立,又将进一步增强农业经营主体的积极性和创造性,促进“三农”发展迈上新台阶。在“新田园时代”探索土地流转的新思路、新方法,是政府和市场面临的共同课题。

休闲农业的新机遇

一、新机遇

充分发挥乡村各类物质与非物质资源富集的独特优势，利用“旅游+”“生态+”等模式，推进农业、林业与旅游、教育、文化、康养等产业深度融合。

2016 年，国家连续出台了“旅游+教育”“农业+旅游”“文化+旅游”“旅游+体育”“中药养生+旅游”等多种形式的乡村旅游模式，而且对于各类旅游模式从用地、金融、财税、基础设施建设多方面给予了大力的支持。

未来乡村旅游的经营者可考虑结合周边的学校、小区、现有旅游资源、特色文化等方面进行深度开发，挖掘能够与休闲农业深度融合的方式。例如，在农庄内不定期开展各项特色民俗活动、传统节庆活动、体育运动竞技、研学游学活动、传统文化活动，增加农庄的活跃度和人流量。

休闲农业、乡村旅游的经营者还要注意一个词：生态。生态不仅仅是绿色健康，而且包括注重生态环境的保护，尽量保留原貌与原生态。同时乡村旅游经营者可关注生态修复方面的优惠政策，例如可以选用废弃地、荒地进行农庄的建造，选用废弃的秸秆等材料作为建筑用材和农庄景观小品的打造。

丰富乡村旅游业态和产品，打造各类主题乡村旅游目的地和精品线路，发展富有乡村特色的民宿和养生养老基地。

这一条是对各地政府的要求，要求各地方的旅游局、农业局、交通局等各相关部门结合乡土特色、地域文化、旅游景点分布这些特点，打造乡村旅游基地和路线。

乡村旅游经营者可趁此机会选择某一主题，让自己的农庄成为主要精品旅游线路上的一处景点。对特色民宿和养生养老基地，一定注意不能单纯做成农家乐和简单的养老院，而应是一方面体现民宿的特色，另一方面与民俗和活动相结合，养生养老基地就要注重环境和老人的身心健康方面的规划和活动策划。

鼓励农村集体经济组织创办乡村旅游合作社，或与社会资本联办乡村旅游企业。

2016年的《中共中央、国务院关于深入推进农业供给侧结构性改革 加快培育农业农村发展新动能的若干意见》以及当年下发的促进休闲农业发展的各项文件里都提到过创办乡村旅游合作社，各地也陆续注册了一些乡村旅游合作社，如田园农家乐专业合作社。

多渠道筹集建设资金，大力改善休闲农业、乡村旅游、森林康养公共服务设施条件，在重点村优先实现宽带全覆盖。

二、休闲农业项目立项与调查

（一）论证与立项

在开发项目上马之前，邀请有关专业机构进行科学的可行性论证，综合分析农业旅游资源条件、交通区位条件、居民的收入消费水平和市场需求。请休闲农业规划设计机构制定休闲农业规划设计的工作方案。

（二）组织规划设计队伍

休闲农业规划设计队伍可由生态学、农业、园林、土地规划利用、环境保护、地理、旅游经营管理、社会学、人类学、建筑工程等方面的专家和政府官员，并积极吸收当地社区公众参与，通过分工，明确各自承担的任务和职责。

（三）提出规划设计任务书和大纲

规划设计任务书主要内容包括：设计区的基本情况、所需技术资料和图件资料、专业系统、工作的主要内容，以及时间安排和经费预算等。

（四）资料收集与分析研究

首先商请相关部门（农业、旅游、林业、园林、城建、环保、交通、通信等）提供所需的相关资料，然后进行二手资料的收集与分析研究，尽可能利用原有的旅游、生态、环境调查资料以及地方志和相关资料，从中发掘有价值的内容，找出一些存在的问题。

（五）实地调查研究

完成资料收集与分析研究后，设计组必须到设计区实地考察，特别是对有较大开发价值的景区、景点的资源、环境及社会、文化、经济等状况的考察，并进行记录、拍照和摄像。

三、休闲农业项目评价与规划

旅游地“文脉”分析

“文脉”指的是旅游地的自然地理基础、历史文化系统、社会心理沉淀、经济发展水平的四维时空组合，是一个地区旅游发展的基础。在休闲农业规划时，要认真把握其“文脉”特色，既考虑与“文脉”相顺应协调，也可突破“文脉”出奇制胜。

旅游资料及可持续性评价

对资源进行调查的基础是，根据休闲农业市场的需求特色，着重评价资源的特质、价值与功能、规模等级、地域组合特点及环境的容量等，明确资源的吸引向性及开发利用形式。

确立旅游地的性质和发展方向

应根据规划设计区域的自然风光特色、农业基础、风土人情等，对休闲农业园区进行性质定位，以确立该区域的主要发展方向。

旅游形象的策划

根据市场导向与资源导向相结合的原则，在维持其生物、景观、物种多样性和资源利用的可持续性的前提下，确定休闲农业园区的功能地位和开发建设主题，构建整个休闲农业园区的旅游形象，围绕该主题形象进行旅游规划设计。

拟定总体规划设计方案

主要包括规划设计思路，空间总体布局、功能分区、环境容量、生物多样性及环境保护等设计。在进行规划设计时，既要考虑总体空间布局的和谐统一与突出主题，更要考虑功能分区，避免旅游活动对资源和环境产生破坏，同时为了分流游客，使资源能优化利用。还要对各功能区进行敏感性分析，测算其容量，以保护生物多样性和环境。

对各功能区的开发建设和项目进行规划设计

各功能区的规划设计既要与整个区域的旅游形象相协调，并有助于主题形象的凸现，同时还要突出各功能区自身优势与特色，发挥各功能区的功能与作用。

对专题活动项目及特色的规划设计。休闲农业园区必须有自己的特色相适应的专题旅游活动项目，如 xx 花节 (会)、观 xx 节等，以形成一定的声势和影响，提高知名度和影响力，促进休闲农业的进一步发展。

对分阶段实施项目及目标的规划设计

出于对休闲农业资源和环境保护的需要、开发建设筹措资金的需要，也为了旅游地不断推出各种旅游产品，延长旅游地的生命周期，需要制定分阶段实施的项目及目标。

提出可持续发展管理对策

如生态环境教育管理、有效的管理方式、方法与技术，政策上的引导、经济上的调控等。

形成规划设计文本及图件

在规划设计中，可能会形成多种方案，应根据区际关系、内部关系、方案的可操作性、效益等方面进行对比，筛选出最佳方案，必要时召开专家咨询会，集思广益。

四、项目实施与管理

规划设计文本及图件的修改与审定

对提供的规划设计文本及图件先在旅游地内部进行意见征询或初审，邀请主管领导、各相关部门及有关专业人员发表意见，根据意见对其进行修改，然后提交专家组评审，再根据专家组意见进一步修改、完善，形成最终文本及图件，报请相关部门批准后实施。

资金筹集

由于受资金条件的限制，加上缺乏合理的规划和引导，不少休闲农业园区创新很少，功能设计简单、重复，缺乏特色和吸引力。因此，项目资金有限多往往影响到项目的前期创意规划及后期实施，而多渠道筹集发展资金则是休闲农业开发的核心问题。项目方有必要求助于“兆联投资顾问”等有经验的融资策划公司。

增加政府导向性投入

当地政府应通过先期投入和引导投资，营造良好的客观环境，为多元化投资创造条件。

开辟多元投融资渠道

社会化投入和多元融资是休闲农业纵深开发的重要途径和市场经济下旅游产业发展的必由之路。调动全社会的力量，走社会开发旅游、社会办旅游的路子；利用股份有限公司为载体，通过增资扩股等资本营运方式，吸纳各主要景点为战略伙伴，最终组建旅游开发股份有限公司，达到上市目的，筹集巨额资金，进行深层次的开发；采取“筑巢引凤”的方法，吸引国内大公司、大企业、大集团的投资。

建立休闲农业发展基金

通过专业旅游投资基金管理公司的规范运作，为居民开辟新的投资渠道，扩大休闲农业开发项目的资金来源。从旅游企业的营业收入中收取一定比例的经费来建立旅游发展基金，所收经费在成本费用中列支。旅游发展基金征收的范畴、方式和数额根据各地情况而定。经费主要用于市场开发、促销及调研，旅游产品的开发和行业组织活动，资源开发导向和激发，旅游人力资源开发。

五、休闲农业项目土地流转与使用

严格控制休闲农业土地农转非的审批

目前各地在建设休闲农业项目时，对土地非正常利用的情况比较严重，主要表现为：随意改变土地的使用方向，导致休闲农业土地的非农化倾向非常突出；大片土地被休闲娱乐用地、住房用地、停车场地、交通用地等非农设施占用，导致大量耕地被改变了使用方向，造成对农业可耕地的“蚕食”。

根据目前土地农转非审批上存在的问题，有必要采取以下措施：

在宏观上对可耕地转为非耕地数量实行指令性的指标控制，用绝对指标进行遏止；在项目建设之初，进行可行性研究和规划设计时，土地管理部门就制定耕地与非耕地的比例范围，从源头上遏止可耕地数量的减少。

建立健全耕地占用的补偿机制

对耕地占用数量进行直接对等补偿，即占用多少耕地就通过开垦和复垦取得同等同质的耕地作为补偿；如不具备直接对等补偿条件，可通过交纳土地作业税和土地补偿费等形成耕地占用的补偿占用基金，用于土地后备资源的开发与现有耕地的改良。积极推进农村社会保障体系的建设，为农民解除农用土地转让的后顾之忧；加快解决农村剩余劳动力的转移问题，促进农用土地的合理流转。

积极探索实现土地流转的途径

采取动员、启发、开导、典型示范等方式，鼓励当地农民积极参与休闲农业开发。在景区开发和配套工程的建设中，可采取“土地入股”“劳动入股”的方式来进行，通过农民的土地和劳动投入转化为资金投入，在旅游业产生经济效益后，凭股份参加分红，从而提高农民参与旅游开发的积极性，并使他们在旅游开发中获得更大的收入份额。

整合休闲农业

能将休闲农庄与乡村旅游和有机农产品销售相结合，就成为绝佳的农产品销售商业模式。然而这该如何运作呢？近年因食品存在很多不安全问题，导致城市中的人想购买安全的农产品，但是因为尚未建立有效的农产品认证体系，使得农民生产的优质农产品，不能获取合理利润，城市居民也难以买到确定安全的有机农产品。于是能将休闲农庄与乡村旅游和有机农产品销售相结合，就成为绝佳的农产品销售商业模式。然而这该如何运作呢？

一、把有机农产品定义为食材

某些产业搬到城外反而做不起来，但有几个产业是可以做到的，如旅游、公园、寺庙、餐饮等。这些都能突破空间限制，我们经常看到大家愿意花一到一个半小时的车程出去享受这样一种生活或文化。餐饮是少数可以突破空间限制创造人流的产业从这个意义上，我们能把餐饮和农产品结合，因为餐饮主要内容正是在消耗农产品。即使休闲农庄与乡村旅游园区地理位置较偏，但是做餐饮或餐饮聚合，对农产品价值的挖掘，就能帮助我们创造出人流，来完成第一级最大的效应。

二、特色餐饮

休闲农业与乡村旅游开发出特色餐饮后，仅仅只有餐饮仍然不够。

这是因为餐饮收益是不高的。餐饮应该还可以成为有机农产品销售的出口。也就是说我们以餐饮为基础，顺势销售合作社或休闲农庄产品。让顾客在吃饭的时候，可以体验实材的特殊性。然后在旅游地与休闲农庄里产生诱惑力，促使顾客乐意去问去找去买他想要的东西。这样也就创造出农产品的第二级效应，成功地把休闲农业与乡村旅游地的餐饮，上升到体验体系。

三、休闲农业与乡村旅游的最大价值

休闲农园与乡村旅游园区最重要的，就是如何创造出平台，满足不同游客的休闲体验需求。这就是休闲农业与乡村旅游的最大价值。为什么城市消费人群会喜欢休闲农庄与乡村旅游的生活，正是因为能满足现代城市人的生活兴趣，这点我们可以根据不同农产品生产过程，设计丰富有趣的农事体验活动，让休闲农庄与乡村旅游园区成为城里人经常去活动的体验基地。通过体验，城里人就能切身感受到有机农产品的生产过程，理解不同农产品的基础知识，接受有机农产品经营者的生产经营理念，成为休闲农庄与乡村旅游园区的忠实有机农产品消费群。

四、创造渠道

“休闲农庄+园区美食+农事体验活动”创造人流，更创造有机农产品的销售渠道。

围绕食材创造出的商业人流，就可做有机农产品销售。这个商业模式对促进有机农产品的销售是相当有利的，或者说反过来又可促进休闲农业与乡村旅游经济的发展。通过这四个面向的努力结合，农产品生产者较能实现优质优价。就是如何把休闲农庄与乡村旅游园区，进一步上升成为城市消费者进行有机农产品的体验基地，又再进一步变成农产品销售渠道体系，更进一步变成有机农产品电商的线下体验基地，并上升到休闲农业与乡村旅游的休闲旅游中心。

以上这四大要点，正是有机农产品销售背后的战略选择，较易成功获利，可作为参考。

精准定位休闲农庄农业产业的盈利模式

休闲农业赚钱的门与道因农庄不同而不同，目前农庄的主题经营模式多种多样，如养生度假主题农庄、休闲主题农庄、生态主题农庄、健身主题农庄、教育主题农庄、体

验主题农庄、红色主题农庄、亲子主题农庄等。

很多农庄将赢利点定在了餐饮、客房、休闲娱乐活动项目上，其结果是赚钱的少，亏本的多，因此我认为无论何种主题农庄，农业产业才是农庄赢利的门与道，凡有将农业产业作为支撑的农庄其发展潜力都比较大，农庄成长潜力才会大。

如何找准休闲农庄农业产业的赢利模式？

一、生态农业是农庄赚钱的基石

农业历经原始农业、传统农业阶段，发展到科技农业，不仅提升了土地的产出率、劳动产出率、农业产出量，也带来了土壤板结、化肥农药施用过量、环境污染等问题，因此，重视生态、保护环境成为社会的共识。

农庄发展生态农业有多种表现形式，既可以是稻田养鱼、养鸡、养鸭，林粮、林果、林药间作的立体种植模式，也可以是农林牧结合、粮桑鱼种养结合等复合生态系统模式，或者是有机废物多级综合利用模式，这些都为生态农业创造了高效益，保证了资源的持续利用。发展生态农业是休闲农庄赢利的基础。

二、农产品加工是农庄赚钱的途径

农庄发展农产品加工业，可以促进生态农业基地的建设，延长农业产业链条，有利于提高农业综合效益，因此，农庄应提高农产品及加工制品竞争力为着力点，整合资源，重点突破，大力推进，实现由初级加工为主向高附加值的精深加工为主转变，由资源消耗型向资源节约型转变，推进农产品加工原料生产基地化，产加销经营一体化，加工制品优质化。

对农庄来说，农庄与相对经营利润率高的加工业融合，结成“鱼离不开水、水离不开鱼”的鱼水深情，产生的价值和作用很大。

三、农业创意是农庄赚钱的门窗

由于农业技术的创新发展，以及农业功能的拓展，休闲农业借助创意产业的思维逻辑和发展理念，有效地将科技和人文要素融入农业生产，进一步拓展农业功能、整合资源，把传统农业发展为融生产、生活、生态为一体的现代农业，更显示了颇为时尚的创意产业对“老土”产业的融会贯通！

四、农业体验是农庄赚钱的门径

休闲农庄体验，最直接的表现是农业采摘园火热的场景。虽然同样的蔬菜和水果，自己采摘的价格要高于市价，但人们仍在享受着采摘的乐趣。在消费者对放心农产品日趋关注的背景下，很多人都希望参与到农业的生产过程中，见识农业的生长，体验农业劳动的辛苦，分享农业收获的幸福。

市民们租用农庄的小片土地，利用节假日到农庄劳动或委托农庄代为劳动，尽管产出的农产品成本远远高于市场销售的同类农产品价格，但品尝到自己经手的农产品总有种特别的幸福感，体验劳动过程本身也能获得别人无法感知的快乐。

五、农业品牌是农庄赚钱的门槛

农庄首先要练的“武功”是品牌。这是消费者对产品的美好联想和记忆，是生产者信誉的标识和背书。以往说，酒香不怕巷子深，而现在则是酒香也怕巷子深，不仅工业需要品牌，农庄与农产品也需要品牌的打造。

实际上，由于农产品与土地质量和环境直接相关土地不可移动或创造，农庄与农业的品牌性质更为广泛，不仅需要企业品牌，还需要地区公共品牌。现代社会人们需求的多元化与高端人群对品牌的依赖度高，为农业品牌化提供了基础，品牌农业让农业甩掉了比较效益低的帽子，成为迎战市场的有力武器。

六、农业电商是农庄赚钱的渠道

电子商务在近 10 年间得到了飞速发展。农产品电商虽起步较晚，但由于农庄与新农人群体崛起，涉农电商也在蓬勃发展，农产品网络销售有了更多的尝试和创新。电子商务可以让品牌农产品传播更快、更广，购物成本更低，农产品的派送更为方便和直接，创造更多利润。搭电商快车，如同给农产品营销插上飞翔的翅膀，不仅拓宽了农产品销售渠道，更推动了现代农庄产业的高速发展。

乡村振兴的样本

十九大重要报告提出实施乡村振兴战略。乡村的振兴，需要更多新业态、新模式、新运营的加入，而田园综合体模式集现代农业、休闲旅游、田园社区等要素为一体，与之不谋而合，是积极探索的一个可操作样本！

农业、农村、农民问题是关系国计民生的根本性问题，“三农”工作始终是党和政府的重中之重。基于中国特色国情，要解决三农问题，一产和三产是主要抓手。

一、现代农业是田园综合体模式的基础产业

现代农业，是田园综合体模式中最重要、最基础的产业，如果田园综合体中没有现代农业，那么这种“田园综合体”就只是“农家乐”。田园东方通过成立农业公司，用企业化思维与农村合作社、农业生产企业、农业服务企业、农户、职业农民多层级合作，建设以现代农业产业园为代表的各类农业形态，切实提高项目地农业中单位面积作物的科技效益、产出效率、市场效率，保障农业组织和农民在农业方面取得更好收益。

田园综合体中的农业，包括现代农业生产型产业园休闲农业、CSA 社区支持农业。

这些现代农业不同类型的表现，首先保证了农产品量的产出，与十九大报告一再强调的“确保国家粮食安全，把中国人的饭碗牢牢端在自己手中”精神相吻合；其次不同形态的现代农业类型，可以让农民根据自己可使用土地面积和性状自由选择与项目的合作方式，为农民拓宽收入途径和增加收入提供了可能。

未来将着力拓宽田园综合体模式以构建现代农业产业体系、生产体系、经营体系，完善农业支持保护制度，发展多种形式适度规模经营，培育新型农业经营主体，健全农业社会化服务体系中的作用，实现小农户和现代农业发展新型生产关系的有机衔接。

二、乡村旅游是促进城乡融合的重要产业

十九大报告中提出要建立健全城乡融合发展体制机制和政策体系。大力发展乡村旅游，是实现城乡融合，促进生产要素在城乡之间自由流动的有效方式。

根据十九大最新精神，农民第二轮土地承包到期后再延长三十年。政策层面的新举措，对田园综合体模式中的休闲旅游产业来说，是一个重大利好，也给流转土地的农民和承包土地的企业吃了一颗定心丸。稳定的土地使用权的保障，可以让企业有更多施展的空间。

土地承包年限延长，在土地上可以做更多更长远收益的休闲旅游项目，地面的经营价值相应增长。对企业来说，可以大胆进行一些长效休闲度假项目建设，摒弃短视和急功近利的做法，从而取得更大的收益。对农民来说，流转土地年限的增加，最直接的是可以增加土地承包费用的收入。因为经营收入的增加，农民在未来将获得更多红利。

三、田园社区留住“美好生活”和“美好田园”

美好的田园是我国古代人们向往的理想空间也是现代人割舍不去的精神原乡。农村是我国传统文明的发源地，乡土文化的根不能断，农村不能成为荒芜的农村、留守的农村、记忆中的故园。田园东方提出的新田园主义“乡朴美学”，正是这种人文思想、精神家园的表达。

要实现“农村美、产业兴、百姓富、生态优”的综合效益，离不开美好的居住环境、完善的基础设施和公共服务；美好田园的留守更离不开“乡朴美学”，结合项目在地风土人情，修建乡朴美观的建筑，实现建筑和风貌的和谐共生。

田园综合体模式下的田园社区致力于让农村成为安居乐业的美丽家园。田园社区为原住民提供现代化并实用的新居所，为新住民提供城市生活中体验不到的乡村小筑，为游客提供舒适有风情的度假酒店。而这三类建筑、这“三个人”，并没有被割裂，而是同处与一个有着乡村美感的田园社区，同时享受完善的基础设施和周到的公共服务。

田园综合体开展田园社区建设不局限在硬件和保障设施方面，更体现在“三个人”的精神文化生活。以无锡阳山田园东方为例，项目特别注重打造文化生活业态，例如田园大讲堂、田园生活馆、拾房书院、拾房市集，拾房手作、拾房咖啡等，并定期举行田园音乐节、拾房夜话、田园大篷车等丰富多彩的文化活动，保留原乡文化乡愁的同时，注入现代文化元素，有效提升了原住民、新住民和游客的文化生活水平。

休闲农庄的引爆点

受益于休闲农业与乡村旅游相关政策，全国各地似乎迎来了休闲农业的风口，各类农业园区、采摘园区、休闲农庄等大量涌现。在竞争激烈的休闲农业领域，如何让农庄项目脱颖而出？如何让新项目一鸣惊人？

一、互联网思维

互联网思维下的产品自带媒体属性。有互联网思维的企业组织一定是扁平化的，对于农庄来说，农庄是这个体系的出发点，也是终点，农庄联系其他的“商业点”越多，服务的脉络就延伸得越广，所覆盖的“用户”就越多越紧密，农庄的用户就是游客、消费者，在这个扁平化的构架中，把游客从“消费者”这个定位上再次升华，让游客成为分媒体、分销者、组织管理者甚至股东，打造完美的“用户”体验。

互联网视角即是基于用户体验、链接性、媒体属性三大特征进行思考，用最简单、最直接、最有效的方法解决用户的需求问题，从而打造完美的用户体验，让用户成为忠实的传播者。休闲农庄的开发可以从中吸取经验，找到游客最本质的需求，然后全力满足，为游客带来完美的旅游体验，以互动体验为纽带建立起游客与产品间的链接，让游客成为农庄的宣传者以后，引爆点就自然形成。

二、互联网视角下休闲农庄引爆点的找寻

找寻休闲农庄的引爆点，核心要找到市场中消费者的本质需求。用互联网的视角，就是要分析用户的痛点是什么，然后思考如何解决这些问题。并且通过产品实现深度链接、发挥自媒体属性，形成穿透性的影响力。那么，休闲农庄的消费者的痛点（本质需求）又是什么呢？总结包括以下几点：

1. 缓解都市生活带来的视觉压抑与心理压力。城市高楼林立的狭隘空间，给人们带来视觉上和心理上的压抑感，迫切需要生态的自然景观进行心理调和。

2. 回归田园生活，体验农耕文化。致力于探寻城市化发展丢失的原真田园生活以及传统农耕文明。

3. 追求绿色有机的健康生活。满足都市人对健康的渴求，包括健康的食材、健康的环境。

4. 满足私人活动的个性化需求。让消费者“拥有”一个属于自己的庄园，来满足亲子、聚会、团队活动等情感需求。

5. 向往乡村田园慢生活。在生态的田园中享受轻松慢生活，感受休闲农庄带来的愉悦体验。

三、互联网视角下休闲农庄引爆点的打造

（一）大面积种植农业景观，形成开敞空间，缓解消费者内心的空间狭隘感

种植超大面积、高观赏性的农业景观，给游客大范围的画面感，形成强大的视觉及心理震撼力，以缓和城市空间带来的压抑感。如日本青森县田舍馆村的“稻田艺术”大地景观，无不给人震撼感。

国内也采用同样手法吸引游客：如婺源油菜花、贵州百里杜鹃，无不吸引着大量游客；这种做法适合大型农业园区和广大乡村。但是，这种方法逐步同质化，再对“大景观”进行设计时，要进行艺术化处理，形成差异化的农业景观。如七彩梯田、八卦农园、数字农园等，大大提高了观光农业的品位。

（二）塑造农耕文化主题，打造特色文化体验，弥补传统文化缺失

相对于城市文化的丢失，乡村对于农耕文化、地方特色文化、节庆文化等传统文化保留得较好；开发农业庄园，传统文化是其独有的核心竞争力。

四、弘扬传统农耕文化

1. 要传承中华几千年的农耕文化，通过景观、展示、体验等方式呈现，可以增强休闲农业的吸引力。

2. 要融入地方特色文化，休闲农庄和乡村旅游本身有着非常强的地域性，融入地域文化，将会使园区形成地方特色。

3. 要利用主题农作物，开展农业主题节庆活动，如采摘节、桃花节、摄影节、南瓜节等。

五、创新农耕文化体验

运用现代农业高新技术来武装农业、改造农业的技术体系；满足现代农园的观赏性、新奇感、体验感和教育功能。比如无土栽培、太空蔬菜等，都是很好的题材，也吸引着大量游客前来观赏和学习。

（一）利用生态绿色环境，打造有机健康的生活体验

随着环境意识的加强，现代人对健康的渴求与日俱增；健康的食物、健康的生活环境，都深深吸引着都市人。休闲农庄提供的食物（蔬菜、肉食等），都是绿色的、有机的、味道好、品质佳、利健康的“放心菜”和“健康肉”。

同时，农庄可以让消费者拥有一块自己的小菜园，既可自己亲自劳作，又可委托管理，体会收获的喜悦。

（二）个性化的私人订制，满足消费者亲子、聚会、个人活动等的多样需求

田园诗里的田园梦印在了我们每个人的心中，我们都梦想着自己有一个庄园。其中，有田有园、溪井相连、鸡犬相闻、果树其间；在这里可以跟自己的亲人、朋友甚至生意伙伴展开各种活动。

休闲农庄要脱颖而出，且久保活力，就要满足现代人多样化的个性需求，制定个性化的私人订制，能够最大程度满足现代消费者的多方面心理需求。

（三）打造极致乡野的田园环境氛围，满足消费者对田园慢生活的向往

人们厌倦城市的快节奏生活方式，想要找一处静谧之所，暂时逃避匆忙的生活方式；而休闲农庄，就是要打造一个极致乡野的田园环境氛围、一种乡村式的田园慢生活，满足现代消费者对田园农庄慢生活的需求，使得消费者在休闲农庄中享受轻松慢生活，感受休闲农庄带来的愉悦体验。

以上三点的设计目的在于解决核心问题，通过由视觉景观到心灵空间，由绿色生态到健康生活，由大众体验到个性定制的全方位升级，建立农庄产品与消费者内心之间的精神纽带，形成一种强烈的关联性与穿透力。

在互联网高度发展的今天，很难有一个项目能满足所有消费者的需求。农业庄园要做到脱颖而出并永葆活力，必须找准自己的定位，找到目标群体，并找到他们的需求，然后集中力量解决，成为一个行业的标杆。

取经台湾的休闲农业

合理开发休闲农业，对于深度挖掘农业资源潜力，调整农业产业结构，促进农民增生具有重要作用。

台湾休闲农业相对起步较早，经过多年的发展，已进入遍地开花的繁盛阶段。台湾的休闲农业发展，都建立在深度挖掘当地资源、注重生态保护、加大互动体验的基础上，对于开发休闲农业具有重要的借鉴价值。台湾休闲农业主要有休闲农场、休闲牧场、教育农场、休闲酒庄等几种类型。

一、香格里拉休闲农场

香格里拉农场位于宜兰大元山的山麓上，占地 55 公顷，海拔 250 米，四面环山，景致十分秀丽，年平均 25℃的气温非常舒适，适合度假。

农场原来只栽种果树，后来逐步增设农产品展售区、乡土餐饮区、品茗区、住宿度假区、农业体验区及森林游乐区等，而成为一个兼具采果、休闲、度假、生态等多功能的旅游地。

香格里拉休闲农场也是一间最丰富的自然教室，里面的生物种类包罗万象，有猕猴、树蛙、萤火虫、蝴蝶 (凤蝶) 和各式植物。

1. 充分利用资源，打造多种特色文化，提升农场内涵。农场重视文化发展，如利用稻草开发工艺作品的稻草文化，每年九月的风筝节风筝文化以及中国传统的木屐文化等。

2. 主动参与体验，加强互动。农场依托农村生活娱乐方式，通过各种 DIY 活动等丰富农场项目，增强农场吸引力。

3. 多业态共同发展，提升农场盈利水平。香格里拉休闲农场既有满足休闲娱乐的观光果园、生态美景，又有极具参与性的体验活动及各种特色节庆活动，以及各种大型会议室等，满足了不同层次的旅游需求，提升盈利水平。

二、初鹿牧场农产品与旅游业

初鹿牧场于 1973 年成立，位于台东县卑南乡明峰村，距台东市仅有 18 公里，面积大约 900 亩，海拔约 200~390 米，位于高台地，坡度不大，排水良好，且气候温和，雨量丰沛，因此牧草生长旺盛，终年可供应青割牧草。

初鹿牧场饲养的奶牛从加拿大进口，饲喂苜蓿草，生产出的牛奶香浓可口，品质绝佳。

牧场内设有露天茶座、露营烤肉区和森林浴场，并供住宿。规划有干草制造区、青割牧草区、放牧饲养区和森林步道区。

首先，注重生态环境保护，维持农业本身生产、生态和生活等特色。牧场养畜的牛均为优质牛奶，绿色、科学饲养，从而出产优质的奶制品。

其次，大力发展休闲观光、生态旅游。为游客提供游憩、服务及学习功能，为传统的畜牧业转型提供了一种案例一种典范。

三、飞牛牧场

飞牛牧场坐落在远离尘嚣的山野之中，是以乳牛养殖为主的休闲农场，为全台湾最具特色的观光牧场。

飞牛牧场以“自然、健康、欢乐”为创园宗旨，提供优质的休憩空间及三生合一(生产、生活、生态) 的农村休闲体验生活假期。

牧场占地面积宽广，让游客有多重休闲选择，分为游客游憩区、农业生产区和自然生态区，提供都市民众休闲活动。

周末，很多家庭聚集于此，DIY、生态教育、牛奶火锅每一个业态都围绕主题展开。

1. 主题鲜明。飞牛牧场以“自然、健康、欢乐”为主题，一切活动都与自然、牧场紧密相关。

2. 多元化的娱乐体验。牧场主人研发了种类丰富的自然乳制品，并精心规划多元性牧场生活体验：乳制品 DIY、创作美学、自然生态探索、牧场活动竞技及欢乐动物农庄等乐活体验，让到访的游客在服务人员的引导下亲身体验，发挥无限创意，并融入大自然环境中感受牧场生活的迷人之处。

四、台湾教育休闲农场

台湾生态教育休闲农场位于南投县埔里镇，占地 13 公顷，风景秀丽，为台湾相关事业体多元化发展后所衍生出来的体系之一。这里有一座全亚洲最大的蝴蝶生态馆和甲虫生态馆、押花生活馆、亲子戏水区、浪漫花屋、可爱动物区、渡假木屋、景观花园及各类生态标本区等。

近年来农场内也增加了水上花园餐厅、花屋、光合广场、仙人掌生态区、押花生活馆等休闲、生态区。

农园专设观光部，负责旅游推介、接待与导游业务，同时还制作与花卉有关的食品。

1. 精准的定位。台湾教育休闲农场项目大部分是针对儿童，项目极具趣味性，寓教于乐。农场平时以接待学校师生为主，为其提供毕业旅行或户外教学服务，周末则以吸引度假的客人，尤其是以亲子游的客人为主，消除了一般景区的淡旺季影响。

2. 完善的服务、管理措施。整个农场有多个专业解说员带领你深入探索及体验农场多项精致 DIY，甚至延聘了多位艺术、文化顾问在农场，添设了许多融合生态、艺术的典雅设施，提升了整个农场的休闲品质以及文化教育内涵。

五、台湾大湖草莓休闲酒庄

（一）项目概况

大湖草莓休闲酒庄位于台湾苗栗县，是大湖农会转型经营的酒庄，由大湖草莓文化馆和大湖酒庄组成。

文化馆共有 5 层楼，一楼提供各式草莓纪念商品及农特产品，二、三楼介绍草莓的生态、发展史及食用方式，四、五楼设有餐厅及空中花园。

大湖酒庄位于岛内第一家生产草莓水果酒的酒庄，内设有制酒中心及品酒中心 (贩售农特产品、酒品区)，酒庄虽不大，但是具有丰富的衍生产品。

（二）借鉴

1. 充分挖掘当地资源，打造独特主题，实现农产业与文化产业的结合。大湖草莓名冠台湾，大湖酒庄充分利用草莓资源，扩大产业链，将其作为一种文化发扬光大。酒庄既可以作为衍生品的开发地，又具有丰富的观光旅游价值。

2. 多种农业衍生品的开发，延长效益产业链。草莓做成的各种副产品，如草莓酱、草莓酒、草莓酒香肠、草莓酥、草莓牛奶糖、草莓泡芙、草莓醋等，衍生品不仅可以作为副食品，实现商品收益，又能丰富到此游玩的游客的体验。

六、垦丁民宿

民宿是台湾旅游不可获缺的组成元素，俗话说“去台湾，不住民宿等于没有来过”，可见其对当地旅游产业的影响。

台湾是世界民宿密度最高的地方。这些民宿在不同地方有着各自特色，九份的怀旧古朴，清净农场的欧式风格，垦丁的面朝大海。

垦丁背山面海，海洋资源丰富，风景环境优美，为其民宿发展提供了很好的资源支撑。垦丁具有很多大大小小的民宿，现在，民宿已经发展成景区，吸引了大批的游客住宿体验。

1. 以自然化、平民化、平价化、亲民化为主要经营目标。台湾民宿依托自然风景、少数民族文化和农业资源，以岛内居民为主要客源，强调大众化的合理收费，以简单食宿接待、特色农产品或少数民族歌舞表演为基本形态，提供乡村旅游。

2. 独特的建筑及自然景观。台湾民宿多位于风景秀丽的山间乡村，建筑造型各异却又与周围景色融为一体。给人返璞归真之感的茅草屋，沿溪而建别致的小木屋，与青山白云相映成趣具异域特色的洋楼，与大海相呼应如船型般的建筑外形等，这些民宿与周边环境浑然一体，迷人的风景和别具特色的建筑外型形成了民宿一大魅力。

3. 主人的亲和力和人文舒适的房间设置。浓郁的人情味和亲和力是民宿主人的共同特点。台湾的民宿一般是由夫妇二人共同经营，往往把民宿作为一生的艺术作品精雕细琢，融入个人的感情和人文理念。再加上舒适、便利的室内环境，深受寄宿者的喜爱。

4. 结合当地自然资源，与周边生态环境协调发展。台湾民宿充分利用周边自然环境的独特性与专属性，结合人文、自然景观、生态环境资源及农林渔牧生产活动等，形成各具特色的民宿形式，避免了千篇一律的现象。如宜兰民宿强调乡村风光，台中民宿推出豪华型，花莲民宿则标榜海岸景致等。

5. 与当地产业联合互促发展。原来以种茶、种果树、养鸡、养牛等生产为主的联结村民，现在转型做休闲农业和民宿。

（六）准确的市场定位和经营内容，逐渐细化市场。近年来台湾民宿越来越注重多样化发展，除融合自然人文环境要素外，还加上创意和美学元素，打造不同主题的民宿特色。如异国风情、家庭温馨、怀旧复古、原住民风情、田园乡村、人文艺术主题等。

不要偏离“体验”二字

一、简述

从休闲农业规划发展的渊源来看，休闲农业就是利用田园风光、自然资源及环境，结合农林渔牧生产、农业经营活动、农村文化及农家生活之体验为目的的农业经营。

休闲农业的基础是农业，目的是休闲，本质是体验。用体验来创新休闲农业，设计和开发适当的体验项目，更能体现休闲农业的本质特点，更好地满足消费者的休闲消费需求。

二、体验设计的要求

（一）技术的可行性

休闲农业设计体验，技术必须科学、可行。比如，在耕作制度上，无论空间的利用还是时间的利用，都既要保证农庄生产的正常运行，又要满足一定的休闲需要。又如，在种养品种选择上，既要适应当地的环境条件或设施化条件，又不能带来或造成新的病害、虫害和生态灾害，对于人们身体有害的植物必须谨慎引种。再如，技术与必要的设施要配套。对于体验尤其是农耕的设计，其全程配套技术和指定所需的设施、设备要求，必须具有可应用性，并指明技术要点、技术关键。

（二）落地的可操作性

落地的可操作性是项目实施的具体依据。所用品种以及设备的规格、数量要明确，种养方式和生产资料要明确，生产操作程序要明确，种养技术规格要明确。

（三）生产和游赏的可契合性

休闲农业在农业生产的基础上设置体验，通常会面临农业的生产性和游赏性并不统一的情况。因此，在休闲农业的体验设计中，就必须寻求生产需要与旅游需要的契合点，这样才能实现生产与游赏价值的互补和统一。

在具体操作中，可以通过品种选择（新、奇、特、稀、珍等品种）、技术处理（嫁接、修剪、造型等）等来实现，通过季节反差、品种反差或塑造景观氛围等方法加以调整、搭配，从而使游客获得悦目感。

（四）设计的可参与性

体验经济经历了一个由旁观到参与的阶段，因此在设计中可提供一定的参与性，不仅可以让游客获得新的感受和得到休闲的乐趣，还可以增长见识，积累经验，达到怡情益智的效果。

在休闲农业体验的设计中要尽可能地把生产过程中某些环节的一般性操作转化为可参与性的操作，给游客提供尽量多的直接感受的机会。如参与耕作、播种、采收、捕捞等。当然，为保证农庄生产的正常运行，有的可单辟专区、专项提供农事参与的内容。

三、优化环境与设施

感觉体验所对应的临界体验是第一层次。作为休闲农业企业，最起码要满足游客的感觉体验，否则，游客就会不感到满意。感觉体验的诉求目标是创造知觉体验的感觉，它经由视觉、听觉、触觉、味觉和嗅觉发挥作用。感觉体验是游客认识事物最原始的、最直接的方式，也是游客最能有“感觉”的接受外界事物的方式。

根据感觉体验的内容，休闲农业企业应从景点布局、基础设施、环境保护、饮居条件等方面加以设计或改造，来满足游客对感觉体验的要求。

（一）景点布局

景点布局要讲究景点之间的协调性，尽量保持自然景观的特点，重视植物造景，发挥生态作用，将自然景观与人文景观完美地融合，创造科学性、艺术性相结合的景观效果，景点布局还要考虑不同年龄段的消费者，创造弹性而多层次的体验空间，尽量让游客在游览时感到舒适、自然。

（二）基础公共设施

基础公共设施应完备，设备的安装以及基本安全维护设施等要能最大限度地满足游客的舒适感。

（三）环境保护

环境保护要求防止休闲农业生态环境系统外部污染物质的侵入，实现生态环境系统内部本身的内在平衡和可持续发展，防止在休闲农业生产过程中人为因素造成的生态破坏或者环境污染，防止不合理活动对人类发展造成的不利影响。调整人与自然环境的利益关系，尽可能地降低对环境资源的攫取，让游客体验到人与自然的和谐相处。

（四）饮居条件

提供具有地方特色的餐饮、安全舒适卫生的住宿环境，带给游客“宾至如归”的感觉。吃好、住好是玩好的前提条件，饮居设施的好坏将给游客造成味觉、触觉、视觉和嗅觉等方面的深刻体验。

四、农业生产资源运用

（一）农作体验方式

农作物，不管是特用作物、粮食作物或园艺作物等，从播种到收获，从生长时的生理特征到加工制品，都有多种体验方式。

1. 农作物观赏。根据不同的时令，安排有关农作物的枝、叶、花等形态的观赏，如春季赏油菜花，夏季赏荷花，并可制作成标本。

2. 园艺习作。体验选种、育苗、施肥、灌溉、修剪、除草、收获、加工处理等劳作乐趣，并学习相关知识。如对农作物习性的了解，茶叶的采摘、储存、加工技巧和工艺等。

3. 农耕活动。如用犁翻土、用耙碎土、插秧比赛等。可将花田、果园、茶场的土地按块租赁给旅游者。游客利用周末等闲暇时间，带领家人前来养花种树，既可锻炼身体又能增进全家人的感情。

4. 特色农艺。体验纺线织布、剪纸、手工酿酒、土菜烹饪等，还可开展艺术插花、干花书签、花卉风景彩照等制作，以土特产的形式出售给游客当作旅游纪念品。

（二）农具体验方式

农具能加深游客对农业发展的认知。传统农具更是先民智慧和经验累积的精华，其在农业体验中的利用不仅能让游客了解过去，还能唤起游客对以往岁月的追忆和怀念。

1. 农具展示。如展示耕田机、传统织布机、风车、水磨器具等等。并通过影视记录，图片展示等加以解说，使游客对历史和现代农业技术水平都有所了解。

2. 农具操作。如牛车、水车、耕耘机等。

五、农民生活资源运用

（一）日常体验方式

农民拥有本身的特质，在语言、宗教、性情以及人文历史等方面均与城里人有所区别，其日常的吃、穿、住、行，可以作为当地特色的一个发挥。并选拔和培训一些懂旅游、善交流、有专长的人员从事导游讲解工作。

1. 体验具有农家特色的烧火煮饭。用大土锅、大蒸笼、大土碗等器皿，采用家传的烹饪技巧，制作出正统的农家味道。

2. 在农庄居住，使用农家家具摆设及设备。

3. 教授游客纺线织布、做衣，可作为展示或作为纪念品。

4. 跟客人促膝聊天、拉家常。游客尽情享受农村生活，喝茶、打牌、聊天、下棋等。这些活动让客人了解了当地生活，加深了对农业的认识。

5. 为旅游者提供农村传统服饰的租售业务，供其体验劳动或游玩时穿戴和照相。

6. 教授、分享传统民间游戏之乐。

（二）农村节庆体验方式

1. 修建陈列农业文化、活动庆典、民俗相关的展室，普及农业文化。

2. 为客人安排庆典角色，参与庆典表演。

3. 组织农庄文化游，如婚俗、丰年祭、赏花灯、舞龙舞狮、皮影戏、歌子戏、布袋戏、划龙舟、雕刻、绘画、泥塑、剪纸、赏花节、采摘节等民俗节庆体验。通过观赏、解说、参与特色活动，增加游客对农庄的认识。

六、农村生态资源运用

（一）农村地理体验方式

1. 利用农村资源提供远足活动，如穿越挂满累累果实的果园等。

2. 围绕水资源，开发相关的休憩项目，如捕鱼捞虾、打水仗、观赏蝌蚪等。

（二）农村生物体验方式

1. 向游客提供捕捉、收集、烹饪的必备用品，使游人体验从田间到饭桌的全过程。

2. 教授各类鱼的不同制作方法，并现场进行烹制、品尝和习作。

3. 开展识别野菜活动，包括挖野菜、洗野菜、烹饪野菜、品尝野菜的全过程。

（三）农村景观体验方式

1. 增加景观小品，增设宣传配套设施。

2. 建立可供游客休息的场所，安装休息设施，如亭子、板凳、垃圾筒等。

3. 设立观景台，供游客登高观景。

总之，体验是休闲农业企业提供给消费者高层次的产品，体验化是休闲农业规划发展的重要趋势之一，体验农业不仅可以创造出新的产品，同时还创造出新的服务，带动新兴产业和产业链发展。

第二部分　田园新说

田园综合体与精准扶贫

一、内容提要

中国特色小镇与田园综合体模式创新项目落地实操总裁峰会10月28—30日在杭州举办。本次会议行业20多位一线项目操盘手齐聚，从特色小镇、政策机遇、国家扶持、创建申报、顶层设计、盈利模式、策划创意、规划设计、产业导入、落地要点、操盘实践、运营模式、IP打造、投融资模式、资源链接、项目考察等15个纬度分享。

2017年《中共中央、国务院关于深入推进农业供给侧结构性改革 加快培育农业农村发展新动能的若干意见》首次提出田园综合体这个概念，提出要支持有条件的乡村建设以农民合作社为主要载体，让农民充分参与和受益，集循环农业、创意农业、农事体验于一体的田园综合体，通过农业综合开发、农村综合改革转移支付等渠道开展试点示范。田园综合体模式，赋予了农民及其从事的产业自主“造血”的功能，是贫困农户脱贫致富的一条新路子。

二、解读田园综合体

（一）阐述田园综合体

田园综合体是以企业和地方合作的方式，在乡村社会进行大范围整体、综合的规划、开发、运营，形成的是一个新的社区与生活方式，是企业参与、“农业+文旅+地产”的综合发展模式。

（二）田园综合体的特征

以产业为基础：田园综合体以农业为基础性产业，企业承接农业，以农业产业园区发展的方法提升农业产业，尤其是现代农业，形成当地社会的基础性产业。

以文化为灵魂：田园综合体要把当地世代形成的风土民情、乡规民约、民俗演艺等发掘出来，让人们体验农耕活动和乡村生活的苦乐与礼仪，还原农村原貌，开发一个“本来”的农村。

以体验为活力：将农业生产、农耕文化和农家生活变成商品出售，让城市居民身临其境体验农业、农事，满足愉悦身心的需求，形成新业态。

创新乡村消费：旅游业可作为驱动性的产业选择，带动乡村社会经济的发展，一定程度上弥合城乡之间的差距。而解决物质水平差距的办法，是创造城市人的乡村消费。

城乡互动：解决文化差异问题的有效途径是城乡互动。田园综合体正是一种实现城市与乡村互动的商业模式。关于城乡互动，最直接的方法，就是在空间上把城市人和乡村人“搅合”在一起，在行为上让他们互相交织。文化得以弥合，才是人的城市化。

三、田园综合体结构体系

在新型城镇化构架下，田园综合体实际上由五个部分构成：景观吸引核、休闲聚集区、农业生产区、居住发展带、社区配套网。

（一）景观吸引核

景观吸引核是吸引人流、提升土地价值的关键所在，是田园综合体打造的关键。田园综合体通常位于地形丰富多变、景观资质良好的地段，往往依托观赏型农田、瓜果园，观赏苗木、花卉展示区，湿地风光区，水际风光区等。可以使游人身临其境的感受田园风光和自然美景，使游人放松身心，体会农业魅力。

（二）休闲聚集区

休闲聚集区，是为满足由核心吸引物带来客源的各种休闲需求而创造的综合休闲产品体系，实际上是各种休闲业态的聚集（Mall 构架的游憩方式）。主要包括农家风情建筑（如庄园别墅、小木屋、传统民居等）、乡村风情活动场所（特色商街、主题演艺广场等）、垂钓区等。休闲聚集区使游人能够深入农村特色的生活空间，体验乡村风情活动，享受休闲农业带来的乐趣。

（三）农业生产区

生产区通常选在土壤、气候条件良好，有灌溉和排水设施的土地上，主要的基础生产项目为：农作物生产、果树、蔬菜、花卉园艺生产、畜牧业、森林经营、渔业生产等。生产区主要引入现代农业科技开展循环农业、农业创意和农业体验并实现农产品的有效流通。

同时还可以开展生态农业示范、农业科普教育示范、农业科技示范等项目。通过浓缩的典型科技农业和农业传统知识的推广，向游人展示农业独具魅力的一面，增强游人的农业意识，加深对农业的了解。

（四）居住发展带

居住发展带，是田园综合体实现城镇化结构的重要支撑。旅游各要素的延伸带动农业产业与休闲产业的发展，形成以农业为基础、休闲为支撑的泛休闲农业产业，通过产业融合与产业聚集，导致人员聚集，使农民城镇化居住、产业人口聚集居住、外来游客居住、外来休闲居住（二居所）、外来度假居住（三居所）等五类人口相对集中居住，从而形成了依托休闲农业产业的城镇人口以及为此建设的居住社区，构建了城镇化的核心基础。

（五）社区配套网

社区配套网，是田园综合体必须具备的城镇化支撑功能。服务于农业、休闲产业的金融、医疗、教育、商业等，我们称为产业配套。而与此结合，服务与居住需求的居民，同样需要金融、医疗、教育、商业等公共服务。因此，形成了产城一体化的公共配套网络。

四、田园综合体的发展思路

（一）田园综合体开发思路

打造田园综合体，就是要深度挖掘乡村特色资源，倡导低碳、生态等科学理念，以乡村旅游资源与土地为基础，以乡村旅游休闲为脉络，以休闲商业为配套，以乡村休闲地产为核心，以高品质服务为保障，对项目地进行综合开发，把乡村打造成一个“岛式圈层”结构的田园综合体，满足政府、企业、居民、乡村旅游者等多方需求。

（二）田园综合体发展结构

最外围圈层——乡村资源和乡村土地，主要是农业产业聚集区，如渔业、采摘林业等；中间圈层——休闲商业项目，主要指为乡村居民和乡村旅游者提供服务，具有多重功能的商业配套设施，如提供餐饮、娱乐、休闲服务的商业街、酒店集群等；核心圈层——乡村休闲地产，主要指以居住功能为主体的传统地产、居住小区、产权式酒店等乡村居所型地产，如乡村景观地产、乡村度假地产、乡村养老地产、乡村主题地产等；乡村旅游休闲则是串起各个圈层的连接线。

值得注意的是，“岛式圈层”结构的田园综合体各个圈层之间并不是机械连接的，针对不同的乡村本底，各个圈层有不同的开发方向和主题，从而形成各具特色的田园综合体。

（三）田园综合体运作思路

首先，以乡村和乡村土地为资源点，乡村不仅有丰富的土地资源，还有以乡村景观为代表的自然资源，以建筑、文化、民族等为代表的人文资源，以人与人交往、乡村生活方式为代表的社会资源，这些资源构成了田园综合体的本底资源；其次，以乡村旅游休闲（主要是指乡村旅游休闲产品的合理组合）为吸引点，引爆田园综合体目标市场，对乡村资源进行合理开发，打造不同类型、不同规模、不同层次的乡村旅游产品，使其成为吸引点；再次，以乡村休闲商业项目为支撑点，为乡村旅游者和居民提供配套商业服务，完善服务体系；最后，以乡村休闲地产为核心赢利点，取得相应回报。

五、田园综合体的打造策略

（一）基础+资源点——乡村旅游资源和土地

乡村旅游资源（泛乡村旅游资源包含人工打造的乡村旅游资源），决定了项目地乡村旅游产品开发的核心导向。土地资源决定了田园综合体的规模，影响着乡村旅游产品的配比结构。

根据田园综合体的开发模式，乡村旅游资源和乡村土地为最外围圈层，通过运用合理的综合开发手段，以农业深层次开发（如循环农业、创意农业、生态农业）和农业规模化发展为主，辅以农产品加工销售、科研、教育、医疗、培训等其他产业，并形成产业间的联动。此外，项目地在发展农业的同时，还可以发展以当地农作物为主的创意农业，并适时开展农业观光、体验、休闲、度假等乡村旅游项目。

（二）主导/脉络+吸引点——乡村旅游休闲

乡村旅游休闲功能是在田园综合体开发的主导下，合理地开发与之相适应的不同类型、不同层次、不同规模的乡村旅游产品，使其成为整个田园综合体的重要吸引点，撬动乡村旅游市场。同时，各个乡村旅游休闲项目之间通过有机组合而成若干条旅游线，旅游线将扮演重要连接线的角色，串联起田园综合体的各个圈层。

乡村旅游休闲项目可融合乡村观光、游乐、休闲、运动、体验、度假、会议、养老、居住等多种旅游功能，打造特有的“田园综合旅游休闲”，如开设休闲垂钓、农场动物园、采摘、农事体验等乡村旅游项目。在开发中，可根据各自地脉、文脉等具体情况，侧重打造其中某一项或几项功能，形成各具特色的乡村旅游休闲项目，从而带动整个区域的发展。

（三）配套+支撑点——休闲商业项目

结合乡村生态环境、生态景观等生态优势，可分期、分步、合理地建设生态化乡村休闲度假酒店、乡村特色商业街、乡村 MALL 等商业设施，作为田园综合体的商业配套板块，综合性地体现生活、休闲、购物、娱乐等多项功能，为整个区域提供较高品质的服务。

（四）核心+赢利点——乡村休闲地产

乡村休闲地产，以生态化的乡村环境为导向来打造，主要指以居住功能为主体的传统地产、居住小区、产权式酒店等乡村居所型地产。适合开发的乡村休闲地产可大致分为乡村景观地产、乡村度假地产、乡村养老地产、乡村主题地产如创意地产、民俗地产、酒庄等多种类型，并可融入低碳、环保、节能、科学、效益高等现代化理念。乡村休闲地产是田园综合体开发的最核心板块，是赢利的核心所在。

六、田园综合体的综合产业价值链演化

田园综合体产业链的扩展与构建是农业核心竞争力的物质基础。其重点内容是综合体内的生产与加工业转型升级，服务业丰富发展，在农业生产、农产品加工、服务业紧密融合的基础上再派生新产业。因此，综合体产业链扩展既要高度重视三次产业链的高端性，又要强调经济效益、社会效益、生态效益与资源效益的全面性。

（一）田园综合体的综合产业体系构建

田园综合体的主题定位与功能开发对产业链扩展也有特定的要求与限定。在产业规模、技术水平、公共服务平台、科研力量和品牌积累等方面具有一定比较优势的基础上，借鉴国际产业集群演化与整合趋势，对照农业价值链演化规律，依据产业补链、伸链、优链的需要，形成综合产业链。可以形成包括核心产业、支持产业、配套产业、衍生产业四个层次的产业群：

核心产业是指以特色农产品和园区为载体的农业生产和农业休闲活动。

支持产业是指直接支持休闲农产品的研发、加工、推介和促销的企业群及金融、媒体等企业。

配套产业则是为创意农业提供良好的环境和氛围的企业群，如旅游、餐饮、酒吧、娱乐、培训等。

衍生产业是以特色农产品和文化创意成果为要素投入的其他企业群。

（二）产业延伸与互动模式设计

将各产业进行融合、渗透，拓展田园综合体的产业链，形成以市场为导向，以农村的生产、生活、生态为资源，将农产品与文化、休闲度假、艺术创意相结合，以提升现代农业的价值与产值，创造出优质农产品，拓展农村消费市场和旅游市场。休闲农业具有高文化品位、高科技性、高附加值、高融合性，是现代农业发展的重点，是现代农业发展演变的新趋势。

通过各个产业的相互渗透融合，把休闲娱乐、养生度假、文化艺术、农业技术、农副产品、农耕活动等有机结合起来，能够拓展现代农业原有的研发、生产、加工、销售产业链。

在休闲农业产业体系中，一、二、三产业互融互动，传统产业和现代产业有效嫁接，文化与科技紧密融合，传统的功能单一的农业及加工食用的农产品成为现代休闲产品的载体，发挥着引领新型消费潮流的多种功能，开辟了新市场，拓展了新价值空间，产业价值的乘数效应十分显著。

田园 + 养生 + 养老

一、田园养生综说

随着我国城市化进程的加快、居民消费水平的提高以及环境的污染问题、食品安全问题的日益突出，养生农业已经逐渐成为新型的农业经营模式和发展方向，成为大众所趋的热点。田园养生，养生是目的，田园是空间。本文在农村、农业、农民“三农”大概念下，提出了“三农”养生内容，或者叫养生资源，即农作、农事、农活，且均作了广义的诠释。

农作，指的是农业生产和农村经济活动，包括作物栽培、树木栽植、畜牧饲养和水产品捕捞、养殖，以及农产品加工、建筑、流通、服务等；农事，指的是农村中除农业生产和农村经济活动之外的其他一切社会事务，包括政治活动、村庄建设、乡风文明和宗教信仰等；农活，指的是农村中的日常生活，包括食、穿、住、行等。

先提出的“六风”资源，即：田园风光、村落风貌、民间风俗、传统风物、乡土风情和乡村风味，涉及生态、生产和生活，目的就是通过田园养生，提高城乡人的生命质量。

二、田园养生概念

田园养生，指的是以田园为生活空间，以农作、农事、农活为生活内容，以农业生产和农村经济发展为生活目标，回归自然、享受生命、修身养性、度假休闲、健康身体、治疗疾病、颐养天年的一种生活方式。

这里的田园指的是广义的田园：包括整个农村地区，即不但包括农业动植物赖以生存和发展的土地、田园、水域和环境，而且包括农村地区的道路、城镇、集市、村庄、厂矿和自然环境，当然，已经用来生产，准备用来生产，可以用来生产，提供能够满足人们营养需求、品尝需求和原料需求的产品的农业用地是主要的。

这里的农作物也是广义的：指的是农业生产和农村经济活动，包括作物栽培、树木栽植、畜牧饲养和水产品捕捞、养殖，以及农产品加工、建筑、流通、服务等。

农事仍是广义的：指的是农村中除农业生产和农村经济活动之外的其他一切社会事务，包括政治活动、村庄建设、乡风文明和宗教信仰等。

农活同样是广义的：指的则是农村中的日常生活，包括食、穿、住、行等。

三、田园养生的客源市场

（一）中小学生市场

该市场主体需求为求知加游乐。中小学生正处于学习认知的初级阶段，农业旅游对他们来说是一个认识农业、了解大自然的途径。针对这一市场，休闲养生农业应提供科普教育相关旅游产品，寓教于乐。

（二）工薪白领市场

该市场主要为久居城市、不了解农业的人群。休闲养生农业旅途可以提供农业生产、农事体验、节事参与等旅游产品，使游客了解农业、农村和农民。

（三）“银发族”市场

该市场群体为老年人，他们渴望安静的生活、健康简单的食物、休闲的环境，通过休闲养生农业旅游，他们可以体验耕作、收获的快乐。

四、田园养生的特点

（一）乡村性

乡村性，指的是田园养生以乡村为载体的特性。这里的乡村，包括农村中的所有部分，即包括田园、村庄和自然。

不过，既然是田园养生，应以田园为主。人类的养生空间有许多，有城市，有山水，但只有在以田园为主的农村的田园、村庄和自然中进行的养生，才是田园养生。

（二）“三农”性

这里的“三农”指的是“农作、农事、农活”。在乡村里，在田园中，以“三农”为田园养生的生活内容的特性，就是田园养生的“三农”性。由上面的论述可知，农作就是从事农业生产和农村经济活动；农事就是从事农村社会事务活动；农活则是从事乡村生活活动，即采取乡村生活方式生活。

田园养生的“三农”性，强调田园养生必须以“三农”为生活内容，必须在乡村里，在田园中，从事农作、农事、农活，而并非纯粹在乡村居住，更不是将城市的生活方式搬到乡村去。

（三）生产性

生产性，指的则是田园养生不但以农业生产和农村经济活动，特别是以农业生产活动为主要生活内容，而且主要通过农业生产和农村经济活动，特别是主要通过农业生产活动达到养生目的的特性。

（四）养生性

在田园养生中，农夫哥强调生活空间——在乡村，讲究生活内容——农作、农事、农活，但是，这些都仅仅是形式和途径，并不是目的，养生才是目的，回归自然、享受生命、修身养性、度假休闲、健康身体、治疗疾病、颐养天年才是目的。这就是田园养生的养生性。

（五）时段性

所谓时段性，指的是田园养生所经历的时间往往仅仅是人的一生的某一个时段或某几个时段，并不是一生。

不过，这些时段既不长，也不短，一般应一周以上，几年以内。谈到此，人们会很自然想到乡村的农民，他们大多生于斯，长于斯，祖祖辈辈生活于乡村，劳动于乡村，终其一生都在从事农作、农事和农活，但他们并不是在进行田园养生，而是在过着乡村生活。

由此可见，进行田园养生的，都不是农民，都不是以农业为职业的，都不是终其一生从事农业的，即从事农作、农事和农活，也就是进行田园养生，只是其一生的某一时段，因此，田园养生具有时段性。

（六）生活性

所谓生活性，指的则是把田园养生作为生活的一种方式的特性。田园养生从事的农作、农事、农活，特别是农活，完全就是一种生活，一种生活方式，因为它所指的是农村中的日常生活，是食、穿、住、行等。

至于农事，其所指的社会事务，包括政治活动、村庄建设、乡风文明和宗教信仰等，虽不是日常生活，但却与日常生活密切相关，或者可以说，是日常生活在深度和广度上的扩充，因此，农事也是一种生活，一种生活方式。

五、休闲养生农业产品分类

（一）田园牧场风情园

以“农区牧家”为主题，以田园风光为背景，以饮食、歌舞、民俗文化等因素为支撑，利用现代科技养殖牛羊等牲畜，成为现代畜牧业的示范基地，配套畜牧养殖体验区，打造具有科普教育、歌舞欣赏、美食体验、文化传承等功能的牧场风情，让游客零距离地体验牧民生活。

（二）都市休闲农庄

以“都市农家”为主题，以农耕文化为底蕴，以农业产业为基础，利用现代农业科技，发展设施农业，重点突破优质高产农产品，实现农业、科教、旅游观光等多重效益。

采取小户型独立农庄、高度私密农庄、共享型农庄等多种形式，设置市民农园、亲子菜园、果蔬采摘等休闲体验项目，打造都市休闲养生园。

（三）草药养生园

以草药种植为基础，以中医养生为理念，以当地养生文化为特色，设置养生餐饮、中医理疗等养生项目体验，打造中药养生品牌。

（四）四季花海养生

以人、自然、文化三位一体为核心理念，实现产业、文化、自然的和谐统一，给传统农业再添新色。在传统农家乐的基础上，核心突出林地花卉、生态文化，游客置身其中，不但可以享受到乡村原生态的吃喝住，而且可以体验环境优美、五彩缤纷的人间仙境。

（五）有机农业养生园

以农业产业化、产品安全化为出发点，以“安全食品养生”为主题，以品牌培育为目标，调整农业结构，转变发展方式，从耕作、播种、施肥、灌溉、除草到收获、农产品加工，全过程有机化流程操作，全产业链节水节能化改进，打造安全农产品养生品牌。

（六）林果休闲养生园

以“休闲林果”为主题，以优质林果产业为基础，选择适宜果品进行种植，注重品种的搭配，适时进行赏花采果活动。同时打破常规种植，使果园建设与自然式园林布局结合起来，突出园林景观和生产相结合。

（七）湿地养生园

以“养生文化、湿地休闲”为主题，针对城市高消费人群的康乐休闲市场需求，通过养生环境、养生活动（动静结合的休闲、度假、娱乐）、养生餐饮（健康食品、绿色食品、药膳）、养生教育等形式，进行项目设置、设施配套及景观塑造，打造湿地旅游度假区。

（八）银发族养生社区

借助良好的田园风光，针对广阔的老年疗养市场，打造“绿色产业”，形成一个老年疗养社区，包括食疗等多种方式，让老年人老有所养、老有所乐，吸引老年人到此观光、体验、交流。

此外，还应该提供各种自然的医疗、预防和健身等服务。形成健康体验中心、康复疗养中心，并配置植物疗养特色园、老年人俱乐部等特色区块，为“银发族”群体打造一站式健身疗养基地。

现在人们的生活水平提高，精神追求也在空前增长，这为休闲农业带来了新的契机。发展“休闲农业+养生”，发展以“养生”为诉求的休闲场所具有很大的市场潜力。

我们在开发养生农园时，要结合人们的身体和精神的双重需求，除了做好养生餐饮外，还要提供民众喜好的休闲养生服务，带来不一样的体验。

田园综合体的说法

一个完善的田园综合体应是一个包含农、林、牧、渔、加工、制造、餐饮、酒店、仓储、保鲜、金融、工商、旅游及房地产等行业的三产融合体和城乡复合体。

一、田园综合体的特点

（一）以旅游为先导

乡村旅游已成为当今世界性的潮流，田园综合体顺应这股大潮应运而生。看似匮乏实则丰富的乡村旅游资源需要匠心独运的开发。例如，瑞士有被称为无烟工业（手表、军刀）、无本买卖（金融业）、无中生有（旅游业）的“三无经济”。旅游本就是一个无中生有的产业，瑞士在这方面开发得风生水起，值得借鉴。

（二）以产业为核心

一个完善的田园综合体应是一个包含农、林、牧、渔、加工、制造、餐饮、酒店、仓储、保鲜、金融、工商、旅游及房地产等行业的三产融合体和城乡复合体。对农民来说，远走他乡和抛家别亲的进城务工牺牲太大，在本区域内多元发展，从多个产业融合发展中获取收益的模式更为可行。没有一个比较高的生活水准，人心必背，没有产业支撑的田园综合体也只能是一副空皮囊。各级各类现代农业科技园、产业园、创业园，应适当向田园综合体布局。

（三）以文化为灵魂

文化就是“人化”与“化人”的过程。缺乏文化内涵的综合体是不可持续的。田园综合体要把当地世代形成的风土民情、乡规民约、民俗演艺等发掘出来，让人们可以体验农耕活动和乡村生活，以此引导人们重新思考生产与消费、城市与乡村、工业与农业的关系，从而产生符合自然规律的自警、自醒行为，在陶冶性情中自娱自乐，化身其中。

（四）以流通基础为支撑

各种基础设施是启动田园综合体的先决条件，而及时提供一些关键的基础设施又会对后续的发展产生持续的正向外部性。缺乏现代化的交通、通信、物流、人流、信息流，一个地方就无法实现与外部世界的联系沟通，乡村偏僻的地理位置被阻隔世外，就无法与外部更广阔的地域结合，形成一个向外开放的经济空间。

（五）以体验为价值

田园综合体是生产、生活、生态及生命的综合体。在经济高度发达的后现代，人们对“从哪里来”的哲学命题已经无从体悟，田园综合体通过把农业和乡村作为绿色发展的代表，让人们从中感知生命的过程，感受生命的意义，并从中感悟生命的价值，分享生命的喜悦。

（六）以乡村复兴为目标

田园综合体是乡与城的结合、农与工的结合、传统与现代的结合、生产与生活的结合，以乡村复兴和再造为目标，通过吸引各种资源与凝聚人心，为那些日渐萧条的乡村注入新的活力，重新激活价值、信仰、灵感和认同的归属。

开展田园综合体要坚持以农为本，以保护耕地为前提，提升农业综合生产能力。要保持农村田园风光，保护好青山绿水，实现生态可持续；要确保农民参与和受益，带动农民持续稳定增收，让农民充分分享发展成果，更有获得感。让人们从中感到农业是充满希望的现代产业，农民是令人羡慕的体面职业，农村是宜居宜业的美好家园。

二、田园综合体的来源与发展

出于对乡村社会形态，乡村风貌的特别关注。2012 年，田园东方创始人张诚结合北大光华 EMBA 课题，发表了论文《田园综合体模式研究》，并在无锡市惠山区阳山镇和社会各界的大力支持下在“中国水蜜桃之乡”的阳山镇落地，实践了第一个田园综合体项目——无锡田园东方。2016 年 9 月中央农办领导考察指导该项目时，对该模式给予高度认可。2017 年 2 月 25 日，由田园东方的基层实践，源于阳山的“田园综合体”一词被正式写入《中共中央、国务院关于深入推进农业供给侧结构性改革 加快培育农业农村发展新动能的若干意见》，原文如下：支持有条件的乡村建设以农民合作社为主要载体、让农民充分参与和受益，集循环农业、创意农业、农事体验于一体的田园综合体，通过农业综合开发、农村综合改革转移支付等渠道开展试点示范。文件解读“田园综合体”模式是当前乡村发展新型产业的亮点举措。

三、田园综合体的综述

田园综合体是集现代农业、休闲旅游、田园社区为一体的特色小镇和乡村综合发展模式。田园综合体是在城乡一体格局下，顺应农村供给侧结构改革、新型产业发展，结合农村产权制度改革，实现中国乡村现代化、新型城镇化、社会经济全面发展的一种可持续性模式。

田园综合体是指综合化发展产业和跨越化利用农村资产，是当前乡村发展代表创新突破的思维模式。

田园综合体从概念上来说，就是跨产业、多功能的综合规划；从具体项目来说，就是多功能、多业态搭建业务结构的综合运营。跨产业、多功能，肯定是超越了原来的单线思维。例如，原来是片农田，现在要有观光动能；原来是所住房，现在可以同时开个客栈。综合体是突破原有惯常用途的，在思想上就要突破惯常思维。这种突破是顺应文化发展、技术进步、市场演变、制度革新，就是结合供给侧改革探索，激发原来受局限的资产和资源效力，形成乡村社会产业发展的广阔空间。这里说的资产就包括农村土地、房屋资产。

四、产业模型

“综合体”就是指综合规划、综合运营；“田园综合体”中的田园，还表达了人们对美、对文化的追求。

田园综合体的提出是基于一种商业模式方法论。其出发点是主张以一种可以让企业参与、带有商业模式的顶层设计、城市元素与乡村结合、多方共建的“开发”方式，创新城乡发展，形成产业变革，带来社会发展，重塑中国乡村的美丽田园、美丽小镇!

田园综合体经济技术原理，就是以企业和地方合作的方式，在乡村社会进行大范围整体、综合的规划、开发、运营。

1. 首先企业化承接农业。企业承接农业，就可以避免实力弱小的农户的短期导向行为，可以做中长期产业规划，以农业产业园区发展的方法提升农业产业，尤其是发展现代农业，形成当地社会的基础性产业。

2. 规划打造新兴驱动性产业——综合旅游业，也可称之为文旅产业，促进社会经济产生大的发展。

3. 在基础产业和新兴驱动性产业起来后，当地的社会经济活动就会发生大的改变，该地区就可以开展人居环境建设，为原住民、新住民、游客这三类人群，营造新型乡村、小镇，形成社区群落。

综上，田园综合体就是“农业+文旅+地产”的综合发展模式。

五、新田园主义

1. 主张产业驱动和模式可复制:新田园主义强调用模式可复制、可推广的田园综合体商业模式来实现理想，是用旅游产业引导中国乡村现代化、城乡一体化、新型城镇化。

2. 主张对接三农:新田园主义鼓励与三农产生关联，积极促进产业和文化的发展，实现三农“富强美”的发展目标，包括各种可行的合作方式。

3. 主张城乡互动:新田园主义鼓励城市人来乡村消费、旅游、创业、生活和定居，带来经济和文化互动，促进交流与融合。

4. 主张教育和文化:新田园主义主张项目须包含教育和文化设施，须容纳、对接并开展社会公益事业;虽然项目强调商业模式，是商业项目，但也要带有社会企业目的，每个项目至少有一部分业务作为社会企业目标，并力争将文化根植和建立于企业内部，提出

“复兴田园，寻回初心”。

5. 主张乡朴美学:新田园主义认为美学是社会发展的文化内核，在美学上拒绝符号化、标签化和装饰主义，在乡村建设中反对浮夸的仿古中式风格等约定俗成的东西，新田园主义的美学观是洗尽铅华后的自然、天真。

6. 主张开放与共建:新田园主义主张兼容并蓄、培养别人、联合发展，应是许多共建者参与的过程，也是社区居民、游客、员工共建的过程，所有人共享快乐成果。

7. 主张与时俱进:新田园主义要营造的是现代田园生活，不是固守传统、保守复古。在可持续发展，人文和自然等理念的指导下，主张乡村现代化，也主张将传统田园生活与现代科技相对接。

8. 主张可持续发展:新田园主义主张遵循生态、生产、生活的“三生”统一。生态环境保持良好，经济上可持续盈利，当地人的生活可持续发展、成长。强调可持续的产业培育，方法上可持续、可循环，强调自然生态理念，包括风格、技术、运营和管理文化。

9. 主张营造新社区：新田园主义是以人为本的哲学，这里说的“人”包括原住民、新住民、游客。新田园主义不停留在建造物理的空间，是营造追求自然和人文主义的生活方式，营造有场所精神的社区。

10. 主张实践:新田园主义不能只注重在一番情怀、一篇理论，应结合社会环境、时代背景，以可持续成功的商业模式、产品模式开展实践，务实地作用于中国乡村经济和社会的发展。

新田园主义在田园综合体商业模式之外，还对城乡关系、乡村规划、农业、教育、建筑、社区文化提出主张，而所有主张，都基于关心人自身、关心人与人的关系、关心人与环境的关系、鼓励人们勇于实践可持续的经济，促进社会全面发展。在新田园主义社区，人们之所以能够积极快乐地生活在一起，是因为他们参与共建着一种价值观，这个价值观，正是在这个人本主义思想复兴的时代人们的共同追求。它将人与自己、人与他人、人与自然、人与未来的关系，表现为“发现自己、分享快乐、触摸自然、播种未来”的图景，在这幅画卷上，充满着阳光的色彩。

六、田园综合体带来的好处

（一）原住民

田园综合体为本地原住民提供了更为丰富的就业机会，不仅提高了原住民的经济收入，还为返乡青年在家乡就业提供了良好的职业发展方向。此外，不断改善的乡村环境和休闲活动，让原住民享受到更好的精神及物质生活。

（二）新住民

田园综合体让向往田园生活的“田园梦想家”有机会生活在田园，让乡村成为“可以回得去的家乡”，让新住民给乡村带来不一样的思想和生活方式，让原住民和新住民在彼此互动中成为受益者。

（三）游客

田园综合体为都市游客提供与传统农家乐不一样的田园休闲旅游产品，为儿童、亲子家庭、情侣、商旅客群打造丰富而高品质的田园休闲体验。

田园综合体的内涵

一、概念

继2017年的《中共中央、国务院关于深入推进农业供给侧结构性改革 加快培育农业农村发展新动能的若干意见》首次提出“田园综合体”概念后，多方对此进行了解读。从其内涵和外延来看，田园综合体并不是一个新词，它是在原有的生态农业和休闲旅游基础上的延伸和发展。从业态来看，是“农业+文创+新农村”的综合发展模式，是以现代农业为基础，以旅游为驱动，以原住民、新住民和游客等人群为主形成的新型社区群落。而纵观农业园区的发展历程就不难看出，田园综合体并非凭空产生，是在农业现代化、新型城镇化等发展历程的基础上，结合新形势下农业增效、农民增收和农村生态环境保护的多重客观需求而提出的，有其现实背景。

纵观农业园区开发、休闲农业与乡村旅游的发展进程就不难看出，田园综合体与农业综合体、农旅综合体等概念在内涵上是一脉相承的，并非“横空出世”的全新概念，至于叫农业综合体还是田园综合体还是农业经济综合体，只是角度不同，本质内涵是一样的。

（一）农业综合体

农业综合体最早是由陈剑平院士在2012年11月3日农民日报上发表的《农业综合体：区域现代农业发展的新载体》首次提出的。它是在借鉴城市综合体概念的基础上提出的现代农业发展的新型载体形式，通过农村一、二、三产业的相互融合和农业多功能拓展，延伸产业链，提升价值链，增加农民收入，促进新农村建设，并逐步推动农业发展方式的根本转变。

农业综合体的基本内涵是以农业为主导，以科技支撑和文化创意为两翼，融合农产品加工、商贸物流、科普会展、教育培训、休闲观光、文化创意等多个相关产业，构建多功能、复合型、创新性的产业综合体，它是在区域经济社会快速发展和对长期以来农业园区实践的不断总结基础上提出的一个现代农业发展的新概念，既脱胎于农业园区，又高于农业园区，是现代农业园区的“升级版”。

（二）田园综合体

田园综合体的内涵与农业综合体基本一致，不同的是，田园综合体更多的是从地域空间开发和农村发展角度提出的对乡村资源的合理性开发。建设集循环农业、创意农业、农事体验于一体的地域综合体。

田园综合体是以农业为主导，以农民充分参与和受益为前提，是以农业合作社为主要建设主体，以农业和农村用地为载体，融合工业、旅游、创意、地产、会展、博览、文化、商贸、娱乐等多个相关产业与支持产业，形成多功能、复合型、创新性地域经济综合体。

因此，从农业规划和科技推广工作者视角看，田园综合体是以农业、农村用地为载体，融合“生产、生活、生态”功能，集农业全产业链目标的整合、农业科技体系的支撑、现代农业经营体系的优化、多种类型农业园区的结合、农村一二三产业融合、区域经济发展的新型复合载体，是一种新型的现代农业发展模式，是“六次产业”创新理念的一种新体现。

（三）区别与联系

从与农业综合体的区别及联系上看，田园综合体是基于乡村地域空间的概念，农业综合体是基于产业思维的概念，是农业综合开发;农业综合体是在一定地域空间内，多产业、多功能、多业态并存，以产业融合发展为特征的现代农业随着产业融合深入发展，关系层面加强，经济交融，与区域经济发展有很大的联动性;这是经济综合体的一种表现形式，和旅游综合体、商业综合体、城市综合体是同一个概念。

从三农角度来说，农业、农村、农民三者是密不可分的。无论是农业综合体还是田园综合体，在本质上是一样的，只不过视角不同，分量和侧重点有所差异而已，因而从这个意义上说，田园综合体并不是一个全新的概念。而近两年比较受关注的农业特色小镇、农业公园等，就是伴随着现代农业发展、美丽村镇建设而发展起来的田园综合体的新模式、新探索。

二、原因和背景

（一）经济新常态下，农业发展承担更多的功能

当前我国经济发展进入新常态，地方经济增长面临新的问题和困难，尤其是生态环境保护的逐步开展，对第一、二产业发展方式提出更高的“质”的要求，农业在此大环境下既承担生态保护的功能，又承担农民增收农业发展的功能。

（二）传统农业园区发展模式固化，转型升级面临较大压力

农业发展进入新阶段，农村产业发展的内外部环境发生了深刻变化，传统农业园区的示范引领作用、科技带动能力及发展模式与区域发展过程中条件需求矛盾日益突出，使得农业园区新业态、新模式的转变面临较多困难，瓶颈明显出现。

（三）农业供给侧改革，社会资本高度关注农业，综合发展的期望较强

我国现代农业的发展迅速，基础设施得到改善、产业布局逐步优化、市场个性化需求分化、市场空间得到拓展，生产供给端各环节的改革需求也日趋紧迫，社会工商资本也开始关注并进入农业农村领域，对农业农村的发展起到积极的促进作用。同时，工商资本进入该领域，也期望发挥自身的优势，从事与农业相关的第二、三产业，形成一、二、三产业融合发展的模式。

（四）“史上最严土地政策”影响下，土地管理的强度越来越大，寻求综合方式解决发展问题

随着经济新常态，国家实施了新型城镇化、生态文明建设、供给侧结构性改革等一系列战略举措，实行建设用地总量和强度的“双控”，严厉进行节约集约用地管理。先后出台了《基本农田保护条例》《农村土地承包法》等，对土地开发的用途管制有非常明确的规定。特别是《国土资源部农业部关于进一步支持设施农业健康发展的通知》(国土资发〔2014〕127 号) 的发布，更是将该要求进一步明确，使得发展休闲农业在新增用地指标上面临着较多条规限制。

综上所述，现阶段，传统农业产业园区发展思路已经不适合新形势下的产业升级、统筹开发等要求，亟须用创新的方式来解决农业增效、农民增收、农村增绿的问题，田园综合体就是比较好的创新模式之一。

三、特征

田园综合体具有功能复合性、开发园区化和主体多元化三个特征。

（一）功能复合性

产业经济结构多元化，由单一产业向一、二、三产业联动发展，从单一产品到综合休闲度假产品开发升级，从传统住宅到田园体验度假、养老养生等为一体的休闲综合地产的土地开发模式升级。在一定的地域空间内，将现代农业生产空间、居民生活空间、游客游憩空间、生态涵养发展空间等功能板块进行组合，并在各部分间建立一种相互依存、相互裨益的能动关系，从而形成一个多功能、高效率、复杂而统一的田园综合体。而现代农业无疑是田园综合体可持续发展的核心驱动力。

（二）开发园区化

田园综合体作为原住民、新移民、游客的共同活动空间，在充分考虑原住民的收入持续增收的同时，还要保证外来客群源源不断的输入，既要有相对完善的内外部交通条件，又要有充裕的开发空间和有吸引力的田园景观和文化等。田园综合体做成的方式、选址方式、产业之间的关联度、项目内容如何共存，运营模式、物质循环、产品关联度、品牌形象都需要考虑。

（三）主体多元化

田园综合体的出发点是主张以一种可以让企业参与、城市元素与乡村结合、多方共建的“开发”方式，创新城乡发展，促进产业加速变革、农民收入稳步增长和新农村建设稳步推进，重塑中国乡村的美丽田园、美丽小镇。一方面强调跟原住民的合作，坚持农民合作社的主体地位，农民合作社利用其与农民天然的利益联结机制，使农民不仅参与田园综合体的建设，还能享受现代农业产业效益、资产收益的增长等。另一方面强调城乡互动，秉持开放、共建思维，着力解决“原来的人”“新来的人”“偶尔会来的人”等人群的需求。

四、建设意义

近年来国内休闲农业与乡村旅游热情正盛，而田园综合体作为休闲农业与乡村游升级的高端发展模式，更多体现的是“农业+园区”的发展思路，将农业链条做深、做透，未来还会进一步拓宽至科技、健康、物流等更多维度。

田园综合体是伴随现代农业发展、新型城镇化、休闲旅游而发展起来的“农业+文创+新农村”开发的新模式，是一种大势所趋。它是区域经济社会和农业农村发展到较为发达新阶段的产物，是中国农业新跨越的创新载体，其重要意义可归结为以下几个方面：

（一）田园综合体是资源优化配置的“驱动器”

以田园综合体建设为契机，整合土地、资金、科技、人才等资源，促进传统农业转型升级。

1. 创新土地开发模式

田园综合体保障增量、激活存量，解决现代农业发展的用地问题。2017 年《中共中央、国务院关于深入推进农业供给侧结构性改革 加快培育农业农村发展新动能的若干意见》专门强调提出，要完善新增建设用地的保障机制，将年度新增建设用地计划指标确定一定比例，用于支持农村新产业、新业态的发展，允许通过村庄整治、宅基地整理等节约的建设用地，通过入股、联营等方式，重点支持乡村休闲旅游、养老等产业和农村三产融合的发展。

2. 创新融资模式

田园综合体解决了现代农业发展、美丽乡村和社区建设中的钱从哪儿来和怎么来的问题。经济社会发展必须有经济目标，工商资本需要盈利、农民需要增收、财政需要税收、GDP 需要提高，多主体利益诉求决定了田园综合体的建设资金来源渠道的多样性;同时需要考虑各路资金的介入方式与占比，比如政府做撬动资金，企业做投资主体，银行给贷款融资，第三方融资担保，农民土地产权入股等，这样就形成田园综合体开发的“资本复合体”。田园综合体需要整合社会资本，激发市场活力，但要坚持农民合作社的主体地位，防止外来资本对农村资产的侵占。

3. 增强科技支撑

科技是现代农业生产的关键要素，同时还是品质田园生活、优美生态环境的重要保障，全面渗透、支撑田园综合体建设的方方面面。为降低资源和环境压力，秉持循环、可持续的发展理念，以科技手段增强对生态循环农业的支撑，构建农居循环社区，在确保产业发展、农业增收的条件下，改善生态环境，营造良好的生态居住和观光游憩环境。

在田园综合体中，科技要素的关键作用已经由现代农业园区生产力提升的促进剂，转变为产业融合的黏合剂，这是科技地位本质性改变的地方。传统的科技是促进生产效率提升，产品质量和效益提高，现代科技是能够促进业态效率提升和业态融合，如物联网技术的应用，降低生产成本、提高生产效率同时，更能促进与消费者之间的互动，有助于建立良好的信任关系。因而，科技的出发点和要素作用已经发生了改变。

4. 促进区域经济主体的利益联结

通过田园综合体模式，解决几大主体之间的关系问题，包括政企银社研等不同主体。以往的农业园区只能解决其中 2~3 个主体之间的关系，现在通过复合体的利益共享模式结构，将关系完全捆绑融合到一起。

（二）田园综合体是产业价值的“放大器”

田园综合体模式强调其作为一种新型产业的综合价值，包括农业生产交易、乡村旅游休闲度假、田园娱乐体验、田园生态享乐居住等复合功能。田园综合体和现代农业、旅游产业的发展是相辅相成的。

农业生产是发展的基础，通过现代高新技术的引入提升农业附加值;休闲旅游产业需要与农业相融合，才能建设具有田园特色的可持续发展的休闲农业园区;休闲体验、旅游度假及相关产业的发展又依赖于农业和农副产品加工产业，从而形成以田园风貌为基底并融合了现代都市时尚元素的田园社区。

田园综合体做的是现代农业、加工体验、休闲旅游、宜居度假，并作为新型城镇化发展的一种动力，通过新型城镇化发展连带产业、人居环境发展，使文化旅游产业和城镇化得到完美的统一。

（三）田园综合体是城乡统筹发展的“交响曲”

在不同的发展阶段，生产要素的关键地位会不断变化;采用田园综合体的发展模式，生产要素及其余产业的关系更加重要，所以必须从生产力要素的问题转向生产关系的问题。

自十六大以来逐步确立的统筹城乡发展，工业反哺农业、城市支持农村，建设社会主义新农村，城乡经济社会发展一体化等一系列重大举措，标志着我国的城乡关系进入了一个新的历史阶段。然而这种城市带动乡村、乡村城市化等模式，背后隐含着的主导思路依旧是城市处于绝对主导地位，而乡村的本体地位、能动作用往往处于次要位置。

田园综合体，以乡村复兴为最高目标，让城市与乡村各自发挥其独特禀赋，实现和谐发展。它以田园生产、田园生活、田园景观为核心组织要素，多产业多功能有机结合的空间实体，其核心价值是满足人回归乡土的需求，让城市人流、信息流、物质流真正反哺乡村，促进乡村经济的发展。

从城乡统筹发展的视角出发，打破城市和乡村相互分隔的壁垒，逐步实现城乡经济和社会生活紧密结合与协调发展，逐步缩小城乡差距，使城市和乡村融为一体，而田园综合体正是形成城乡经济社会一体化新格局的重要载体。

田园综合体 6+6+7+6+3+5

田园综合体被写入了《中共中央、国务院关于深入推进农业供给侧结构性改革 加快培育农业农村发展新动能的若干意见》，其出发点是主张以一种可以让企业参与、带有商业模式的顶层设计、城市元素与乡村结合、多方共建的“开发”方式，创新城乡发展，形成产业变革、带来社会发展，重塑中国乡村的美丽田园、美丽小镇！

那么田园综合体对内而言，能否成为东方园林产业集团战略转型的方向？从更长远来看，能否被市场接受？

一、六大支撑体系

围绕田园综合体的建设目标和功能定位，是重点抓好生产体系、产业体系、经营体系、生态体系、服务体系、运行体系等。

二、六大重点建设内容

（一）夯实基础，完善生产体系发展条件

要按照适度超前、综合配套、集约利用的原则，集中连片开展高标准农田建设，加强田园综合体区域内“田园+农村”基础设施建设，整合资金完善供电、通信、污水垃圾处理、游客集散、公共服务等配套设施条件。

（二）突出特色，打造涉农产业体系发展平台

立足资源禀赋、区位环境、历史文化、产业集聚等比较优势，围绕田园资源和农业特色，做大做强传统特色优势主导产业，推动土地规模化利用和三产融合发展，大力打造农业产业集群；稳步发展创意农业，利用“旅游+”“生态+”等模式，开发农业多功能性，推进农业产业与旅游、教育、文化、康养等产业深度融合；强化品牌和原产地地理标志管理，推进农村电商、物流服务业的发展，培育形成1~2个区域农业知名品牌，构建支撑田园综合体发展的产业体系。

（三）创业创新，培育农业经营体系发展新动能

积极壮大新型农业经营主体实力，完善农业社会化服务体系，通过土地流转、股份合作、代耕代种、土地托管等方式促进农业适度规模经营，优化农业生产经营体系，增加农业效益。同时，强化服务和利益联结，逐步将小农户生产、生活引入现代农业农村发展轨道，带动区域内农民可支配收入持续稳定增长。

（四）绿色发展，构建乡村生态体系屏障

牢固树立绿水青山就是金山银山的理念，优化田园景观资源配置，深度挖掘农业生态价值，统筹农业景观功能和体验功能，凸显宜居宜业新特色。积极发展循环农业，充分利用农业生态环保生产新技术，促进农业资源的节约化、农业生产残余废弃物的减量化和资源化再利用，实施农业节水工程，加强农业环境综合整治工作，促进农业可持续发展。

（五）完善功能，补齐公共服务体系建设短板

完善区域内的生产性服务体系，通过发展适应市场需求的产业和公共服务平台，聚集市场、资本、信息、人才等现代生产要素，推动城乡产业链双向延伸对接，推动农村新产业、新业态蓬勃发展。完善综合体社区公共服务设施和功能，为社区居民提供便捷高效的服务。

（六）形成合力，健全优化运行体系建设

妥善处理好政府、企业和农民三者之间的关系,确定合理的建设运营管理模式，形成健康发展的合力。政府重点负责政策引导和规划引领，营造有利于田园综合体发展的外部环境；企业、村集体组织、农民合作组织及其他市场主体要充分发挥在产业发展和实体运营中的作用；农民通过合作化、组织化等方式，实现在田园综合体发展中的收益分配、就近就业。

三、七大试点立项条件

（一）功能定位准确

围绕有基础、有优势、有特色、有规模、有潜力的乡村和产业，按照农田田园化、产业融合化、城乡一体化的发展路径，以自然村落、特色片区为开发单元，全域统筹开发，全面完善基础设施。突出以农业为基础的产业融合、辐射带动等主体功能，具备循环农业、创意农业、农事体验一体化发展的基础和前景。明确农村集体组织在建设田园综合体中的功能定位，充分发挥其在开发集体资源、发展集体经济、服务集体成员等方面的作用。

（二）基础条件较优

区域范围内农业基础设施较为完备，农村特色优势产业基础较好，区位条件优越，核心区集中连片，发展潜力较大；已自筹资金投入较大且有持续投入能力，建设规划能积极引入先进生产要素和社会资本，发展思路清晰；农民合作组织比较健全，规模经营显著，龙头企业带动力强，与村集体组织、农民及农民合作社建立了比较密切的利益联结机制。

（三）生态环境友好

能落实绿色发展理念，保留青山绿水，积极推进山水田林湖整体保护、综合治理，践行看得见山、望得到水、记得住乡愁的生产生活方式。农业清洁生产基础较好，农业环境突出问题得到有效治理。

（四）政策措施有力

地方政府积极性高，在用地保障、财政扶持、金融服务、科技创新应用、人才支撑等方面有明确举措，水、电、路、网络等基础设施完备。建设主体清晰，管理方式创新，搭建了政府引导、市场主导的建设格局。积极在田园综合体建设用地保障机制等方面进行探索，为产业发展和田园综合体建设提供条件。

（五）投融资机制明确

积极创新财政投入使用方式，探索推广政府和社会资本合作，综合考虑运用先建后补、贴息、以奖代补、担保补贴、风险补偿金等，撬动金融和社会资本投向田园综合体建设。鼓励各类金融机构加大金融支持田园综合体建设力度,积极统筹各渠道支农资金支持田园综合体建设。严控政府债务风险和村级组织债务风险，不新增债务负担。

（六）带动作用显著

以农村集体组织、农民合作社为主要载体，组织引导农民参与建设管理，保障原住农民的参与权和受益权，实现田园综合体的共建共享。通过构建股份合作、财政资金股权量化等模式，创新农民利益共享机制，让农民分享产业增值收益。

（七）运行管理顺畅

根据当地主导产业规划和新型经营主体的发展培育水平，因地制宜探索田园综合体的建设模式和运营管理模式。可采取村集体组织、合作组织、龙头企业等共同参与建设田园综合体，盘活存量资源，调动各方积极性，通过创新机制激发田园综合体建设和运行内生动力。

四、六类不予受理的情况

1. 未突出以农为本，项目布局和业态发展上与农业未能有机融合，以非农业产业为主导产业；

2. 不符合产业发展政策；

3. 资源环境承载能力较差；

4. 违反国家土地管理使用相关法律法规，违规进行房地产开发和私人庄园会所建设；

5. 乡、村举债搞建设；

6. 存在大拆大建、盲目铺摊子等情况。

未来 30 年投资爆点

一、田园综合体——下一个投资风口和发展重点

2017 年中共中央、国务院《关于深入推进农业供给侧结构性改革，加快培育农业农村发展新动能的若干意见》首次提出了“田园综合体”这一新概念，“支持有条件的乡村建设以农民合作社为主要载体、让农民充分参与和受益，集循环农业、创意农业、农事体验于一体的田园综合体，通过农业综合开发、农村综合改革转移支付等渠道开展试点示范”。这是加快推进农业供给侧结构性改革，实现乡村现代化和新型城镇化联动发展的一种新模式，是培育和转换农业农村发展新动能，推动现有农庄、农场、合作社、农业特色小镇、农业产业园以及农旅产业、乡村地产等转型升级的新路径，具有广阔的发展前景。

田园综合体可谓刚刚萌动，正处于酝酿和试点培育期，前面一片“新蓝海”，有望成为继特色小镇之后的下一个投资风口和发展重点。

2017 年 3 月 26 日，人民日报发表题为《照搬，这种事还敢干吗（话说新农村)》的文章指出，中西部有些地区，既不具备投资基础，又没有形成产业群，却去凭空打造“特色小镇”，做工作需要抓手，但是推广任何经验，一定要因地制宜，实事求是，切莫盲目照搬照抄。

中央城市工作会议指出，“我国城镇化必须同农业现代化同步发展，城市工作必须同‘三农’工作一起推动，形成城乡发展一体化的新格局。”中央农村工作会议指出，“一定要看到，农业还是‘四化同步’的短腿，农村还是全面建成小康社会的短板。中国要强，农业必须强；中国要美，农村必须美；中国要富，农民必须富。”以城带乡、

以工促农、形成城乡发展一体化新格局，必须在广阔的农村地区找到新支点、新平台和新引擎。具有多元集聚功能的田园综合体恰好可以成为实现这一目标的优良载体。也就是说，田园综合体将成为实现乡村现代化和新型城镇化联动发展的一种新模式。

二、国家大力支持

2017 年 2 月 5 日，中共中央、国务院公开发布《关于深入推进农业供给侧结构性改革，加快培育农业农村发展新动能的若干意见》。其中提到："支持有条件的乡村建设以农民合作社为主要载体、让农民充分参与和受益，集循环农业、创意农业、农事体验于一体的'田园综合体'，通过农业综合开发、农村综合改革转移支付等渠道开展试点示范。"这是中央文件首次提出"田园综合体"这个概念。

"田园综合体"成为投资新风口、国家的政策已经陆续发布。

财政部 2017 年 6 月 2 日下发《关于开展田园综合体建设试点工作的通知》，2017 年确定河北、山西等 18 个省份开展田园综合体建设试点。中央财政从农村综合改革转移支付资金、现代农业生产发展资金、农业综合开发补助资金中统筹安排，支持试点工作，每个试点省份安排试点项目 1~2 个。通知还特别提出，积极创新财政投入使用方式，探索推广政府和社会资本合作。

田园综合体是在城乡一体格局下，顺应农业供给侧结构性改革，实现中国乡村现代化、新型城镇化的一种新模式。位于无锡市阳山镇的田园东方就是这样一个已经初具规模的田园综合体，它是集现代农业、休闲旅游、田园社区为一体的特色小镇。2016 年 9 月，中央农办领导考察指导该项目时，对该模式给予了高度认可。

"田园综合体"以更侧重田园综合产业而区别于"旅游综合体"，这一模式横跨推进中国新型城镇化发展与中国休闲旅游经济发展两个领域，与被媒体热议的旅游型城镇化有所相近，将成为今后休闲农业和乡村旅游发展的大方向。

同时，2017 年 5 月 31 日，农业部办公厅印发《关于推动落实休闲农业和乡村旅游发展政策的通知》，大力扶持休闲农业发展。

该《通知》还指出，引导社会各类资本投资休闲农业和乡村旅游。具体如下：

在用地政策上，要落实城乡建设用地增减挂钩试点，农村集体经济建设用地自办、入股等方式经营休闲农业的政策。

在财政政策上，要鼓励各地整合财政资金，将中央有关乡村建设资金向休闲农业集聚区倾斜。要探索采取以奖代补、先建后补、财政贴息、设立产业投资基金等方式加大财政扶持力度。要创新融资模式，鼓励利用 PPP 模式、众筹模式、"互联网+"模式、发行私募债券等方式，引导社会各类资本投资休闲农业和乡村旅游。

在金融政策上，要创新担保方式，搭建银企对接平台，鼓励担保机构加大对休闲农业和乡村旅游的支持力度，帮助经营主体解决融资难题。要推动银行业金融机构拓宽抵押担保物范围，提高信贷额度，加大对休闲农业的信贷支持，带动更多的社会资本投资休闲农业和乡村旅游。

三、建设原则

田园综合体包括农业、文旅、地产三个产业。

农业要做三件事：现代农业生产型产业园、休闲农业、CSA（社区支持农业）；

文旅产业要打造符合自然生态型的“旅游产品+度假产品”的组合，组合中需要考虑功能配搭、规模配搭、空间配搭，此外还要加上丰富的文化生活内容，以多样的业态规划形成旅游度假目的地；

地产及社区建设，无论改建还是新建，都需要按照村落肌理打造，也就是说，即使是开发，那也是开发一个“本来”的村子，并且更重要的是要附着管理和服务，营造新社区。

这里还要特别指出的是，我们不是要打造一个旅游度假区，而是打造一个小镇本身，只是这个小镇有很多旅游度假设施，具有非常丰富的旅游价值。在城市综合体营建理论中的统一规划、统一建设、统一管理、分散经营原则，在田园综合体中同样适用。

四、组成

（一）景观吸引核：吸引人流、提升土地价值的关键所在

依托观赏型农田、瓜果园、观赏苗木、花卉展示区、湿地风光区、水际风光区等，使游人身临其境地感受田园风光和农业魅力。

（二）休闲聚集区：为满足客源的各种需求而创造的综合产品体系

包括农家风情建筑（如庄园别墅、小木屋、传统民居等）、乡村风情活动场所(特色商街、主题演艺广场等)、垂钓区等。休闲聚集区使游人能够深入农村特色的生活空间，体验乡村风情活动，享受休闲农业带来的乐趣。

（三）农业生产区：生产性主要功能部分

让游人认识农业生产的过程，在参与农事活动中充分体验农业生产的乐趣，同时还可以开展生态农业示范、农业科普教育示范、农业科技示范等项目。

（四）居住发展带：城镇化主要功能部分

居住发展带是田园综合体迈向城镇化结构的重要支撑。通过产业融合与产业聚集，形成人口相对集中居住，以此建设居住社区，构建城镇化的核心基础。

（五）社区配套网：城镇化支撑功能

服务于农业、休闲产业的金融、医疗、教育、商业等，我们称为产业配套，由此形成产城一体的公共配套网络。

五、产业延伸与互动

在田园综合体中，一、二、三产业互融互动，通过各个产业的相互渗透融合，把休闲娱乐、养生度假、文化艺术、农业技术、农副产品、农耕活动等有机结合起来，能够拓展现代农业原有的研发、生产、加工、销售产业链，使传统的功能单一的农业及加工食用的农产品成为现代休闲产品的载体，发挥产业价值的乘数效应。

六、“农业+园区”

2017 年的中共中央、国务院《关于深入推进农业供给侧结构性改革，加快培育农业农村发展新动能的若干意见》还专门强调了农村新产业新业态用地方面，其中提出，要完善新增建设用地的保障机制，将年度新增建设用地计划指标确定一定比例，用于支持农村新产业新业态的发展；允许通过村庄整治、宅基地整理等节约的建设用地，通过入股、联营等方式，重点支持乡村休闲旅游养老等产业和农村三产融合的发展。文件也明确规定，这些村庄整治、宅基地整理节约出来的建设用地，严禁违规违法开发房地产或建私人会所。

从中共中央、国务院《关于深入推进农业供给侧结构性改革，加快培育农业农村发展新动能的若干意见》可以看出，中央将产业园区作为农业发展升级的重要载体和强力抓手。这给了目前中国产业地产行业一个非常利好的创新信号，未来一段时间，“农业+园区”无疑将大有可为。

业内人士认为，与现在市面上主流的产业园区不同，“农业+园区”会更强调将农业链条做深、做透，无论是内涵还是外延都要求颇高，未来会囊括科技、健康、旅游、养老、创意、休闲、文化、会展、培训、检测、加工、电商、贸易、物流、金融等丰富多元的维度，具有很大的想象空间。

（一）田园综合体，用“跨产业、跨功能”解决三农问题

当前中国经济处于工业化的中后期阶段，劳动、资本、技术等城乡要素加快流动，而且城市居民对田园生活的渴望，城市周边休闲农业、乡村旅游发展迅猛，农村居民也需要城市公共服务，田园综合体正是探索城乡一体化发展的模式。另外，农业也进入延长产业链、增加价值链的发展阶段。

田园综合体是方法论，既可以被视为特色小镇的一种实现方式，又可以被称之为一种商业模式。“综合体”理应是跨产业、跨功能的综合规划，具体到项目中就是多功能、多业态的综合运营。

中央推出“田园综合体”这一概念，体现的也是由“跨产业、跨功能”所产生的集聚效应，解决“三农”问题，不能单线思维，不能就农村来谈农村、就农业来谈农业。

田园综合体是城镇化发展到一定阶段后为满足农业产业升级、农村土地价值释放、

城乡市场对接需要的尝试和探索。人口转移后的可利用土地为综合体提供了空间，人们对高质量的绿色农产品快速增长的需求为综合体提供了产品的市场空间。周边游、周末游、亲子游的旅游需求的快速增长为综合体提供新业态的可能。此外，乡村基础设施的提升为综合体的可达性和可体验性提供了基础保障。

（二）田园综合体，建设中的新思维

特色产业园是田园综合体的重要组成部分，衍生着新业态，成为繁荣农村、富裕农民的新兴支柱产业。没有产业支撑的田园综合体只能是一副空皮囊。一个完善的田园综合体应是一个包含农、林、牧、渔、加工、制造、餐饮、酒店、仓储、保鲜、金融、工商、旅游及房地产等行业的三产融合体和城乡复合体。

如果说诗意栖居是一种人类生活的终极理想，那么田园综合体将是当下实现理想的可行之道。建设田园综合体的目的，就是把城市的资本与现代经营理念引入农村，实现生产、生活与生态的融合。

农业的现代化，如果没有农民现代化，没有新型农业主体加入，终将是空中楼阁。归纳起来，实际上我们真正要走的是一条农民、农村、农业协同发展的乡村现代化道路。如果说，过去的新农村是乡村现代化的2.0版本，美丽乡村建设是3.0版本，特色小镇是3.5版本，那么田园综合体则是一个更为高级的形态。在这里，不仅有着老农民，更有着被乡村吸引、愿意从城市回归乡村、参与“三农”发展的新农民。

（三）激发金融和社会资本的投资热情

自2017年中共中央、国务院《关于深入推进农业供给侧结构性改革，加快培育农业农村发展新动能的若干意见》中首次提出以来，田园综合体成为特色小镇之后又一投资新蓝海。当前，田园综合体建设需要大量资金，这些资金应从哪里来？

除了农村有优势、特色产业发展的条件之外，此次还对投入资金有了明确要求——“严控政府债务风险和村级组织债务风险，不新增债务负担”。这意味着，试点地区要利用撬动思维，积极探索推广政府和社会资本合作，综合考虑运用先建后补、贴息、以奖代补、担保补贴、风险补偿金等，撬动金融和社会资本投向田园综合体建设。

要适应农村发展阶段性需要，遵循农村发展规律和市场经济规律。在乡村建设中，不论是政府试点还是投资者，都要审慎地对待田园综合体的发展，把资金、人才、技术等优势要素汇聚在一起，建立可持续的商业模式。

农 业 地 产

一、农业地产的简说

“农业地产”，是指中国很有可能会在未来的 5~10 年内，出现以租赁农村土地，或建立有机农业生产基地为主要业务的新兴产业。这个产业将在“土地流转”“城镇化建设”和“农民进城”等一系列的宏观政策和鼓励措施下快速形成。

大量流转出来的农村土地，将在地方政府的干预和规划下，有偿租赁给相关财团、机构，并通过收取大规模流转出来的土地租金获得长期、稳定的地方财政收入。租赁土地的财团、机构，在租赁的土地上经营高附加值的经济作物、从事农产品供应链控制或现代农业规模化生产，从而获取利润。从事土地租赁中介业务的“土地买办”获得相应的劳务费用。广大农民将通过出让土地使用权而获得数额相当的一次性现金补偿，此后再通过出卖剩余劳动力成为“职业农民”。

二、农业地产的形成

中国的种植业似乎正在走一条路：

自给自足小量供应（分散）→大耕户/合作社开始出现（集中）→农场主（相对垄断）

农民的身份也在发生变化：

2012 年中共中央、国务院《关于深入推进农业供给侧结构性改革，加快培育农业农村发展新动能的若干意见》中首度出现了“职业农民”的字样，而 2013 年，“家庭农场”又成为中共中央、国务院《关于深入推进农业供给侧结构性改革，加快培育农业农村发展新动能的若干意见》的主题词。土地作业主——农民的结构也在发生深刻变化，“农民”将成为有钱人的职业，传统意义上的“农民”将面临更换淘汰。

产业规模化已成为农业转型加速的重要推动因素。农业行业的机会不断涌现，在国家经济结构调整和大力支持农业的政策背景下，大量社会资本涌入农业领域，新农业蕴含着巨大潜力，是一块值得投资者期待的领域。

由此可见，农业由“分散”向“集中”转变后，改变之前落后的经营模式，也一定能产生高利润机会。

农 村 土 地 承 包

一、综述

《农村土地承包法》关于承包方式的规定是："农村土地承包采取农村集体经济组织内部的家庭承包方式，不宜采取家庭承包方式的荒山、荒沟、荒丘、荒滩等农村土地，可以采取招标、拍卖、公开协商等方式承包。"

农村土地承包期限：耕地为30年，草地30~50年，林地为30~70年。

农村土地承包的合法程序是：（1）本集体经济组织成员选举产生承包工作小组；（2）承包工作小组依照法律、法规的规定拟订并公布承包方案；（3）依法召开村民会议，讨论通过承包方案；（4）公开组织实施承包方案；（5）由发包方与承包方签订承包方案。

二、应遵循的原则

（一）按照规定统一组织承包时，本集体经济组织成员依法平等地行使承包土地的权利，也可以自愿放弃承包土地的权利。

（二）民主协商，公平合理。

（三）依法经本集体经济组织成员的村民会议三分之二以上成员或者三分之二以上村民代表的同意。

（四）承包程序合法。

（五）本集体经济组织成员的村民会议选举产生承包工作小组。

（六）承包工作小组依照法律、法规的规定拟订并公布承包方案。

（七）依法召开本集体经济组织成员的村民会议，讨论通过承包方案。

（八）公开组织实施承包方案。

（九）签订承包合同。

乡村振兴的样本

一、乡村振兴的样本概说

十九大重要报告提出实施乡村振兴战略。乡村的振兴，需要更多新业态、新模式、新运营的加入，而田园综合体模式集现代农业、休闲旅游、田园社区等要素为一体，与之不谋而合，是积极探索的一个可操作样本！

农业、农村、农民问题是关系国计民生的根本性问题，“三农”工作始终是党和政府的重中之重。基于中国特色国情，要解决三农问题，一产和三产是主要抓手。

二、现代农业是田园综合体模式的基础产业

现代农业，是田园综合体模式中最重要、最基础的产业，如果田园综合体中没有现代农业，那么这样的“田园综合体”就只是小意义上的“农家乐”。

田园综合体中的农业，包括现代农业生产型产业园、CSA社区支持农业。

这些现代农业不同类型的表现，首先保证了农产品量的产出，与十九大报告一再强调的“确保国家粮食安全，把中国人的饭碗牢牢端在自己手中”精神吻合；其次不同形态的现代农业类型，可以让农民根据自己可使用土地面积和性状自由选择与项目的合作方式，为农民拓宽收入途径和增加收入提供了可能。

未来将着力拓宽田园综合体模式在构建现代农业产业体系、生产体系、经营体系，完善农业支持保护制度，发展多种形式适度规模经营，培育新型农业经营主体，健全农业社会化服务体系，实现小农户和现代农业发展新型生产关系的有机衔接。

青岛凭啥能挣钱

青岛市的休闲农业旅游，在近年来，取得了长足的发展。而青岛的农业休闲旅游的发展，据了解是始于20世纪九十年代末，那个时候，青岛的人民也是慢慢的摸索，一步一个脚印，走到了现在。所以，青岛经过多年的发展，在当地的政府大力支持下，与百姓的共同努力下，青岛的休闲农业已经形成了点片相连的休闲农业产业群。

查阅资料可知，2015年，整个青岛全市的休闲农业经营主体接待游客达到270万人次，所以其中7万多农户因此收益。据了解，在休闲农业旅游方面，青岛市能做到年收入5亿元！所以，休闲农业旅游已经快慢慢成为了农村经济和农民增收的新的增长点，我们也应该慢慢地向这方面发展，让人们都能体验到农业的乐趣。

莱西位于胶东半岛中部，为山东省县级市，是由青岛市代管，是国务院确定的沿海地区对外开放县市之一，也是全国综合实力百强县市之一。而这里也是半岛加工制造业基地中心。莱西境内为温带季风型大陆性气候，年平均气温11.7℃。所以位于莱西市的沽河休闲农业示范园，在这样的地方，就能取得飞跃的发展。据知，2015年，沽河休闲农业示范园被农业部和国家旅游局联合授予全国休闲农业与乡村旅游示范点的称号。近年来，莱西逐渐意识了生态环境恶化的问题，所以当地政府积极采取了措施，大力整顿。其中，莱西市的沽河街道就借力大沽河综合治理、休体大会举办等的优势条件，充分利用当地的自然资源、人文环境，逐渐改善了这里恶化的生态环境。

所以说，莱西是依托大沽河这里的自然风光，慢慢的发展了起来，再加上这里有成片的果园景观，更是提供了丰富的生态经济的因子，让青岛莱西的市民不出家门就能体验到这悠然的田园生活，体验到这多样的民俗风情，还能亲身体验传统农耕文化的乐趣。所以，在这里，莱西结合了众多的先天优势，逐步形成了休闲农业、乡村旅游、产业融合、联动发展“四位一体”的休闲农业与乡村旅游发展模式。目前，莱西市已经培育建成了山后韭菜生态园、佰川佳禾生态园、大沽河万亩果品生态园、神岭休闲谷、曲家庄葡萄庄园、丰诺优质桃生态园、吉林森工苗木基地等10多个精品特色农业园和青岛白鹭湖温泉度假村等5个三星级以上农家乐示范点。所以这里逐步构建起以“食、住、行、游、购、娱”为一体的乡村旅游网络，为当地的农业旅游经济做出了卓越贡献。据了解，这里还将致力于规划打造出以生态旅游农业为主的中国悠然生活方式的实验区。据2015年的数据统计，这里的全街道主要旅游景区能达到年接待国内外游客30万人次，年营业收入8000万元，关于农产品的销售收入就能3000万元，年实现利润800万元。

所以，莱西的生态农业旅游，还能取得进一步的发展。

大沽河流域位于胶东半岛西部，大沽河，古称沽水，沽尤。大沽河流域基本都在青岛地区，是一条水量充足的大河，也是一条文化色彩浓厚的古河。如果胶州湾是青岛的母亲湾，大沽河则是青岛的母亲河。

所以，近年来，青岛依靠大沽河的发展，取得了众多佳绩，尤其在生态农业旅游这方面。

6 部委指导意见

一、发展农业产业化联合体的意义

农业产业化联合体是龙头企业、农民合作社和家庭农场等新型农业经营主体以分工协作为前提、以规模经营为依托、以利益联结为纽带的一体化农业经营组织联盟。在新形势下，发展农业产业化联合体具有重要现实意义。

（一）有利于构建现代农业经营体系

通过“公司+农民合作社+家庭农场”组织模式，让各类新型农业经营主体发挥各自优势、分工协作，促进家庭经营、合作经营、企业经营协同发展，加快推进农业供给侧结构性改革。

（二）有利于推进农村一、二、三产业融合发展

通过构建上下游相互衔接配套的全产业链，实现单一产品购销合作到多元要素融合共享的转变，推动订单农业和“公司+农户”等经营模式创新，促进农业提质增效。

（三）有利于提高农业综合生产能力

通过推动产业链上下游长期合作，降低违约风险和交易成本，稳定经营预期，促进多元经营主体以市场为导向，加大要素投入，开展专业化、品牌化经营，提高土地产出率、资源利用率和劳动生产率。

（四）有利于促进农民持续增收

通过提升农业产业价值链，完善利益联结机制，引导龙头企业、农民合作社和家庭农场紧密合作，示范带动普通农户共同发展，将其引入现代农业发展轨道，同步分享农业现代化成果。

二、农业产业化联合体的基本特征

（一）独立经营，联合发展

农业产业化联合体不是独立法人，一般由一家牵头龙头企业和多个新型农业经营主体组成。各成员保持产权关系不变、开展独立经营，在平等、自愿、互惠互利的基础上，通过签订合同、协议或制定章程，形成紧密型农业经营组织联盟，实行一体化发展。

（二）龙头带动，合理分工

以龙头企业为引领、农民合作社为纽带、家庭农场为基础，各成员具有明确的功能定位，实现优势互补、共同发展。

（三）要素融通，稳定合作

立足于主导产业、追求共同经营目标，各成员通过资金、技术、品牌、信息等要素融合渗透，形成比较稳定的长期合作关系，降低交易成本，提高资源配置效率。

（四）产业增值，农民受益

各成员之间以及与普通农户之间建立稳定的利益联结机制，促进土地流转型、服务带动型等多种形式规模经营协调发展，提高产品质量和附加值，实现全产业链增值增效，让农民有更多的获得感。

三、培育和发展农业产业化联合体的基本原则

落实中央决策部署，围绕推进农业供给侧结构性改革，以帮助农民、提高农民、富裕农民为目标，以发展现代农业为方向，以创新农业经营体制机制为动力，积极培育发展一批带农作用突出、综合竞争力强、稳定可持续发展的农业产业化联合体，成为引领我国农村一二三产业融合和现代农业建设的重要力量，为农业农村发展注入新动能。在促进农业产业化联合体发展过程中，要把握以下基本原则。

（一）坚持市场主导

充分发挥市场配置资源的决定性作用，尊重农户和新型农业经营主体的市场主体地位。政府重点做好扶持引导，成熟一个发展一个，防止片面追求数量和规模。

（二）坚持农民自愿

农业产业化经营有多种组织带动模式，农业产业化联合体在不同区域、不同产业有多种表现形式，具有各自的适应性和发展空间。是否发展农业产业化联合体、选择哪种

合作模式，都要尊重农民的意愿，不搞一刀切。

（三）坚持民主合作

引导农业产业化联合体建立内部平等对话、沟通协商机制，兼顾农户、家庭农场、农民合作社、龙头企业等各方的利益诉求，共商合作，共议发展，共创事业。

（四）坚持兴农富农

把带动产业发展和农民增收作为基本宗旨，打造产业链、提升价值链，挖掘农业增值潜力，发挥农业产业化联合体对普通农户的辐射带动作用，保障农民获得合理的产业增值收益。

四、组建农业产业化联合体的途径

（一）增强龙头企业带动能力，发挥其在农业产业化联合体中的引领作用

支持龙头企业应用新理念，建立现代企业制度，发展精深加工，建设物流体系，健全农产品营销网络，主动适应和引领产业链转型升级。鼓励龙头企业强化供应链管理，制定农产品生产、服务和加工标准，示范引导农民合作社和家庭农场从事标准化生产。鼓励县级以上农业产业化主管部门开展重点龙头企业认定和运行监测。引导龙头企业发挥产业组织优势，采用“公司+农民合作社+家庭农场”“公司+家庭农场”等形式，联手农民合作社、家庭农场组建农业产业化联合体，实行产加销一体化经营。

（二）提升农民合作社服务能力，发挥其在农业产业化联合体中的纽带作用

鼓励普通农户、家庭农场组建农民合作社，积极发展生产、供销、信用“三位一体”综合合作。引导农民合作社依照法律和章程加强民主管理、民主监督，保障成员物质利益和民主权利，发挥成员的积极性，共同办好合作社。支持农民合作社围绕产前、产中、产后环节从事生产经营和服务，引导农户发展专业化生产，促进龙头企业发展加工流通，使合作社成为农业产业化联合体的“黏合剂”和“润滑剂”。

（三）强化家庭农场生产能力，发挥其在农业产业化联合体中的基础作用

按照依法自愿有偿原则，鼓励农户流转承包土地经营权，培育发展适度规模经营的家庭农场。鼓励家庭农场使用规范的生产记录和财务收支记录，提高经营管理水平。健全家庭农场管理服务，完善家庭农场名录制度，建立健全示范家庭农场认定办法。鼓励家庭农场办理工商注册登记。引导家庭农场与农民合作社、龙头企业开展产品对接、要素联结和服务衔接，实现节本增效。

（四）完善内部组织制度，引导各成员高效沟通协作

坚持民主决策、合作共赢，农业产业化联合体成员之间地位平等。引导各成员在充分协商的基础上，制定共同章程，明确权利、责任和义务，提高运行管理效率。鼓励农业产业化联合体探索治理机制，制发成员统一标识，增强成员归属感和责任感。鼓励农业产业化联合体依托现有条件建立相对固定的办公场所，以多种形式沟通协商涉及经营的重大事项，共同制定生产计划，保障各成员的话语权和知情权。

五、推动农业产业化联合体融通发展

（一）发展土地适度规模经营

引导土地经营权有序流转，鼓励具备条件的地区制定扶持政策，引导农户长期流转承包地并促进其转移就业。鼓励农户以土地经营权入股家庭农场、农民合作社和龙头企业发展农业产业化经营。支持家庭农场、农民合作社和龙头企业为农户提供代耕代种、统防统治、代收代烘等农业生产托管服务。

（二）引导资金有效流动

支持龙头企业发挥自身优势，为家庭农场和农民合作社发展农业生产经营，提供贷款担保、资金垫付等服务。以农民合作社为依托，稳妥开展内部信用合作和资金互助，缓解农民生产资金短缺难题。鼓励农业产业化联合体各成员每年在收益分配前，按一定比例计提风险保障金，完善自我管理、内部使用、以丰补歉的机制，提高抗风险能力。

（三）促进科技转化应用

鼓励龙头企业加大科技投入，建立研发机构，推进原始创新、集成创新、引进消化吸收再创新，示范应用全链条创新设计，提升农业产业化联合体的综合竞争力。引导各类创新要素向龙头企业集聚，支持符合条件的龙头企业建立农业领域相关重点实验室，申报农业高新技术企业。鼓励龙头企业提供技术指导、技术培训等服务，向农民合作社和家庭农场推广新品种、新技术、新工艺，提高农业产业化联合体协同创新水平。

（四）加强市场信息互通

鼓励龙头企业找准市场需求、捕捉市场信号，依托联合体内部沟通合作机制，将市场信息传导至生产环节，优化种养结构，实现农业供给侧与需求端的有效匹配。积极发展电子商务、直供直销等，开拓农业产业化联合体农产品销售渠道。鼓励龙头企业强化信息化管理，把农业产业化联合体成员纳入企业信息资源管理体系，实现资金流、信息流和物资流的高度统一。

（五）推动品牌共创共享

鼓励农业产业化联合体统一技术标准，严格控制生产加工过程。鼓励龙头企业依托农业产业化联合体建设产品质量安全追溯系统，纳入国家农产品质量安全追溯管理信息平台。引导农业产业化联合体增强品牌意识，鼓励龙头企业协助农民合作社和家庭农场开展“三品一标”认证。扶持发展一村一品、一乡一业，培育特色农产品品牌。办好中国农业产业化交易会，鼓励龙头企业参加各类展示展销活动。鼓励农业产业化联合体整合品牌资源，探索设立共同营销基金，统一开展营销推广，打造联合品牌，授权成员共同使用。

六、完善利益共享机制

（一）提升产业链价值

引导农业产业化联合体围绕主导产业，进行种养结合、粮经结合、种养加一体化布局，积极发展绿色农业、循环农业和有机农业。推动科技、人文等要素融入农业，鼓励农业产业化联合体发展体验农业、康养农业、创意农业等新业态。鼓励龙头企业在研发设计、生产加工、流通消费等环节，积极利用移动互联网、云计算、大数据、物联网等新一代信息技术，提高全产业链智能化和网络化水平。

（二）促进互助服务

鼓励龙头企业将农资供应、技术培训、生产服务、贷款担保与订单相结合，全方位提升农民合作社和家庭农场适度规模经营水平。引导农业产业化联合体内部形成服务、购销等方面的最惠待遇，并提供必要的便利条件，让各成员分享联合体机制带来的好处。

（三）推动股份合作

鼓励农业产业化联合体探索成员相互入股、组建新主体等新型联结方式，实现深度融合发展。引导农民以土地经营权、林权、设施设备等入股家庭农场、农民合作社或龙头企业，采取“保底收入+股份分红”的分配方式，让农民以股东身份获得收益。

（四）实现共赢合作

遵循市场经济规律，妥善处理农业产业化联合体各成员之间与普通农户之间的利益分配关系。创新利益联结模式，促进长期稳定合作，形成利益共享、风险共担的责任共同体、经济共同体和命运共同体。加强订单合同履约监督，建立诚信促进机制，及时向社会曝光失信者。强化龙头企业联农带农激励机制，探索将国家相关扶持政策与龙头企业带动能力适当挂钩。

七、完善支持政策

（一）优化政策配套

落实中央各项支持政策，培育壮大新型农业经营主体。地方可结合本地实际，将现有支持龙头企业、农民合作社、家庭农场发展的农村一二三产业融合、农业综合开发等相关项目资金，向农业产业化联合体内符合条件的新型农业经营主体适当倾斜。支持龙头企业等新型农业经营主体参与产业扶贫工作，落实相关税收优惠政策。组织开展精准培训，提高龙头企业负责人、合作社理事长、家庭农场主的经营管理水平。

（二）加大金融支持

鼓励地方采取财政贴息、融资担保、扩大抵（质）押物范围等综合措施，努力解决新型农业经营主体融资难题。鼓励银行、保险等金融机构开发符合农业产业化联合体需求的信贷产品、保险产品和服务模式。积极发展产业链金融，支持农业产业化联合体设立内部担保基金，放大银行贷款倍数。与金融机构共享农业产业化联合体名录信息，鼓励金融机构以龙头企业为依托，综合考虑农业产业化联合体财务状况、信用风险、资金实力等因素，合理确定联合体内各经营主体授信额度，实行随用随借、循环使用方式，满足新型农业经营主体差异化资金需求。鼓励龙头企业加入人民银行征信中心应收账款融资服务平台，支持新型农业经营主体开展应收账款融资业务。鼓励探索“订单+保险+期货”模式，支持符合条件的龙头企业上市、新三板挂牌和融资、发债融资。鼓励具备条件的龙头企业发起组织农业互助保险，降低农业产业化联合体成员风险。

（三）落实用地保障

落实促进现代农业、新型农业经营主体、农产品加工业、休闲农业和乡村旅游等用地支持政策。指导开展村土地利用规划编制，年度建设用地计划优先支持龙头企业，农民合作社和家庭农场等新型农业经营主体建设农业配套辅助设施，开展农产品加工和流通。对于新型农业经营主体发展较快、用地集约且需求大的地区，适当增加年度新增建设用地指标。对于引领农业产业化联合体发展的龙头企业所需建设用地，应优先安排、优先审批。

八、强化保障措施

（一）加强组织领导

各地要按照本意见精神，结合本地实际研究制定具体措施和办法，并做好相关指导、扶持和服务工作。完善农业产业化联席会议制度，推动落实扶持农业产业化发展的相关政策措施，帮助解决农业产业化联合体发展中遇到的困难和问题。

（二）开展示范创建

各级农业产业化主管部门要牵头开展农业产业化联合体示范创建活动，建立和发布示范农业产业化联合体名录，定期开展运行监测，适时更新，提升整体经营管理水平。可结合实际情况，对示范农业产业化联合体给予重点支持。

（三）加大宣传引导

做好农业产业化联合体统计调查工作，建立农业产业化联合体信息库，编制发布中国农业产业化龙头企业采购经理指数，为制定政策提供参考。组织第三方开展农业产业化联合体发展水平评价。及时总结好经验、好做法，充分运用各类新闻媒体加大宣传力度，营造良好的社会氛围。

适合农村养殖项目

一、野兔

野兔肉蛋白质比瘦猪肉高出50%，比羊肉高出一倍，脂肪仅为猪肉的1/16、羊肉的1/7，胆固醇含量为猪肉的1/3、鸡鸭肉的2/3，因此深受市场宠幸，特别是在南方市场，农村养殖致富项目野兔现60~70元/只仍供不应求，且现国内的饲养远远无法满足市场需求。自2002年以来，广东、上海、福建等市场每公斤野兔价格一直在26元左右，且常常有价无货，成为城乡人们投资的新热点。

二、养鸽业

养肉鸽的成本大大低于肉用鸡。肉鸽饲养简单、投资少、成本低、用粮少、见效快、经济效益高，是有发展前途的养殖业，也是快速致富的好项目，适合国营农、林、牧场和专业户饲养。

三、野鸡

野鸡市场价格持续升温，目前商品野鸡市场售价每公斤在24~35元之间。国内一些场家还对野鸡进行深加工，如福建省永定县的招宝农庄用野鸡皮毛制作成高级标本装饰品，每架野鸡标本售价在280元以上，大大增加了产品的附加值。专家认为，野鸡在今后5年内将供不应求。

四、绿壳蛋鸡

绿壳蛋鸡特征为“五黑一绿”，即黑毛、黑皮、黑肉、黑骨、黑内脏，极具滋补价值，更为奇特的是所产蛋为绿色，蛋白浓厚、蛋黄呈橘红色，含有大量孵磷脂维生素及微量元素等，为世界罕见珍禽，目前绿壳蛋市场售价每枚在1~1.8元左右，商品鸡40~60元/只，现国内存栏极少，正是抢先发展的好时机。

五、沧山黑山羊

沧山黑山羊养殖就是一个比较好的养殖项目，生长周期短、抗病力强，其肉质细嫩、膻味低，而且肉质营养价值较高，目前市场供应紧缺。

六、奶牛

奶牛是我国目前发展潜力较大的畜种。就畜种生产力水平来看，奶牛是饲养报酬较高的畜种，其饲料转化率居畜禽之首，是目前发展前景广阔的致富门路。

七、生态养猪

生态养猪，这种养猪模式主要适宜300~1000头的适度规模生猪养殖场、养殖大户及养殖小区。中科院博士周传社和他的几位师兄、师弟，共同研发了一种全新的生态养猪模式：利用生物发酵原理处理粪尿，从而解决农村粪污随意排放引起的环境污染问题。

八、养殖羊

羊肉价格始终处于攀升的态势，羊绒、羊毛也有稳定的市场需求，羊的养殖未来发展空间广阔;从肉羊养殖前景来说，羊肉成为一种理想、安全的肉类替代品，羊肉的消费量和出口量呈直线上升趋势。羊肉价格稳定，市场平稳。从近10年的养殖市场分析看，猪、鸡等的行情均不稳定，价格经常大起大落，而羊的销路看好。由于肉羊繁殖相对缓慢，数量的增加与市场需求增大之间处于动态平衡状态，使之成为广大农民投资小、效益稳的养殖项目。羊肉产量的下降，消费量的增加，导致羊肉市场出现了供不应求的局面。

九、土种鸡

尽管土种鸡长得慢，饲料报酬较低，但由于其销路好，抗病力强，因此饲养前景仍然看好。大型肉鸡在我国的市场需求已趋于饱和，土种鸡将受到越来越多的消费者的欢迎，目前虽然受到禽流感的影响，但对销路影响不大。

十、养殖肉牛

目前国际国内肉牛市场需求正旺，中国肉牛在世界市场上的竞争力也明显增强，我国高档的肥牛肉在欧盟、美国、日本、俄罗斯和中东国家十分畅销，市场潜力大。牛肉味道好、营养价值高，市场价格也是比较高的，而且由于物价上涨等因素，牛肉价格还存在一定的上涨空间。不过肉牛饲养成本的上升、肉牛繁殖周期长等原因，使之存在一定风险。近年来，农户养牛规模有所下降，但市场对牛肉的需求量仍在增加，今后几年内肉牛养殖仍然持续看好。

畜禽粪便循环利用

一、生产有机肥料

（一）畜禽粪便高温堆肥化处理技术

该项目（成果）所属单位为安徽省农业科学院。在微生物作用下通过高温发酵使有机物矿质腐殖化和无害化而变成腐熟肥料，在微生物分解有机质过程中，生成大量可被植物吸收的有效氮、磷、钾等化合物，且又合成土壤肥力的重要活性物质腐殖质。

杀灭病原菌、虫卵及杂草种子，同时快速将有机质降解为稳定的腐殖质，转化为有机肥，解决了发酵周期长、处理不彻底的难题，实现畜禽粪便无害化和资源化处理。

（二）禽畜粪便高效肥化利用技术

该项目（成果）所属单位为中国科学院沈阳应用生态研究所。在畜禽粪便中接种微生物复合菌剂，利用生化工艺和微生物技术，使有益微生物迅速繁殖，快速分解粪便中有机质，将大分子物质变为小分子物质，产生生物热能，抑制或杀死病菌、虫卵等有害生物。并在矿质化和腐殖质化过程中，释放出氮磷钾和微量元素等有效养分；吸收、分解恶臭和有害物质。而后，加入适量无机营养、腐殖酸氮肥增效剂及磷钾螯合剂等，实现各种营养物质的均衡，制成高效无公害的生物有机肥。

采用的氮肥长效增效缓释技术及菌种保护剂技术提高肥料利用率10%以上，增产15%以上，产品达到国家相关标准要求，获得技术鉴定成果和科技进步奖。

（三）畜禽粪便隧道式工厂化处理采用国际先进的管式送风隧道发酵技术

该项目（成果）所属单位为东北农业大学。该成果生产效率高、运行成本低、应用地区范围广、零污染及零排放、产品优质。通过通气控制使隧道中粪便均匀发酵，保证最终产品——有机肥料质量均一。同时，减少发酵过程中产生的氮素等营养元素的挥发，提高产品质量。

利用该技术可生产有机肥料和食用真菌。通过提高生产效率降低生产成本，生产有机肥料每吨可降低生产成本100元左右，同时提高产品的肥效。生产1吨有机肥料可节本增效150元左右；生产食用真菌每平方米经济效益是50元左右。

(四)畜禽粪便无害化处理及有机肥加工技术

该项目(成果)所属单位为中国农业大学。利用畜禽粪便,进行高温堆肥生产有机肥,或者将堆肥产品进一步制成各种作物专用有机无机复混合肥,以便用于非有机食品或绿色食品(A级)生产基地。既可以将废弃物资源充分利用,治理污染,改善生态环境,促进农业、养殖业的发展,符合国家可持续发展战略,又使企业有良好经济和社会效益。

采用短期发酵方法,在发酵过程中添加先进的吸附剂和生物发酵剂,利用吸附剂吸附能力和氮素生物固定力强等特点,可减少氮素损失,提高磷的有效性和作物利用率,然后根据有机肥养分长效性和无机养分的速效性进一步生产有机无机颗粒复混肥。

二、用于土壤修护

(一)利用畜禽粪便资源化处置清淤底泥技术

该项目(成果)所属单位为长江水利委员会长江科学院。该成果利用畜禽粪便资源化处置清淤底泥,经过以下步骤:

1. 将清淤底泥和畜禽粪便干燥处理;
2. 将干燥后的清淤底泥和畜禽粪便粉碎;
3. 将粉碎后的清淤底泥和畜禽粪便按质量比1:3~5的比例充分混合,得到混合物;
4. 将所述混合物在缺氧条件下高温热解得到生物炭;
5. 将生物炭经过酸活化得到活化生物炭,活化生物炭即为土壤修复剂。

适用于土壤修复和改良。

(二)利用畜禽粪便实现堆肥化修复污染土壤的方法

该项目(成果)所属单位为湖南大学。利用畜禽粪便实现堆肥化修复污染土壤的方法,包括以下步骤:将畜禽粪便与污染土壤混合,得到堆肥初始原料,与活性生物炭混合进行堆肥化处理,完成对污染土壤的修复。

该成果是一种能同时实现减少多种污染物质有效性的修复方法,具有成本低廉、工艺简单、操作方便、修复效率高、无毒副作用等优点。不仅能减少畜禽粪便固体废物的堆积,实现畜禽粪便固体废物的减量化处理和资源化利用,还能高效去除土壤中的污染物质,实现对污染土壤的高效修复。

该成果采用原位修复的方法能减少因原料或污染土壤的运输所带来的成本和污染,同时还能改善受污染土壤的理化性质,使修复后的土壤用于后续资源化再利用,具有广泛的应用前景。

三、能源化利用

(一)采用畜禽粪便生产沼气的制备方法

该项目(成果)所属单位为广西大学。该成果涉及采用畜禽粪便为原料,由以下成分的原料制成：畜禽粪便 207~247 份、畜禽尿液 188~228 份、草木灰 95~135 份、树叶 85~110 份、秸秆屑 85~110 份、沼气物料速腐剂 55~80 份、腐植酸 50~65 份、微生物菌剂 50~75 份、蔬菜废料 65~80 份。

该成果发酵过程给人们提供沼气，解决了畜禽粪便对环境的污染问题，变废为宝，肥力较强，可有效改良土壤肥力，提高土壤的营养能力和作物的营养能力，作物口感好，健康绿色。

（二）畜禽粪便气化多联产装备

该项目（成果）所属单位为南京林业大学。全自动粪便收集系统，实现粪便自动收集、地下运输，有效降低粪便运输过程对环境的污染，高浓度发酵、热电气肥联产、余热回收，满足发酵罐保温、供暖等需求，热烟气用于沼渣干燥生产有机肥，最大限度地利用了沼气热能。

创制了年处理 1000t 畜禽粪便的气化多联产的原料干燥系统、自动控制系统及气化炉、1.5~2kg 的干燥畜禽粪便可发 1 度电，得到 0.35~0.6kg 炭、0.1~0.2kg 醋液。

（三）利用畜禽粪便生产燃料乙醇的方法

该项目（成果）所属单位为农业部沼气科学研究所。该成果公开了一种利用畜禽粪便生产燃料乙醇的方法，包括：以畜禽粪便为原料，依次经过预处理、纤维素酶水解、微生物发酵、蒸馏工序生产制得燃料乙醇。

该成果以畜禽粪便为原料，可以大量、低成本地生产燃料乙醇，提高乙醇发酵率，降低乙醇的生产成本，并且生产工艺简单，产值高，同时采用的发酵菌株葡萄糖利用效率和乙醇产率高。

四、种养殖高效利用

（一）以畜禽粪便为主的蔬菜育苗基质及其制备方法

该项目（成果）所属单位为中国科学院沈阳应用生态研究所。一种应用于蔬菜育苗技术领域中的以畜禽粪便为主的蔬菜育苗基质及其制备方法，所述蔬菜育苗基质是由经过腐熟的畜禽粪便、蛭石、珍珠岩以及草炭组成；所述畜禽粪便为完全腐熟；所述畜禽粪便，达到 NY525–2012 标准要求；所述经过腐熟的畜禽粪便、蛭石、珍珠岩、草炭的混合体积比为 4:1:3:2，形成蔬菜育苗基质。

该成果通过将畜禽粪便好氧发酵处理，得到蔬菜育苗基质，提高畜禽粪便无害化处理和资源化利用的产品附加值，对于改善养殖业的养殖环境以及促进畜禽粪便综合利用具有重要意义。

（二）畜禽粪便发酵液生产液体肥料的废水处理设备

该项目（成果）所属单位为中国农业大学。该成果属于废水处理领域，提供一种畜禽粪便发酵液生产液体肥料的废水处理设备，包括反应器主体、氨氮气液吸收单元、微藻种子培养器、进气单元；反应器主体设置有废水进水口，底部与进气单元连接，上部与所述微藻培养单元连接，顶部连接出气管；氨氮气液吸收单元用隔板分为液体防倒吸室和氨氮气—液吸收室，液体防倒吸室和氨氮气—液吸收室之间有导气管连通。

该成果提出的设备是一个循环、半闭合、多级物质循环利用及微藻生物质生产的系统与装置，实现了回收液体肥料生产过程中产生的废水中高浓度氨氮，并将其应用于微藻的生产，微藻纯培养，在实现污水达标排放、保护环境的同时，实现了污水的高效资源化利用。

（三）利用畜粪高效养殖蚯蚓技术

该项目（成果）所属单位为中国农业大学。畜粪的无害化和资源化利用是目前规模养殖场粪污处理的重要途径，利用畜粪养殖蚯蚓，不但可以变废为宝，而且蚯蚓作为水产养殖的饵料具有重要经济价值。但很多蚯蚓养殖户缺少经验和技术，使得蚯蚓产量不高（每亩土地生产的蚯蚓在2000kg以下），因此，开展了高密度微设施蚯蚓养殖研究。

根据蚯蚓喜暖怕冷、喜暗怕光、喜潮怕淹等生物学特点，利用猪粪、鸡粪、牛粪和稻草或杂草等废弃物为培养料，通过对蚓床温度、光照、湿度、粪料组成等科学调控，进行高密度微设施蚯蚓养殖，高效生产高蛋白蚯蚓与优质有机蚓肥，快速处理与利用畜粪，实现蚯蚓养殖高产高效，以及畜粪无害化与资源化利用。

（四）对畜禽粪便进行生物脱水的堆肥方法

该项目（成果）所属单位为浙江省农业科学院。该成果提供了一种对畜禽粪便进行生物脱水的堆肥方法，它在添加生物发酵菌剂的情况下将畜禽粪便平摊后添加蝇蛆进行发酵，再分批添加畜禽粪便和生物发酵菌剂，发酵周期为3~7天，发酵条件为22℃~42℃。

还提供了一种对畜禽粪便进行生物脱水的堆肥方法，它在添加生物发酵菌剂的情况下将畜禽粪便平摊后添加蝇蛆进行发酵，发酵周期为7~12天，发酵条件为10℃~22℃。本发明利用微生物协同作用降低畜禽粪便堆肥的起始含水率，充分发挥堆肥发酵菌株作用，免去调节畜禽粪便含水率的辅料添加，降低畜禽粪便处理成本，提高堆肥质量。同时，蝇蛆养殖又提供大量高质量饲料蛋白和进一步深加工原料，使有机废弃物得到更好的循环利用，实现保护环境和农业“双增”目标。

林产业投资基金开始运行

林业产业投资基金总规模 1000 亿元，专门用于推动林业产业发展。国家林业局负责为基金提供政策指导，组织项目申报，建立项目库，开展专业咨询，协调有关政府部门及企业做好项目组织、实施、运营、管理。在依法合规条件下，对林业产业基金投资项目予以扶持。中国建设银行负责组织资金，按照市场化方式运营管理基金，独立审核投资项目，对投资项目的安全性负责。

国家林业局、中国建设银行成立林业产业基金运行协调工作小组，负责沟通协调督促林业产业基金申报、投放和管理，建立项目信息及基金投放台账，每年由国家林业局、中国建设银行制定本年度林业产业基金项目投资指南。

林业产业基金采取项目直接投资模式运作，支持范围涉及所有林业项目，包括以森林、湿地、荒漠和生物多样性等林业资源为经营对象，以林产品生产、经营、加工、流通、服务为主业的新建和续建项目。省级林业主管部门申报项目不超过 8 个，其他申报单位申报项目一般不超过 2 个。单一项目林业产业基金投资规模原则上要求在 2 亿元以上，单一项目投资期限原则上不超过 10 年。林业产业基金遵循市场规律，通过企业上市、股权转让、股东回购、到期清算等多种适当方式退出。

项目申报主体必须满足以下 7 项条件：

一是中国境内依法注册、具有独立法人资格的林业国有企业、民营企业、外商投资企业、混合所有制企业，以及其他投资、经营主体。

二是产权明晰，股权结构合理，法人治理结构完善，经营管理机制健全。法人代表信誉良好，管理团队具备与完成项目建设和经营相适应的经营管理能力。

三是持续经营 3 年以上，总资产规模 5000 万元以上，固定资产规模 2000 万元以上，年销售收入 5000 万元以上。

四是近 3 年无不良信用记录（含实业实际控制人），近 2 年至少 1 年盈利，利润率不低于同行业平均水平。

五是财务状况良好，经营性净现金流为正。

六是对于成长性较明显的新兴产业、创新型林业中小企业项目可适当放宽条件。

七是特殊新设企业、兼并重组企业项目、优质林业 PPP 项目可不受上述条件的限制。

第三部分　特色小镇

特色小镇的美好蓝图

一、核心理念

特色小镇尽管是以发展产业为主，但不是强调产业链的全覆盖，而是需要从产业中挖掘出文化旅游社区功能。旅游是一个搬运的过程，通过将人从客源地搬运到目的地，实现人口及消费的聚集。对于特色小镇而言，旅游对人群的大规模搬运，必须最终落实到对文化、体育、运动、养老、农副产品等消费上。联合国世界旅游组织专家、德安杰环球顾问集团董事长贾云峰先生谈到，他曾去过世界各地很多有名的特色小镇，那里的当地居民往往并不以门票为收入来源，而是在一个相对宽松的空间里，让旅行、旅居、旅游者“慢生活”，体验本地“吃、住、行、游、购、娱”以及包括学 (学习体验当地文化)、秀 (拍摄记录当地文化并与他人分享) 在内的参与式活动。

而住在小镇内的居民，也不需要为了外来者而刻意装扮迎合，仍然维持着本地生活的自然状态。

在这里，本土居民和外来游客和谐相处、互相尊重，达到一种处处有风景，见物也见人的状态，流露出高品质服务、高品质生活和由内而外的自信和美的细节。

特色小镇是鲜活的、具体的，是旅游景区和生活社区的融合，是一个人与自然共生的生态圈。在自然景观、社会景观和人文景观共同构成的视觉图景里，有大自然、旅游风景区，历史文化遗产，有穷人、富人、老人和孩子，更有不可缺少的外来游客的光顾。

同时，特色小镇的意念和意象又渗透于产业特色、生态特色、功能特色之中，构筑起“我们感”“归属感”和“家园感”。

特色小镇最早的灵感来自国外，如瑞士的达沃斯小镇、美国的格林威治对冲基金小镇、法国的普罗旺斯小镇，产业富有特色，文化独具韵味，生态充满魅力。

国内的特色小镇成名于浙江，进而推广至全国，但是真正成功的特色小镇并不多，所以在特色小镇的“燎原之际”，如何从纸上概念到落地执行成为了关键。

特色小镇的开发运营，需要资金、人才、管理、营销、企业等各类资源的共同发力，是一个系统性的工程。应该让专业的人做专业的镇，用可落地的模式，解决发展特色小镇的关键问题。

六类主体：政府、镇村经济组织、房地产商、投资商、产业基金和产业服务商。

二、三件大事

1. 土地和设施：倡导 PPP 模式（公共服务特许经营），开展镇域土地平整拆迁、安置补偿，以及路网建设、基础设施建设、公共服务配套设施建设、生态绿化建设等工作；

2. 产业空间：以区域发展基金模式（GP+LP）实现项目股权化，通过包装单个产业项目、生活服务项目、生态环境项目，引入战略投资者、运营商，联合开发建设；

3. 产镇空间：政府的努力是基本条件，房产商和投资商的服务是重要力量，产业服务商是主要依托，三股力量形成产业联盟，经营小镇的产业和服务，而不只是经营小镇的土地和物业。

4. 操作 PPP 特色小镇项目落地和资金落地的必要性。特色小镇作为国家供给侧结构性改革的探索，既不是建制镇、工业园区、经济开发区、旅游区，又不是上述四者功能的简单叠加。从根本上来说，特色小镇是经济转型升级的新形态。

特色小镇需要以基础设施的投入为前提，但是对一些财政比较薄弱的地区而言，大量资金投入显然不现实。而且，特色小镇所需的土地拨备也很难一次性到位，对于项目的推进效率也将产生比较大的影响。

因此，特色小镇在建设过程中，投融资模式及后续的运营管理方式，都不同程度上影响了特色小镇的建设。而融资约束是特色小镇建设的最大障碍。

融资模式在特色小镇建设过程中的必要性有哪些方面？

一是减轻财政压力，开拓融资渠道。根据《住房城乡建设部国家发展改革委财政部关于开展特色小镇培育工作的通知》，到 2020 年，培育 1000 个左右各具特色、富有活力的休闲旅游、商贸物流、现代制造、教育科技、传统文化、美丽宜居等特色小镇。目前，地方政府也在积极推出各种各样的特色小镇，但是政府处于两难境地，一方面特色小镇必须以产业为主体，另一方面地方政府的债务压力大，持续的财政输出显然不太可能。要实现特色小镇建设投资主体的多元化，要建立以政府引导，社会资本广泛参与的融资模式，发挥财政资金的“杠杆”作用，才能以较少的财政资金撬动庞大的社会资金。二是降低和分散风险。在特色小镇建设中采用 PPP 模式，政府和社会资本通过相应的合同，对投资、建设过程中的相关责任进行明确划分，这有利于降低和分散风险，提高特色小镇建设的效率和效益。三是扩大社会资本的投资领域在特色小镇建设中引入 PPP 模式，不仅有利于缓解政府财政压力，对民营企业的发展和完善也有利，具体可以从三个方面来体现：第一，PPP 模式可以作为特色小镇建设的一种稳定的投资渠道，获得经济利益。第二，在 PPP 模式下，社会资本通过投资特色小镇，除了可以获得直接的经济利益，还能获得其他衍生利益。第三，在 PPP 模式下，社会资本参与特色小镇建设，可以提高特色小镇的建设效率，提高政府资本的投资效率，拉动区域的经济发展和投资需求，有助于提升整个社会的资本投资回报率，还能吸引更多的人才参与到区域的经济建设中去。

5. 多措并举推进特色小镇项目落地。特色小镇是连接城市和乡村的中间体，特色小镇不能搞成产业园，文化是特色小镇的基础，没有文化底蕴的小镇是不能长远发展的。

目前中国的小镇有几万个，特色小镇的关键是特色，特色小镇应该具备“五化”的要求，即生态化、智慧化、特色化、农业化、小型化。

三、值得借鉴的理念

（一）政府引导，企业主导

特色小城镇建设，政府要在规划编制、宣传推介等方面发挥积极作用，鼓励和支持企业参与小城镇建设和发展，充分发挥市场在资源配置中的决定性作用，使一些区位条件好、发展潜力大、资源环境承载力高的小城镇得到更好更快的发展。

（二）借助互联网，促进产业融合发展

很多小城镇拥有独具特色的产业和产品，而且品质高，但是量不大，借助互联网，可以促进农业、加工等相关产业的融合发展，促进小城镇做得更专、更精、更强。

（三）保护生态，促进绿色发展

青山绿水已经成为宝贵的资源，借助互联网等现代科技手段，生态优势也能转变为产业优势和经济优势。休闲旅游、特色农产、传统文化等在小城镇经济发展中起着越来越大的作用，而保护好生态，可以进一步提升小镇在上述领域的发展潜力。

（四）注重引入战略投资者，吸引多元主体参与小镇建设和发展

目前，特色突出、发展潜力大的特色小镇越来越受到投资者的青睐。投资者对小镇进行统筹规划和建设，可以有效防止小镇建设过程中的碎片化。因此，要尽可能吸引投资者对小镇进行统一规划和开发，并积极吸引多元主体参与小镇建设，发挥多元主体参与小镇建设的积极性。

特色小镇的分类和定位

一、农业型特色小镇

特色小镇的分类，决定了如何对特色小镇进行定位、如何确定经济可行性、如何进行规划建设。由于特色小镇目前还在探索阶段，目前有很多分类方法。以浙江省为例，其将特色小镇划分了10种类型，首批127家国家特色小镇被划分为13种类型。实际上，这些划分标准及划分方法主要强调小镇的“特”，容易忽略特色小镇的本质性内涵，给小镇的定位、规划带来困惑。

特色小镇分类的核心在于两点：一是发展的动力源，即主要的收入来源和盈利模式；另外一个考虑因素是居民来源，即大部分居民是原有的镇域居民还是外来城市人口。

按照上述核心点进行分类，特色小镇可以分为三类，即产业类、社区类和旅游类。根本上讲，任何一种特色小镇基本都是属于这三种类型或三种类型的复合版。

在特色小镇建设的过程中，不能忘记6亿农民的存在。农业型特色小镇具有更大的普适性，应该迎合消费升级的趋势，通过农业型特色小镇的建设，为破解“城乡二元结构”做出一定的贡献。

二、三类特色小镇

1. 产业类特色小镇

产业类特色小镇本质上是产业园区的升级版。无论是特色产业型、文化创意型还是金融创新型、高端制造型，其核心仍然是通过招商引资，吸引企业进入，推动产业发展。与产业园区的区别在于产业特色更加突出，产城融合度更高，产业生态和配套更符合现代产业发展的需要，环境更加优美。产业类特色小镇的常住居民，主要由原有的镇区居民和产业人口构成。其中，产业人口主要从事小镇的主导产业和相关服务业。产业类特色小镇的盈利模式和产业园区没有任何区别。基础性收入就是物业租售和物业管理收入，增值性收入就是产业服务收入，产业生态型小镇可以有投资性收入。大多数产业类特色小镇的旅游收入可以忽略不计。

特别需要指出的是，产业类特色小镇的基础设施、配套设施、景观打造，最主要的功能是为入驻企业和人员创造良好的环境，而不是为游客服务，因此不宜一律按照景区标准建设，而应该按照宜居城市标准建设。很多高端产业型企业，如金融企业、研发企业，更需要安静的工作环境，而不是游客混杂的环境。

2. 旅游类特色小镇

旅游类特色小镇本质上就是景区或者是景区的变形版。无论是历史文化型、休闲旅游型还是特色风情型，其实质都是通过文化、历史、自然资源的挖掘和景观的打造，吸引游客，获得旅游收入。旅游类特色小镇往往由于受历史文化保护和环境评价限制，很难和大型社区相结合。因此，常住居民以镇区原有居民和旅游从业者为主。旅游类特色小镇规划的要点在于通过选址、景观和品牌打造，以获得最大的客流。但和现有大型景区相比，客流少可能是旅游类特色小镇最大的劣势。

在这种情况下，如果旅游类特色小镇不能与养老、教育等产业结合，仅仅靠客流、靠“吃住行游娱购”来平衡收入，投资回收压力会非常大。因此，在规划建设旅游型特色小镇时需要格外慎重。

3. 社区类特色小镇

社区类特色小镇的功能以居住为主，兼顾产业培育和文化、景观的打造。核心是通过大型社区建设为城市居民创造更加良好的居住环境，平衡收入；通过产业发展获得产业地位；通过文化挖掘、景观营造增强社区吸引力。

社区类特色小镇的居民，由镇区原有居民和城市迁入人口构成。其中，城市迁入居民的绝大多数与小镇的主导产业没有关联，这是社区类特色小镇区别于其他两种类型特色小镇的最大特点。

三、农业型特色小镇建设的意义

建设农业型特色小镇是破解城乡二元结构的一剂良方，不仅具有现实的、经济的可行性，也有很好的社会效益。

（一）在满足农业需求中扮演多重角色

特色小镇几十公里外的城市母体孕育着巨大的农业需求。针对不同层次的需求，特色小镇可以扮演多重角色，和城市经济牢牢焊接在一起。比如，农业生产基地管理者的角色，物流配送起点的角色，订单农业执行者的角色，乡村旅游度假中心的角色。

（二）生鲜电商的“后院”

近年，生鲜电商得到了长足发展，其最大特点在于打破了农业供求在时间和空间上分离的局限。特色小镇可以作为生鲜电商的“后院”，尽管目前多数生鲜电商实际上还是通过一级批发市场来采购，但依托特色小镇的周边，可以增加产地直供在整个商品供给中的比例。比如，可以在特色小镇周边种植时令的花果、蔬菜，经由生鲜电商供给城市消费者。

（三）农业本身可以作为产业特色

特色小镇依托城市母体，通常拥有一定的产业优势和特色。实际上，农业也完全可以成为特色小镇的产业特色，在一些农业资源禀赋良好，或者周边本身就有地理标志性产业的地区，可以开发附加值高的农业产业集体，打造特产品牌，推动农产品深加工。

（四）打造多层次农业需求

城市对于农业的需求是多层次的，特色小镇可以通过打造农业多层次产业体系，满足城市对于农业的多层次需求，打造农业服务“综合体”。比如，针对养老需求，特色小镇可以打造休闲农业和乡村旅游项目。针对养老需求，可以建立养老社区，针对城市休闲需求，可以建设特色农庄、农家乐等。

四、怎样建设农业型特色小镇

特色小镇规划是一项综合性规划，在充分提炼当地特色的基础上，需要叠加产业规划、历史文化及自然资源特点挖掘、基础设施规划、人居环境及景观设计、体制机制创新、小镇运营管理等诸多内容。

农业型特色小镇在规划中，主要有以下七个要点：

1.地址

农业型特色小镇的选址，直接决定了小镇的“特色”。通常需要具备以下条件：

一是位于城市周边。一线城市，车程在1小时之内；二三线城市，车程在半小时以内。二是农业相对发达的地区，有相对充足的可流转土地。三是最好具备生态环境好，有可以挖掘的自然资源、历史人文、特色产业等条件。

2.产业选择

以现代农业中的规模农业、设施农业、休闲农业和智慧农业为核心构建农业产业体系。最好当地拥有比较独特的农林牧渔产品，有条件的特色小镇可以在品牌农业方面发力。在这个过程中要注意区域品牌和企业品牌之间的关系，在区域公用品牌的基础上打造企业品牌。现代农业发展的同时，形成的风貌具备构建良好景观的条件。

在发展农业的同时，挖掘具有当地特色的历史文化、自然资源和特色产业等，形成特色小镇的辅助产业，构建特色小镇品牌。

3.社区

居住社区的首要目标是成为城市居民的第一居所。要建设适于社区居民与农民间交流的空间，打造市民农园是社区居民和农民最好的交流空间和手段。从生活服务、健康服务和快乐服务三个方面构建社区服务体系。

4.配套

要按照宜居城市标准进行农业特色小镇的配套设施建设。除道路、供水、供电、通信、污水垃圾处理、物流、宽带网络等基础设施外，重点搞好社交空间、休闲娱乐空间、健身设施和文化教育设施建设，尤其在教育和康养等方面，应形成亮点。

5.景观

景观建设以满足居民需要为主，兼顾游客需要，因此不必按照3A级景区的标准建设，更多的应该考虑实用性。可以通过挖掘当地的特殊历史文化，形成有吸引力的地标性景观。

6.农民利益保护

在农业特色小镇建设的过程中，农民利益保护是重中之重。要通过提供合理用地补偿、土地租赁、企业入股、提供就业机会、提供培训和良好社会福利等手段，确保农民的利益得到切实的保护。

7.政策与机制

农业特色小镇建设，未必一定是建制镇。因此要在用地指标、审批和管理权限方面寻求创新和突破。

同时，农业特色小镇的开发，一定要采用市场化的运作机制。政府仅负责政策和规划支持，具体运作，要由市场化的企业主体来进行。

五、前景展望

尽管从本质上讲，特色小镇的核心在于特色，而特色应当应根据当地的资源禀赋情况，因地制宜。但是，就我国国情而言，农业特色小镇应当在特色小镇中占一定的比例，农业特色小镇不仅是特色小镇中的主要形态之一，而且是特色小镇之“本”。

农业特色小镇盈利模式的重点在于农业特色。农业特色小镇应当以农业为核心，以农林牧副渔为主要盈利模式，同时，注重盈利的多元化，不放弃旅游、观光、养老等收入，实现综合和协调发展。

农业特色小镇发展农业，要注重发展特色农业。依托特色农产品或深加工产品，打造地域品牌，塑造企业品牌，或者特色小镇品牌，实现品牌溢价。

特色小镇的核心点

2016年7月，住建部等三部委发布《关于开展特色小镇培育工作的通知》，计划到2020年，培育约1000个特色小镇；10月，住建部公布了第一批127个特色小镇名单；

2017 年 3 月，“特色小城镇”概念首次被写入政府工作报告。

过去谈特色小镇，更多是围绕土地和经营的角度，而如今所谈及的特色小镇，需要在规划中寻求特色产业、特色机制、特色合作和特色运营，所解决的不仅是单纯经营问题，而是解决民生、经济、就业、持续发展和差异化。转型建设小镇，开发商从开发到运营的角色转变将会是一个艰难的过程。

一、谋求多元化发展

开发商为什么扎堆小镇建设？

国家所倡导的特色小镇和目前开发商所聚焦的特色小镇有很大不同，“特色小镇”，其实非镇非区，并非行政区划单元，也不是产业园区，而是相对独立于市区，有明确产业定位、文化内涵、旅游特色和一定社区功能的发展空间平台。

“非镇非区”的部分是目前开发商比较关注的，传统开发商投资特色小镇目的还是以转型、多元化，创新为初衷。

开发商扎堆特色小镇，更多是为了转型谋求多元化发展，开发商最终是逐利的，政府做特色小镇的原因是希望把一个地方建设起来，单纯建设这部分，其实市场是没有什么竞争力的。如果开发商转行做这个，有资金，有建设能力，花钱建设，政府买单的工作是最简单的模式，特色小镇的运营，如果开发商单纯为了赚钱，而忽略了对产业的运营，这是双输的一个局面。而开发商着眼于产业做好的时候，政府是愿意把这部分房地产利益用相对合理的水平让渡给他们，这一点开发商一定要想清楚。如果没有特色的产业运营能力，开发商去做特色小镇，一定要从深耕经营，最好是自带光环的产业去做这方面的匹配。

一定程度上，小镇更是开发商转型的一种方式，以特色产业，或者寻求当地的特色文化体验旅游为主，更多的是开发商转型多元化的一个重要手段。对于开发商来说，并非是要获取土地，而是转型多元化，以获取土地为目的的村集体合作的特色小镇，最终还是会经过市场的检验，未来小镇市场也许会面临大量库存和洗牌。

小镇建设是解决地方债务、实现产业就业，间接带动地方经济繁荣的。地方政府需要解决产业差异化的问题，关注的是“镇”。

现在谈特色小镇，第一是寻找特色，寻找合适的 IP；第二是把特色运营好，有些特色是自带光环的，或者就像开发商这样，有能力，有资源。如果说没资源没能力又没有自带光环的，去做特色，失败的概率会比较大，市场竞争资源争夺还是比较明显的。

特色小镇明确了地方政府要去除房地产化，开发商来主导的地方，都是在房地产价值上还是有想象空间的地方，一定是有市场逻辑的。

传统开发商认为小镇开发周期太长，产业的运营包括招商、产业的扶持发展。因为不同的特色小镇依托的城市背景不一样，开发小镇要发挥自己的优势，不能空穴来风。

二、政府应该扮演怎样的角色

政府扮演的应该是引导市场、创造市场环境的角色。特色小镇是解决系统性的问题，而不是单纯解决产业问题，通过产业激发地方活力，所以说园区运营只是园区的概念，但是特色小镇涉及民生的改善、基础设施的投资。

对于人才的引进，企业的招商等系统性的问题，特色小镇是未来跟政府合作的，核心公司也是属于政府的“管委会”或者“县”。未来产权和管理权有可能都不在开发商这里，开发商会选择做一些资产配置，未来更多是PPP模式。以政策红利，让特色小镇更好更快发展。

特色小镇的政策制定应该具备如下共性：

1.政府应下放更多自治权给地方，主要包括独立的财政权利、总规划师制度，以及对公共服务领域的投资，因为地方最了解自己的实际情况和需求。

2.通过政策引导专业化产业聚集。措施可包括引进具有传承身份和品牌效应的手工艺商家，对私营企业和个体经营予以更多的政策保护和支持等。

3.吸引合格人才，注重对年轻人才的技术培养和质素提升。

4.重视与大城市的合作互通，使特色小镇在与城市的交界点起到枢纽作用，这就需要引入一些医疗、交通、教育等方面的更优政策。

三、绽放魅力

国家发改委城市和小城镇改革发展中心副主任乔润令认为：“特色小镇是新型城镇化的新平台，将低端产业升级或转移，‘腾笼换鸟’发展高端产业，城市管理水平、城市服务水平也将整体提升;反过来，城市管理、服务水平的提升也将促进产业的提升。”

“特色”二字应体现在三个方面。

1.特色在于产业特色：产业是基础，没有产业依托就是空中楼阁。

2.特色在于环境特色：强调城区的合理布局，方便生活，方便生产。

3.特色在于文化特色：要把各地不同的风土文化融入特色小镇建设之中，强调文化自信。我们要改变过往产业区、居住区分离的理念，做到产城结合，并营造人与产业、自然相协调、互动的氛围。

特色小镇的开发

一、存在的三点问题

1. 定位同质化现象严重，缺乏创意，小镇风貌无特色，人文风情不诱人，承载能力差。

2. 产业联动不够，难以实现持续发展。

3. 没有实现产品开发与文化创意的结合，资源没有得到充分利用。

二、认识上的五大误区

由于特色小镇是一项新事物，当前各地在认识上还存在一些误区。

误区一：特色小镇=特色镇

特色小镇不是行政区划单元上的“镇”，也不同于产业园区、风景区的“区”，而是位于城市周边，相对独立于市区，具有明确产业功能、文化功能、旅游功能和社区功能的重要功能平台。特色镇是一个行政区域的概念，以某种主体功能为特色，或有产业特色，或有交通功能特色，或有人文自然风光特色等的全域范围，由居民社区和村庄构成，按照政府组织架构体系来管理的行政区域。

误区二：特色小镇=新城建设

发展特色小镇不是建新城，不能用建新城的思路和模式来规划建设特色小镇。首先，特色小镇规模不大，不是追求规模效应、扩张效应，而是追求集聚效应、紧凑效应；其次，特色小镇不是土地财政的载体，而是创新创业的空间，是新产业、新动能的引擎；再次，特色小镇追求的是提升全要素生产率，提高发展质量和效益；最后，特色小镇要走产城融合的发展道路。

误区三：特色小镇=园区建设

特色小镇不是产业园区建设，特色小镇离不开特色产业，但又不是单纯的以工业制造业为主的园区开发。特色小镇的产业特色体现在三个方面：一是以工业 4.0 为引领，以 2.5 产业或战略性新兴产业、第三产业为主，重点在于研发设计；二是以传统产业转型升级为主，从加工制造向设计、品牌、展示转变，重点在于营销服务；三是以休闲度假旅游为主，满足市民短期、重复、特色需求，重点在于休闲服务。另外特色小镇的社区功能是其与园区开发的重要区别。

误区四：特色小镇=景区开发

以旅游功能为主导的特色小镇可以发展成为景区，有些历史人文古镇、自然风光优美的小镇也兼具特色小镇的文旅功能。从这个角度而言，特色小镇和景区开发有共同之处，但又不同于传统景区开发模式。特色小镇在旅游客源市场上，更强调满足周边大城市中高收入人群的特定需求；在旅游活动上，更强调体验和参与；在旅游发展目标上，更强调目的地和集散地；在旅游功能开发上，更突出互融互动。

误区五：特色小镇=美丽乡村

特色小镇离不开乡村本底，但与乡村有着本质的不同，表现在形态和功能不一样。特色小镇集聚了大量资本、技术、人才等各类高端要素，是既有乡村本地特征又融入高新技术和特色人才的区域经济发展单元，需要探索利益主体多元、公众参与的现代社会治理体系。美丽乡村更多的是强调乡村发展的一、二、三产业融合作为产业支撑，依靠本村村民的自治管理，管理和保护好乡村生态环境等。

（一）产业定位，突出“特而强”，力求“聚而合”

特色小镇规划建设，首先要进行产业定位。实现“一镇一业”，“特”就是主攻当地特色产业，而不是其他。“强”主要表现为围绕特色产业，加大投入，将特色产业培育成行业中的“单打冠军”。其次要将特色小镇功能集成“紧贴产业”，“聚”就是特色小镇一定要有产业、文化、旅游和社区四大功能的聚集。“合”就是四大功能都紧贴产业定位融合发展，而不是简单相加，生搬硬拼。特色小镇的文化旅游社区功能，必须从产业中延伸和挖掘出来。特色小镇形态打造要“突出精致”，展现“小而美”。“小”就是规划面积一般控制在 3 平方公里左右，建设面积一般控制在 1 平方公里左右。“美”就是要建成 3A 级以上景区。

（二）功能定位，适应大休闲时代的发展趋势

按照提升资源品质和旅游品牌、培育战略性支柱产业的内在要求，建设综合性、多功能、多业态的小型旅游区和生态养生居住区。重点发挥“三大功能”：生态养生居住功能，旅游、度假功能，产业培育功能。

宜建形态：未来最有潜力的小镇主流模式主要有以下两种：民居生活—生态旅游—产业发展“三位一体”模式和休闲、商务、度假等“驿站”模式。

前者以独具特色的民居、公共建筑和配套特色商贸业为“壳”，以特色民俗文化、生活文化、农耕文化为内核，以周边特色旅游资源（自然资源、特色农业、特色渔业等）综合利用为补充，以具有区域特征的特色产业为支柱，形成生活气息浓郁，民俗、旅游、产业等文化相互交融的特色风格和既能自适、协调发展，又可承接规模旅游的特色格局；后者以生态元素纷呈的特色建筑（如古色古香的民族建筑或风格别致的欧式建筑、现代建筑）为“巢”，吸引各类符合小镇预设功能的特色经营者（如商业、商务、运动、娱乐及度假酒店、各类馆吧等经营者）和部分富裕人士“进驻”小镇，打造成可供大众休闲、娱乐、度假的“驿站”，以及可供商务等特别活动的“基地”。

两种模式各有侧重，但并非完全绝对，根据需要，可以适当融合。

（三）规划设计，保持“特色小镇”的鲜明性和乡土文化的鲜活性

1. 保持小镇“特色”的鲜明性

特色小镇的特质在于“特色”，其魅力也在于“特色”，其生命力同样在于“特色”。因此，保持小镇“特色”的鲜明性，是打造特色小镇的首要原则。

（1）保持鲜明的地域特色。有的地方山水资源丰富，特色小镇的打造应体现“山谷”或“水乡”的地域特色。

（2）保持鲜明的产业特色。乡土地肥沃，农、林、渔资源丰富，特色小镇的打造，把所在地的产业优势糅合进去，着力培育支柱产业，或“农”，或“林”，或渔，形成自身的特色产业。

（3）保持鲜明的生态特色。茂密的生态林、发达的生态农业基地、绿色产业体系、生态型现代化城市交通体系、低碳的生活方式，决定了特色小镇的打造，必须符合“现代化生态庄园”的建设目标，保持其鲜明的生态特色。如在环境设计、建筑设计、资源的利用和保护、循环经济等方面都要注入“生态”理念。

（4）保持风格的独特性。不同区位、不同模式、不同功能的小镇，无论是硬件设施还是软件建设，都需与其产业特色相匹配，一镇一风格，不重复、不趋同，确保特色的唯一性。

2. 保持乡土文化的原生性、鲜活性

“原生性”和“鲜活性”，是指用独特的自然风貌、生活习俗和人的生产劳动等社会性生态元素，诠释小镇文化传统。可供挖掘的乡土文化十分丰富，如纺线、织布、蒸糕、做圆子等生活文化，土布服饰展示、传统婚庆仪式等民俗文化，推铁环、踩高跷等游戏文化，等等。只要善于开发、善于利用，就一定能够让小镇散发诱人芳香。

3. 务求与产业发展相融合

国内外许多成功经验告诉我们，特色小镇的打造，必须结合产业规划统筹考虑，这样才能保持小镇持久的繁荣。目前，许多小镇功能的衰退，便是一个反面例证。

特色小镇的功能定位，限制了不少产业的发展空间。因此，选择和培育一个适合小镇自身发展的产业更为重要。一个有活力的产业，能凝聚人气，吸引人流、物流、资金流，同时能促进就业，繁荣市场。特色小镇的打造，必须把农业、渔业、林业、商贸业，大健康以及饮食等各类服务业的发展结合起来全面规划，选择适合小镇发展方向的产业做强做大，逐步发育成为小镇发展的有力支撑。

4. 赋予小镇生态旅游功能

与传统小镇相比，特色小镇的一个显著特点，在于它不是仅作为一种聚居形式和生活模式而存在，同时还是一种宝贵的文化旅游资源和贸易、休闲、度假的场所。因此，从道路、交通、环境、建筑风貌，到功能布局、各类设施，从休闲、娱乐，医疗健康，到餐饮、商贸，在充分满足居民物质和精神生活需求外，一切要从打造生态旅游小镇健康养老地产 jkyldc 的思路出发，精心打造，务显“特色”，使生态旅游业、现代服务业，成为小镇赖以发展的产业之一，为小镇发展提供源源不断的经济收入。

5. 统筹思维，系统设计

特色小镇的建设，耗时、耗力、耗钱，其建设的成败，直接影响小镇的发展步伐和群众的生活状态，关系重大，必须着眼城镇化、一体化要求，统筹思维，系统设计。

从小镇的功能定位、分布、产业发展方向到具体的数量、规模，从特色小镇建筑风格、功能设计、配套设施到文化挖掘，“特色”打造，从筑巢引凤到招商引资，从规划建设到管理服务，从小镇与城乡统筹发展的关系到与人民群众的切身利益之间的关系，都要系统思考，系统设计，以充分体现服务于特色小镇建设和改善人民群众生活的宗旨。

三、开发建议

（一）因地制宜，推进特色小镇发展

要尊重三个规律，经济社会发展规律、城镇化发展规律和市场经济规律，适应城乡社会发展的需要，正确认识特色小镇发展的意义和作用。在结合各地发展实践的基础上，因地制宜，分类引导，通过政策引导发挥基层实践的积极性。对于发达地区、特大城市和中西部省会城市周边，以特色小镇为载体；对于欠发达地区、偏远地区，以特色小镇建设为载体。发挥二者在功能定位、产业主导、居住群体、吸纳人口、投资规模、消费层次等方面的特点，形成互为点缀、互为补充的城乡一体化新形态。及时总结各地特色小镇的建设做法，形成可复制、可推广、可操作的经验。

（二）控制规模，集约打造

规模的大小服从于三个原则：经济原则、需求原则、集约原则。特色小镇的打造，不但要动用大量人力、物力、财力，还要占用大量土地资源，耗费极大，因此必须根据实际需要和控制规模，避免严重浪费资源。此外，由于小镇的打造还是新生事物，市场认同需要一个过程，加上其他不可测因素，不宜盲目追求规模。经济型特色小镇不但资源利用充分，而且便于管理和调整产业策略，符合集约化原则，实现效益的最大化。

（三）政策护航，创新机制

特色小镇的建设投入大，周期长，要确保特色小镇建设的高效、有序开展，必须有政策护航，并实现机制创新。

（四）设立机构，制订政策

特色小镇建设，涉及经济、文化、政治、民生等大问题，必须由政府设立专门机构实施，并实行政策倾斜。人员配置、资金投入、土地征用、安全保障等，都需要由专门结构去统筹、协调。此外，还要研究可能遇到的各类问题，制订相关政策和标准，为小镇建设扫除障碍。深化投融资体制改革，建立建设资金保障机制。特色小镇建设投资巨大，政府必须广辟资金渠道，改革现有投融资体制。建议在政府参与的基础上，谋求战略性合作，鼓励国内各类企业、个人及外商，以多种方式参与特色小镇的基础设施建设、房地产建设、配套工程建设，形成特色小镇建设合力和资金的有效保障机制。

创新小镇后期业态招商机制，确保顺利“筑巢引凤”。政府须着力创新特色小镇的商业、服务业、文化事业及符合小镇特色发展的其他产业的招商机制和运作机制，确保筑巢后“特色”的快速形成和小镇的繁荣。

创新小镇居民招入机制。除采取宅基地置换和商品房运作方式，以吸引本地村镇居民和其他区域部分富裕群体入“巢”之外，还可采取动员原有小镇居民“等面积”整体置换等方式，快速聚集人气。此外，在首先满足本地居民入迁的前提下，适当考虑放宽户籍限制，接纳外地和外籍人员入迁。将部分房源打造成“特色度假屋”出租，以吸引“临时居”。

作为一种新举措，特色小镇打造的价值，需要人们要用长远的眼光去认识，功在今朝，利在长远。如能做到高起点规划，高品质建设，在不久的将来，特色小镇一定会变成最为诱人的地方。特色小镇生于创新，也只能成于创新。改革作为制度创新，正是特色小镇的灵魂。让我们以观念创新为引领，以产业创新为基础，以要素创新为抓手，以制度创新为保障，以全面的创新发展，赢取特色小镇规划建设的新进展！

特色小镇模式与类型

一、田园旅游模式

田园农业旅游模式以农村田园景观、农业生产活动和特色农产品为休闲吸引物，开发农业游、林果游、花卉游、渔业游、牧业游等不同特色的主题休闲活动来满足游客体验农业、回归自然的心理需求。

1. 田园农业游以大田农业为重点，开发欣赏田园风光、观看农业生产活动、品尝和购置绿色食品、学习农业技术知识等旅游活动，以达到了解和体验农业的目的。

2. 园林观光游以果林和园林为重点，开发采摘、观景、赏花、踏青、购置果品等旅游活动，让游客观看绿色景观，亲近美好自然。

3. 农业科技游以现代农业科技园区为重点，开发观看园区高新农业技术和品种、温室大棚内设施农业和生态农业，使游客增长现代农业知识。

4. 务农体验游通过参加农业生产活动，与农民同吃、同住、同劳动，让游客接触农业生产、农耕文化和特殊的乡土气息。

二、民俗风情旅游模式

民俗风情旅游模式是以农村风土人情、民俗文化为旅游吸引物，充分突出农耕文化、乡土文化和民俗文化特色，开发农耕展示、民间技艺、时令民俗、节庆活动、民间歌舞等旅游活动，增加乡村旅游的文化内涵。

1. 农耕文化游利用农耕技艺、农耕用具、农耕节气、农产品加工活动等，开展农业文化旅游。

2. 民俗文化游利用居住民俗、服饰民俗、饮食民俗、礼仪民俗、节令民俗、游艺民俗等，开展民俗文化游。

3. 乡土文化游利用民俗歌舞、民间技艺、民间戏剧、民间表演等，开展乡土文化游。

4. 民族文化游利用民族风俗、民族习惯、民族村落、民族歌舞、民族节日、民族宗教等，开展民族文化游。如西藏拉萨娘热民俗风情园。

三、农家乐旅游模式

农家乐旅游模式是指农民利用自家庭院、自己生产的农产品及周围的田园风光、自然景点，以低廉的价格吸引游客前来吃、住、玩、游、娱、购等旅游活动。

1. 农业观光农家乐利用田园农业生产及农家生活等，吸引游客前来观光、休闲和体验。

2. 民俗文化农家乐利用当地民俗文化，吸引游客前来观赏、娱乐、休闲。

3. 民居型农家乐利用当地古村落和民居住宅，吸引游客前来观光旅游。如广西阳朔特色民居农家乐。

4. 休闲娱乐农家乐以优美的环境、齐全的设施、舒适的服务，为游客提供吃、住、玩等旅游活动。如四川成都碑县农科村农家乐。

5. 食宿接待农家乐以舒适、卫生、安全的居住环境和可口的特色食品，吸引游客前来休闲旅游。如江西景德镇的农家旅馆、四川成都乡林酒店。

6. 农事参与农家乐以农业生产活动和农业工艺技术，吸引游客前来休闲旅游。

四、村落乡镇旅游模式

村落乡镇旅游模式以古村镇宅院建筑和新农村格局为旅游吸引物，开发观光旅游。

1. 古民居和古宅院游大多数是利用明、清两代村镇建筑来发展观光旅游。

2. 民族村寨游利用民族特色的村寨发展观光旅游。

3. 古镇建筑游利用古镇房屋建筑、民居、街道、店铺、古寺庙、园林来发展观光旅游。

4. 新村风貌游利用现代农村建筑、民居庭院、街道格局、村庄绿化、工农企业来发展观光旅游。

五、休闲度假旅游模式

休闲度假旅游模式依托自然优美的乡野风景、舒适怡人的清新气候、独特的地热温泉、环保生态的绿色空间，结合周围的田园景观和民俗文化，兴建一些休闲、娱乐设施，为游客提供休憩、度假、娱乐、餐饮、健身等服务。

1. 休闲度假村以山水、森林、温泉为依托，以齐全、高档的设施和优质的服务，为游客提供休闲、度假旅游。

2. 休闲农庄以优越的自然环境、独特的田园景观、丰富的农业产品、优惠的餐饮和住宿，为游客提供休闲、观光旅游。

3. 乡村酒店以餐饮、住宿为主，配合周围自然景观和人文景观，为游客提供休闲旅游。

六、科普教育模式

科普教育旅游模式利用农业观光园、农业科技生态园、农业产品展览馆、农业博览园或博物馆，为游客提供了解农业历史、学习农业技术、增长农业知识的旅游活动。

1. 农业科技教育基地是在农业科研基地的基础上，利用科研设施作为景点，以高新农业技术为教材，向农业工作者和中、小学生进行农业技术教育，形成集农业生产、科技示范、科研教育为一体的新型科教农业园。

2. 观光休闲教育农业园利用当地农业园区的资源环境，现代农业设施、农业生产过程、优质农产品等，开展农业观光、参与体验、DIY 教育活动。

3. 少儿教育农业基地利用当地农业种植、畜牧、饲养、农耕文化、农业技术等，让中、小学生参与休闲农业活动，接受农业技术知识的教育。

4. 农业博览园利用当地农业技术、农业生产过程、农业产品、农业文化进行展示，让游客参观。如沈阳市农业博览园、山东寿光生态农业博览园。

七、开发类型

回归自然旅游模式利用农村优美的自然景观、奇异的山水、绿色森林、静荡的湖水，发展观山、赏景、登山、森林浴、滑雪、滑水等旅游活动，让游客感悟大自然、亲近大自然、回归大自然。

如何选址开发休闲农业？

（一）资源含金量高

休闲农业具有农业和旅游业的双重功能，休闲农业资源的价值条件是其开发的基础。因此，搞休闲农业选择开发地时一定要注意，休闲农业资源的质量和价值越高，其旅游吸引功能就越强，其效益就越有保障。

（二）自然条件好

休闲农业资源因受自然条件的影响而具有强烈的地域性和季节性。休闲农业开发地的综合自然条件在一定程度上决定了资源开发的类型和方向。自然条件对休闲农业资源开发的影响主要表现在其所在区域的地貌、气候、水文、土壤、环境质量状况等因素。

休闲农庄与乡村旅游必须建立在优越的自然条件基础上，一般来说温暖湿润的气候，充沛的地下水，丰富的地表水，优良的水文状况，丘陵和平原相间的地貌，肥沃的土壤，较少的灾害性天气，是非常适合开发休闲农庄与乡村旅游的。

（三）经济能力强

选址所在地的社会经济发展程度和总体水平的高低，直接关系到发展休闲农业与乡村旅游的经济力量和经济条件，决定了该地休闲农业发展的人、财、物力资源投入的水平、旅游接待能力，以及城市居民出游水平等。

（四）客源市场广阔

旅游客源市场即旅游需求市场，是旅游业赖以生存和发展的前提。客源市场条件决定着休闲农庄与乡村旅游农业资源的开发价值和规模。

（五）区位条件优势

休闲农业开发的方向、规模和效益取决于区位条件。区位条件包括资源开发地的地理位置、交通通达性、依托城市和相关旅游区之间的相互联系程度、在区域经济产业中所处的地位等，即通常所说的地理区位、交通区位和经济区位。休闲农业的区位选择应以市场为导向，一般要求布局在城乡接触带上。

（六）农业条件好

休闲农业与乡村旅游开发地的农业基础对其开发有重大影响。农产品的种类、产量、商品率等与休闲农庄的开发都有密切关系。

乡村规划

一、概说

乡村，从城乡规划的视角看，意指人口较为分散的地区。在这样的内涵下，要准确定义乡村的外延则是件多有争议的事情。

常用的行政边界、土地权属和人口户籍，常用的建成区面积和人口密度，都是人为界定的标准，在实际应用中均有局限。

跳出乡村即乡愁的情怀陷阱，从一种规划类型的角度来审视乡村规划，毫无疑问乡村规划最大的特点是“小”。

规模小从来不是一个能给规划工作增光添彩的事情，这也是乡村规划在很长的一段时间内不受重视的原因。

但纯从技术角度来看的话，小有小的好处：

★规模一旦小了，技术体系会更容易厘清；

★规模一旦小了，规划方案会更容易实施；

★规模一旦小了，实施成效会更容易验证；

★规模一旦小了，规划与实施之间的偏离会更容易找到症结。

事实上，在绝大部分的乡村规划实践中，我们都可以看到这种“由小而真”。甚至，绝大部分在新型城镇化时期被热议的“新真理”都能在乡村规划中找到原型。

二、综合规划

在城市规划还在对“五位一体”众说纷纭的时候，我们会发现：

★乡村规划向来不会绕过经济和产业谈乡村；

★乡村规划向来不会绕过社会关系谈乡村；

★乡村规划向来不会绕过自然生态和自然规律谈乡村；

★乡村规划也大多不会绕过政策，尤其是各种类型的补贴政策来谈乡村；

★至于文化就更加不会被绕过了，事实上很多时候恰恰是乡土文化的光芒遮蔽了其他问题。

从这个角度来看，乡村规划一直以来都是具体而微的五位一体的综合规划。

三、三规合一

土地规划、空间规划和发展规划在乡村这样的规模下，不具备分而议之的条件，当然也就从来没有催生过各自为政的“三规”，不存在刻意为之的“合一”。

在乡村，从土地功能到物质空间，再到人的生产生活行为方式，一直处于一种牵一发而动全身的深度融合状态。从这个角度来看，乡村规划应当可以为大尺度规划的多规融合提供很多有益借鉴。

四、讲究区域协调

在乡村这样的尺度下，基本不会出现哪个乡村规划不去考虑和周边村落、相邻市镇乃至相邻大城市的联系和对接。这种技术上天然的“先进性”也是源于乡村规划的“小”。

规模的“小”让乡村规划不会误以为内生系统的完善就足以支撑自身发展。反观城市规划曾经的以邻为壑又何尝不是一种陷阱。

此外，乡村规划还天然落实了生产生活空间复合的“产城一体”，也天然落实了“产业升级”“碳汇空间”“资源循环”等概念。甚至像老龄化与人口结构失衡这样的问题，也是广大乡村地区更早普遍遇到。

当我们这样去回溯乡村规划时会发现：乡村规划的“小”既让它很难产生影响力，也让它很难产生经济效益，但却完全有可能让它成为城市规划技术进步的阶梯。

特色小镇规划九大秘籍

一、产业布局

（一）统筹安排用地指标和空间布局

从县域层面统筹安排产业用地指标和空间布局，引导布局适度集聚；有条件发展产业的镇要预留发展空间和用地指标，避免来了企业无地可用。

（二）提高工业用地的建设强度

不宜将工业园区作为小城镇现代化标志进行打造；设定工业用地建筑密度和容积率下限，绿地率不宜超过 10%，产业集中地区内部道路红线宽度不宜超过 15 米；整理闲置企业用地，适度引导企业集中。

二、乡村田园环境

（一）保护山水田园，修复生态环境

保护山水格局，城镇建设与环境统一；预留视线通廊，做到显山露水。

（二）全域协调统筹，建设美丽乡村

提出镇域乡村建筑风格、色彩与形式的管控要求，保护乡村传统格局与历史空间，促进镇域整体风貌的协调统一。通过对乡村的农房、公共空间进行改造治理，改善农村人居环境，打造山水秀美、设施完善、生活便捷的美丽乡村。

三、整体格局

（一）顺应山水，契合地貌

1. 水网地区小城镇

水网地区的城镇，应顺应原有水系形态进行布局，营造多样滨水公共活动空间，避免城镇建设强行对河流水系截弯取直、填河围湖。

2. 山地、丘陵地区城镇

山地、丘陵地区的城镇，应顺应地势，建筑随地形条件布置，避免城镇建设削山平地，破坏地形起伏。

3. 平原地区小城镇

宜采取相对集中的布局方式，避免侵占耕地；保留镇区内部林地、池塘等自然资源，建设为公共开敞空间。通过防护林带或生态廊道的建设，将外围农田等自然要素引入镇区内部，构筑平原地区小城镇特色风貌。

（二）用地混合、新旧区协调

生产、生活、生态用地的适度混合，推进产镇融合发展。避免采取功能分区的方式割裂小城镇生产、生活空间。

镇区规划建设应延续原有的格局和肌理，协调好新老镇区的布局关系和风貌特征，避免新老区各自为政。

（三）路网格局合理

1. 顺应地形，延续肌理

滨水地区的路网要顺应河流走向，随水岸线布局。山地、丘陵地区路网要顺应等高线布局，人行步道可采取垂直等高线布局方式。

2. 提高路网密度，增加支路和巷路

小城镇居民绿色出行特征明显，日常出行以步行、自行车、电动自行车、摩托车为主，步行出行比例达 50%，对支路和巷路需求大，需增加路网密度，小城镇的道路网密度不宜低于 12km/km²（不含巷路），道路间距以 100~150 米为宜。

四、建设强度与街坊形态

（一）控制建设高度与强度

编制科学的详细规划，重视规划管理，控制建设高度与强度。

（二）推行开放式街坊住区

1. 住区不宜设置封闭围墙，实现破墙透绿、设施共享，增强小城镇的活力和亲切感。

2. 街坊内部以巷路相连，注重公共交往空间的打造，增加居民交流交往。

（三）建设小尺度街坊住区

小城镇应以小尺度的街坊住区为宜，以 100~150 米的道路网间距划分街坊住区。

五、商业与公共服务设施

（一）商业有序布局

1. 商业布局因类制宜

商业街（包含底商）——以服务小城镇生活或旅游功能为主，应结合生活性道路布局。集贸市场——应在镇区边缘单独设立，临近对外交通和镇区生活性道路。区域商贸中心——应结合对外交通性道路布局，与生活区域保持一定距离。

2. 管控商业店铺，防止无序蔓延

根据小城镇区位、性质、规模、空间形态等，统筹布局商业用地，适度控制规模。鼓励有条件的重点镇、特色小镇建设综合服务体。

3. 引导底商业态

保护传统商业业态，除满足居民日常需求外，商业业态还应与娱乐消遣、地域特色体验、旅游等活动相结合，构建独具地域特色的业态形式。

在居住区集中的区域，限制底商经营具有噪声污染、空气污染、水污染的商业类别。

（二）公共服务设施充实完善、集约高效

1. 营造 20 分钟生活圈。要充分尊重居民出行习惯，合理布局教育、医疗、文体等设施。

2. 完善公共服务功能配置。以居民需求为导向，提高服务质量和水平，实现公共服务全覆盖。

3. 集中设置行政办公、文化健身等设施，丰富公共服务设施服务内容。

4. 鼓励建设一站式服务大厅，多功能混合。

六、道路与交通设施

（一）打通断头路，过境公路宜改线

1. 打通断头路，形成完整的路网，改善居民出行条件；

2. 控制小城镇用地沿过境道路布局，有条件的镇应将穿镇公路改线至镇区路网的边缘。

（二）街道尺度适宜

1. 优化道路断面设计，道路宽度要适宜，两侧建筑要合理退线。

2. 生活型道路高宽比以 1:2 左右为宜，不宜低于 1:4；传统街区的街巷高宽比则更大。

（三）完善设施建设

1. 实现路面的硬化平整，完善信号灯、路灯等设施，结合街道空间设计停车位。

2. 通过道路绿化、街道家具等进行各类交通行为的分隔，设置小广场、休闲长廊、茶座等供居民使用。

七、绿地与开敞空间

（一）各类绿地灵活布局，方便可达

1. 因地制宜安排不同尺度的公园、广场、街头绿地等；

2. 绿地服务半径宜为 150~300 米，确保居民步行 5 分钟能够到达；

3. 结合宅前、道旁、树下、桥边、街头巷尾等空间布局小片绿地。

（二）公园广场尺度适宜，多元利用

1. 提倡建设节约型绿地，规划建设尺度适宜的公园广场，严格控制大草坪、大广场、水景喷泉等形象工程；

2. 鼓励建设满足居民休闲、交流、健身、举办活动、科普等多元需求的复合功能型绿地广场空间，通过布置儿童游乐、健身、座椅看台等设施丰富绿地广场功能。

（三）乡土特色，生态建设

1. 本土植被——优选乡土植物或经引种驯化后适应当地气候、长势良好的外来植被，营造有地域特色的植物景观。

2. 就地取材——在景观小品、铺装、设施等设计和建造上尽量就地取材，彰显地域特色。

3. 生态建设——广场及绿地中宜减少硬质铺装面积，选用透水材料，灵活设置集水绿地、蓄水池、生态草沟等低影响开发设施；鼓励采用生态驳岸设计打造河岸系统，避免完全渠化的工程驳岸设计。

八、镇容镇貌

（一）建筑风貌引导

1. 传统建筑的保护与利用

对传统风貌建筑应遵循保护原则，进行风貌整治不得改变原有建筑的风貌。通过改水、改电、改厨、改厕等方式，实现对现有传统建筑基础设施的改善提升，提高居住建筑的舒适度，提升公共建筑利用效率。鼓励“以用促保”，采用多种形式利用传统风貌建筑，对传统风貌区加强保护与利用。

2. 新建建筑体现传承与创新的协调统一

鼓励引入高水平建筑设计。传承与创新建筑形式，延续传统风貌，满足现代使用需求。精心设计建筑细部，屋顶、门窗、腰线、地脚线、墙角等细节应体现本土建筑特色与风貌。色彩提取当地的标志性色彩。建筑材料应就地取材，选用本土材料，适当运用现代建造技艺建设新建筑。

（二）街道空间整治

1. 沿街立面整治

通过对沿街建筑的高度、面宽、色彩、材料、开窗方式、细节装饰等方面的控制，塑造连续、和谐的街道空间。

应对第五立面（屋顶）进行管控，达到形式相近，风格统一。

2. 街道环境整治

店铺牌匾应与建筑协调。

规范店前空间使用，禁止占用店前空间经营。

九、传统文化保护与传承

（一）传统风貌的保护

1. 建议在传统建筑集中的区域划定传统风貌区，在建筑色彩、体量、材质等方面进行整体建设指引。

2. 对体现城镇文化，展现地域特色、民族特色的传统风貌建筑进行登记挂牌，予以重点保护。

3. 严格划定文保单位保护范围及建设控制地带，建设控制地带内的新建建筑应与文保建筑相谐调，其建筑高度不得高于文保建筑。

（二）非遗的保护、传承与开发

1. 做好传统手工艺、民俗活动、节庆、礼仪等非物质文化遗产的摸底工作，形成地方非物质文化遗产名录。

2. 通过展览、展示、比赛、交流等形式，营造浓郁的地方传统文化氛围。

3. 推动民间优秀的非物质文化的产业化发展。

(三) 文化场所的营造

结合绿地广场建设特色空间，为地方特色文化提供展示与传承的空间场所。依托文物古迹、特色商业、传统民居、古桥庙阁等历史空间开拓绿地广场空间，打造居民文化生活的核心节点。

特色小镇 +PPP

一、可行性

特色小镇是一个集产业、文化、旅游和社区于一体的新型聚落单位，是以产业为核心、项目为载体、生产生活生态相互融合的一个特定区域。采用 PPP 模式引入社会资本、专业的城市投资建设运营商，符合特色小镇开发建设发展规划。本文根据我国特色小镇特点及 PPP 模式适用性，探讨采用 PPP 模式进行特色小镇开发建设的可行性。

二、政策环境

(一) 鼓励采用多种渠道对特色小镇的金融支持

国务院《关于深入推进新型城镇化建设的若干意见》中，提出强化金融支持。专项建设基金要扩大支持新型城镇化建设的覆盖面，安排专门资金定向支持城市基础设施和公共服务设施建设、特色小镇功能提升等。

鼓励政策性银行创新信贷模式和产品，针对新型城镇化项目设计差别化融资模式与偿债机制；鼓励商业银行开发面向新型城镇化的金融服务和产品；鼓励公共基金、保险资金等参与具有稳定收益的城市基础设施项目建设和运营；鼓励地方利用财政资金和社会资金设立城镇化发展基金；鼓励地方整合政府投资平台设立城镇化投资平台；支持城市政府推行基础设施和租赁房资产证券化，提高城市基础设施项目直接融资比重。

(二) 鼓励多渠道的投融资创新

国家发改委《关于加快美丽特色小（城）镇建设的指导意见》中提出创新特色小（城）镇建设投融资机制。

鼓励政府利用财政资金撬动社会资金，共同发起设立特色小镇建设基金；鼓励开发银行、农业发展银行、农业银行和其他金融机构加大金融支持力度；鼓励有条件的小城镇通过发行债券等方式拓宽融资渠道。

（三）政策性信贷资金支持范围

住房和城乡建设部、中国农业发展银行《关于推进政策性金融支持小城镇建设的通知》中对政策性信贷资金支持的范围做了明确规定。

在促进小城镇公共服务完善和特色产业发展的背景下，政策性信贷资金主要支持小镇基础设施配套、小镇公共服务设施、产业支撑配套设施三方面的建设。

三、部门职能

（一）PPP 项目公司

PPP 项目公司（SPV 特殊目的公司）是 PPP 项目的具体实施者，由政府和社会资本联合组成，主要负责项目融资（融资金额、目标、结构）、建设、运营及维护、财务管理等全过程运作。

（二）政府部门

政府部门通常是主要发起人，通过给予某些特许经营权或一些政策扶持措施来吸引社会资本并促进项目的顺利进行。在 PPP 模式中的职能主要体现在：招投标、特许经营权授予、部分政府付费、政府补贴、融资支持基金（股权、债权、担保等形式的支持）、质量监管、价格监督等方面。

（三）社会资本

社会资本也是主要发起人之一，同政府指定机构合作成立 PPP 项目公司，投入的股本形成公司的权益资本。社会资本主要包括私营企业，国有控股、参股企业与混合所有制企业。

（四）金融机构

金融机构在 PPP 模式中主要提供资金支持和信用担保，也可作为社会资本参与投资。由于特色小镇项目的投资规模大，在 PPP 项目的资金中，来自社会资本和政府的直接投资所占比例通常较小，大部分资金来自于金融机构。向 PPP 模式提供贷款的金融机构主要是国际金融机构、商业银行、信托投资机构。

四、运作方案

PPP 模式下的特色小镇建设，应该以“市场化运作”为机制，政府做好引导和政策支持，在规划设计、文化传承、环境保护等方面发挥积极作用，社会资本通过资源整合、招商管理、智慧化运作提供全生产链服务。

（一）PPP 模式建设特色小镇的参与主体

特色小镇 PPP 项目的参与主体包括政府、开发商、金融机构及咨询设计、工程施工、招商运营等专业企业。政府部门给予整体方向指导、行政便利支持和专项基金补贴，主要负责招投标、授予特许经营权、部分项目的付费与补贴、监管质量与定价等方面；社会资本可以是一家企业，也可以是多家企业组成的联合体，与政府合作成立特别项目的公司 SPV（Special Purpose Vehicel）作为 PPP 项目实施主体，主要负责项目融资、建设、运营与维护、财务管理等全过程运作；金融机构提供资金支持和信用担保。借鉴国外经验，引入服务 PPP 项目的专业机构，承担政策咨询、技术支持、能力建设等重要职能；引入第三方，对特色小镇建设全过程进行监督管理。

（二）PPP 模式建设特色小镇的运作流程

1.确立特色小镇项目

政府负责前期的考察立项等准备工作，对特色小镇进行初步规划，并进行可行性评估，分析该项目是否适合采用 PPP 方式。特色小镇 PPP 项目确立前期，必须进行详尽的调研以确立盈利模式；进行项目全流程的建设以及运营模拟；根据建设运营模型进行精准的财务测算并统筹资金安排。组建一个项目实施团队，由政府牵头做好具体工作实施方案，根据城市总体规划来制定特色小镇建设的初步规划方案。

2.项目招投标

政府构建透明的 PPP 模式实施机制，制定公平、公正、公开的评标细则、评标标准，组织招投标，通过竞争性公开程序选出合适的候选中标者，根据小镇建设特点以及候选中标者的综合实力，选择最佳合作企业；通过双方谈判拟定特殊经营期、投资比例及股权等；达成一致后，签订合作协议。

3.项目融资

政府与私营部门组建 SPV，政府以土地入股，土地价格参照拍卖价格。项目公司、社会资本与地方政府签订 PPP 合同，明确约定各自的权责。政府为 SPV 予特许经营权，SPV 负责融资的具体工作，融资方式主要有通过项目进行融资；通过项目未来现金流进行债券信托、资产证券化等，要根据项目的实际情况拓展融资渠道，尽量降低融资成本。

4.建设与运营

SPV 在规定期限内负责完成规划、建设、招商和后期运营工作，可以通过招标方式将特色小镇项目分包给相关单位进行开发建设，通过第三方对项目进行实时监督，若有违反合同及时与项目公司沟通，并确定责任主体。工程全部经过竣工验收后，进入运营阶段。在约定的特许经营期限内，社会资本通过经营收入回笼资金，在此过程中，政府、贷款人、社会居民都有对项目进行监督的权利。

5.项目移交

特许经营期满后，SPV 将项目经营权和所有权移交给政府，并办理清算手续。移交时，政府应对项目进行检查，确认项目是否与特许经营权协议中约定的情形相符，是否处于良好的运营和维护状态；如果未达到移交标准，应由SPV进行修补以保证项目能继续运营，为后期提供服务。最后，SPV应将项目项目的各项资料移交给政府，并做好项目平稳过渡工作。

（三）特色小镇PPP项目运作的关键问题

1.社会资本收益与公共利益

特色小镇建设属于政府为提高居民生活环境、改善百姓生活的公益性项目，而社会资本参与到PPP项目中，最大的目的就是从中获利，这就存在社会资本收益与公共利益的矛盾点。如何既保证公民的基本利益，又能给予社会资本一定的效益成为了特色小镇PPP项目的首要难点。

2.合同履约管理

特色小镇项目回报周期长，其成败的关键在于政府和社会资本能否在项目的合约期内保持稳定、良好的合作关系。政府往往利用行政权力对项目进行干预，从而导致合作双方不平等。合约不能受到法律的严格约束，随时可能被修改或者终止，这样将造成社会资本的巨大损失，从而导致社会资本参与基础设施建设积极性严重下降。

3.社会资本的运营能力

PPP项目运作不是简单的融资，而是社会资本对项目全生命周期的参与，从最开始的设计建设到最后运营管理。PPP项目运营周期长，要靠后期运营的收益来弥补前期投资，因此需要开发商具有很强的运营能力。特色小镇PPP项目成功的关键在于后期长达20~30年的良好的运营管理，良好的运营才能保证项目长期受益，开发商才能收回前期巨大的投资，实现政府和社会资本的互利共赢。

4.PPP运作模式

随着大量PPP项目落地，PPP模式被广泛采用，但也存在个别PPP项目企业不负责施工和后期运作，只提供资金，甚至一些项目没有稳定的现金流和明确的商业模式的问题，如果小镇的产业模式过于单一，在新时代下必将难以持续发展。同时也存在一些PPP项目基金明股实债，地方政府为融资平台出具担保函、承诺函等问题，以财政资金作为风险兜底的劣后资金，实质上是地方政府变相举债。

五、小结

在经济新常态的形势下，建设特色小镇被视为破解经济结构转化和动能转换问题，推进供给侧结构性改革的重要平台和深入推动新型城镇化的重要抓手。特色小镇已经成为城镇化发展的新兴业态，通过“政府主导、企业运作、合作共赢”的PPP市场化运作模式，让特色小镇建设更加高效，富有活力。政府应该尊重市场对其发展的规则，减少不必要的行政干预，加快建设合理的治理机制。社会资本以PPP模式融入到特色小镇的协作开发建设运营之中，应有较高的运营水平和工作效率，积极发挥社会资本的优势。

2017 年特色小镇建设在全国范围内展开，采用 PPP 模式运作的需求也日渐凸显。

特色小镇是一种投资量巨大，投资时间长，且短时间不宜见效的大型投资品，因此在特色小镇的定位策划明确后，需对特色小镇项目进行详尽的投资测算，以最终确定该项目的投资运营模式。投资运营模式确定后，如何解决特色小镇的金融运作路径，即考虑资金的进入及退出路径就成为特色小镇运作最核心的事项。

应该说，特色小镇资金进入的媒介，包括种子资金和配套项目资金的进入，就目前各种融资媒介而言，私募基金是较好的种子资金进入媒介；种子资金进入完成后，相对而言，配套项目资金可通过多种融资模式解决。再次，资金进入后如何完成退出，是交易模式中需要考虑的最后重要一环；对于政府购买服务项目，可以直接退出；对于有持续现金流产生的项目，除了传统的项目公司上市外，资产证券化是一种重要的退出模式。

1. 特色小镇基金的组织形式及设立模式

私募基金的组织形式分为公司制、契约制、信托制和有限合伙制。契约制、信托制在实践中运用得不多，因此此处主要介绍公司制和有限合伙制。

公司制基金系按照《公司法》《证券投资基金法》《私募投资基金监督管理暂行办法》及基金业协会的系列相关行业规定，进行设立、运作及管理。一般的模式如下：

公司制的特点在于：按照公司制设立，基金的很大一部分决策权掌握在股东会和董事会手中，而董事会和股东会由投资人掌控很大一部分席位，相对有限合伙制基金而言，投资人对基金有更多的掌控权；但也因投资人掌控权限较大，存在效率不高的问题，不过这些可以根据公司法对投资人的相关自治权利进行更高效率的约定。

有限合伙制基金系按照《合伙企业法》《证券投资基金法》《私募投资基金监督管理暂行办法》及基金业协会的系列相关行业规定，进行设立、运作及管理。有限合伙型产业基金由普通合伙人（General Partner，GP）和有限合伙人（Limited Partner，LP）组成。一般的模式如下：

投资委员会设立在基金管理人层面，还是设立在基金层面，由 GP 和 LP 商定。

有限合伙制的特点：通常情况下，普通合伙人拥有较大权限，负责基金投资管理及运营，其跟投比例视基金情况而定，一般为 1%左右；有限合伙人对基金的控制权相对较小，只保留一定的监督权。因此，有限合伙制基金具有决策高效性的特点，因此也对普通合伙人的管理运营能力提出较高要求。

另外，有限合伙制基金的优点还在于其操作的灵活性，其利润分配、认缴出资、入伙退伙均可按照有限合伙协议约定进行。同时，有限合伙制基金对投资人而言，还有一个重大优点，即基金层面不用缴纳企业所得税。

因此，基于有限合伙制基金自身具有的上述优点，一般现在基金的设立模式多采用有限合伙制基金。

目前特色小镇的设立模式比较常见的有三种：政府主导型、金融机构主导型及实业资本主导型，实践中较为常见的是政府主导型和实业资本发起型。

此类基金一般由各地省级政府发起政府引导基金，再针对地方政府的具体项目，由政府引导基金的出资人进行审核，审核通过后，组建针对具体项目的子基金。政府主导型基金，一般对基金投向的行业领域有明确限定。

实业资本牵头，联合金融机构发起设立的基金。

该类基金的牵头实业投资人一般均具有某领域的投资能力或者具有建设运营能力，对于具体投向的项目具有判断能力。

实业资本在与政府就具体项目达成框架协议或者整体投资运营协议后，联合相关金融机构发起设立基金。该类基金的基金管理人 GP 一般由实业资本发起设立，或者由实业资本指定的基金管理公司作为通道；基金架构一般设置为分层基金，金融机构指定机构（一般为信托计划或者资管计划）为优先级，实业资本或实业资本指定公司为劣后级，GP 会做不超过 1%跟投（如基金管理人为通道公司，则比例会更低），劣后 LP 和有限 LP 的杠杆比例一般为 1:4 或者 1:3。

基金对具体项目的投向一般为股权加债权的模式。相较于政府主导型基金，该类基金针对的具体项目会更具象。

2. 特色小镇基金的设立及运作

特色小镇基金设立的组织形式一般为有限合伙制，其模式一般为上述第二种模式，即实业资本牵头，联合金融机构发起设立的基金要考虑适合特色小镇基金的具体运作路径，首先要在特色小镇整体项目的基础上，按照单体项目是否有经营现金流进行划分，由基金针对经营性项目（包括准经营性项目）及非经营性项目，分别设立 SPV 平台公司及具体 SPV 项目公司进行运作。特色小镇基金的运作一般按照以下模式进行：

特色小镇总体投资运营协议（“PPP 模式或者部分 PPP 模式+部分政府购买服务模式”）的签署。

首先，基金发起主体应与政府签署特色小镇的总体投资运营协议，在总体投资运营协议中明确该项目的 PPP 模式或者“PPP 模式+政府购买服务模式”，并在协议中明确后续发起设立基金的相关事宜，以及以设立后的基金作为整体项目的投资运作主体。

应该说，总体投资运营协议对于特色小镇项目的实施具有基础性作用，应予以足够重视。具体而言，总体投资运营协议必不可少的内容包括：项目的投资范围、运营范围、特许经营权的授予、核心的交易模式、投资商及政府各自的责任和义务、项目的退出机制以及各自的违约责任。

通常情况下，特色小镇经营性项目的经营利润很难全面覆盖投资成本，因此以下关于特色小镇的运作，以“PPP+政府购买服务模式”进行阐述。

发起设立特色小镇基金

首先，按照上述第一部分所述，各方在综合确定特色小镇基金的组织形式后，由实体资本发起设立特色小镇基金，此基金的LP可包括实业资本、政府指定机构以及金融机构。

其次，从项目的长期运作及退出角度考虑，特色小镇基金分别设立两个平台公司，一个为经营性项目（包括准经营性项目）群的操作平台（以下简称经营性平台公司），另一个为政府购买服务项目群的操作平台（以下简称政府购买服务平台公司）。

再次，从各项操作的简便度、现行项目的法律及政策管理机制、单体项目的融资等角度考虑，由经营性平台公司及政府购买服务平台公司，就每个单体项目设立单独的SPV公司，以SPV公司为单体项目的实际运作主体。需要指出的是，根据目前公司法规定，“一人有限责任公司，是指只有一个自然人股东或者一个法人股东的有限责任公司”，而有限合伙企业的主体性质属于其他组织，因此基金在设立具体SPV公司时，应有其他股东的加入，而不能将基金作为单一股东。

另外，因为PPP模式与政府购买服务模式各自遵循的法律及政策体系并不同，因此在两个平台公司设立完成后，应由两个平台公司分别与政府指定机构签署具体的PPP投资运营协议及政府采购服务协议，以细化两类项目的相关约定。

具体单体项目的融资

上述各单体项目的项目公司设立完成后，根据每类单体项目的不同，可以不同的融资模式进行融资，包括开发性金融贷款、传统银行贷款、发行公司债券、项目收益债券等，以各金融媒介的组合提供项目投资运营所需的资金。

3. 特色小镇基金的退出方式

特色小镇基金根据项目不同类型，其退出方式也不同。

关于政府购买服务项目的退出

相较于经营性项目的退出，政府购买服务项目的退出相对简单。按照实业资本与政府指定机构签署的投资运营协议，以及针对具体项目的政府购买服务协议等相关协议，由政府将政府购买服务的支出列入财政预算，并在该项目完成后按照上述协议约定，由政府指定机构向政府购买服务项目的平台公司支付单体项目的相关款项。政府购买服务项目的平台公司收到支付款项后，按照公司法的相关运作机制，以股东分红的形式将该部分利润分配给基金，再由基金按照有限合伙协议约定分配GP和各LP。

关于经营性项目（PPP项目）的退出。

传统经营性项目的退出，包括项目公司上市、股权转让等。

项目公司上市是基金最理想的退出方式，但基于上市需要条件的严格限定，以及较长的审查时间，项目公司短时间内上市难度较大。

项目公司股权转让，也是基金的一种重要的退出方式，但是基于该类项目的投资额巨大，符合条件的投资人并不多，因此此种退出方式较受限制。项目公司股权转让完成后，基金取得相应的股权转让款项，再由基金按照有限合伙协议约定分配 GP 和各 LP。

另外，基于经营性项目本身可以产生稳定现金流的特点，符合项目资产证券化的重要要素，并且相对于上述两种项目退出方式，此种方式的适用性更强。

特色小镇打造手法

一、茶小镇

依托地域形成特色的茶小镇，这个手法在中国值得借鉴，因为在中国有很多种茶的地方，但真正通过种茶赚到钱的主要是福建和云南。为什么同样是种茶，浙江赚到的钱却没有福建、云南的多？

因为这两个地方的茶一个是可储藏可炒作的红茶和乌龙茶，一个是可长期做礼品收藏的普洱茶，而浙江出产的绿茶是即时消费品，不管西湖龙井多好，只要是即时消费品，农民就很难通过种地来发财。农民真的想通过种东西发财只有一种可能性，不是把农产品卖出去而是把人请进来。

日本种的全是绿茶，日本坚信唐宋之后无中国，只学唐宋之前，他们的茶留下来的都是绿茶。他们做“宇治玉露”茶，首先，把茶的品牌打响，搞茶叶品鉴、评选，最后注册品牌；其次，把茶田种得很漂亮，邀请景观设计师帮助设计茶田。再次，每年组织许多人到这里采茶，这里会做很多茶主题展，将制茶过程全部做一个展示，并且有很多老爷子教你茶道。

小镇的仪式感很重要，现代生活中太缺乏仪式感了，仪式感是让人觉得非常重要的事。曾经我深究过一个事，为什么在国外的日餐比中餐贵这么多？日本人对这方面的解释，中餐的仪式感远没有日餐那么强。中餐一下子就端上来四个盘子。

但日餐是一道一道上来，显得很有档次。这个小镇做了一个茶祭，叫“三汲水式”，非常高规格。一点金属不能碰，桶需要是木桶，烧的是碳火，装陶瓷碗，看他表演一个半小时，非常具有仪式感。

他们的营销非常到位。这里不仅有茶小姐采茶会，每年评选优秀茶小姐，还有卡通形象及一老一小的宣传组合，老的就是老先生代表历史感，小的就是年轻的美女代表性感。

塑造卡通形象现在是非常重要的一件事，只要做小镇就有一个必选动作，那就是做卡通形象。我举一个例子，熊本县是没有熊的，后来找了极其有名的编剧小山薰堂给他们设计了熊本熊。前年熊本地震，熊本熊第一时间发 Twitter，我受伤了。后来少男少女们赶紧捐钱，捐了 36 万块钱给熊本熊。这事说明，熊本熊策划得很成功。

二、青蛙小镇

台湾的小镇打造其实是日本小镇打造的中文版。日本旅游和台湾旅游都很值得我们学习。

以青蛙小镇为例，青蛙小镇所在的南投桃米村，曾经这里是最穷的村子之一。后来遇到 921 大地震，大地震以后回来一批人，帮助家乡搞重建。其中新故乡文教基金会董事长廖嘉展搬来了坂茂的纸教堂，此后很多人来这里参观拍照。他就开始考虑，如果小村子有一个纸教堂就会来这么多人，那么再多打造几个景点，岂不是来的人更多？于是他请来了一批专家做调查。

经调查发现，“这个地方接近日月潭，台湾游客都不知道这个地方，要人文没人文，要历史没历史，要风景没风景，只有青蛙最多”，其中有一个最特别的品种——黑蒙西式小雨蛙。因此，桃米村就把青蛙当老板，打造了全台第一个青蛙观光特色社区，并找了一批卡通专家把所有青蛙找出来，画成各种卡通形象，而且给青蛙配了非常酷的名字叫“忍者黑蒙”。

三、温泉小镇

第一，要做好定位。泡温泉的主力人群是 25~45 岁，还是 45~65 岁？我们做市场定位往往有一个感觉，谁需要谁就是主力人群，其实是谁肯支付才是主力人群。

第二，要把温泉做出多元化。一个人在温泉里泡温泉最多能泡多长时间？半小时。半小时以后怎么办？泡完就没事了。每个温泉小镇都应该有一个温泉街，在这里人们全部穿的是浴衣，这种在温泉街只要一车中国游客停下来，40 分钟以后满大街就都是浴衣了。温泉街的打造宁肯窄一点不要宽一点，宁肯短一点不要长一点，进去几个人就看着很热闹，这是制造人气的好方法。

台湾有一个北投温泉，我有一次去北投温泉博物馆，先从镭的放射性给你讲起，讲得相当到位。咱们的温泉，还有一个很大的问题，就是抓不着随机客户。同时要把温泉生活多元化，上面吃着温泉拉面，下面泡着脚，旁边还有温泉鸡蛋，这是温泉小镇能够做起来的原因。

四、精工小镇

当传统产业引入创新元素的时候，我们是可以做出一些现代化特色小镇的，特别是精工小镇，这个逻辑以后可能会变得越来越重要。精工小镇，其实是工匠精神的体现。

我们现在有一个节目叫“大国工匠”，包括长征五号上天的时候专门讲了长征五号点焊工艺。中国有一系列短小精悍的精工小镇，精工小镇中非常重要的逻辑是职业培训，没有好的职业学校是不可能有精工小镇的。国外的精工小镇中的职业学校采取“双元制、双师制”，双元制是指一半在学校读书、一半在工厂实习；双师制是指在学校有一个老师，还要按照行业规矩去拜师，仪式感越强越这个行业越有技术含量。

精工小镇的典型代表是瑞士的拉绍德封。瑞士以前是非常非常穷的，组成瑞士的，是一群不想做德国的德国人，不想做意大利的意大利人，不想做法国的法国人。

也因为这个，山地民族是非常忠诚的民族。到今天为止为教皇站岗的士兵就是瑞士人，这些人由于当时特别穷，被宗教迫害以后，他们发现钟表是非常适合瑞士的工作，因为能用最少的原料、最小的占地、最灵巧的双手制造附加值最高的东西，而且瑞士那个地方，下了班大家没事干就去鼓捣手工。拉绍德封就是专注做钟表的小镇，不像其他欧洲小镇，只有拉绍德封的空间肌理是排排坐，因为这样有利于阳光照射到工坊，方便制造手表，也方便运输。

拉绍德封还做了国际钟表博物馆和职业教育中心。很多人到这里来一是为了看别人做表买表，二是来学手艺。但要注意，来学手艺的人不一定是为了回去做表，当年很多国家在使用第一代 AT3 萨格尔反坦克导弹时，是用手操控的。那时候很多军队把战士派到做钟表的地方去训练，来提高手指的灵活度。以后我相信咱们会越来越重视大国工匠，这类精工小镇以后会越来越多。

五、手工艺小镇

意大利有很多传统手工艺可以提升内涵达到发展小镇的目的，穆拉诺小镇就是非常典型的案例。

德国特别严谨，意大利人的色彩感特别好。每个民族都有自己擅长的东西，当时穆拉诺小镇受经济危机的影响，玻璃制造业遭受重创。后来通过艺术再造和旅游提升重振当时玻璃制造业的辉煌。

他们玻璃烧得极其漂亮，每个颜色都是非常漂亮的，血红玻璃堪称意大利的国宝，含钴，色彩特别漂亮。很重要的一点，他们做的东西非常适合做旅游产品。旅游产品的携带是一个问题，哪怕贵一点小一点能携带就能买，整个大东西的话消费者买不了。另外，他们的工艺展示做得非常到位，镂雕的玻璃制品十分漂亮，到意大利一定要去看看玻璃小镇。这个地区需要乘船过去，堪称彩色版的威尼斯，这里把大量玻璃用到小镇中，所以很适合拍照。

工匠，在日本有一个称呼叫“人间国宝”。日本的人间国宝有专门的证书，现在还有 122 位人间国宝，换言之，非物质文化传承人不见得是人间国宝，其中最优秀的那批才叫作人间国宝。意大利也是这样，很多工匠在小镇里做玻璃，但是要向他们买，当时说不卖，这个是给巴拿马皇家做的，那个是给英国皇家做的，那天我们觉得很遗憾。

在小镇旅游中有两个方法非常有效，第一个方法，看贵的东西卖便宜的东西，让你觉得性价比极高。第二个方法，叫冲抵消费。我们在看台湾心之芳庭的时候，门票不收你的钱，还送你 200 新台币的消费抵用券。我自己这么忙的人去看熏衣草的时候就因为有两百块钱的抵用券，结果找了十几分钟，200 新台币折合人民币 40 元钱，真不值得。

六、户外小镇

什么叫作经济的新常态？经济增速降低是表现而不是原因，真正的原因是从 2012 年开始，中国的经济量级，从发展中国家转向了中等发达国家。发展中国家的经济很简单，因为需求确定。当年咱们国家回笼货币最简单有效的一个方法就是进一批日本彩电，进来了日本彩电大家一定买，还不一定能买得到。

但是现在问大家你们家还缺什么？大家只会回答缺钱。缺钱意味着基本的需求满足了。发展中国家很简单，就是八个字，发展经济、保障供给。

现在想要什么就能有什么，新常态难的是创造需求，创造需求就是现在的供给侧改革。供给侧改革就是给一个吃饱饭的人，让他还想吃点什么，通过有效供给拉动本来不存在的需求。在发达国家，人的钱主要花在“玩”上，旅游、运动，以及各种爱好，户外就是其中的一种。

现在玩户外的人越来越多，户外装备有三个方面重要：

1. 户外装备。玩户外装备特别重要，户外装备贵吗？贵，而且没有上限。当年我曾经玩过登山，2006 年我买过一把冰镐，买的是德国生产的。户外装备买的人比玩的人还多，而且户外装备极其暴利。

2. 户外装备具有很强的在地性。不是说东北搞了户外小镇西南就不要搞、不能搞了，不是这回事，东北的帐篷是为了保温，西南是为了散热。

3. 户外装备是高科技。户外装备怎么不是高科技？户外装备穿的衣服和特战部队穿的衣服是一样的。寒带军服和亚热带军服还有热带军服是不一样的，这是一个很大的产业，因此很多户外装备要进中国。

而且做户外装备的地方往往不是大城市。美国户外装备的研发销售的最大地方在盐湖城。因为做户外装备，有一个重要的前提是“中试”。比如说在张家口做户外小镇就非常合适，在这里面研制好了直接去滑雪，哪个研究所弄个滑雪板弄好背去崇礼，试完了再背回来，不行了咱们再改进？这代价太高了。因此，美国在科罗拉多州、犹他州出现了很多户外装备小镇。

非常典型的例子就是中国宁波的宁海。宁海位于浙江省东南沿海，是我国“步道振兴经济”的典范。宁海县依据自身山地特色，从 2009 年开始打造了 500 公里长的健身步道，把所有能串联的资源都串联起来，将其打造为第一条国家级步道，并举办了“千里走宁海”的活动，这个“全国只此一家”的户外活动已经成为宁海的新名片。其实早在2010年，张朝阳就曾来此登山徒步，他的到来一下子打响了宁海的知名度，使其成为小有名气的户外旅游地。

七、医养小镇

在中国医养小镇也是值得去做的，中国有很多地方的环境是特别好的，但是咱们的销售方法有问题。四川有个非常漂亮的地方叫蜀南竹海，我们的销售方法是做摄影基地。到蜀南竹海摄影顶多半天，它其实应该卖蜀南竹海极好的气候环境。

医养小镇用环境给人治病，每个医养小镇都有一个医院吸引核、一个休养聚集区和一个产业延伸环。最典型的就是日本静冈，这个地方背靠富士山面向大海，环境非常好。首先，这里的核心是一个癌症中心病院。在一个小镇里面要想做出来比大城市更好的大型综合医院没有可能，但有可能做出比大城市更好的大型专科医院。

四川攀枝花过去就是全国治疗烫伤最好的医院，因为这里有座钢厂。其次，静冈构筑了一个“休养套餐”，简单的说就是将非传统医疗全部集中在一起，这里有各种特殊疗法，包含温泉疗法、水岸疗法、园艺疗法、气候疗法，甚至还有宠物疗法。例如，治疗自闭症最有效的动物是马，维护老年人最有效的动物是狗。

根据产业可以延伸到各种病和药的临床医学。而且很多人测试环节是可以搬到小镇来的。因为这里可以聚集一批心甘情愿的测试者，你拿一种治疗新药，马上就会有人愿意去测试。

八、科创小镇

“大众创业、万众创新”的时代之下，科创小镇一定会是特色小镇的主要类型。政府号召大众创业、万众创新的时代背景下，大众创业要比万众创新难得多，创业本身就不是一个容易成功的事。科创小镇不是教创业的人如何去创新，而是教创新的人如何去创业。

科创小镇的关键是“弱关系”。我们现在搞大众创业、万众创新的时候，很多人都认为，一群年轻人胡打乱闹能成功吗？这种想法不对。首先，今天的科学家和以前的科学家不一样，我们小时候崇拜的陈景润那种人是两耳不闻窗外事、一心只读圣贤书的人。现在的教授白天讲情怀，晚上讲情调。

其次，这些人只有了解生活，才能为你的生活搞出创新来。比如说，美图秀秀有什么技术含量吗？但是美图秀秀就是一个很成功的创业，外国人都开始使用美图秀秀，它洞悉了女人爱美的心理。

科创小镇的逻辑就是“和一起生活的人共同工作，和共同工作的人一起生活”。从规划的角度来讲，这叫作“商务社区城市”，在这里职住平衡比是很高的，1/3 面积是商务办公，1/3 面积是居住，1/3 面积是配套。在这个逻辑之下我们看到门洛帕克、山景城，全部是以人为导向形成小社会，他们获得一种人人为我，我为人人的生活。

这里面有大量的人摆摊，只要摆摊一定有人过去捧场，这里还有大量设施，摆上一些新式的东西，比如 3D 打印机帮助人家把 Idea 变成实物。在科创小镇里，再奇怪的东西也会被接受，比如说新的付款方式，吃饭的人哪怕多刷几次卡也会接受这件事情。科创小镇里不光是有一批科学家，更多的是有一批乐于当小白鼠的人。

九、金融小镇

中国到处都在做金融小镇。但其实大家在讲这个的时候忽略了一个问题，金融业本身是一个非常典型的都市型行业，金融业的从业人士是聚集的，我们一直说一个概念 CBD，核心业态是什么？是金融。金融业本质是人脉行业，是不容易离散的。美国非常著名的经济学家乔尔·科特金，他写过一本书叫《新地理——数字经济如何重塑美国地貌》，这本书中做了大量研究后发现，在工业文明时期美国那些有钱的城市和在科技文明时期那些有钱的城市完全不是一回事。

比如，底特律过去非常有钱，现在非常没钱，现在非常有钱的是加利福尼亚州这种过去种柑橘的地方，佛罗里达州这种一片沼泽地的地方，过去搞旅游、建迪斯尼乐园，这几个地方现在都变得很有钱，就是因为这几个地方有一个共同的特点，叫作“阳光带”。新地理研究发现，工业文明时期是人找活儿干，而科技文明时期是活儿找人干，你要搞高科技就得找到足够多的知识分子。

哪个地方最宜居，知识分子就选择在哪里居住；知识分子选择在哪里居住，人类的智慧就会在哪里汇集；人类的知识在哪里汇集，财富就在哪里汇集。

这个逻辑适合于中国吗？适合。最占便宜的地方就是深圳，深圳本身并没有太好的大学，大量知识分子聚集到这里，因为这里是更宜居也更容易有梦想的地方。而一个吃亏的地方就是东三省，东三省大学不错，从理工科的哈尔滨工业大学到文科的长春大学、吉林大学。但是现在由于东北天寒地冻宜居度低，而且缺少良好的港口资源，结果许多都走了。美国也是一样，在工业文明时期是乐业带动安居，而在科技文明时期往往是安居反过来带动乐业。

对于金融小镇，能做成的一个可能性就是用更宜居带动更乐业。在高品质的地方生活，距离、风景、税收、服务、生活品质一个都不能少。典型案例就是瑞士的城市普费菲孔，其距离富庶的苏黎士很近，那里有大量对冲基金公司。这里凭借特别低的税率，吸引高净值家庭来到这个地方，特别在前一个阶段，法国总统奥朗德加收富人税，大量富人跑到这个地方。

这些人为什么到这个地方来？就是因为他们在这儿玩游艇，时间长了，听说这里税很低就留下来，并在这里创办一些金融公司。其次，这里有非常优质的生活，完善的教育配套、各种商业服务机构，将人留在这里。小镇办金融一定得用“绝对宜居带动绝对乐业”的理念来发展一些有特色的金融产业，否则普通金融业不太适合小镇形态，这就是金融小镇的规律。

十、影视小镇

在中国这么大的国家能够诞生一百个左右的影视小镇都不奇怪，因为影视业绝对属于新常态下的需求之一。而且影视业还有一个好处，影视业与经济周期是负相关。经济越不好大家越爱看电影，现实世界满足不了就在精神世界里去寻求，这就是印度宝莱坞这么热的原因，很多穷人卖了血也要看电影，就是这个逻辑。中国的电影，以后也是会有大发展的。

电影小镇就是在传统电影基地的基础上做两件事，一是引入第三楼这样专业的电影技术公司，二是做了一些专业的人才孵化。大厂影视小镇，现在有很多公司入驻，这里面不仅引入了龙头企业金海岸影业、顶级的数字公司，还有获得艾美奖的 BaseFX 公司。

另外，这里还做了一个特别的事“剧本汇”，当年的马珂说过：“一个好电影的三个要素，第一是剧本，第二是剧本，第三还是剧本”。影视大厂小镇里做了很多的保障平台，特别是保障知识产权的平台。在美国国家专利局的墙上刻着这么一段话，“专利制度是给天才之火浇上利益之油”。

十一、摄影小镇

对于小镇来说，形象好是可以当饭吃的，而这其中一类就是摄影小镇。在摄影小镇中除了中国一些已成名的地方外，最典型的就是丽水。

摄影小镇不仅能靠风光引人，还能解决留住人的问题。摄影的人主要拍早上、晚上的光——“曙暮光”，在这个逻辑下就能够留他们住在这里。小镇可以设置多个拍照点，周边点缀上很多小品，并用木棍或三角铁焊出一个三角架，上面固定好云台，把大师拍的照片放到旁边，底下光圈、快门都标上，满足这些摄影起步者拍出大片的梦想。现在，还有一些喜欢玩 COSPLAY 的人也会来到这里摆拍、照相。

十二、彩色小镇

哪怕是一种色彩都能改变一个小镇。典型例子是胡斯卡小镇，现在叫蓝精灵小镇，位于西班牙的安达卢西亚龙达。因为安达卢西亚地区夏季炎热，房子刷成白色可以反射太阳光。所以在这里有几百个大大小小的白色山城。直到有一天索尼公司要拍蓝精灵。索尼公司用 GOOGLE Earth 在地图上找哪个地方最适合拍蓝精灵，最后选定了胡斯卡。

索尼公司到了胡斯卡以后，一夜之间给了胡斯卡这个地方四千升的蓝色油漆，要求他们把白色的房子都刷成蓝颜色，并且允诺刷完以后等拍完电影再全部将房子刷回白色。结果刷完之后有大量到访者来此寻找蓝精灵的故乡。这个时候这里的人发现胡斯卡已经吸引到大量的人了。

不一样的不一定能成功，但是成功一定不一样。在胡斯卡周围不缺少白色山城，而唯独胡斯卡是一片蓝色。于是这帮人就开始编故事了，他们声称因为在胡斯卡盛产蘑菇，而蓝精灵是以蘑菇为生，所以胡斯卡就是蓝精灵的故乡。

米老鼠、唐老鸭小镇大家拍两张照片就走了，蓝精灵小镇不一样，他们是一个家族，在这里得待半天，找到各种蓝精灵，例如：自以为是的聪聪、心灵手巧的灵灵、总爱抱怨的怨怨、喜欢恶作剧的闹闹，还有人见人爱的蓝妹妹。胡斯卡到处摆着大小蓝精灵，专门摆了好多地方让游客们拍照。还有蓝精灵酒店，在那里可以吃到蓝精灵吃的蘑菇餐。

十三、风貌小镇

如果一个地方有整体风貌就可以利用这种风貌，没有风貌可以造出风貌。典型案例就是日本白川乡合掌村，它这里有一种独特的建筑风格叫“合掌造”。因为在白川乡雪特别大，只有坡度达到一定程度雪才能顺着屋顶滑落，所以采用了“合掌造”这种大坡顶的建筑。

现在白川乡成了日本乡村的代表，一年四季有很多人到这里来。他们规定这里的房屋不许贩卖，不许出租，不许毁坏。如果中国开发商去了可以这么做：保留中心核心区不动，周围盖一批长的像中间的房子。

白川乡现在依然保留了它的屋顶空间，做了大量博物馆群落，而且远远不止一个博物馆，而是一个群落。并且在这里春夏秋冬都特别漂亮。在这里还能看到很多的家庭，每个家庭都主动进行展示，有的展示自己的家居，有的展示自己的庭院，有的展示自己的生活，每个都值得你去看。

还有一个事特别值得大家去看，在这个小村庄里面大多数公共服务设施都不怎么样，但是有一个公共服务设施相当发达，它就是消防。因为合掌造都是草屋顶，所以合掌村消防很发达，这个地方每年都让消防车出来搞几次喷水节，相当壮观。所以说合掌村真正把自己的资源都发挥了出来，做成了非常有魅力的小镇。

十四、异域小镇

如果没有资源，那我们可以做另外一种小镇叫异域小镇，其实就等于山寨或者说是授权的山寨，在日本有个地方叫豪斯登堡，这是日本长崎拿了一块工业用地，做经过荷兰女王认证授权的山寨小镇。为什么日本要 COPY 荷兰呢？

你们知道在日语里面说一个人叫兰学家是什么意思吗？日本最早登陆的海外国家就

是荷兰，所以在日本提兰学家不是研究纳兰性德，也不是研究兰花而是研究西方学的，日本将所有的西方学都叫作兰学家，等于是研究欧洲的历史学家。

这个事情也影响了中国，我们知道的荷兰猪、荷兰豆其实都不是荷兰产的，但是日本人管所有来自西方的东西都叫荷兰的。日本人对荷兰有非常好的向往。他们拷贝荷兰，荷兰一点不拒绝。

荷兰这个地方最大的优点就是只要能赚钱，一切都可以商量。在豪斯登堡所有的砖都是从荷兰烧好运过来的，所有的图纸都是荷兰绘制的，唯一不一样的，是日本人自己按照“海贼王”做了一条船。在这里，建筑是荷兰的，服务员是荷兰的，做的花田也是荷兰的。不仅如此，这里做了一个小穿越，可以一日之间看遍荷兰，拍出来的照片和荷兰几乎一模一样，甚至你去的时候还会给你做护照，办一个荷兰签证。有异境可以利用异境，没有异境可以照搬异境，但是要做到全息度高和原汁原味。在这里有荷兰版的花车游行和各种表演，还能买到纯粹荷兰产的奶酪。这就是我们看到的荷兰城。

十五、传说小镇

只要有传说大家就会因传说而来。美国的新英格兰地区有一个叫萨勒姆的小镇，这个地方发生过一桩惨案，当年有流行病死了很多人，大家都认为是女巫在作法，于是错杀了很多女巫，使得这个地方留下了女巫的传说。

现在这里专门以女巫之名做万圣节的女巫节。每年都吸引很多喜欢女巫的人到这里来。幸运的人还可以找女巫聊一聊，不幸运的人可以参加女巫派对。每个博物馆里面做的都是关于女巫的，游客去看完演出，一定要问下一个博物馆去哪儿。而且下一次演出的时候演员是这一拨人。在这里，你可以买到一切与女巫相关的东西。

所以女巫迷都会到这里来。重要的是全息化，每个地方都是跟女巫相关，甚至每个标牌，真的是你喜欢的女巫的东西在这里都有，甚至路标都变成女巫的，包括它的各种各样的公共服务设施，警察局、消防队所有标志，在这里全息度很高。

十六、历史小镇

如果这个地方有很多历史遗存，就可以做一个历史小镇。比如中国有很多留下的工厂，都可以用这种模式做。这种模式有个地方做得很好，就是英国的黑乡博物馆，它以前是伯明翰旁边一个挖煤的地方，现在做成了博物馆。

黑乡将维多利亚工业时代整个面貌都保留了下来，它把周围能够收到的破烂全部拿了回来。历史物件搜集、生活方式再现这些打造手法都很重要。在黑乡，房子是维多利亚时代的，更重要的是在这里它利用了“老人力”。

早上一帮老爷子穿上维多利亚时代的衣服给年轻人讲故事，讲故事的老爷子工资高吗？他们不要工资都愿意来干，一个是好玩，并且老爷子是最愿意看到年轻人的，特别是孩子。老爷爷在铁匠铺用当年的工具打铁，一堆人管他叫爷爷，他们非常高兴。另外就是节庆活动、见学活动搞得特别到位，一年到头有无数节庆，一帮小孩子来了就活动活动。老爷爷给他们讲过去的自行车是怎么回事，过去的通信是怎么回事，用当地很浓的古语讲当年的课，而且做各种游戏。

更重要的是由于保持了原貌，在这里拍电视电影特别容易，不用再找群众演员，这帮老爷子就是。《我们的动物园》《浴血黑帮》都是在这里拍摄的，卖历史风貌的小镇一定要找专人联系拍电影拍电视剧的，因为这是把你的知名度做火的最有效的手法。

十七、民族小镇

丹麦小镇，是美国丹麦移民留下的一个小镇。丹麦文化是很辉煌的，我们知道的丹麦文化，一个是安徒生，另一个维京人。中国第一艘航母原来的名字叫瓦良格，就是俄语里面维京的意思。丹麦文化除了展示安徒生之外，还展示维京人，把维京文化做得非常到位。

各种维京人的生活、彪悍的习俗，包括维京人去打仗，全部在这里弄出来。不是表演给你看，而是让你的孩子穿上维京人的服装一起做游戏，这种互动性是很强的。这个就是我所说的民族小镇。

十八、名人小镇

名人小镇首先选取的名人是真正的名人。这种小镇中一定要做到一个事，就是要做到“一人得道鸡犬升天”，千万不要跑题。比如英国埃文河畔的斯特拉特福德镇是莎士比亚的故乡，也被称为莎士比亚小镇。

莎士比亚下葬的地方，莎士比亚受洗的地方，莎士比亚的雕塑，莎士比亚各种笔下的人物。如果真是爱莎士比亚的人，这里还有一个莎士比亚皇家剧院，周围有一群莎士比亚迷给你演各种莎士比亚剧。

这里每一个餐厅、酒店里面都有能大段大段朗诵莎士比亚戏剧的人。无论你是哪种人，来到这儿，都能找到你想要的东西。每年会有大量莎士比亚迷来到这里举办各种活动。汤显祖也叫中国的莎士比亚，《牡丹亭》也曾经到这里一起参与过互动。在这里每年的店面租金 644 万元，仅是纪念品就卖到这么多。

十九、名画小镇

在名画小镇有一种特别重要的手法叫“反写生”。比如阿尔勒，是法国普罗旺斯的小镇，梵高在这里住了 15 个月，却画了 300 多幅倾世之作。梵高的每幅画都有很高的辨识度，于是这个地方为了卖梵高的画，做了一件事，叫“反写生”。梵高本来是对着庭院画了幅画，他们现在对着这幅画完整地把这个庭院做出来。

再比如阿尔勒的桥，完全按照梵高画的桥重新做出来，有很多人再对着这座桥去画画。按照《星空下的咖啡》这幅画，他们做了一个咖啡厅，完全用的是黄颜色，跟画中的感觉一模一样。梵高疗养院，完全按照当年的逻辑做出来，这就是刚才说到的“反写生”。在中国“反写生”可以做两个东西，一是可以做画家，二是可以做诗人。中国很多的诗是诗中有画，画中有诗。比如说可以把《滁州西涧》中“野渡无人舟自横”的意境做出来。

二十、戏剧小镇

戏剧小镇，一定要做到一件事，让人对你这个东西有认知。所以一定要是大众戏剧，而不是小众艺术。戏剧小镇中最有名的当属法国的阿维尼翁小镇。法国有一首非常有名的儿歌叫作《在阿维尼翁桥上》，这首歌让很多人记住了这个地方。

阿维尼翁后来开始办各种戏剧节，出乎很多人的意料，每年戏剧节坐在台下看戏的人中，有相当多的是本地人。这批高水平的观众能干三件事，该鼓掌的鼓掌，该嘘下去的嘘下去，特别好的能让它演出去。

如果今天我看了你的戏，觉得演得特别好，今天晚上就把你的房租免了；如果我确实喜欢你的艺术，今年你的演出道具可以放到我家，明年再到我家领道具，我不仅帮你保存道具还把你的道具画得更好。

阿维尼翁的成功不是由于有了一批高水平的演出，而是因为有一批高水平的观众。这里专业的观众，成就了阿维尼翁。很多人的戏剧都愿意到阿维尼翁去演出，所以才有这么多的人在这里表演各种各样的东西。这就是我所说的戏剧小镇。

互联网小镇建设

为了进一步规范农业特色互联网小镇建设，厘清建设的总体思路、融资模式、重点任务和机制路径，农业部开展农业特色互联网小镇建设试点提出如下指导意见。

一、基本形势

（一）“互联网+”现代农业行动为农业特色互联网小镇建设提供了基础条件。党的十八大以来，农业农村电子商务快速发展，2017 年上半年农村网络零售额为 5376.2 亿元，同比增长38.1%，增速高出城市4.9个百分点，农产品电商增速远高于电子商务整体增速，农产品电商正在实现由“客厅”向“厨房”的变革。信息进村入户工程从局部试点进入全面实施阶段，并在10个省市开展整省推进示范。目前全国共建成运营近7万个益农信息社，累计为农民和新型农业经营主体提供公益服务1360万人次，开展便民服务1.85亿人次，实现电子商务交易额135亿元。各地积极探索农业特色互联网小镇建设，并取得初步成效。海南省自2015年以来，以“互联网+”为支撑，与信息进村入户工程实施紧密结合，以现代农业建设为依托，因地制宜，率先探索建设了10个互联网农业小镇。

（二）农业特色互联网小镇建设顺应了农业农村信息化的发展趋势。农业特色互联网小镇建设就是顺应信息革命发展大势，以信息流带动技术流、资金流、人才流、物资流向农村地区集聚，让农村共享数字经济红利，为打破城乡二元结构、以信息化带动新型城镇化、推动城乡一体化发展带来了历史机遇。

（三）农业特色互联网小镇建设为农业农村经济社会发展提供了强大内生动力。农业特色互联网小镇利用互联网的理念和思维，将现代信息技术与农业生产、农民生活、农村生态的各个方面相融合，以农业电子商务、农产品加工、乡村旅游、休闲农业、运动养生等特色产业为发展载体，是将产业、文化、旅游和社区等功能融为一体的创业创新平台。

二、总体要求

（一）指导思想

全面贯彻党的十八大和十八届三中、四中、五中、六中全会精神，牢固树立和贯彻落实创新、协调、绿色、开放、共享的发展理念，以农村资源禀赋和特色产业为基础，以“互联网+”为手段，充分发挥市场主体的作用，创新制度机制，高起点、高标准、高水平地培育一批特点鲜明、产业发展、绿色生态、美丽宜居的农业特色互联网小镇。

（二）基本原则

坚持政府引导、市场主体。加强政策引导和规划指导，按照公平、公开、公正的原则，组织开展银企对接、投资对接等活动，切实防范可能出现的社会风险、市场风险和法律风险；充分发挥市场配置资源的决定性作用，大力推进政府和社会资本合作，鼓励企业等市场主体投入资金并组织开展小镇建设、运营和管理等工作。

坚持创新驱动。在试点过程中，把体制机制创新和信息技术应用创新摆在小镇建设的核心位置，大胆探索创新促进小镇建设的体制机制和信息技术应用，让农民群众有更多的获得感和幸福感。

坚持绿色发展。贯彻落实绿水青山就是金山银山的发展理念，以绿色惠民为小镇建设的出发点和落脚点。因地制宜，严格按照当地生态环境的承载能力，利用信息技术，积极推动农业生产与加工、文化、旅游、康养等产业融合发展。

坚持合作共赢。运用互联网理念和思维，实现小镇共建共享和包容性发展。调动政府、市场、农民的积极性，探索建立多元主体参与、成果共享的可持续发展机制，让当地农民参与发展，共享发展成果，促进增收致富。

坚持试点先行。在省级农业部门积极组织开展试点建设与探索的基础上，优先选择政府支持力度大、企业建设积极性高、主导产业定位准确、对农民增收带动明显、持续运营能力强的小镇作为全国试点，逐步示范推广，稳步推进。

（三）建设目标

力争到2020年，在全国范围内试点建设、认定一批产业支撑好、体制机制灵活、人文气息浓厚、生态环境优美、信息化程度高、多种功能叠加、具有持续运营能力的农业特色互联网小镇。

三、试点任务

（一）建设一批农业特色互联网小镇

各地要将农业特色互联网小镇建设与特色农产品优势区、全国“一村一品”示范乡镇等相结合，建设一批产业“特而强”、功能“聚而合”、形态“小而美”、机制“新而活”的农业特色互联网小镇，推动设施农业、畜禽水产养殖、农产品流通加工、休闲农业等领域的创业创新。加强资源共建共享和互联互通，全面推进信息进村入户工程，加快水电路、信息通信、物流、污水垃圾处理等基础设施的建设，加大农村资源、生态、环境监测和保护力度，建设和完善农村公共服务云平台，提升教育、医疗、文化、体育等公共服务供给能力，推动电信、银行、保险、供销、交通、邮政、医院、水电气等便民服务上线，深度挖掘小镇产业价值、生态价值和文化价值，实现农业特色产业推介、文化历史展示、食宿预定、土特产网购、移动支付等资源和服务的在线化。

（二）探索一批农业农村数字经济发展的新业态新模式

数字经济是驱动农业特色互联网小镇建设的新引擎。各地要因地制宜地运用互联网等现代信息技术，融合生产、生活和生态，结合文化、产业和旅游，探索适合农业特色互联网小镇建设的新产业、新业态和新模式，最大限度地挖掘和释放数字经济潜力，实现对传统农业的数字化改造，培育农业农村经济发展新动能。支持返乡下乡人员利用大数据、物联网、云计算、移动互联网等信息技术开展创业创新，培育一批具有互联网思维、能够熟练运用信息技术的新型农业经营主体。构建天空地一体化的农业物联网测控体系，在大田种植、设施农业、畜禽水产养殖等领域加大物联网技术应用。大力发展农业电子商务，加强网络、加工、包装、物流、冷链、仓储、支付等基础设施建设，完善农产品分等分级、包装配送、品牌创建、文创摄影、冷链物流等支撑体系建设，结合农产品电商出村试点，打造农产品电商供应链，加强农产品、农业生产资料和消费品的在线销售。加强农业农村大数据创新应用，完善数据采集、传输、共享基础设施，建立数据采集、处理、应用、服务体系，提升农村社会治理能力和公共服务供给水平。加快发展生产性和生活性信息服务业，与信息进村入户工程统筹推进，构建新型农业信息综合服务体系，加强农业金融、农机作业、田间管理等领域的社会化服务。大力发展社区支持农业、体验经济、分享经济等多种业态，促进一二三产业融合发展。

（三）培育一批绿色生态优质安全的农业品牌

农业品牌是农业特色互联网小镇建设的重要抓手。依托特色农产品优势区建设，突出农业产业特色，聚焦优势品种，建立农业品牌培育、发展、监管、保护以及诚信管理制度，重点打造一批区域特色明显、产品品质优良、质量安全体系较为健全、生产方式绿色生态、市场竞争力强、适合网络营销的农业品牌，带动传统农业产业结构优化升级，提高质量、效益和竞争力。利用物联网、大数据等信息技术加强农产品质量安全监管，增强农业全产业上下游追溯体系业务协调和信息共建共享，强化产地环境监测、生产资料监控、动物疫病与卫生监督，增加消费者的信任度，提升标准化程度。鼓励农业产业化龙头企业充分利用互联网技术、工具，发展农业电子商务，拓展农产品网络销售路径，打造网络品牌，实现优质优价。用互联网打造小镇对外窗口和农产品产销对接平台，利用新媒体等网络传播手段，加大小镇特色产业、产品宣传的推介力度，实现生产和消费需求的精准对接。

（四）建立一套可持续发展机制

可持续发展机制是农业特色互联网小镇建设的重要保障。完善农业特色互联网小镇建设的政策体系，探索“政府引导、市场主体”的建设模式，构建小镇共建共享的可持续发展机制。创新投融资机制，拓展融资渠道，鼓励利用财政资金撬动社会资本，鼓励银行和其他金融机构加大金融支持力度。深化便利投资、商事仲裁、负面清单管理等改革创新，构建项目选择、项目孵化、资金投入和金融服务的市场化机制。完善利益分享机制，实现政府得民心、企业得效益、农村得发展、农民得实惠的综合效果。

四、有关安排

1. 各级农业部门要进一步提高认识，将农业特色互联网小镇建设作为深入推进“互联网+”现代农业行动、加快推进农业农村信息化的重要任务来抓。

2. 各级农业部门要推动当地把农业特色互联网小镇建设试点纳入本辖区内特色小城镇建设规划，坚持规划先行，不以面积为主要参考，突出特色，避免“千镇一面”。

3. 各级农业部门要加强监督管理和市场主体资质审查，确保资金使用合理合法和运营规范有序；鼓励有条件的地方设立政策性的引导资金，与市场主体合作，创新小镇建设的投融资方式，努力营造公平公正的营商环境。

4. 各级农业部门在结合本地实际加强机制创新的同时，要严格遵守国家相关规定，及时总结提炼试点中的经验、做法、模式和案例，并研究解决遇到的困难和问题。农业部将根据试点情况、进展成效，适时组织开展农业特色互联网小镇认定工作。

特色小镇怎么建

一、新空间、新平台

2016年7月，住房城乡建设部、国家发展改革委、财政部联合下发了《关于开展特色小镇培育工作的通知》，提出到2020年，培育1000个左右各具特色、富有活力的休闲旅游、商贸物流、现代制造、教育科技、传统文化、美丽宜居等特色小镇，并于当年10月评定出第一批127个中国特色小镇。

特色小镇的理念一经提出，便迅速热了起来，各地政府很热，市场也很热。中国经济自进入新常态以来，出现这两种都热的情况非常少。政府热的很多，但市场不一定热，其标志就是民营资本不跟进，国企跟进还不能完全作为判断标准。但是特色小镇的理念提出来后，民营资本也非常热，从阿里巴巴到华为，从万科到万达，几乎所有大企业集团都在涉足，这种现象十分罕见。因此，特色小镇成为新常态以来不多见的、吸引力非常大的投资新领域、发展的新平台、新型城镇化的新空间，同时也是旅游业发展的新空间或新平台。

二、静悄悄的变革

近现代以来，随着现代城市的兴起，我国都是乡村资源往城市里输入。但是近两三年以来，城乡关系发生了很大变化，城市资源也开始走向乡村了，可以这样说，出现了城乡资源双向流动的趋势。

其中有几个要素我们可以分析一下。首先是技术的突破。高铁、高速公路和航空大众化，汽车进入家庭，互联网的大发展等，极其深刻地改变了城乡之间的区位，距离障碍消失了，过去乡村的区位劣势基本不存在了，还可能是一种优势。

此外，中国经济进入新常态以来，以能源、原材料、重化工为主的传统产业，包括煤炭、钢铁、风力发电、水泥、光伏等，都出现了严重过剩，传统资源的价值相对下降，石油、煤炭等一次性化石资源的价格下降很多。10年前，山西大同的煤炭价格曾在历史高位，大约 2000 元一吨，现在的价格仅为 200 元一吨。与此同时，新的要素资源的价值在上升，我们可以称之为非传统资源，比如青山绿水、蓝天白云、传统村落、区域特色文化，以及非常重要的传统乡村的生活方式。当然还有一些资源的价值也在上升，如大数据、人工智能等。总之，轻资产的这类资源，价值在上升。这一上一下，是一种非常重要的变化。就是乡村的价值在提升，传统的慢生活、乡村景致，也就是传统乡村生活的整体价值在提升。

还有就是电子商务的发展，正在或者说已经深刻改变了乡村的消费模式和消费形态。2016 年“双 11”过后，学者们研究消费数据发现，中国人的网上购物行为，乡村人一点不少于城市人，中西部经济欠发达地区的人也一点不少于东南沿海经济发达地区的人。这种情况远远超出了人们的想象。乡村年轻人应用电子商务的热情一点不逊于城里人，这使得乡村的许多商品被开发出来了，许多消费能力被开发出来了，因而消费模式和商业生态都发生了重大改变。这些变化都是静悄悄发生的，不是政府倡导的，但却是一种飞跃的变化。

从城市的角度来看，最近若干年以来，高房价、交通拥堵、雾霾等“大城市病”深深困扰着人们，甚至可能会影响到下一步中国经济的发展、人口的流动以及旅游的热点。高房价让许多人无法在城市中生存下来；雾霾的长期化，则有可能使城里人到乡村度假、养生养老成为下一波相当重要的推动因素。近几年的乡村旅游热与此高度相关。北京、上海这些地区的退休老人，完全可以支付他们在江西婺源、海南、广西等地的日常生活开销，许多老年人干脆就在那里长期居住。间歇性的、长期半长期地逃离大城市，成为一种潮流。这实际上是一种新的巨大的消费力量去往乡村，是城市消费的外溢。如果雾霾长期化的话，这将成为一种常态。对于中国这种人口大国来说，常态就意味着几千万人的消费市场。

特色小镇兴起的另一个大背景是传统产业的转型升级。特色小镇可以视为一个点，激活、推动产业转型升级，包括发展新经济。比如现在出现了互联网小镇、基金小镇、梦想小镇、创意小镇等。

特色小镇兴起两个根本原因：发展新兴产业，一定是在某一个点上，星星点火式地来推动，使传统产业转型升级；乡村价值的提升，城市人的新选择，这也是一种产业需求，对健康产业、旅游产业的需求。在这两个大背景下，乡村迅速从幕后走向前台。

三、差异化是命脉

特色小镇可以分为发展新经济、促进产业转型升级的特色小镇，以及以农村软资源开发为主的文化旅游型特色小镇。

其中，文旅特色小镇利用秀美山川、良好生态，或新鲜果蔬、风味美食，或传统建筑、历史渊源，或悠久文化、特色风情，加之宁静闲淡的氛围和相对低廉的价格，对城里人产生巨大的吸引力，形成一种现实需求。人们的生活追求正在由一般的物质层面，向精神及人文层次演进，休闲、养生、探险、游历、摄影、写作、交友、亲子等特色需求，使这一市场还在持续扩大中。

文旅特色小镇是一个支点，可以引导和吸引大量农民直接或间接参与到接待、旅游服务和农产品零售等行业中。其中“吃”和“购”与农副产品密切相关，可以促进农村富余劳动力的就业和向非农领域转移，拉动一、二、三产业发展，形成一业带百业、一业举百业兴的联动效应。

通过文旅特色小镇这个载体，把农村闲置的青山绿水、田园野趣、生活方式、传统文化这些沉睡的资源转化为经济优势，是推动城乡一体化的有利抓手。文旅特色小镇可以带动城市资本下乡，改善农村基础设施、公共服务、环境卫生，也是农民就地就业、就地城镇化的有效形式。古村古镇要生存，一定要与大市场对接，解决资金问题。一是让自身价值换取市场资金，给投资者和当地人以持续回报；二是当古村古镇成为可以赚钱的文化旅游产品时，保护就有了真正的动力和能力；三是建设开发要转型升级，从卖有形商品转向卖无形文化、卖传统生活方式、卖穿越之体验、卖思古之环境、卖原生态之特色。

文旅特色小镇有一个重要特点，就是要真正体现特色，走差异化之路，特色是命脉。要改变以往以山寨、模仿、复制为特征的发展模式，形成或产业，或文化，或资源，或建筑的特色小镇。

有差异化才有特色，而差异化很简单，就是结合自身资源禀赋，因地制宜。我们生活在一个差异的世界，不必说国外，仅仅是中国，差异就太大了，从方言到饮食，各个方面都不同。许多地方花了很多钱，建设起来的都是似曾相识的东西，规划图纸几乎一模一样，建筑材料都是相似的，把城市的一套又搬了过去。浙江德清莫干山的“洋家乐”就不同，把当地能利用的旧东西几乎都利用起来了，这就是因地制宜。乡村为什么一定要建水泥路，石板路不好吗？如果一个地方有火山，用火山石铺设道路就很好。同一化的旅游只会越做越难。

此外，这次文旅特色小镇热强调小空间、大作为，以小取胜，这才是真本事。从过去数量、规模型的增长，变为质量、品质型的增长，改变发展思路，这是中国现在真正需要的。贪大求洋的结果是建了许多“大而不强”的东西，现在则强调小而特、小而优、小而美、小而精。从浙江、贵州等地提出建设特色小镇，到后来上升为国家战略，所有出台的导向性政策都是追求小。

小空间非常重要，规划界有一句话是“密度就是财富”。比如北京这样的城市，办一件小事要去很远的地方，花很长的时间，其实事情几分钟就办完了，很不宜居。宜居的标准很简单，联合国人居署提出的标准是可以量化的，就是要“方便”。小，功能融合，步行在半小时内就能办成事情，是宜居的标准。这样既有利于服务业的发展，还有助于亲情的沟通、人际关系的改善。小城镇一定不能有大城市的人情冷漠。亲近自然、乡土情调、青山绿水、传统文化、熟人社会、浓浓的亲情等，这些都与规模大小密切相关。

当然这其中还有许多操作层面需要注意的问题。要“多规合一”，一张图纸，一套数据，一个平台，管理也是一个部门。要建设紧凑型的设施，要功能融合，要混合规划，千万不要搞功能分区，居住在南边、工作在北边、文化在西边、购物在东边，这绝对不是特色小镇的品质。土地使用要混合，规划要混合，城市功能要混合，这是节能低碳的必由之路。

四、生活化的旅游

“特色”和“小空间、大作为”，是特色小镇最重要的两个特点。具体到文旅特色小镇，可能还会有一些独特之处。

首先是融合、跨界、共享。这是新经济的理念，对于特色小镇和旅游业来讲，也是一种非常重要的理念。为什么许多地方的旅游长期停留在“门票经济”的阶段？因为没有吸引游客付费的极为丰富的、可选择的产品。浙江的特色小镇提出来“三个三”，是非常重要的理念：“三生融合”，即生产、生活、生态三者必备；“三位一体”，即产业、文化、旅游是标配；三次产业融合，即一、二、三产业融合，江西婺源的油菜花如果只具备一次产业功能，就没有旅游价值，如果有了规模，具备了观赏价值和因素，就融合了三次产业的功能，价值体现是最大的。

其次，市场化运作和专业导向。特色小镇不是以传统的行政镇为主，而是一个新的发展平台，旅游业也可以理解为旅游新业态融合发展的平台。市场化的一大好处是如果没有很好的产品设计、商业模式、投资回报等，资本就不会进入。可以采取PPP模式，政府以委托、特许经营、基金等方式支持，市场化开发、招聘专业公司市场化运营，多元参与。

重视软资源的开发，对于文旅特色小镇来讲也非常重要。要重新定义小镇的基础设施，互联网、大数据、智能技术不能缺席特色小镇。此外，传统农耕文明、游牧文明、乡村文化、传统建筑、古村落、传统生活方式，是特色小镇开发的重要资源。生态型经济、原生态产品、绿色经济、信息经济，是特色小镇软资源开发的基本特点。乡村旅游、民宿经济、原生态农牧产品、特色种植和养殖，是软资源开发的重要领域。传统农业文明、现代工业文明、生态文明与当代信息技术的深度融合，应当是特色小镇的追求。

文旅特色小镇一定要从走马观花型转变为生活居住型。小镇的设计要体现步行、方便、多样性、独特风格、特色文化，要生活导向、功能混合、高密度、紧凑型、微景观、密道路，基础设施最有效利用，这样能耗低，运营成本也低。小镇要有文化底蕴，以增强当地人的文化认同感和心灵归属感，也将积累、形成新的文化特质或亮色。小镇要功能完备，学有优教，病有良医，劳有厚得，住有宜居，老有颐养。我认为，最好的文旅小镇是让人们住下来，因为文旅小镇的消费者是城里人。理想状态的文旅小镇应该是没有大城市的拥堵、雾霾、谋生压力和紧张工作节奏，但要有城市的功能、教育、医疗、文化艺术、时尚、商业等；拥有农村的青山绿水、新鲜空气、绿色食品、原生态的慢生活，但没有农村的闭塞、公共设施的不足、生计的艰辛、极度短缺的精神文化生活。

文旅小镇的另一个特点，是要防止建设成为缩小版的城市，这曾是我们最失败的做法。

文旅小镇不一定需要巨额投资，镇区整体风貌应充分利用自然地形地貌，延续自然发展的传统格局，尊重自然环境的特色。街区体现地域、民族、传统或时代特色，住宅建筑风格、色彩、体量要协调。规划建设要保持乡村风貌、拥有城市功能，城乡一体化不是城乡一样化、城乡一致化。总之，在形态上，城市应该是城市，乡村就应该像乡村。

文旅小镇的最高境界，是让城里人体验到一种不一样的生活方式。我们以前搞古镇开发，最大的问题是见物不见人。把原来居住在里面的人迁走，按照商业化、盈利原则改造后，呈现出来的是一个大卖场，与当地人的生活完全脱节。改造一定要尊重当地的生态环境、文化生态、生活方式，做到融入、融合、彼此适应。如果把城市的建筑模式搬到农村，就是社区化、房地产化、园区化，搞成了综合体、大卖场，是反生活、反常识、反生态的。古村古镇最重要的价值和灵魂，是要有原住民的居住和生活。当地人、企业、社区三位一体，形成小镇建设发展的利益共同体，当地人要认同规划、参与建设、共享成果，这一点在我国特别重要，是发展理念的一次重大提升，否则就是一个房地产项目。建小镇不是盖房子，小镇里要有文化、有生活。三部委联合发布的《关于开展特色小镇培育工作的通知》中明确提出：小镇要有特色鲜明的产业形态。强调“产业建镇”，就是要避免房地产化。具备资本、人才优势的房地产企业涌入特色小镇建设是不可避免的，但要产业主导，不能沿着发展房地产的老路走下去。

文旅小镇要重视长期效益，要有耐心，避免急功近利。培育新产业、调结构、创新、聚集人气、培育市场、文化、归属感和特色的形成，都是一个过程。要避免用工业化思维搞建设，运动式开发、一次性解决、毕其功于一役等，都是不可取的。要整体规划，滚动开发、梯次建设。要协调好出政绩和慢工出细活的关系。要尊重现有村落格局，充分利用现有设施条件，避免大拆大建；综合考虑整治项目的急需性、公益性和经济可承受性，避免急功近利；保护生态环境和文化遗产，延续特色景观与传统风貌，避免贪大求洋；政府统筹引导，尊重农民意愿，发挥农民主体作用，避免大包大揽。总之，特色小镇建设中要培育新时代的工匠精神，精工细作，以工匠精神打造百年小镇。

特色小镇建设障碍

特色小镇的发展，资金是一大难题。特色小镇建设需要新增投资30亿元至50亿元，其中产业投资占比不低于70%，投融资需求很大。就现状来看，各小镇投资建设主体大多信用级别不高，想做事的小镇却苦于“巧妇难为无米之炊”。对此，有了特色小镇发展基金，除了可以为各个小镇提供资金供给外，还可提供股权、债权和PPP等多元化直接融资支持。

PPP的“最佳机会”

当前特色小镇在建设过程中，投融资模式及后续的运营管理方式，在不同程度上影响着特色小镇的建设，而融资约束是特色小镇建设的最大障碍。以创建100个特色小镇的规划为例，每个小镇3年要完成固定资产投资20亿元，直接投资将面临至少2000亿元的资金需求。持续稳定的资金流是特色小镇发展的关键，如何将PPP融资模式成功引入特色小镇中，用以解决建设过程中的资金来源问题，已成为资本运营下特色小镇的攻坚课题。目前，特色小镇建设呈现多模式共存状态，有开发模式、砸资金模式、浙江模式，还有“开发+招商引资”模式等。确定特色小镇的项目投资主体，进行全生命周期的风险控制，正确运用PPP模式来做运营，做好定性和分类，是PPP模式打造特色小镇的要害。规范后的PPP模式，2018年应该有非常大的发展空间，现在PPP模式进入特色小镇是不可或缺的历史机遇。2017年5月公布的《关于进一步规范地方政府举债融资行为的通知》（50号文件），6月公布的《政府采购货物和服务招标投标管理办法》（87号文件），严禁政府举债。87号文件还上升到违法违规高度。介绍特色小镇的五大产业，覆盖上千个子产业，从交易结构不同的入口和渠道注入资金。其中，创新产业策划、现金流的策划、特色小镇交易结构的设计、不同PPP项目包装等都要规范。业内专家介绍，基础设施及公共服务，农业、旅游、环保、养老、双创产业孵化器等一系列项目，应先把定性和分类掌握好，再来区分政府付费、消费者付费及缺口性补助。

切准引资的前置条件

过往的融资模式，遇到了很多问题。特色小镇重视产城结合，金融设计需要前置。从项目开发、配套设施建设、基础建设、公共服务设施、产业导入等环节，体量非常大。按照产业模式与金融模式进行顶层设计，综合使用多种金融工具，不仅能解决产业发展，还能解决融资问题，提高运营效率。特色小镇建设发展规划，应该是在“四规”的基础上来做，当前大部分特色小镇规划都没有策划产业出来，没有产业植入进去，自身缺少造血功能的规划给后期运营埋下了隐患。先策划，根据策划的植入产业来进行规划，再进行多规合一。特色小镇的策划有“千个子产业植入的策划、创新产业现金流的策划、特色小镇交易结构的设计、各种不同 PPP 项目包装进入、资金结构化安排策划以及 SPV 公司股权架构的设计”。倡导政府和社会资本合作，坚持高强度投入和高强度产出。资金结构和安排，并不是招商来项目就能投资，那是砸资金的办法。一定要设定出现金流，因为金融机构要进，它一定是可预见持续稳定的现金流。再就是 IPO 公司架构的设计，策划的内容一定要具全面性，如果没有策划方案，单独做出的这个规划基本上是浪费时间。目前正在创建的特色小镇非常多，如果缺失好的产业策划，三年以后有可能一片狼藉。中国国际工程咨询公司研究中心主任认为，PPP 强调的是政府和社会资本合作，强调的是双方建立利益共享、风险共担的合作伙伴关系。引入 PPP 融资模式，目的就是建立一种基于市场化的投资回报机制，动员各方力量建立合作伙伴关系来整合各种资源，促进特色小镇的健康发展。

特色小镇失败五大原因

在党和政府的号召下，城镇化建设进入新的阶段，特色小镇成为新型城镇化探索的新方向，受到大家的追捧，但是很多地方的特色小镇都是在跟风，并没有真正体现出特色，因此很多都失败了。

一、五大原因

（一）没有策划

有些人误把规划当策划。于是找来几家规划公司 PK 方案，折腾到最后结果如何呢？不是规划没有用，而是不能一步到位做规划。先有策划，后有规划，必须以策划指导规划。专业的人干专业的事。诸如市场分析、总体定位、产业选择、业态组合、开发策略、运营模式等，当然要由策划公司来做，如果一步到位让规划公司直接出方案，只能是不断改来改去“洗煤球”，最后勉强定稿，如果照此开发建设，后果可想而知。

（二）生搬硬套

有些人山寨惯了，懒得独立思考，克隆成风。听说浙江某小镇很成功，克隆一个；到国外考察发现某小镇不错，克隆一个。

最近很多人跑到杭州学习考察特色小镇。浙江的特色小镇，如基金小镇、互联网小镇等，其出现离不开浙江独特的产业环境与发展阶段。

有人在一线城市整合一点基金类的概念素材，就在全国各地到处圈地搞基金小镇，其实适合搞基金小镇的城市没有几个。

特色小镇的某些内容是可以复制的，但不能全盘复制。特色小镇的定位，必须因地制宜，结合特定区域的实际情况。一个好的特色小镇是长出来的，而不是生搬硬套上去的。

（三）创新过度

有人为了突出特色小镇的“特”，创新过度，过犹不及。

最常见的是片面理解“差异化”，认为差异化就是要做到绝对的唯一性和排他性，这是个可怕的认知误区。

还有一种误区，就是把简单问题复杂化。过度追求标新立异，容易把小镇搞成非主流的很小众项目，走进窄胡同，甚至死胡同。

还有一种过度超前的情形是，有些企业做特色小镇时过于理想化，脱离了企业的发展阶段与综合实力。项目要“因时、因地、因人”，人们通常重视“因时”“因地”，忽视了“因人”。

（四）只玩概念

特色小镇的核心是产业，不是房地产，不能本末倒置。

有些开发商为了忽悠政府拿地，炮制了一些貌似特色小镇的概念，其实只是换了马甲的房地产。等到“伪特色小镇”原形毕露，政府生厌，开发商可能也拿不到后续的土地。

当然也有另外一种情形，企业被政府的“优待”吸引。比如，政府要打造某名人故里（如刘伯温小镇），或者某特产主题（如香菇小镇），就规划了相关特色小镇，并以优惠政策招商引资，在这种情形下，企业看中政府的“优待”而忽视了市场的可行性，如果投资者没有深入分析，一冲动就进去干，很容易被套牢。

（五）盲目选址

特色小镇投资过热，会导致一些人丧失正常的理性判断，在抢地大战中，盲目拿下一些其实并不合适的用地。

有些地块生态环境的确不错，看上去很美，却是投资陷阱。特色小镇不是传统的旅游地产，其核心是发展产业，选址不能像旅游地产那么随意。

特色小镇的选址，有两种理想的情形：一是位于大都市圈，并有轨道交通或城际快速路与主城连接，这是特色小镇的首选；二是位于大型旅游目的地，有良好的可介入性，并有足够旅游人次流量支撑（或在开发期内有巨大增长潜力）。

二、如何活下去

如何才能做到不死？还真没有什么神丹妙药。人间正道是沧桑，最大的捷径就是不走捷径。

（一）大策略看市场

特色小镇之所以这么热，是因为有政策因素驱动。企业向来对政策敏感，闻风而动，无可厚非。但过多关注政策，有时也容易迷失，何况政策的连续性并不可靠。政策风口效应一旦消失，风口上的猪就会摔得很惨。经营企业的根本，还是要回到市场这个基本面上来。小策略看政策，大策略看市场。必须抓住真风口、真行情，莫把流星当恒星。比如，现在最热的特色小镇是文旅小镇，有些人只盯着眼前的政策利好，如土地价格很优惠、税收等优惠政策或其他补贴，于是不管选址是否合适，或者政府规划的特色产业题材是否真的能做起来，先拿下项目、立项申请特色小镇再说。文旅类的特色小镇的真风口、真行情是什么？当然是市场，是全民旅游时代井喷式的消费升级，是全国各地方兴未艾的全域旅游热潮，特色小镇是有泡沫的，而全域旅游是没有泡沫的。

（二）必须先找魂

先有策划后有规划。策划的第一步就是定位，包括战略定位、市场定位、功能定位、产业定位、形象定位等。定位是一个系统工程，不是一拍脑门想出个漂亮口号那么简单。定位之后，就是大创意。所谓大创意，就是结合区域文化与特色资源，创造性地提出支撑定位的最核心的超级亮点与引爆点。没有大创意，项目策划就会流于平庸，往往大而全，满天星斗没有明月。有了定位和大创意，之后才是体系化的专业工作，如产品体系、业态组合、开发策略、运营模式、经济分析等，这些工作倒相对容易，当然要结合丰富的经验。总之，策划必须以定位和大创意为统领，而不是直接去做那些体系化的专业工作。这就是“找魂”的奥妙。

（三）资源整合是关键

特色小镇的核心是产业，是内容为王，而不是平台为王。策划好一个特色小镇，只是万里长征的第一步，后面的资源整合工作更为重要。特色小镇的投资主体本质上是运营商，而不是开发商。运营商的主要工作就是搭建平台、整合资源。资源包括产业资源、IP 资源、运营资源、渠道资源、人才资源等。整合资源的方式有很多，其中，与相关行业协会的合作最为关键。

（四）长计划短安排

特色小镇倡导的是产业思维，主张去地产思维，但也不能绝对化。

一个成功的小镇，应该是启动之后不久就具备自我造血机能，实现正向的现金流。

资源再好，如果资源变现能力太弱，导致过度重资产化，也会拖累企业。

既要做到长远的产业与区域价值最大化，同时也要满足近期的资金回笼。否则，理想很丰满而现实很骨感，是难以为继的。

因而，在策划之初，就要做好投入产出分析和开发策略设计，做到长计划、短安排。

（五）先开模具后找地

之前大家的习惯是先拿地，拿完地再请人策划规划，决定项目具体做什么。先“开模具”，也就是先谋划好将要做什么样的特色小镇，之后，再按照这种小镇的要求，寻找适合的地块。

其本质是首先从企业战略的高度出发，而不是就项目论项目。

综上所述，特色小镇必须谋定而后动。只有建立战略思维，才能抓住真风口、真行情，特色小镇才不会沦为一场游戏一场梦。

特色小镇十大投融资模式

一、PPP 融资模式

在特色小镇的开发过程中，政府与选定的社会资本签署《PPP 合作协议》，按出资比例组建 SPV（特殊目的公司），并制定《公司章程》，政府指定实施机构授予 SPV 特许经营权，SPV 负责提供特色小镇建设运营一体化服务方案。

PPP 合作模式具有强融资属性，金融机构与社会资本在 PPP 项目的合同约定范围内，参与 PPP 的投资运作，最终通过股权转让的方式，在特色小镇建成后，退出股权实现收益。社会资本与金融机构参与 PPP 项目的方式也可以是直接对 PPP 项目提供资金，最后获得资金的收益。

二、产业基金及母基金模式

特色小镇在导入产业时，往往需要产业基金做支撑，这种模式根据融资结构的主导地位分为三种类型。

第一种是政府主导，一般由政府（通常是财政部门）发起，政府委托政府出资平台与银行、保险等金融机构以及其他出资人共同出资，合作成立产业基金的母基金，政府作为劣后级出资人，承担主要风险，金融机构与其他出资人作为优先级出资人，杠杆比例一般是1:4，特色小镇具体项目需要金融机构审核，还要经过政府的审批，基金的管理人可以由基金公司（公司制）或PPP基金合伙企业（有限合伙制）自任，也可另行委托基金管理人管理基金资产。

第二种是金融机构主导，由金融机构联合地方国企成立基金专注于投资特色小镇。一般由金融机构做LP，做优先级，地方国企做LP的次级，金融机构委派指定的股权投资基金作GP，也就是基金管理公司。

第三种是由社会企业主导的PPP产业基金。由企业作为重要发起人，多数是大型实业类企业主导，这类模式中基金出资方往往没有政府，资信度和风险企业承担都在企业身上，但是企业投资项目仍然是政企合作的PPP项目，政府授予企业特许经营权，企业的运营灵活性大。

三、股权投资基金模式

参与特色小镇建设的企业除了上市公司外，还有处于种子期、初创期、发展期、扩展期的企业，对应的股权投资基金基本上可分为天使基金、创业投资基金、并购基金、夹层资本等。

除天使和创投之外，并购基金和夹层资本也是很重要的参与者。

并购基金是专注于对目标企业进行并购的基金，其投资手法是，通过收购目标企业股权，获得对目标企业的控制权，然后对其进行一定的重组改造，持有一定时期后再出售。

夹层资本，是指在风险和回报方面，介于优先债权投资（如债券和贷款）和股本投资之间的一种投资资本形式，通常提供形式非常灵活的较长期融资，并能根据特殊需求做出调整。而夹层融资的付款事宜也可以根据公司的现金流状况确定。

四、股权或产品众筹模式

股权众筹是指公司出让一定比例的股份，平分成很多份，面向普通投资者，投资者通过出资认购入股公司，获得未来收益。特色小镇运营阶段的创新项目可以用众筹模式获得一定的融资，众筹的标的既可以是股份，也可以是特色小镇的产品或服务，如特色小镇三日游。众筹具有低门槛、多样性、依靠大众力量、注重创意的特征，是一种向群众募资，以支持发起的个人或组织的行为。

五、收益信托模式

特色小镇项目公司委托信托公司向社会发行信托计划，募集信托资金，然后统一投资于特定的项目，以项目的运营收益、政府补贴、收费等形成委托人收益。金融机构由于对项目提供资金而获得资金收益。

六、发行债券模式

特色小镇项目公司在满足发行条件的前提下，可以在交易商协会注册后发行项目收益票据，可以在银行间交易市场发行永（可）续票据、中期票据、短期融资债券等债券融资，也可以经国家发改委核准发行企业债和项目收益债，还可以在证券交易所公开或非公开发行公司债。

七、贷款模式

利用已有资产进行抵押贷款是最常见的融资模式，但特色小镇项目公司可以努力使得所运营项目成为纳入政府采购目录的项目，则可能获得政府采购融资模式获得项目贷款，而延长贷款期限及可分期、分段还款，则是对现金流稳定的项目有明显利好，如果进入贷款审批“绿色通道”，也能提升获得贷款的速度。国家的专项基金是国家发改委通过国开行、农发行，向邮储银行定向发行的长期债券，特色小镇专项建设基金是一种长期的贴息贷款，也将成为优秀的特色小镇的融资渠道。

八、融资租赁模式

融资租赁是指实质上转移与资产所有权有关的全部或绝大部分风险和报酬的租赁，有三种主要方式：1.直接融资租赁，可以大幅度地缓解特色小镇建设期的资金压力；2.设备融资租赁，可以解决购置高成本大型设备的融资难题；3.售后回租，即购买“有可预见的稳定收益的设施资产”并回租，这样可以盘活存量资产，改善企业财务状况。可以尝试在特色小镇这个领域提供优质的金融服务。

九、资本证券化（ABS）

资产证券化是指以特定基础资产或资产组合所产生的现金流为偿付支持，通过结构化方式进行信用增级，在此基础上发行资产支持证券（ABS）的业务活动。特色小镇建设涉及大量基础设施、公用事业建设等，基于我国现行法律框架，资产证券化存在资产权属问题，但在“基础资产”权属清晰的部分，可以尝试使用这种金融创新工具，对特色小镇融资模式也是一个有益的补充。

十、供应链融资模式

供应链融资是把供应链上的核心企业及其相关的上下游配套企业作为一个整体，根据供应链中企业的交易关系和行业特点制定基于货权及现金流控制的整体金融解决方案的一种融资模式。

供应链融资解决了上下游企业融资难、担保难的问题，而且通过打通上下游融资瓶颈，还可以降低供应链条融资成本，提高核心企业及配套企业的竞争力。

在特色小镇融资中，可以运用供应链融资模式的主要是应收账款质押、核心企业担保、票据融资、保理业务等。

实际操作中，上述十种融资模式往往是前两种为主，根据小镇建设不同阶段和产业发展不同阶段，结合其他融资模式综合使用。

PPP 为最佳模式——以体育小镇为例

体育小镇建设具有投入高、周期长等特点，纯市场化运作难度较大，因此不仅仅需要吸引人的 IP 和扎实的群众基础做支撑，同时更离不开政府和投资者的重要角色。体育小镇融资来自政府资金、政策性资金、社会资本、开发性融资、商业金融五种渠道——这种投资主体多元化，是以政府为引导、社会资本广泛参与的融资模式，即 PPP 融资。

我国在建设体育小镇的进程中，已涌现出一批经典的 PPP 模式案例，例如，昆仑体育与光大资本联合成立 100 亿体育 PPP 基金，投资定位于体育小镇和体育场馆。

一、为什么是 PPP 模式？

体育小镇需要以基础设施的投入为前提，但是对一些财政比较薄弱的地区而言，大量资金投入显然不现实。体育小镇所需土地很难一次性到位，对于项目的推进效率也将产生较大的影响。这些问题导致地方政府在推动体育小镇的发展过程中面临巨大的债务压力，持续的财政输出显能不太可能。此外，体育小镇在建设过程中，投融资模式及后续的运营管理方式，都不同程度上影响了体育小镇的建设，融资约束则是其中的最大障碍。而 PPP 融资模式能够有效地综合使用财政资金和社会资本，弥补体育小镇资金缺口，丰富资金来源。

第一，PPP 模式可以缓解政府财政压力，开拓融资渠道。体育小镇必须以产业为主体，投入的金额巨大，造成政府持续的财政输出比较困难，也就要求实现体育小镇投资主体的多元化。建立以政府引导、社会资本广泛参与的一种融资模式，发挥财政资金的杠杆作用，才能在比较少政府投入的同时，撬动庞大的设备基金。

第二，PPP 模式有利于降低和分散风险。一方面，政府通过行政手段与公开招标的形式，引进综合实力比较强的企业来参与小镇的建设；另一方面，参与企业一般具有较强的风险控制能力和雄厚的资金积累，进而提高体育小镇建设的整体风控能力。同时，PPP 模式在项目的开始阶段就引入社会资本，使其可以以自身先进性的管理经验，对项目本身的风险进行甄选和识别，进而通过行之有效的风控手段规避风险。

第三，PPP 模式有助于项目获得稳定的投资回报。体育小镇建设能否吸引到民间资本的参与，关键在于体育小镇融资空间和回报能否匹配社会资本的预期、收益。根据设立目的，体育小镇作为一个集产业、文化、旅游社区功能为一体的平台，在未来产生的价值可以满足投资回报。此外，在政府吸引社会资本参与体育小镇建设过程中，社会资本可以从更多方面敦促政府相关政策的落实，提供优惠条件，保障社会资本的投资回报率。

2016 年 3 月 10 日，按照经国务院批准的中国政府和社会资本融资支持基金筹建方案，财政部联合建行、邮储、农行、中行、光大交通、工行、中信、社保、人寿等 10 家机构，共同发起设立政企合作投资基金。作为基于稳定现金流的结构化投融资模式，PPP 基金是 PPP 项目一个有力的融资工具，在股权、债权、夹层融资领域均有广泛应用：为政府方配资；为其他社会资本配资；单独作为社会资本方；为项目公司提供债券融资等。

二、PPP 产业基金的模式？

1. 由政府主导的 PPP 产业基金。通常由省级政府和地方政府以子母基金模式进行操作，先由省级政府与金融机构发起成立省级母基金，作为 LP 优先级；母基金与地方政府、金融机构共同成立子基金。同时，由地方财政充当 LP 劣后级，并承担风险，杠杆比例通常为 1:4。这一模式政府对金融机构有稳定的担保，吸引更多银行等金融机构的参与，对所投的 PPP 项目自然也是优中选优。

2. 由金融机构主导的 PPP 产业基金。一般由银行等大型金融机构（LP）作为发起人，通过地方政府（LP 次级）共同成立专项资管计划，金融机构委派制定的股权投资基金为 GP。资管计划与承建公司出资成立 PPP 产业基金。承建公司多为大型集团企业，具备风险承担力，充当劣后方。这种模式专注于地方项目，减少申报程序，大大降低了项目的门槛。

3. 由社会企业主导的 PPP 产业基金。具有建设运营能力的实业资本发起成立基金管理公司（GP），银行等金融机构作为 LP 优先级，成立专项资管计划，承建公司充当 LP 劣后级。这类模式中基金出资方往往没有政府，资信度和风险均由企业承担，但由于政府授予企业特许经营权，因此仍属于政企合作的 PPP 项目。相比以上两种模式，企业一方面承担更大的风险，另一方面具备更为灵活的运作模式，甚至可以完全实现市场化运作。

PPP 基金通过股权或“股+债”的模式，投资于由地方政府纳入 PPP 框架下的项目公司，由项目公司负责具体体育小镇项目的设计、建造、运营，政府根据协议授予项目公司一定期限的特许经营权，在基金存续期限届满时通过约定回购、份额出让或资本市场变现实现投资的退出。由于PPP项目具有期限长、规模大的特殊性质，PPP基金退出也一直是PPP项目融资的难点。

三、PPP产业基金的退出方式

（一）PPP基金结构层面中优先级的退出

通常情况下，优先级对接的是银行等大型金融机构的理财资金，劣后级由社会资本方（施工方）认购。从退出期限上看，商业银行的参与期限通常在2年之内，保险公司的参与期限在5年及以上，但仍可以通过期限错配滚动参与。

（二）PPP基金对整体项目层面的退出

PPP基金有清算、IPO上市、并购重组、资产证券化等多种形式的退出方式，但根据表现，约定回购凭借其稳定性，成为PPP基金普遍的退出方式，也是社会资本方最能接受的一种。PPP基金在设立之初就会明确退出安排，多数PPP基金会要求公共机构或政府指定主体按照合同约定回购基金份额、基金持有的项目公司的股权、债权或项目公司的特许经营权、收益权等。

PPP模式的初衷便是一种利益共享，风险共担的机制。体育小镇PPP模式的最终目的，在于提高体育小镇的长期效益。

在这一过程中，体育小镇在应以企业为主体，政府负责小镇的定位、规划、基础设施和审批服务，引进民营企业建设体育特色小镇。对政府而言，通过体育与景区的双轮驱动，践行全民体育理念，最终推动地区产业发展；对企业而言，在基础设施建设、运营管理多方面获得直接或衍生利益，使政府、企业、专业机构通过合作实现共赢。

两码事的小镇

一、跑偏的小镇

产业是特色小镇发展的生命力和内动力，特色是产业乃至小镇发展的竞争力，文化是小镇的内蕴力，生态和生活是小镇的吸引力，旅游应该是最为靠后的产业，是小镇的辐射力。因而搞特色小镇，要分清先后和轻重，产业和生活靠前，文化和旅游靠后。

2017年以来，美丽乡村、特色小镇建设在全国搞得热火朝天，颇有大干快上之势，极易被人误解为一场“运动”。客观地说，称“运动”可能有点过，但作为一项浩大的全国性工程已然开局：从上到下都在推动，从南到北都在谋划，政府在搞，企业也在搞。

也许是受“旅游+”“+旅游”“一切行业都是旅游业”“未来旅游业是最赚钱的行业”等政策或舆论的影响，不少政府、投资者想融入旅游元素，旅游相关产业更是如此。一时间，旅游好像成为了特色小镇、美丽乡村的必备因素；更甚者，直接从旅游角度切入，打造特色小镇和美丽乡村。

殊不知，这样一定会跑偏。因为无论是美丽乡村，还是特色小镇，其重点均不在旅游层面上。

对于特色小镇，不妨从根本上探究，这会让我们更准确地理解和还原特色小镇的功能与作用，进而明确特色小镇的发展方向和目标，并按照客观规律和实际情况去打造。

二、历史可以佐证

“镇”的原始意义，是指军队镇守之地，现在泛指乡镇这一行政区划概念。再就是我们今天要说的与旅游相关的古镇。

古镇，一般指有着百年以上历史的，供集中居住的建筑群。我国的古镇众多，由于大都文化底蕴深厚，部分被联合国教科文组织列入世界文化遗产，且已经搞起了旅游。于是，时下一搞特色小镇，不少人马上条件反射似的认为特色小镇就与旅游有关。

这一点不能否定。特色小镇如果加入旅游元素，当然是锦上添花，也会徒添无限生机和品位！但问题是：特色小镇在多大程度上与旅游有关？旅游是否就是特色小镇的主要或核心功能？旅游究竟该如何与特色小镇结合？

古镇必是生产和生活的聚集地，且是自然沿袭形成的。经年累月，慢慢就浸润了仁、义、礼、智、信、温、良、恭、俭、让、忠、孝、勇、恭、廉等一切中国传统文化的生存、生产、生活、生态和生命形态，还有就是附着这些人文、习俗、风情的建筑与环境。

而这些建筑、环境和人文，对于现代人是陌生的和神秘的，其认知是具有异质化和差异化的，因而是有诱惑力和吸引力的，于是便有了古镇旅游的概念和价值。这一点很好解释，前人在初创古镇时，压根就没有想到后人会去旅游。再说，古镇之“古”只是相对于现代人而言。所以，我们应从历史、经济和文化发展的角度来探究古镇旅游的形成过程，然后找出现在推行的特色小镇的正确发展之路。

由以上分析不难看出，作为与古镇有很大相似性的特色小镇，其首先注重的是生产和生活，然后才是文化和旅游，文化与旅游只是特色小镇生产与生活的衍生品。事实上，从广浙江一带的现代特色小镇的孕育和发展模式也可以看出这一点。

三、政策便是向导

政策层面，国家发改委发布的《关于加快美丽特色小（城）镇建设的指导意见》（以下简称《意见》），从经济转型、产业升级等角度诠释了特色小（城）镇发展的路径和措施，其对产业和生活的认定十分明确。

《意见》提出：特色小（城）镇主要指聚焦特色产业和新兴产业，不同于行政建制镇和产业园区的创新创业平台；目的是促进大中小城市和小城镇协调发展，并发挥城镇化对新农村建设的辐射带动作用；推动小（城）镇发展与疏解大城市中心城区功能相结合、与特色产业发展相结合、与服务“三农”相结合；形成一批集聚高端要素、新兴产业和现代服务业特色鲜明、富有活力和竞争力的新型小城镇。

《意见》明确指出：特色小（城）镇包括特色小镇、小城镇两种形态。特色小城镇是指以传统行政区划为单元，特色产业鲜明、具有一定人口和经济规模的建制镇。作为行政区划，本身就是一个全息化的社会形态。特色小镇则是一个新创建或待完善的经济综合体，对于特色小镇的理解，大家普遍有偏差。

《意见》要求：首先是坚持产业建镇，这是谈的生产问题，即根据区域要素禀赋和比较优势，挖掘本地最有基础、最具潜力、最能成长的特色产业，做精做强主导特色产业，打造具有持续竞争力和可持续发展特征的独特产业生态，防止千镇一面；其次是坚持以人为本，这是生活问题，即围绕人的城镇化，统筹生产、生活、生态空间布局，完善城镇功能，补齐城镇基础设施、公共服务、生态环境短板，打造宜居宜业环境，提高人民群众获得感和幸福感。再次是绿色引领，建设美丽宜居新城镇，这是生态问题。

最后是推动生态保护与旅游发展互促共融、新型城镇化与旅游业有机结合，打造宜居宜业宜游的优美环境。鼓励有条件的小城镇按照不低于3A级景区的标准规划建设特色旅游景区，将美丽资源转化为“美丽经济”。这就是说的旅游问题，是在生产、生活、生态基础上，生命质量上层次的问题。

《意见》中所要求的“坚持市场主导，培育成为休闲旅游、商贸物流、智能制造、科技教育、民俗文化传承的专业特色镇”，休闲旅游功能也仅仅是其中一个要素。从广浙江一带的特色小镇发展的轨迹看，其立足于产业发展，打造创新创业发展平台和新型城镇化的有效载体，压根也没有旅游这码事儿。

综上所述，产业是小镇发展的生命力和内动力，特色是产业乃至小镇发展的竞争力，文化是小镇的内蕴力，生态和生活是小镇的吸引力，旅游应该是最为靠后的产业，是小镇的辐射力。因而搞特色小镇，要分清先后和轻重，产业和生活靠前，文化和旅游靠后。

四、特色小镇体系中的旅游小镇

对于旅游特色小镇，旅游产品、产业乃重中之重。这就要求，起码在区域内或附近有旅游核心吸引物，然后围绕旅游及相关文化设计产品，布设业态，这种业态当然也以休闲旅游产业为主。在这里，旅游已不是靠前与靠后的问题，而是贯穿于始终，但这已不是泛泛的特色小镇概念。

特色小镇既是产业空间载体，也是文旅生活空间。而对于旅游特色小镇，这个产业空间所承载的当然是旅游产品和业态。

对于旅游小镇，不仅仅是旅游产业的集聚和融合，其所具有的特色文化魅力，也是特色小镇的重要元素。旅游小镇的文化特色，在于挖掘地域文化内蕴，或植入与产业有关的特色文化内涵，以形成小镇的个性精神，并将这种文化精神植入小镇建设的各个层面和领域，从而增强企业与居民的文化认同感。

旅游小镇的主题文化是企业和居民共同的文化标识，反映了旅游小镇的气质，是旅游小镇着力塑造的灵魂，甚至要慢慢形成小镇的文化图腾，并直接决定和表现在园区规划、建设布局、景观设计和建筑风格上。

这样的旅游小镇，其文化取向和精神对内有凝聚力，对外有吸附力，因而会对旅游者形成感召力和诱惑力。

另外，旅游小镇一定是一个环境生态、景观优美的地方，因此，必须注重营造生态、环保、养生、宜人的休闲文化。

总之，特色小镇与旅游小镇有内在的联系，又有本质的区别。特色小镇首先是产业空间、生活空间，其次才是文旅空间，也就是说，旅游只是基于生产、生活之上的生命质量的提高。而旅游特色小镇，作为特色小镇的一个独立门类，其旅游生产、旅居生活、绿色生态、人文塑造几乎是平等的地位，从一开始就注重了旅游产品、业态的建设和营造，尤其注重了生态和文化。其本质区别，从产业取向看，前者是内生型的，服务于内而彰于外；后者是外向型的，服务于外而聚于内。

特色小镇盈利简析

一、简说

在讨论小镇五花八门的开发模式之后，我们来看看小镇怎么赚钱，作为小镇的开发主体，众多企业扎堆进入特色小镇开发的同时也在思考：特色小镇到底赚不赚钱、怎么赚钱，本期专题将从特色小镇的开发主体——开发商的角度，简要剖析特色小镇的盈利模式。

开发商涉及小镇开发的前中后全链条，从土地整理就开始介入，往往延伸到小镇运营。对于开发商来说，在前期开发、基础建设、小镇运营以及地产开发均可以找到相应的赢利点。

二、政策性资金

在小镇开发初期，政府为了引进企业投资开发，保证小镇集约化开发，除了在土地出让方面存在土地政策优惠外，往往还会有一定政策性资金补贴和土地优惠政策，这在前期将大幅度减少企业投资开发成本。

对于特色小镇的创新创业平台给予资金补助，对特色小镇内被认定为市级孵化器的，给予一次性补助100万元;被认定为国家级科技企业孵化器的，给予一次性补助200万元。对特别重大的公共科技创新服务平台，可按“一事一议”的原则制订相关扶持政策。

三、基础建设收益

部分开发企业在特色小镇开发前期会参与小镇土地整理和公共基础设施建设，对小镇范围内的土地进行统一征地、拆迁、安置、补偿，并进行适当的市政配套设施建设，变毛地为熟地后，通过政府回购或由地方政府通过收入返还的方式，获得盈利。

四、小镇运营收益

这基本上是作为开发商来说都不看好的收益来源，主要原因在于高投入之后的漫长的回收周期。特色小镇对特色产业和特色环境都有较大的依赖性，不论是产业主导还是旅游主导，对开发企业来说，特色小镇未来的租金、门票、消费、交通以及关联产业的收益都是特色小镇开发建设的长远收入来源。

旅游业是小镇的核心产业，是小镇经济发展的核心主动力。通常通过旅游资源开发吸引游客，以“门票+旅游经营性收入”作为小镇的盈利方向。

企业自主开发运营模式占绝对主体的小镇，以产业经营性收入为主。如浙江歌斐颂巧克力小镇打造的集“产业、旅游、文化”于一体的“国内首家、亚洲最大”的巧克力特色旅游地，该小镇由企业自主开发并主导后期运营，盈利由歌斐颂巧克力产业/销售收入与小镇门票与旅游经营收入构成，其中巧克力产业作为小镇的主题之根、发展之本，旅游作为小镇的形象窗口与宣传载体，产业与旅游互相融合，形成了良性的发展氛围。

企业参与小镇开发但非小镇产业主体的开发模式中，开发企业可参与到后期的产业服务和园区管理中，获得小镇发展长久的收益。

五、地产收益

通过特色小镇政策获得土地是不少房地产等开发商进入特色小镇开发的原动力，以小镇开发获得的房地产土地配比，开发商可以通过地产开发快速回笼资金，从而平衡缓慢发展的产业的前期投入。同时，通过特色产业发展与特色旅游的发展，对房地产土地形成附加值，从而提升房地产开发后期的溢价空间。

但目前，特色小镇开发对房地产开发持保守态度，国家发改委副主任胡祖才明确指出："特色小镇要坚决防止变相搞房地产开发。"开发商想要通过地产开发在特色小镇中分得一杯羹还是需要先在完善小镇产业体系、旅游特色、小镇运营方面做足功夫，在形成人口聚集与小镇特色之后，作为小镇居住配套的房地产开发自然会水到渠成。

六、资产证券化

资产证券化是指以特定基础资产或资产组合所产生的现金流为偿付支持，通过结构化方式进行信用增级，发行资产支持证券（ABS）的业务活动。其实抛开较高的投资回报不谈，证券化对开发商的意义更多在于建设运营融资而不在盈利，发展特色小镇是今天许多地区和企业的战略选择。作为一种大投入、慢回报，但又稳回报、长回报的投资，实施资产证券化不仅关系着项目的开发建设融资，还决定着未来的健康稳定运营。

小镇产城文三合一的属性，决定了这样的项目一般都是长线投资，既要考虑短期收益做到滚动发展，又要保持定力力求长期回报。因此，实施好轻重资产的配置至关重要。特色小镇的资产证券化可以解决一些长期投资的融资问题，也是确保项目现金流的良好手段。一般来说特色小镇的轻重资产比例控制在30%~70%比较合适，用30%的销售类产品去滚动开发，用70%的自持类产品（如门票收入、自营类产品、租赁类产品）培育人气和形成证券化的基础资产。

在只租不售的模式下使商业地产开发资金的回收周期大大延长，形成巨大资金压力。在这种情况下，万达选择了将成熟物业打包为信托投资基金（REITs），再将基金单位在海外资本市场公开发售筹集资金，然后可以大规模地并购，再把物业放到REITs中去融资，实现资产的流动。这对于特色小镇主题商业实施证券化有一定的启示。

投资方向

文旅产业是指与人的休闲生活、文化行为、体验需求（物质的、精神的）密切相关的领域，主要是以旅游业、娱乐业、服务业和文化产业为龙头形成的经济形态和产业系统。

一、三个方面

1. 文旅产业对传统产业结构转型起推动作用。文旅产业的发展可以调节第二产业和第三产业的关系，同时还可以在传统服务产业中派生出新的门类，并有利于传统服务产业的升级。

2. 文旅产业的发展对城市消费市场有很强的拉动能力，形成持续不断的消费热点，同时对促进就业也有积极作用。

3. 文旅产业对相关产业资源整合利用、效益增值有促进作用。比如书店和咖啡馆结合而成的书吧，不仅可以整合书店和咖啡店的原有市场，也将带动两者的结合派生新的消费模式。

国家旅游局数据显示，2008 年，国内旅游人数 20 亿人次，2015 年达 40 亿人次，7 年翻一番。2015 年共有 41.2 亿人次国内或出境游，相当于全国人口一年旅游近 3 次。

据国家旅游局预计，我国旅游度假行业将形成 10 万亿级支柱产业。毋容置疑，这是大众乐于消费的朝阳行业，预示着文旅产业的投资窗口已然打开。

2017 年是“十三五”规划的起航之年，对于中国旅游业发展而言，意义更加重大。《国务院关于加快发展旅游业的意见》提出，力争到 2020 年我国旅游产业规模、质量、效益基本达到世界旅游强国水平。

因而，从 2017 年起至 2020 年，是我国旅游业发展实现质的飞跃，由旅游大国迈向旅游强国的关键 5 年。中国文旅强化发展的时代已然到来。但中国文旅的发展仍然存在诸多需要提升与改进的内容，并需与城市特色和文化发展紧密结合，这也成为中国文旅发展亟须解决的时代课题。

二、八个“注意”

（一）文旅小镇业态调整改造的背后是深刻的社会变革

古镇、古村在中国新兴城镇化浪潮的推动下，迎来了一波巨大的变革。不仅仅是传统建筑空间、商业业态的变革，更是其内在的生活方式、消费方式的变革，乃至传统文化基因潜移默化的质变。如果只是仅仅就业态而变革，那注定这个小镇的商业是肤浅的，并可能造成业态定位的偏离。

（二）游客需求层次的提升，需要文旅业态同步提升

近 20 来年旅游的大发展，已经从原有的观光旅游逐步向休闲和度假游转型，但转型期观光、休闲和度假不同需求的旅游形态将会在一段时间内存在，并且不同区域的文旅小镇项目在旅游需求层面的侧重点还会不同，不同的旅游需求层次所对应服务的旅游业态是不同的，在此背景下，不仅原来著名的古镇古村业态需要提升、改造，一些新迈入开发的小镇项目也将更加复杂。

（三）移动社会、智慧社会的到来带来文旅业态的改变

移动互联网时代，已经打破了城市办公人员固定办公的工作形态和地域界限，可以随时随地办公与他人开展工作合作。旅游小镇因为其浓厚的文化环境和优美的自然环境，可以引来很多大城市的人群前来创业办公、边度假边办公。这些会促使对住宿以及休闲娱乐业态需求的提升，而移动时代网络购物的方便，也会造成对单调零售业态需求的减少，对体验型零售业态的增加。

（四）旅游业态和城镇化业态的融合

旅游小镇配套设施无论是从种类还是数量来说，都高于普通小城镇的标准，因此服务设施指标的选取不能完全按照《镇规划标准》确定，要综合考虑常住人口和流动人口(包括旅游人口及因旅游发展吸纳的外来就业人口等)，进行科学的计算。小镇旅游人口的确定要充分考虑到小镇的生态承载能力，旅游设施的配置科学合理，适当留有余量，杜绝浪费。并且从实际的众多案例来看，文旅商业业态的面积不宜过大，要根据游客量的消费结构进行缜密核算，才会有比较合理的结果。目前存在的一个普遍问题是小镇业态面积往往过大，其后果就是在运营中产生很多空铺、死铺。

（五）传统旅游六大要素的提升

长期以来，旅游业已经形成了基于旅游服务的“吃、住、行、游、娱、购”六大要素，文旅小镇的商业业态也基本是按照这几个方面进行构建的，但是随着旅游市场的变化，一些创新业态开始呈现，或者说需要对原来的六大要素进行重新创新性认识和阐释。比如从原来简单的吃饱、睡着、购物等变成对当地美食文化、居住文化、当地手作文化的深度体验。这对业态定位的面积、量级等都会产生重要的改变。

（六）文旅小镇的商业是文化风景

未来文旅小镇的商业设施除了承担基本的吃饭、购物、住宿功能，还承担文化展示、文化体验、互动交流、游览体验等复合功能。每一个店铺，都是一个风景点，每一个店铺都是文化体验点，纯碎的商业功能会弱化，旅游价值和文化价值逐步凸显，让游客在闲逛中产生消费欲望，在欢乐中产生消费行为，这是更高层次的文旅商业业态。当然，这些会对前期招商、商户的引进培育、商业的运营要求很高。

（七）文旅小镇的商业业态招商需要具有“个性”的商户

文旅小镇的商业招商对象不是普通的商户，甚至不是连锁的商户。除了立足本地化之外，还要招一些对吃、住、购、娱、文等有特殊研究和追求的“发烧友”。特别是有文化情怀的发烧友，最好是在某一行业有一定影响力，比如可以让一些文化人过来开茶馆、开特色客栈，让著名的烹饪师傅过来经营文化餐馆等。特色化招商、不走寻常路的招商是未来文旅小镇的招商趋势之一，也是考验一个文旅商运营服务商服务能力的重要标准。

（八）文旅小镇的商业业态需要考虑旅游淡旺季、周末与工作日等特性

旅游商业的一大特点是经营的季节性，即有明显的淡旺季之分。季节性是大多数旅游地的典型特征，旺季欣欣向荣，淡季门可罗雀。中国大部分景区，冬季的几个月，几乎无游客来访，商铺开业率不足50%。这就要求旅游产品的设置和后期运营尽量延长旅游旺季，并设置可行的四季旅游产品和旅游服务。还有一个显著的问题是周末人气很旺，周一到周四人气不济，怎么办？这些问题都需要从业态规划定位就开始研究设置能够吸引游客淡季旅游的旅游产品和旅游服务，并且在商业业态中如何呈现落地，这样就把商业业态——旅游产品体系——旅游淡旺季一条线的进行整体解决。

文旅小镇及文旅商业业态的规划定位是一个复合型、系统性的工作，涵盖旅游、文化、商业、地产，涉及旅游产品、旅游线路、旅游活动，包括美食、酒店、民俗、活动等丰富内容。

呼唤新乡绅

一、浅见

在中国城乡要素双向流动的新格局下，打工农民返乡创业，大规模的城市资本、人才下乡，大规模的城市消费通过文旅、康养、到乡村寻求第三居所的方式进入乡村，其中田园综合体和特色小镇成为其中的一股潮流。“新乡绅”通过特色小镇、田园综合体的建设重振乡村文化、经济、社会。

当下已形成一个新的归乡运动。之所以说“新”，是因为在我国几千年的农耕社会中，乡绅也罢，乡贤也罢，从来就没有中断过，而且他们大都是乡村传统文化的承继者。中国自古就有衣冠还乡、告老还乡之说，而这些乡绅恰恰是几千年中国农村社会乡俗、乡礼、乡风的重要携带者、倡导者和维护者。

新乡绅群体，主要是少小离家有乡愁情结者，常年在外打拼事有所成者，一辈子困于城市环境、“城市病”揪心、向往归园田居、乡村要老的城里人，以及发现新的政策机会急于寻找成本洼地、良好生态、图谋资本扩张者。

国家发改委城市和小城镇改革发展中心副主任乔润令，在《特色小镇建设呼唤新乡绅》的主题发言中指出，在中国现行的乡村治理结构中，需要“新乡绅”下乡，特色小镇是新乡绅理想的载体，新乡绅是乡村问题的解决者和乡村发展的引领者。

二、回望乡绅

（一）乡绅是传统乡村的灵魂人物

传统社会的乡村皇权不下县，乡绅是道德、文化、乡村秩序的守护者，维护乡村稳定、文化，传承乡愁、弘扬乡土精神，因此乡绅是灵魂人物。

（二）乡绅有文化、重教育

重教育有文化是乡绅非常大的现代价值，给我们提供了非常多的精英样本，中西文化融于一身。1865—1905 年，超过 70%的教育精英是官员子弟，来自全国各地的绅士阶层，1905—1952 超过 60%的教育精英是地方专业人士和商人子弟，尤其是江南和珠三角地区。清末和民国涌现出来的社会精英绝大多数人都是乡绅后代，比如梁启超、胡适、林语堂、蔡元培等。

（三）乡绅的另类贡献

乡绅尊重传统，是传统家庭关系、伦理文化传承的维护者；乡绅追求楹联、诗词注重历史文化传承；留下了充满文化底蕴、能够代表中国文明的建筑，如福州三坊七巷、浙江乌镇、山西乔家大院、江苏周庄、云南丽江等；乡绅的存在，使皇权不下县成为可能，将乡村治理的成本降到最低。

（四）二元结构下的乡村需要改变

百年来，随着传统社会的解体，乡绅制度消失、乡村逐步衰败，中国进入了新时代，逐步形成城乡二元结构和城市导向的政策体制；乡村资源单项流入城市，经济发展相对落后，公共服务严重缺失，发展机会远低于城市，经济收入远低于城市；乡村的社会评价整体低于城市，乡村深深地陷入了身份的自我否定、文化失落、传统道德的沦丧；社会精英单项外流，青壮年人群长期外出打工。

（五）中国乡村需要新乡绅

中国现行的二元乡村治理结构不合理，需要一个类似于传统乡村的乡绅角色、具有现代社会身份（如文化、财富等）的人群下乡；2010 年以后，中国开始形成城乡要素双向流动的新格局，打工农民返乡创业，大规模的城市资本、人才开始下乡，大规模的城市消费通过文旅、康养、到乡村寻求第三居所的方式进入乡村，这是一个非常重要的标志，有人叫作新上山下乡运动，其中田园综合体和特色小镇是其中一股潮流；新乡绅，即有城市资本、人才、技术、有情怀的企业家下乡，通过特色小镇、田园综合体建设重振乡村文化、经济、社会。

三、政策支持

（一）中央出台多部有利于特色小镇发展的大政策

从政策、法律等角度全方位支持民营资本、企业家下乡，投资发展特色小镇和田园综合体。

（二）政策导向支持鼓励农村发展文旅、田园综合体、康乐、文创、养生养老产业

首先，大力发展乡村休闲旅游产业，利用“旅游+”“生态+”等模式，推进农业、林业与旅游、教育、文化、康养等产业深度融合。其次，鼓励支持休闲农业和乡村旅游、民族风情旅游、传统手工艺、文化创意、养生养老、中央厨房、农村绿化美化、农村物业管理等新产业新业态新模式。

（三）支持农村土地改革，为城市资本下乡创造条件

首先，鼓励和引导返乡下乡人员按照法律法规和政策规定，通过承包、租赁、入股、合作等形式，创办领办家庭农场林场、农民合作社、农业企业、农业社会化服务组织等新型农业经营主体。其次，支持返乡下乡人员与农村集体经济组织共建农业物流仓储等设施。

（四）支持民营资本进入五大幸福产业

五大幸福产业正好是利于特色小镇发展的五大产业，我们统计了全国申报或有意申报的特色小镇类型，大概有 70%是旅游、文化、体育、健康、养老这几类。

（五）中央新政策的意义与价值

目前城市的各类生产要素已经市场化可以自由进入市场，农村的所有要素资源都不能自由进入市场。农村土地、宅基地、房产、山川池塘以及土地经营权、宅基地使用权、集体经营性建设用地的受益权都不可能抵押、担保融资；不能转让给城里人。中央、国务院上述政策为民营资本下乡投资发展特色小镇提供了重要的法律和政策基础，为民营资本投入特色小镇，提供一个稳定的预期。

四、理想载体

（一）特色小镇的投资者

特色小镇的基础设施和公共服务设施的投入主要依托社会民间资本投入，采取与政府长期合作的 PPP 模式。民营资本是特色小镇重要的投资者和未来小镇的资产拥有者。

（二）特色小镇的新政策

创新农村基础设施投融资体制，为特色小镇实施 PPP 创造条件。表现为：健全分级分类投入体制、完善财政投入稳定增长机制、创新政府投资支持方式、建立政府和社会资本合作机制（PPP）；完善建设管护机制；健全定价机制；将农村基础设施项目整体打包，提高收益能力；推广“建养一体化”模式。

（三）特色小镇的治理者

浙江经验和国家发改委的政策明确，特色小镇是非行政化、不设政府机构、没有行政级别，是创建制，不是审批制。治理形态应是镇企结合。既然不是行政体，那么谁来治理？根据镇企结合的原则，谁投资谁运营或委托运营。在政府的委托授权下，投资者或者由投资者引入的专业化的运营公司应该是特色小镇治理的主体。

（四）特色小镇的新形态

镇企结合是特色小镇的新形态。国家发改委《关于实施千企千镇工程，推进美丽特色小镇建设的通知》，主要内容是聚焦重点领域、建立信息服务平台、搭建镇企合作平台、镇企结对树品牌、推广点经验。由合作平台强化协同推进；政策集成进行系统化支持。

（五）特色小镇的关注者

大公司、民营资本最关注特色小镇。中国正迎来一个资本下乡潮流。政府和市场、民营资本对特色小镇都表现出了高度的热情，中国著名的大公司如阿里、华夏、吉利、万科、万达以及房地产企业前 50 强全部进入特色小镇领域。

五、新乡绅

我认为有文化、有情怀、有资本的特色小镇投资者和运营者能成为新乡绅。

（一）特色小镇为有情怀的企业家提供了巨大的发展空间

理想的特色小镇以人为本，既有城市功能，又有乡村形态。特色小镇是中产阶级的消费和生活空间，例如丽江、乌镇、西塘、周庄的繁荣和古北水镇就是为满足中产阶级的需求应运而生的，产品有档次、有文化、有品位、有特点。为中产阶级服务的特色产业，摒弃数量规模、低价竞争；要品质优先，文化内涵、小资情调；小而美、小而优、小而特、小而精。

（二）特色小镇拥有成就新乡绅的合适土壤

特色小镇的乡土、文化、精神、生态价值是成就新乡绅的合适土壤。田园生活是中国人精神的归宿；除了城市功能和产业之外，小镇保留书香弥漫、亲近自然、乡土情调、浓浓的人情味，这是小镇的精神价值所在；中国传统文化当中突出告老还乡和追求桃花源，欧美国家非常强调乡村的文化价值；特色小镇是城市功能与田园风光的有机结合，现代文明与传统文化的有机结合，成为中国人精神价值的栖息地，是成就新乡绅的最佳土壤。

（三）特色小镇为有资本的企业家提供了可传承的有价值的资产

特色小镇的财富价值有土地、特色产业、房地产三大类，不同的特色建筑、凝聚着地方文化的小镇格局和空间形态、独特的小镇人群和小镇生活方式；特色小镇融入乡愁、体现个人情怀；财产投资或储蓄于特色小镇，我认为是最优投资，不但得到经济价值还能得到精神价值。同时中共中央、国务院对保护私有产权、保护私人财产、国有民营一视同仁，有政策保障。

（四）要有历史的耐心，避免急功近利

从策划规划开始要做到 80%谋篇布局、20%实施（2.8 定律）；特色镇聚人气、培育市场、形成独特的文化、归属感和特色的形成，都是一个过程，需要时间、需要耐心；特色小镇不是建工厂、生产流水线产品，要以工匠精神打造百年小镇。

（五）新乡绅与特色小镇

新乡绅与特色小镇是乡村问题的解决者和乡村发展的引领者。要解决城市资本下乡、城市产业下乡、城市技术下乡、城市文明下乡的问题；要解决留住乡愁的问题；应该大幅度改变目前农村存在的高智商、高颜质、高体质精英整体外流的问题；要成为乡村经济、乡村文化、乡村观念、乡村建筑、乡村就业、乡村生态文明、乡村环保、乡村娱乐、乡村生活方式传承和进步的引领者。

面 子 和 里 子

一、特色小镇概述

特色小镇最初由国外兴起，指某一类特色元素集聚的小镇，包括娱乐休闲、历史文化、民俗风情等，休闲旅游型小镇如法国芒通，科技创业型小镇如美国硅谷。

我国最新热议的“特色小镇”发源于浙江省的实践，有城市更新，有小城镇改造，有产业园升级，形式多样，是浙江省在经济新常态下发展模式的有益探索。

2016 年，特色小镇上升到国家层面，成为一种市场化主导的创新创业发展的新模式，就其市场化属性看，特色小镇是产业地产的升级版或是产业新城的浓缩版，其本质是产城融合发展理念下的产业集聚、升级和培育问题，不同点在于特色小镇的文化 IP 营造，实现产业、文化、旅游、生活的融合发展。

特色小镇非镇非区，并非行政区划单元，也不是产业园区，而是相对独立于市区，有明确产业定位、文化内涵、旅游特色和一定社区功能的发展空间平台。

特色小镇产业定位“一镇一业”，突出“特而强”；特色小镇功能集成“紧贴产业”，力求“聚而合”；特色小镇形态打造“突出精致”，展现“小而美”；特色小镇运作机制是“破旧去僵”，做到“活而新”。

二、特色小镇的内涵特征

不要“千镇一面”要“小而美”

过去，中国一些城市的建设被批评为“千城一面”，不重视差异化的建设与发展，导致许多城市大同小异。

如今，在特色小镇的建设中，从一开始就确立了不要“千镇一面”的思路。从特色出发，可以窥见当下中国特色小镇的思路。

新常态下的有益探索

对于进入新常态的中国来说，以特色小镇为代表的新型城镇化建设，是非常有价值的探索。如果说转型升级是倒逼和牵引两种力综合作用的结果，那么，特色小镇就是一种正面牵引力，也是一种新机制。

以特色集聚发展要素

特色小镇发展时间虽短，但表现出了很强的示范效应和发展潜力。而对于不少地方来说，特色小镇既是当下的抓手，也代表着未来。

三、特色小镇创建目的

培育特色小镇的主要目的是促进有条件的镇更好地发展。一些体制机制的限制，不利于一些小镇参与到市场化竞争中，因此挖掘一些有潜力、有特色的小镇，通过一些产业的发展不仅可以带动经济的发展，也可以吸纳小镇周边一部分农村劳动力就业。

住建部领导此前表示，培育特色小镇，主要是打造特色鲜明的产业形态、和谐宜居的美丽环境，彰显特色的传统文化，提供便捷完善的设施服务，建设充满活力的体制机制。

四、特色小镇的发展模式

特色小镇是新型精品镇，是按创新、协调、绿色、开放、共享发展理念，结合自身资源优势，找准产业定位，进行科学规划，挖掘产业特色、人文底蕴和生态禀赋，实行产城融合、服务配套、管理健全的发展模式。

五、特色小镇的规模

特色小镇追求“小而美”，规划面积一般控制在3平方公里左右。

特色小镇突出功能集成，推进“多规合一”，体现产城人文四位一体和生产生活生态融合发展。同时特色小镇突出节约集约，合理界定人口、资源、环境承载力，严格划定小镇边界，建设用地面积一般在 1 平方公里左右，聚集人口 1 万至 3 万人，原则上 3 年内要完成固定资产投资 50 亿元左右。

六、特色小镇的历史机理与发展形式

特色小镇是城市发展到一定阶段的自然产物，特色小镇属于在单个产品线基础上推出的要求更高层次运营管理能力的综合性产品。

特色小镇的几种主要发展形式：

1. 将原来没有特色的区域改造为新的有产业、有特色的小镇；

2. 发挥城市修补作用，在单一的产业区或经济开发区基础上植入互补产业形成特色小镇；

3. 用空间形态改造和产业升级或互补的方法对原有落后或特色不够明显的产业进行升级换档，从而形成特色小镇；

4. 根据城市功能或产业布局需要，在全新的区域发展具有独有产业特色的小镇；

5. 根据区域独特的文化历史特质或独有的自然生态资源发展的特色小镇。

中式庭院

一、境界

中式庭院的布置离不开坐具的陈设，陈继儒《小窗幽记》里描绘的：“宠辱不惊，看庭前花开花落；去留无意，望天上云卷云舒。”正是文人在庭院中的悠闲生活写照。

然而，每个文人的性格喜好不同，精神追求也不同，这就使得主人对于庭院的设计更具有独特性。那么，中式庭院里常见的坐具有哪些？它们又代表着主人怎样的思想境界呢？

二、天性

“庭院深深深几许，杨柳堆烟，帘幕无重数。”中式庭院给人最深刻的印象就是清幽、雅致，这一点从庭院的布置中可窥探一二。几块山石前簇后拥，石上缠绕着细密的青苔；白墙上婆娑着娉婷的竹影，与摇晃的挂灯相映增加自然朦胧禅意……

圈椅最明显的特征是圈背连着扶手，从高到低一顺而下；座靠时可使人的臂膀都倚着圈形的扶手，感到十分舒适，颇受人们的喜爱。明代圈椅造型古朴典雅，线条简洁流畅，放在庭院更增雅趣；清代圈椅造型华美繁复，加入了漏雕扶手、托泥和龟足，放在庭院中却略显严肃。

三、承载

人们对于官场有着几千年的执着，《论语·子张》说“仕而优则学，学而优则仕学而优则仕。”中式庭院里的官帽椅就是对这种官场文化崇拜的展现，它们不仅仅是为了美观，更诉说着主人的抱负或自诩。

明清坐具中最具“官场”性的一个是放在厅堂的太师椅，另一个就是适合多个地方的官帽椅。官帽椅采用了宋代官帽的造型，其文化内涵也和宋朝的官场文化有很大关系。

四、红袖添香

建筑与家具、环境的协调是文人雅士所重视的，它不强调流光溢彩的奢华，而以朴实高雅为第一，深信“景隐则境界大”。中国古代文人绝不因为有了独善其身的园林，有“无事此静坐，一日如两日”的官帽椅就作罢，他们还需要有才子佳人的风流佳话。

绣墩之用在文人生活空间里，代表着“柔”的一面。绣墩的韵味不仅仅在于形制的秀美与工艺的复杂，更多的是其自身所散发的女性气韵，它不同于其他方正、威严的“男权”坐具，而是充满了女子的柔和与婉约。

五、洒脱不羁

洒脱的文人，追求雅致却不苛求极致，小小的一方庭院，将自己喜欢的花草树木全都放进来，看起来杂乱，却是内心所追求的洒脱自在。

对于旷达的雅士来说，不需要圈椅、官帽椅等“高大上”的椅具束缚己身，也不需要绣墩这样绵柔的椅具来软化身心，几张小小的能够自由移动，随手取用的交杌就足矣。

庭院设计技巧

一、工作模式化

在景观上，包括很多不同的植物类型和材质。小额量的工作有助于调节视觉活动。天井的设置，坚实造型搭配红色座垫，红白色传递出家居枕头的流行风格图案气息。

二、移动周边空气

天井，本来能起到庇护的作用，不幸的是，却挡住了夏天冷却的微风。如果你有一个开放式的结构——真正的屋顶或棚架，你可以在其顶上设置一个吊扇，它可以降低高达 10 度的温度。在吊扇边装一盏灯，还将有一个可靠的架空照明光源。

三、考虑隐私

如果天井空间有限，你就可能想要保护从邻家到座位区的区域。你有各种各样的方法，如种植高大的树木 (这也提供树荫)、灌木，或制作灌木篱笆等。

四、包括照明

外部的照明有很多功能——确保人行道安全、提供光源等，这应该是任何一个庭院设计的重要组成部分之一。

五、打造景观庭院

铺设或砖砌的露台空间，可以营造视觉上开阔的庭院景观。一个好的解决方案就是使用逐步过渡的材料来铺设，造成空间之间的连接效果。

六、软化边缘

利用高的网格状物来建立天井周边的一个温和边界，这是一个非常不错的方法。如果想为花提供足够大的生长空间，那要选择一个适合的地方，例如在阳光充足的条件下种植葡萄。待葡萄开花时，迷人的芬芳气味扑向路人，是个不错的选择。

七、行动与结构

极地相反的小屋建筑材料搭建的阳台，看起来像小屋额外的增加之物。用房子的体系结构做建筑的颜色和类型的主调。

八、混合材料

不同的颜色或材料的一些小变化，都能给人不同的视觉感受。考虑这个因素，想在庭院搭建一个边界，可以使用不同大小的石头来装扮座位，如在用餐区铺设红砖，这有助于营造温暖的餐厅氛围。

九、利用硬体材料

用石头铺设地板，可以让你的庭院缓和、不突兀地过渡到庭院周围的石径，但为什么不设计并建造一个具有一定高度的石凳，为客人提供座位?因为壁炉附近的矮墙已为客人供应了一个即兴的现场座位了。

十、反思墙面

直立的天井并不是崭新的，但生动的墙壁却获得了新的流行元素。如果不想在你花园筑起一道墙，你可以种植一些树来软化庭院的边境。

十一、固定前院景观

用一些设计技巧，可以为你和你的邻居创造一个具有小小空间的私人地方。使用中等高度的集装箱来建立边界，甚至一个种植草坪的丛地。

十二、重腔艺术

每家庭院都有装饰元素，尤其是如果他们户外安全或是要保护这些元素。如果你的风格有点不拘一格，或有利于一个主题，例如像森林这样的主题，那么让装修方案反映这种风格，并用雕塑装饰它。

十三、不同的目的

一次性使用的景观成为了很多家庭的限制。相反，要考虑如何让你的家具能够最大限度地利用到。在这里，一张具有吧台高度的桌子成为了一个集会区、服务区，然而一个较小的餐饮场所只能坐下来吃饭。

十四、利用植物质地

在结构或是硬件改变或是匮乏的情况下，植物能够通过增加一种鲜活的方式去迎合天井的景观。混合草和树叶集中植物集中体现了景物在色调和风格上的多样性。

十五、添加水特征

即使是一个小小的喷泉或水盆，招来了一只只小鸟宛转动听的清脆声音，吸引蝴蝶翩翩起舞。娇小的水功能，也可以成为圆形天井一个迷人的焦点。

第四部分　文体旅游

少儿农业教育

从城市人需求的视角来看，久居城市的人们渴望了解农业的奥秘及农村的生活方式，这种农村和城市的差异性、互补性是发展旅游的基本条件。而在休闲农业中，“学”又无处不在，如农业科普、农业生产劳动中渗透出的人们的智慧和勤劳、人与自然的和谐、乡野幽静的学习环境。

教育部出台文件《教育部、共青团中央、全国少工委关于加强中小学劳动教育的意见》，明确“劳动教育是全面贯彻党的教育方针的基本要求，是实施素质教育的重要内容”，把劳动教育写入政策层面。意见指出：“通过劳动教育，提高广大中小学生的劳动素养，促进他们形成良好的劳动习惯和积极的劳动态度，使他们明白‘生活靠劳动创造，人生也靠劳动创造’的道理，培养他们勤奋学习、自觉劳动、勇于创造的精神，为他们终身发展和人生幸福奠定基础。用3~5年时间，统筹资源，构建模式，推动建立课程完善、资源丰富、模式多样、机制健全的劳动教育体系，形成普遍重视劳动教育的氛围。推动在全国创建一批国家级劳动教育实验区，推动地方创建一批省级劳动教育实践基地和劳动教育特色学校，带动全国中小学劳动教育深入开展。”

这一文件的出台，为休闲农场申请作为劳动教育配套基地提供了政策支持。

当代孩子对唐诗《悯农》倒背如流，但大都“五谷不分”。我们认为，想让学生深入了解基本农事和农事科普常识，必须让孩子亲手参与种植，再通过长时间的培护、学习、记录植物生长的过程，最终才能达到受教育的目的。等到丰收时，同学们会体验到一种成功的自豪感，从而树立热爱自然、热爱生活的意识，真切理解“谁知盘中餐，粒粒皆辛苦”的含义。在农业劳动中提升青少年学生的综合素质和实践能力，充实青少年的精神生活，成为素质教育的重要组成部分。

著名教育学家陶行知先生也曾提出“生活即教育，社会即学校”。这与我们所倡导的让学生放下书包，走进农场，通过亲自参加农活体验来学习的方式不谋而合。

那么，在休闲农场中开展儿童农业教育，需要关注的点在哪儿呢？我们认为，可分为两个层面，一是基础设施的建设，也就是硬件，要满足举办室内外活动的要求和体现对儿童的关怀；二是见学课程的设置，也就是软件，能够根据节气的变换和农作物的习性不断变换课程，增加知识性和趣味性。先从硬件的角度展开来讲：

一个运营良好的农场，一般由入口、主场馆（温室）、附属建筑、景观道路及游乐场地构成。几个要素需要结合儿童的特点加以考量。

软件的角度，根据节气不断变换场景是关键。比如3月，可以结合农耕制定春种课程，9月则可以制定收获主题课程；在中国传统非物质文化遗产领域，也可以开发出相应的课程。此外，对学校渠道的开发和儿童、家长的招募，如何最快速、最大化地招徕到人气，也是考验运营团队软件能力的关键。

体育 + 旅游

一、应运而生

在“健康中国，全民健身”的大背景下，以体育旅游为创新方向的产城融合，成为中国特色小镇的发展路径之一，体育特色小镇应运而生。

全国各地正涌现出一大批体育特色小镇，体育特色小镇将成为我国体育产业发展的新动力。2017年5月体育总局发布的《关于推动运动休闲特色小镇建设工作的通知》，给运动休闲特色小镇申报指明了方向。

通知要求到2020年，在全国扶持建设一批体育特征鲜明、文化气息浓厚、产业集聚融合、生态环境良好、惠及人民健康的运动休闲特色小镇。

二、运动休闲小镇与旅游结合

目前，随着全民健身和全民健康观念的普及，通过全民健身，由被动医疗变为主动健康的理念已经深入人心。中国个性化健身、休闲需求拥有巨大发展空间。

健身休闲产业在迅猛发展，体育特色小镇自然应运而生。在“健康中国，全民健身”的大背景下，2016年10月28日，国务院办公厅出台了《关于加快发展健身休闲产业的指导意见》（以下简称《《意见》），《意见》提出，结合新型城镇化建设等国家重大部署，以健身休闲重点运动项目和产业示范基地等为依托，鼓励地方积极培育一批以健身休闲为特色的服务贸易示范区。

据介绍，国家体育总局主导建设的100个运动休闲特色小镇，未来将发挥体育的潜在优势，利用特色体育产业与旅游结合，每个小镇包含30~40个运动项目，吸引以家庭为单位的人群来旅游健身。同时，实施“体育+”行动计划，把体育和相关产业、事业融合起来，推动体育和各方面的融合发展，从而增强体育部门撬动社会资源。比如“体育+旅游”“体育+文化”“体育+科技”。

根据联合国世界旅游组织的数据，目前，体育旅游每年呈现14%的增长趋势，是全球旅游市场中增长最快的细分行业。无论从世界范围还是国内市场来看，体育旅游都是旅游产业中成长最为迅速的一个细分行业。在2017年年初河北省发改委公布的82个首批特色小镇创建和培育类名单中，便有廊坊市的霸州市足球运动小镇、张家口市崇礼县冰雪文化小镇、沧州市武术文化小镇等多个运动休闲类特色小镇。

在接受《中国企业报》记者采访中，中国国际城市化商业不动产专委会秘书长、北京派德国际建筑设计有限公司董事长苏伟认为，按照国际规律，国际大型赛事的举办往往能够带动一个城市的快速崛起。运动休闲类特色小镇的打造完全可以借助一些赛事的引进。比如，借助2022年北京冬奥会、2022年杭州亚运会的召开，目前正在打造省级崇礼冰雪文化小镇的河北崇礼县，以及杭州湾都市圈周边的小镇，完全可以在打造滑雪、划艇、徒步等一系列休闲产业上下功夫。

2016年7月，浙江省出台了《关于加快发展体育产业促进体育消费的若干意见》，《意见》指出，将“建设环杭州湾、环舟山群岛、环太湖和环浙南等运动休闲发展带”，“培育创建一批体育特征突出、产业基础较好、产业融合潜力较大的特色小镇”。

在浙江湖州、嘉兴、绍兴等地的多个体育特色小镇已经在规划、申报和实施中。比如，湖州德清县莫干山“裸心”体育小镇、绍兴市柯桥区酷玩小镇、嘉兴海宁市马拉松小镇、嘉兴平湖市九龙山体育小镇等。

在2016江苏体育产业大会上，江苏省体育局与仪征市枣林湾生态园、江阴市新桥镇、南京市汤山温泉旅游度假区、淮安市淮安区施河镇、溧阳市上兴镇、南京市高淳区桠溪镇、宿迁市湖滨新区晓店镇、昆山市锦溪镇等首批8个体育健康特色小镇所在县（市、区）政府签署共建协议，以省地共建模式启动体育特色小镇建设。

三、体育小镇将更加受宠

国家体育总局《体育产业发展“十三五”规划》中提出，要充分挖掘冰雪、森林、湖泊、江河、湿地、山地、草原、沙漠、滨海等独特的自然资源和传统体育人文资源，研制出台冰雪运动、山地户外运动、水上运动、航空运动等产业发展规划，重点打造冰雪运动、山地运动、户外休闲运动、水上运动、汽摩运动、航空运动、武术运动等各具特色的体育产业集聚区和产业带。

有了上述业态的注入，很多还在为自己特色产业的选择上头疼的小镇将会有豁然开朗之感。未来，徒步、滑雪、潜水、滑翔等新兴运动项目将注入小镇，成为特色小镇建设的首要选择，这些新业态也将成为特色小镇投资的新宠。

从国家到地方正在紧锣密鼓建设中的各类特色小镇，也将成为体育休闲产业从传统观赏型旅游向体验式旅游转变，健身休闲产业落地的最好载体。

休闲类体育运动可以分为两种形态：竞技观赏型和体验型。前者如足球等大型赛事；后者如自行车、滑雪等。两者都能与运动休闲类小镇契合。尤其是后者，随着全域旅游、全域体育的兴起，特色小镇可以把体验类运动休闲与亲子游、家庭游、颐养养老等有机结合在一起。中国体育旅游市场目前也正在逐渐从传统的观赏型旅游向体验式旅游发展。2016 年 5 月，国家体育总局出台的《体育产业发展“十三五”规划》指出，“十三五”时期，体育消费方式将从实物型消费向参与型和观赏型消费扩展。

运动休闲类特色小镇建设一定要具象，要真正做到挖掘适合自己的体育细分领域，切忌千篇一律。

四、如何申报运动休闲小镇

（一）为什么建设运动休闲特色小镇？

带动小镇所在区域体育、健康及相关产业发展，打造各具特色的运动休闲产业集聚区，形成与当地经济社会相适应、良性互动的运动休闲产业和全民健身发展格局。推动中西部贫困落后地区在整体上提升公共体育服务供给和经济社会发展水平，增加就业岗位和居民收入，推动脱贫攻坚工作。

（二）何为运动休闲特色小镇？

运动休闲特色小镇是体育特征鲜明、文化气息浓厚、产业集聚融合、生态环境良好、惠及人民健康的体育小镇。

（三）第一批运动休闲特色小镇会享受到什么政策优惠？

试点示范，给予引导和支持；一次性给予一定的经费资助；提供体育设施标准化设计样式，配置各类赛事资源推动此项工作持续健康发展，成为脱贫攻坚工作的助力项目。

（四）申报和推荐的小镇应具备哪些基本条件？

交通便利，自然生态和人文环境好；体育工作基础扎实，在运动休闲方面特色鲜明；近 5 年无重大安全生产事故、重大环境污染、重大生态破坏、重大群体性社会事件、历史文化遗存破坏现象；小镇所在县（区、市）政府高度重视体育工作，能对发展运动休闲特色小镇提供政策保障；运动休闲特色小镇建设对当地推进脱贫攻坚工作具有特殊意义。

（五）2017 年推荐多少名额？

京津冀三省（市）各推荐 3 个，其他省（区、市）各推荐 1~2 个；体育总局有关运动项目管理中心各推荐 1 个。

五、如何打造运动休闲小镇

（一）体育小镇主要类型

体育休闲类旅游小镇：钓鱼、登山、滑板、骑马、保龄球、网球、羽毛球、游泳、溜冰、潜水、放风筝、划船、冲浪等；体育度假类旅游小镇：高尔夫、房车露营、滑雪等；体育探险类旅游小镇：户外探险、海底探险、沙漠探险、攀岩、滑翔、跳伞等；体育养生类旅游小镇：太极拳、瑜伽、保龄球等

（二）体育小镇打造方向

以单项体育活动或赛事为核心：结合地理区位特征或地方体育产业特色，打造单项体育活动项目的产业集群和产业生态链的体育类特色小镇，如新西兰皇后镇聚焦户外运动、法国沙木尼体育旅游小镇发展滑雪特色运动等。体育产业融合新城区建设：创新一批体育类项目和设施带动小镇建设。特色小镇兼具除体育产业以外的文化、旅游、养生等其他功能，实现生态、环保、养生、宜人的属性，如北京丰台足球小镇、浙江银湖智慧体育产业基地等。引入体育类企业建设运营：参与特色小镇建设企业根据既有资源优势，谋划体育类主题创新，定位体育和旅游等产业融合，集聚资源，组合项目，创新驱动，实现企业成长和体育小镇经济的可持续发展，如河南嵩皇体育小镇、浙江德清莫干山“裸心”体育小镇等。

六、国外如何打造运动休闲小镇

（一）法国沙木尼体育旅游小镇——体育运动休闲型特色小镇

从山地运动到山地度假生活。沙木尼小镇（Chamonix，也译夏蒙尼）位于法国中部东侧，毗邻意大利和瑞士这两个迷人的国度。坐落于阿尔卑斯主峰勃朗峰（4807 米）脚下的山谷里，在勃朗峰的恩泽下，成为了高山户外运动的旅游目的地。

沙木尼小镇以专业化的教育培训机构为保障，以多元化的运动休闲项目为核心，以完善的配套服务为支撑，成为著名的山地度假目的地。

1. 专业的教育培训机构

沙木尼形成了专业的高山运动教育培训：世界上第一所登山向导学校——法国国家滑雪登山学校（ENSA）、高山警察培训中心、高山军校、高山医学培训等相关的高山机构。

2. 多元化的体育项目及国际赛事

沙木尼有着丰富的体育运动项目，攀登资源非常集中，勃朗峰、大乔拉斯峰拥有 5000 多条攀岩路线和众多攀冰、登山路线，另外滑雪，高山滑翔伞，溪降运动也开展得非常广泛。

登山、滑雪国际特色赛事下，还发展了高等级越野比赛（UTMB，全称环勃朗峰超

级越野赛，作为世界上最著名的越野赛事之一）。

3. 完善的休闲配套服务

沙木尼常住居民仅有 1.3 万人，但每年要接待超过 200 万的登山滑雪者和普通的游客。服务配套设施齐全，有众多酒店、旅馆、度假屋、餐馆，还有超级市场和娱乐场所，交通也比较方便。

（二）意大利蒙特贝卢纳镇——体育产业型特色小镇

蒙特贝卢纳镇 (Montebelluna) 位于意大利北部特雷维索省 (Treviso)，有着悠久的手工制鞋历史，20 世纪 70 年代这里便成为世界著名的与冰雪运动有关的运动鞋生产基地。

目前，全球约 80%的赛车靴、75%的滑雪靴、65%的冰刀鞋和 55%的登山鞋等运动鞋产自此镇。大量生产企业的聚集，促进了商业、居住及公共服务等城市功能的配套完善，形成了“运动鞋生产集群+城市服务功能”的小镇发展架构。

1. 产业集群发展

蒙特贝卢纳镇已经形成了一个庞大的运动鞋生产集群。围绕着运动鞋生产企业，聚集了大量研发、设计、款式分析、配件生产、模具制作、制鞋机器及塑胶等产前配套生产企业，以及商业协会、中介、媒体、营销和配送等产后相关服务产业。随着集群影响力的提升，很多国际知名运动品牌与当地公司展开合作，逐渐培育出 Geox、Tecnica、Nordica 等大型企业。

2. 产城结构

各类鞋生产企业在地理空间上并不是绝对集中，而是以镇区为中心，在半径约 5km 范围内沿路发展，形成多个产业集聚区。设计、研发和配件生产等相关企业围绕核心生产企业发展，商业、居住等城市配套功能则主要集中在镇区。

大型运动鞋生产企业、配套企业及城市配套服务功能交错分布，通过产业链间的联系和便捷的交通网络构成一个“大分散、小集中”的布局，核心体育用品的生产推动上下游企业的完善，促进服务业集聚，推动小镇特色化发展。

康 养 小 镇

康养小镇是指以“健康”为小镇开发的出发点和归宿点，以健康产业为核心，将健康、养生、养老、休闲、旅游等多元化功能融为一体，形成的生态环境较好的特色小镇。康养小镇可以根据旅游者、居民的消费需求，将健康疗养、医疗美容、生态旅游、文化体验、休闲度假、体育运动、健康产品等业态聚合起来，实现与健康相关的大量消费的聚集。

一、基本特征

（一）地理资源较好

适宜创建发展康养小镇的地区，一般应有良好的生态环境和气候条件，这是实现健康生活的一个重要条件。在这个条件下，根据当地不同资源，结合市场需求特点，可以发展融合不同产业体系的康健小镇。如拥有宗教文化、长寿文化、温泉资源、医药产业资源等等。可依托项目地良好的气候及生态环境，构建生态体验、度假养生、温泉水疗养生、森林养生、高山避暑养生、海岛避寒养生、湖泊养生、矿物质养生、田园养生等养生业态，打造休闲农庄、养生度假区、养生谷、温泉度假区、生态酒店/民宿等产品，形成生态养生健康小镇产业体系。

（二）产业特色

康健小镇的产业应该以健康为主，如养老产业、休闲农业产业、度假休闲、健康食品产业、体育产业等。

（三）功能明确

康养小镇不同于一般的小镇，它的功能性更强。以体育产业为例，依托山地、峡谷、水体等地形地貌及资源，发展山地运动、水上运动、户外拓展、户外露营、户外体育运动、定向运动、养生运动、极限运动、传统体育运动、徒步旅行、探险等户外康体养生产品，推动体育、旅游、度假、健身、赛事等业态的深度融合发展。

（四）规模较大

因为康养小镇要将健康疗养、医疗美容、生态旅游、文化体验、休闲度假、体育运动、健康产品等业态聚合起来，因此项目占地面积通常会比较大，投资金额高。

（五）康养小镇建设相关政策

国家及省市陆续出台了系列政策，大力支持医疗健康旅游产业发展。2015 年 11 月 17 日，国家旅游局和国家中医药管理局联合下发了《关于促进中医药健康旅游发展的指导意见》，第一次正式提出了“中医药健康旅游”的概念，也明确了发展目标：到 2020 年，中医药健康旅游人数达到旅游总人数的 3%，中医药健康旅游收入达 3000 亿元；到 2025 年，中医药健康旅游人数达到旅游总人数的 5%，中医药健康旅游收入达 5000 亿元。为了实现这个宏伟目标，推出了开发中医药健康旅游产品、打造中医药健康旅游品牌、壮大中医药健康旅游产业、开拓中医药健康旅游市场、创新中医药健康旅游发展模式、培养中医药健康旅游人才队伍、完善中医药健康旅游公共服务、促进中医药健康旅游可持续发展等八个重点任务。

二、开发类型

（一）宗教文化养生型

依托道教、佛教等宗教文化资源，打造集宗教文化养生体验、养生教育、休闲度假、养老等于一体的综合度假区，该类型一般多分布在旅游景区或景区周边，有悠久的历史和古老的文化基础。

（二）长寿文化养生型

依托长寿文化，大力发展长寿经济，形成食疗养生、山林养生、气候养生等为核心，以养生产品为辅助的健康餐饮、休闲娱乐、养生度假等功能的健康养生养老体系。

（三）温泉养生型

依托温泉这一独特的核心资源，发展“温泉”特色产业，如温泉养生、温泉会议、温泉运动等，形成健康、养生、休闲娱乐等温泉养生特色小镇。

（四）医养结合型

依托医药产业/医药文化发展医药产业，推动健康养生、休闲度假等产业发展的医养特色小镇。

（五）生态养生型

以原生态的生态环境为基础，以健康养生、休闲旅游为发展核心，重点建设养生养老、休闲旅游、生态种植等健康产业，一般分布在生态休闲旅游景区或者自然生态环境较好的区域。

（六）养老小镇型

有一定的环境资源，同时拥有一定经济实力的老年群体，为老年人打造集养老居住、医疗护理、休闲度假为主要功能的养老小镇。

三、开发路径

（一）根据自身特色，确定小镇开发类型

景区或景区周边有宗教文化基础，适合作为宗教文化型康养小镇开发；有长寿文化基础，倡导食养、药养等健康养生，适合作为长寿文化康养小镇开发；有温泉这一核心资源，适合作为温泉型康养小镇开发；有医药产业基础的适合作为医养结合型康养小镇开发；仅有良好的自然生态环境，应结合医药种植、医疗服务、养生项目等，进行生态养生小镇开发；有一定自然环境资源，同时周边有高质量的老人客群，适合作为养老小镇开发。

（二）无特色资源，进行特色植入

对于无明显特色资源的小镇，要进入康养小镇开发，必须进行特色植入。这类型一般仅适合长寿文化型、生态养生型、医养结合型或养老小镇型开发。

长寿文化型前期需统计小镇长寿老人数量，如果数量较多，可渲染小镇的长寿概念，强化长寿文化基因，进行长寿文化型小镇开发；生态养生型要求小镇有较好的环境基础，后期要改善和维护小镇生态环境，同时培育和引导养生养老产业进驻，发展养生产业，进行生态养生型开发；医养结合型需导入医药产业，形成医药种植产业链或形成医药产业园等，进行医养结合型小镇开发；养老小镇型依托某一自然环境，进行周边环境的开发打造，同时建设医疗康复设施、服务中心等健康养老设施，完善养老居住、医疗康复护理、老年活动中心等多功能的养老小镇。

（三）依托开发类型，强化健康主题，进行多元化开发

小镇确定开发类型，就必须强化健康养生养老主题，进行多元化开发。以健康养生、休闲养老度假等健康产业为核心，进行休闲农业、医疗服务、休闲娱乐、养生度假等多功能开发。

（四）小镇整体的运营管理

立足于小镇的自身特点，以市场化开发为主导，确定项目的开发主体、开发模式、招商及运营模式等，形成系统化的运营管理流程，推进健康产业链的高效发展，实现小镇的经济效益增长。

文旅小镇运营

一、业态结构

（一）住宿和餐饮

每个项目面对的具体情况都不同，不管是爱情小镇、古镇或者是其他小镇，只要真正想要把旅游做起来，除了主题是重要的一块，小镇的商业是另一个非常重要的方面。

商业的第一个问题就是业态结构，不是说所有业态配置在古镇都能成立，古镇商业配置的关键是建立商业消费生态消费链条。古镇的旅游商业生态消费链条要点是晚上的消费，根据我的经验，一般情况下，想把旅游项目真正实施好，首先是住宿，如果一个小镇的民宿、酒店等住宿业态不发达，大客流量是做不起来。

要想让客人住下来，只有住宿业态是不够的，还需要有夜晚消费项目，比如游船、灯光秀、酒吧等传统的夜晚项目和消费。

对于旅游小镇来说，不管是白天还是晚上的商业，其中最核心的就是住和吃，如果把这两个要素特别是住宿做好，人均消费就做起来了。比如有些景区很多时候都没有人，但是在五一假期突然来了四五十万人，事实上它的人均消费可能就几毛钱，那这个景区的价值也就是几毛钱；但是一个好的景区，可能并不是假期经济，追求短期的人流量，但是它的人均消费能达到两千块，这样的景区就很有价值。所以说一个景区运营的好坏，从它的商业业态链条和生态上就可以看出来。

（二）旅游商品和旅游产品

小镇的商业除了住宿和餐饮，旅游商品和旅游产品也必不可少。旅游产品和旅游商品不一样，旅游产品比如游船等，需要花钱去景区消费。而你花了钱把东西带走了，这些才是旅游商品。旅游商品一般情况下有两种，一是纪念品；二是地标性的产品，比如有些东西只有某个地方才有，或者你经常享用，但是只有某个地方最正宗，这种是很有价值的。

（三）休闲娱乐

现在有很多同行很喜欢用儿童业态，认为儿童业态带客能力很强。但是我认为儿童业态非常难做，因为以下原因：一是业态本身消费时间密集性很强，集中在周六日或者节假日，对整个商业来说客流价值不见得有多大；二是儿童业态并不是我们想象的那样有带客能力，如果说人们带着孩子去一个地方旅游，让孩子去消费当地的儿童业态是不太容易的，因为各地的儿童业态基本上大同小异，绝大多数没有独特性，就我的经验来说，在小镇做儿童业态要谨慎，具体效果怎样还有待于进一步的探讨和验证。

总体来说，小镇业态最关键的在于建立商业消费生态消费链条，如果能形成消费的链条，小镇的项目就会不错。如果说只有白天的消费，比如只有一条小吃街，客人开车来吃完小吃就走了，这种情况也不错，但是客单价会低，项目价值就没有能留住客人的大。有的项目以小吃来带动，但是事实上不仅有小吃，比如袁家村，它除了小吃很丰富之外，袁家村的民宿业态也很好。

二、餐饮业态

餐饮比较特殊，相比较而言业态比较分散，是非标的，不像住宿那么标准化，在很多层面形成了标准流程，也想成了很多行业准则。而餐饮业态不管多么发达，从行业标准化角度来说都非常难，我们在小镇操作的时候一定要注意以下几个问题。

（一）物业

1. 物业大小

制约物业使用的第一个问题就是物业大小。比如做婚宴等大型餐饮，二线以上城市基本都在 2000㎡~10000㎡，可以是三四层楼，一层的面积基本上要在 400㎡~500㎡；如果是在小城市，基本上在 800㎡~1000㎡，如果达不到这个面积，盈利是非常难的。面积涉及能摆多少桌，能容纳多少人吃饭，另外还有翻台率等经营评效问题，中大型餐饮的盈利基本上不是靠散客，而是靠包桌，面积限制了包桌，想赚钱非常难，所以从这个角度来说，单体面积小是致命的问题，如果达不到这个要求，有经验的商家是不会租赁的。

在500㎡~1000㎡的餐饮是中大型餐饮，这种面积经营的频效会相对于200㎡、300㎡的高一些，也是目前流行的杭帮菜等餐饮的主流面积。

需要注意的是，在小镇发展的前期，两三百平米的餐饮非常难以存活。这种餐饮面积不大，但也不算小，当小镇客流量多的时候，承载量不够多，顾客多的时候人手也不够用，赚不到钱；而小镇客流量少的时候，其本身的人工成本又不低，存活非常难，所以在发展前期，我们尽量减少这种不大不小的餐饮。

100㎡左右基本上都是小吃或者特色餐饮，这种业态在旅游小镇里非常多，基本上都是小镇的主力餐饮业态。

2. 户型

物业的户型一旦确定，物业的命运基本上就确定了，包括它好不好使用，被用来做什么业态等。不管是做哪种业态，户型最好是方的，柱子越少越好，最好没有柱子，要不然用起来非常难，很多商家都不喜欢用奇形怪状的物业。

（二）小吃街

基本上现在旅游的地方都有小吃，小吃是特色，承载了地方文化，小吃街的建造很有讲究。比如街道有多宽，太宽的话，人少的时候会越发显得人少，这样不容易聚客，也不容易让商家做生意；太窄的话，人就进不去，做生意也不容易。经过研究，D/H大概在0.6m是比较符合亚洲人习惯的，而且从商业化角度来说也比较好。D是街道宽度，H是房屋外檐高度，第一龙廓线的高度。

还有一点是店铺的密接性，也叫亲近性，比如说门口种着一排树，或者做了木篱笆把它隔开了，这样都是不太好的，虽然有的商家隔了一下能放很多桌子椅子，但是对于步行小吃街来说无非就是圈了点地方，但是这样不利于游客的进入，隔离了人流，游客的俘获率会降低。

（三）餐饮功能差异

餐饮业态里中大型餐饮和小吃的带客能力是有区别的，中大型餐饮基本都是属地化消费，对街区客流量的贡献很低，但是小吃类的不同，来吃小吃的游客基本上都要在转一转，因为小吃不是一个就能吃饱的，如果要吃就要去小吃街转。所以我们在选择业态落位的时候，小吃和中大型餐饮分别往哪里落就很讲究。落位不好对街区导流的影响很大。

三、动线设计

（一）人流动线

动线设计是前期特别关键的问题，很多小镇后期运营出问题的原因就是没有设计好动线。比如有些小镇的街道像脏乱差、散商管不住等都是动线造成的运营期没有办法处理的问题。我们在设计中要注意人流的单向，就让游客一条街走过去，尽量不要有选择，那么这条街上生意就会很好，没有死角。但是这种情况游客会觉得单调，所以基本上我们不会只做一条街，除了主大街之外还会设计一些小吃街、古玩街等，但是往往很多商业最容易存活的只有一条街。

还有一个原则是人流的不要双向对冲，只要人流不对冲，客流量大的时候就不会出现集体性踩踏事件。

人流动线就是游览动线，游览是有节奏感的，会有起承转合的情绪变化，但是游客游览的起承转合我们怎么来引导呢？这方面建筑风格和景点对游客的引导性都不大，最大的是能不能把人流聚在广场，广场在后期运营中起到了至关重要的作用，既可以做活动，也可以做商业，和线路结合起来，汇集人流，就会让人感觉游客量非常多。如果只有一条街而中间没有留住人流的广场，可能一天几万人走过去都不显眼，但是如果有几个广场，人聚起来，就会感觉人太多，根本走不过去，这也是我们在运营过程中重点考虑的因素，当然广场必须和一些主题活动结合起来使用。

动线要与业态呼应，大多数景区基本客流都是十点钟左右到，十一点半到十二点之间就要消费了，这部分消费多是刚性消费，主要是吃、喝等，所以前期设计的时候我们要把动线与业态考虑进去。

（二）车流动线

车流动线，就是物流动线，第一点是在小镇里面就是物流，为什么要设车流动线一定要考虑清楚，不要为了设车流动线而设。车流动线要解决商家备货的问题，小镇生活的人群生活物资的出入问题和人群平时进出问题，所以清楚最关键的点在哪里。

第二点就是把停车场、停车位和它结合起来，刚刚说到大宗物业，如果没有专属的停车位，大宗物业是很难使用的。一个2000㎡的餐饮，如果不给它配停车位，生意是很难做下去的，进出车辆不方便，就很难做生意。

第三点就是不与人流动线交叉，如果说有交叉，就比较容易出事故，有安全隐患。

四、招商

一般小镇商业团队会制定招商政策，比如免租期多长，新开发的小镇没有免租期招商就比较困难，特别是离城区比较远的项目。免租期具体怎么实施呢？有的地方是这样操作的，比如说有三年免租期，前三年什么都不用给景区，只要交物业押金就可以入驻，这样就会造成商家就算不做生意也不会退铺，因为没有成本，但是景区如果要收回，就要跟他打官司。那么我们可以采取别的办法，比如把租期变成五年，前两年交，后三年免；或者把租金平均到五年，每年都交一点，这样商户做不了生意，会主动把商铺退给景区。

另外要对商户有选择，有些商户没有开铺经验，凭一腔热血就进来了，我们要降低这样的人群的频率，控制在15%~20%之间。因为商家没有实际操作经验，靠景区给的流量才能生活，而且他们普遍没有经营策略，很容易赔钱，做不下去影响开门率。

还要考量业态的吸客能力，比如旅游商品，听起来很有旅游特质，事实上旅游商品没有带客能力，很少有人是冲着旅游商品到景区旅游的。除非是像奥特莱斯这种类型的，严格意义上来说不是旅游产品，而是旅游购物。

招商时还要处理好与属地居民的关系，可能会遇到一种情况，比如说有两年的免租期，本地居民觉得时机不错，我可以先租下来，如果做得好我就继续租，如果做不好我就跟你打官司，让你赔我的钱，所以制定招商政策要杜绝这个问题。小镇项目大部分都在乡镇或者县城，属地的居民先期占了商铺资源，又不去用心经营，会对后期带来很大麻烦。

文化产业将取代房地产

一、文化产业接盘房地产

参照十年前，国家对房地产产业的频繁政策引导，就可以清晰地看出历史的相似性。文化产业已经成为了地产之后“国民经济支柱产业”的继任者。历史，为什么会选择“文化产业”？

首先是“内需”。中国是举世无双的文化大国，拥有丰富而庞大的文化艺术资产，以及强大的现当代的文化艺术创作力，积淀与积攒了至为可观的产业力量。一方面，这些文化艺术资产需要“盘活”，需要一个出口转化为生产力与利润，释放出它所积淀的力量。另一方面，在传统产业转型升级中，科技创新与文化创意成为关键因素，而这一因素正孕育在以创意力和创新力为支撑的文化产业中。同时，事实证明高成长性的新兴经济，往往聚集在轻资产、高附加值的产业领域，文化产业正好符合这一特点。

其次是“外需”。中国经过高速的经济发展，财富暴涨的同时，国民文化素养并没有得到有效提升，在国际声誉上，中国需要与经济总量相匹配的文化形象和声音，需要有力的“国家形象”。从不久前，就可以看出高层对中国“文化输出”的殷切期望与迫切期待。从这个意义上说，文化产业是未来中国的“国家战略”。

（一）艺术“嫁给”金融

在文化产业诸多分支中，艺术品产业是创作积淀最为丰厚、产业链最为简单、交易最为灵活的业态分支。在《关于金融支持文化产业振兴和发展繁荣的指导意见》和《关于深入推进文化金融合作的意见》文件指导下，2009 年“艺术金融产业”以厚积薄发的态势迅猛发展起来。

艺术金融，是将艺术品转化为金融工具，以金融资产纳入个人和机构的理财方式。其主要形式有：艺术品产权交易；艺术基金；艺术银行与信托；艺术品按揭与抵押；艺术品租赁等。目前占市场主流的是证券化的艺术品产权交易和私募化的艺术基金。

为什么金融会“爱”上艺术?首先，“投资环境变了”，股市不景气、房产增幅停滞，除了股市、房产，艺术品是最安全的投资避险工具，大量热钱与财富人群涌进艺术品市场。其次，“参与群体变了”，收藏变成投资，买艺术品和煤老板买楼没有区别。市场上引领风骚的不再是传统藏家，而是呼风唤雨的金融资本。中国真正意义的藏家本来就微乎其微，新的财富阶层又把仅存的行家挤走了，行家如果手上货全卖掉了，也就出局了。传统收藏群体加速衰减，注重投资效益的群体越来越庞大，资本大佬和热钱已成为市场主角。

（二）为“投机”正名

在美国和欧洲，艺术品与金融资本联手早已是司空见惯的现象，金融资本介入艺术品投资和收藏领域，已经成为发达国家艺术品市场的主要推手。世界上历史最悠久和投资业务最大的几家银行，包括瑞士联合银行、荷兰银行等金融机构，都涉猎并已经形成一套完整的艺术银行服务系统，下设有专门的艺术银行部。

二、艺术市场需求

“艺术与金钱的关系从未如此密切。”《艺术生意：全球金融市场背景下的当代艺术》的作者 NoahHorowitz 表示，“在最近几十年，艺术已经发展成为一个全球化的生意，如果想全面了解艺术世界以及我们与艺术之间的关系发生了怎样的变化，我们必须了解介入其中的金融力量”。

（一）艺术资源变为金融资产

最近几年，随着中国艺术市场的迅猛发展，介入艺术领域的金融机构迅速增加，金融资本进入艺术产业，将艺术品变成一种投资品，实现金融资本与收藏、艺术品投资的融合，艺术资源变为金融资产。随着这些资本的介入及相关体系的建立完善，中国已进入艺术金融化的初级阶段。

中国艺术产业研究院副院长西沐分析了其中原因：一是国家经济取得长足发展，人们生活富裕，家庭资产增长，高净值人群参与艺术品投资的愿望加强。二是艺术品市场不断壮大，从不成熟到形成体系，艺术品资源的价值被认知、开发，而其高投资回报率也成为吸引买家入场的主要原因。

摩帝富艺术顾问股份有限公司副总裁兼亚洲区总经理黄文叡表示，“艺术金融化的构想非常好，可以刺激艺术产业的发展，如果没有资本进场，这个产业就发展不起来”。

艺术金融化不但为金融产业的发展寻找到一条新的途径，是金融业发展的一个新方向，也为艺术市场注入了新鲜血液。在这种形势下，无论金融机构还是艺术品市场都在探索新的途径，不断推出新的产品，目前，金融机构介入艺术领域，主要从事的是艺术品融资、艺术品信托、艺术基金、份额化几方面的工作，这些都推动了艺术与金融结合的进程和步伐。越来越多的金融机构意识到艺术品值得投资，艺术市场也需要资本助力，才能进一步壮大。

西沐表示，“发展到今天，艺术金融取得重大突破，艺术与金融的对接不再是零散的、点对点的，或者仅仅是产品级的，而是体系性的形成。这是艺术金融真正进入体系化发展的阶段，这才是艺术金融时代到来的一个基本标志”。

（二）产业化的理念发展艺术金融

“艺术金融是一个经济或者金融概念，千万不能单纯地看作一个产品，一定要用产业化的观念来看待艺术金融。”西沐强调。在他看来，艺术金融是一个自上而下的产业链条，不仅有自己的产品体系，还有独立的交易平台以及相应的支撑和服务系统，只有建立起相应的产业链条，艺术金融才能按照产业化的理念发展。“只有以产业化的理念，艺术金融化地才能发展持续、长久。”黄文叡说。

然而，在目前，因为产业链诸多相配套的环节严重缺失，艺术金融化发展的步子走得小心翼翼。西沐说：“金融机构看艺术品市场感觉水很深，不敢贸然进入，无从下手，而艺术市场看金融一头雾水，不知道从哪里切入。”

艺术金融化产业链发展面临重大缺失，西沐、黄文叡以及鼎艺艺术基金投资委员会主席陈波阐述了自己对产业链有待完善的看法。首先，艺术金融化需要建立两个行业对接的保障体系，比如艺术品的鉴定、评估定价机制、咨询顾问以及艺术品确权等，建立艺术金融化的支撑体系，是文化艺术资源变为金融资产的前提。

其次，艺术金融化缺少衔接的平台，艺术金融化的核心是产业化、规模化、大众化和社会化，这是艺术金融发展的大方向。要适应这种发展，不能停留在单纯的点对点、一对一的交易形式上，必须建立更广泛、具有公信力的交易平台，能够让大众参与，实现艺术与金融的对接。

再次，艺术资源与金融资本对接还有一个严重的问题就是没有形成具有共识的定价机制。艺术品评估的核心就是定价，但目前，我国没有一家具有公信力的估价机构，也没有形成具有共识的定价机制。

最后，艺术金融化需要建立多元的艺术品退出机制和体系。目前，我国艺术品退出主要依靠拍卖，不仅公信力不足，而且单一且狭窄，严重阻碍了艺术金融化进程的发展。如果没有形成多元的退出渠道，就不可能建立完整的退出机制，资本进入就成问题。

而陈波认为，保险和仓储的缺失也阻碍了艺术金融化的发展，“保险是艺术金融化基础缺失最重要的一环，有了保险，艺术品仓储和典当才能发展起来”。

此外，在艺术金融化的发展过程中，监管是必需的，也是必要的。在艺术金融化发展过程中，配套法律法规的制定、监管的力度和程度、具体落实和执行都需要相应的监管。在艺术金融化的发展过程中，还需要与此配套的服务业，如艺术顾问、咨询等业务，服务是其发展的核心。

目前，国内的艺术金融化更多的是产品层面，如基金或者信托；当然也有文交所这样的交易形式，或者一些公司提供增值保值的平台，还有一些提供艺术品金融的咨询服务。虽然诸多金融机构在艺术品产品交易、服务业都有尝试，艺术金融发展的亮点已经有了，但是目前缺乏的是具有前瞻性、产业化的理念，来把这些点连接、延展，形成一个产业链。在宏观层面缺乏这种战略规划的研究，以及相应的政策、对策。西沐认为，“只有形成具有共识的机制、有了交易平台和支撑体系，金融资本和艺术资源的对接才有基础”。

而在这些需要建立的体系中，每个环节都是巨大的发展机遇和潜力，正如黄文叡所言，“一旦这种架构建立起来，将带动中国之前并没有的产业，这是一条很看好的产业链”。

（三）继续伸展的发展空间

就艺术金融发展前景而言，陈波做了这样的比较，2011 年，中国二级市场的总成交额接近 1000 亿元，而艺术品基金发行的规模仅 50 多亿元，相对来说，是很小的体量。现在艺术基金的量还是很小，也影响不了整个市场。

西沐在中国经济和艺术品市场规模的基础上，计算出艺术品金融发展的潜力。根据巴克利银行的推荐数据：机构投资者与高端人士会配置 5%的资产进行艺术品投资。如果以保守的 5%作为对艺术品的潜在需求进行估计，按中国 130 万亿元的财富这样一个保守的数字计算，中国艺术品市场潜在的需求就是 6 万多亿元。

如果用可流动的有效需求只占总需求的 1/3 这个假定来计算，也有 2 万多亿元的规模。而目前的规模只有几千亿元，“潜在的需求非常大，显现出来的只是冰山一角”。潜在需求与现状存在巨大差异，最重要的原因就是产业链发展缺失，很多想要进入的资本望而却步。

而黄文叡看重了艺术金融带来的更大的艺术产业发展空间，他表示，“艺术金融化会引发相关产业的发展，最直接的就是文创产业，这个产业链太大了”。比如艺术授权就是其中的一部分，将艺术资源转化为日常用品，市场的发展潜力非常大，也有机构试水，比如北京文交所最近所做的限量版画的交易。艺术金融化会衍生出很多类似于艺术文创、版权买卖交易这样的产业，还有很多无形的艺术文物，它们的价值可以通过文创产业实现。

黄文叡表示，尽管艺术金融化目前还存在诸多问题，但大家对这个产业还是有信心的。“艺术金融目前还处于混乱的发展阶段，需要停下来整理市场的架构。”问题的关键是如何发展艺术金融，以及以怎样的视角与理念去发展艺术金融。西沐则强调，“发展艺术金融必须以产业化的理念与视角，才能将其做大、做强”。

目前，文化产业已上升到国家政策，大力发展文化产业，艺术金融化无疑会成为推动文化艺术产业发展，推进艺术市场壮大，促进中国文化艺术传播的重要途径。借助金融化的手段，促进艺术的影响，只有强有力推广，中国文化艺术在世界竞争中才能站得住脚。

全域旅游应慎重

全域旅游绝不意味着村村点火、户户冒烟，一定是形成乡村的分工体系，然后形成市场体系。全域旅游不是一顶帽子的问题，最终研究如何拉动，通过一个点的扩散拉动一片，而真正能够落实全域旅游全面拉动的就是休闲。

全域旅游发展重点首先是城市，而基础在乡村，要发展全域旅游，务必自驾先行，休闲落实。

在全域旅游发展基础方面，现在中国的旅游发展实际上已经形成了三个领域：

传统旅游领域：传统旅游领域总体状况是在淡化，有些甚至在萎缩，在下滑。包括旅行社、饭店、景区、汽车公司等行业，旅行社行业基本上全线崩溃，旅游电子商务已经把这个行业完全覆盖了；酒店行业在全面下滑，可以称之为断崖式的下降；旅游景区表面上赚得盆满钵满，实际上在统计时，仅仅是1%来替代99%而已；至于旅游汽车行业，则已经到了“差不多崩溃”的边缘。

“更重要的，我们要从新兴产业转向新型产业。新兴只意味着年龄小一点，新型才意味着体制健康，能够蓬勃发展”。

新兴旅游领域：该业态已经得到了蓬勃发展。

一、观光资源

中国的观光资源非常丰富，品质一流，但是中国的度假资源并不丰富，度假产品短缺，中国度假需求严重外溢，围绕这种需求可形成一系列新的业态。乡村度假是中国未来度假发展的主体，而且各地都可以做，但各地有各地不同的情况，也有不同的要求。

二、温泉产业

可以满足大众需求，全民泉养，就是全民都要借助温泉的资源达到温泉的疗养，泉养全用，泉除了养的，还有一个衍生的产业链。

三、绿道建设

绿道在中国南方已经很多了，但是在北方现在普遍没有开展起来。最值得赞赏的绿道在遵义，该绿道沿着赤水河谷 162 公里，串联了 12 个古村古镇，修了 16 个驿站。一条绿道，就可以形成一个世界级的产品，而交通部最新下发的文件，实际上已经把乡村慢行系统包容进去了。

四、户外运动

这是一个更新的也是更有前景的业态，户外运动包括山地运动、水上运动、平原运动、航空运动等。中国的户外运动始终发展起不来，是因为老一代不会玩或者说不敢玩，而 90 后这一代是伸张自我的一代，是自我实现的一代，他们不能容忍这种状况，下一步户外运动的发展将大行其道。

五、营地发展

营地的发展很快，现在全国大概 600 家营地，规划到 2020 年将达到 2000 家营地。中国现在的民用汽车保有量 1.4 亿辆，其中私家车将近 1 亿辆，如果 1 万台私家车需要一个营地，中国营地需求量的底线应该是 1 万家营地。但是营地现在有问题，政策不清楚，模式没形成。当前，如果不满足需求，需求就会转移，就会外溢。

六、九古发掘

这是一个发展余地不大，但是发展深度非常深的新鲜领域。古城、古镇、古村庄、古道、古关、古街区，再加上古渡、古树、古庄园这三古，这方面的资源还没有挖掘出来，有历史遗迹的还有不少。

新兴的旅游领域，里面还有很多内容值得大做。比如说城市型酒店全行业亏损，但是主题酒店、精品酒店、高端民宿非常火爆。

魏小安认为，按照旅游者的消费需求，凡是涉及的行业都可以叫旅游行业，比如说工业旅游、农业旅游、文化旅游、科技旅游、教育旅游等。只不过这些不是以旅游为主体，一个边擦在旅游上，这就是泛旅游的概念，正是在这个基础上，中国才形成全域旅游的概念。

全域旅游发展的重点首先在于城市聚焦，其次是把乡村旅游作为全域旅游的基础，发展全域旅游务必自驾先行休闲落实。

“旅游的核心在城市，旅游的根也在城市，因为城市是消费的集中地，也是消费的扩散地，所以怎么把城市旅游做好，这是全域旅游的第一篇文章”。“要把乡村作为全域旅游的基础，但是绝不意味着村村点火、户户冒烟，一定是形成乡村的分工体系，然后形成市场体系”。

如果村村点火、户户冒烟，这个事绝对搞不好。而且现在大家到乡村吃饭，上个土鸡一看根本不是土鸡。老乡很淳朴，是因为没有介入市场，介入市场之后，良心就坏了，可是过一段时间就会反应过来，这种短期行为对他没有好处，所以逐步会形成社区型的乡村。因此，一开始就要把乡村旅游的分工体系做好，这是根本。

“全域旅游不是一顶帽子的问题，最终研究如何拉动。传统的景区景点，旅游拉动的是一个点，通过一个点的扩散也会拉动一片，但是真正能够落实全域旅游全面拉动的就是休闲”。

七、强化软开发

软开发基本包括以下几个方面：

第一个方面叫策划，策划就是顶层设计，通过策划解决战略问题、方向问题、路径问题；第二个层面叫规划，规划解决空间配置、土地利用这些问题；第三个层面是设计，设计解决产品特色、市场开发等问题。策划、规划、设计是三个主要层面；第四个层面是活动，活动也是产品，所以在策划、规划、设计里面一定要把活动容纳进来，活动也是生产力；第五个是品牌，品牌是根本性的，也是更长远的东西，把软开发做到位了，实际上很多东西也就做到位了。

八、瞄准大市场

多数旅游产品就是大众旅游产品，就是周边市场，也用不着冲出亚洲，走向世界，能走到东部就不错了。反过来，有一些好的产品，要想做得比较独特的产品，就得瞄准中程市场和远程市场。农家乐就是周边市场，休闲农庄就是中程市场，乡村度假对应远程市场。“如果一个行业产品没有高端、中端、大众，就说明这个行业不成熟，产品也不成熟，这是很自然的。所以这方面的市场更需要研究”。

九、培育大产业

在强化软开发、瞄准大市场这个基础上，来培育大产业，大产业才真正构造全域旅游。最终这种产业就是以旅游市场为平台，以旅游消费为拉动，所有的产业都可以搭这个车，这个大产业形成了，全域旅游才真正可能发展起来。

旅游规划者的素质

一个优秀的旅游规划人要博学、有灼见、有良知且饱含激情，善于发现，易于感动。这样才能形成强烈的创意冲动，创作出极具感染力的好规划。

一、基础

在具备旅游专业知识的基础上，要全方位地通晓天文、地理、人文、历史、自然、政治、法律、经济、宗教、民俗、建筑、交通、美学、艺术、环保、植物、心理、物候、文学、传播等学科的常识性知识。这种通晓不是熟稔，但最起码是了解，然后是融会贯通。

二、灼见

有独辟蹊径的思想和独到的眼光，以独特的观察角度、理念和方法发现事物的独特属性，并以高超的分析、综合和提炼能力，从中得出真知灼见，策划设计出智光闪亮的旅游开发概念、主题、项目、产品及经营模式。

三、良知

一个优秀的旅游规划人，定然是具有社会良知和良好职业操守的人，具有强烈的社会责任感和职业责任心的人，具有勤奋敬业和乐于奉献精神的人。

四、激情

饱含激情，善于发现，易于感动，并能从感动中捕捉景观中的亮点，在感动中产生联想，在联想中提炼出精华，从精华中生发出创意爆点，提出诗一般的理念。只有具备烈火燃烧般的激情，才能形成强烈的创意冲动，创作出极具感染力的好规划。

这种素质不仅是规划人智者理念与仁者情怀的产生渊薮和动力，更是规划人的一种情愫和信念。

旅游与原住民

一、不能一味地驱离原住民

乡村旅游资源主要是“六风”，即：田园风光、乡村风貌、民间风物、乡土风俗、民族风情和传统风味，而这些旅游元素都离不开原住民，如果乡村旅游没有原住民的参与，就只剩下一个空寥寥的村落空壳，让外地人入住进来去表演给城里人看吗？

那已经没有了原真性的味道，没有了原乡的感觉。带有表演的东西总缺乏体验感、真实感和沉浸感，那就跟城里人组团来到一个城外居住的社区没什么两样。

一方水土养一方人、十里不同俗等，都是说的这个道理。如果说旅游是离开生活的区域去外地感受异域化、异质化的东西，那么，乡村旅游就是城里人到乡村去感受异于城里的乡土化、民俗化、原生态的东西。

因此，乡村旅游离不开原住民。

二、是一种生活方式

旅游生活化正在开启乡村旅居新时代。一部分游客到乡村已不再是单纯的旅游，而是被乡村的环境所吸引，在当地较长时间地生活和居住，这种现象不仅出现在北京等大都市，在黑、吉、辽这样的省份，甚至出现了“候鸟式旅居”。

乡村生活时代似乎已经到来，而首当其选的就是带有旅游性质的乡村生活。当乡村遇上旅游，乡村旅游首先是一种生活方式，然后才是一种旅游方式。乡村旅游规划是与乡村生活时代发展紧密相联，不仅要反映乡村旅游发展的趋向，也要反映乡村社会发展的趋势。

三、陌生的生态方式

相对于城市和现代人，农业旅游是生态的和陌生的，而工业旅游难以接近市场，除非是“超科技的农业+旅游”，这是一个很接地气的命题，起码比“工业+旅游”更实在、更客观，这其中的一个重要原因，就是“生态”元素。本文作为卖点之三已经提到。我想，这是重要卖点。

尽管很多工业旅游项目强打生态牌，但毕竟工业是现代化产业，工业文化是现代文明。工业曾经污染过我们洁净的生活，已经留下不生态的坏印象，甚至给我们的生活和生命造成创伤；况且与现代人相近，由于没有疏离感和陌生感，也就没有旅游市场诉求的神秘感，因而难以接近市场。

而包含手工业在内的传统农耕和原始农耕，大都与生态有关，甚至现代农业也比现代工业更接近旅游市场。更重要的是，农耕文化远比工业文化更久远、更丰富、更具有诱惑性和体验性。

四、最美的风景应该是人

今年春节，接二连三的游客遭殴打辱骂甚至毁容事件，一度让丽江贴上了“罪恶之城”的标签。

正好此间我去过一次，丽江的风光很美，建筑风貌也很美，其他的，譬如与人有关的风物、风味、风俗、风情本来也很好，与内地相比，已经是很异域了，但一些服务和待客之道却很异类。

我说的是好客之风，“好客”是不少地方旅游宣传所惯用的噱头，譬如，“好客山东”宣扬的是一种客情，“老家河南”宣扬的是一种亲情，给予了我们什么情感？原本淳朴善良的民族习俗被“铜臭”了，游客即使面对浓郁多彩的异域风情也没有了体验的情绪。

茅盾先生在他的名篇《风景谈》里下过断语：人才是最美的风景。几年前，台湾也曾鼓吹“最美的风景是人”。虽然偏居一隅的蕞尔小岛风光即使再美丽，也无法跟大陆相比。况且这几年，因为大陆对台独心生厌恶，所谓“人”已风景不再。只是那句“最美的风景是人”让人徒生感慨。

五、培育淳朴民风和好客品质

乔润令指出：在中国城乡要素双向流动的新格局下，打工农民返乡创业，大规模的城市资本、人才下乡，大规模的城市消费通过文旅、康养、到乡村寻求第三居所的方式进入乡村，其中田园综合体和特色小镇成为其中一股潮流。“新乡绅”通过特色小镇、田园综合体的建设重振乡村文化、经济、社会。

个人认为，当下已形成一个新的归乡运动。之所以说“新”，是因为在我国几千年的农耕社会中，乡绅也罢，乡贤也罢，从来就没有中断过，而且他们大都是乡村传统文化的承继者。中国自古就有衣冠还乡、告老还乡之说，而这些乡绅恰恰是几千年中国农村社会乡俗、乡礼、乡风的重要携带者、倡导者和维护者。

新乡绅群体，主要是少小离家有乡愁情结者，常年在外打拼事有所成者，一辈子困于城市环境、“城市病”揪心、向往归园田居、乡村要老的城里人，以及发现新的政策机会急于寻找成本洼地、良好生态、图谋资本扩张者。

单纯养老养生者，尽可去也，寻一处青山绿水，以求颐养天年，悠哉乐哉，当人生快事！

乡村，是我们最终要归园田居的地方，是归养终老的地方，只需保护，保护生态；可以培育，重塑好客精神和淳朴民风；不容任性，不容糟蹋！

六、乡村应该是养老的地方

养老问题是未来的大问题，其模式除了社区养老、家庭养老、设施养老外，田园康养、乡村旅居已然成为时尚。

七、乡关何处

文中说道：城市有工厂，有市场，是警察与小偷共存的地方；农村是家园，是生活和享受的地方。富裕起来的城市人一旦跨入乡村，他们就会发展人与自然的关系、人与人的关系、道德与自治之间的关系，城市人会明白生活价值。

这是一个有趣的问题，在我们的农民兄弟急火急燎地赶往“有病”的城市之际（城市病是指由于城市人口、工业、交通运输过度集中而造成的种种弊病。城市病表现为人口膨胀、交通拥堵、环境恶化、住房紧张、就业困难等），城里人却在反其道而行之，掀起了轰轰烈烈的回归乡村运动，赶着去填充“空心村”，在有山有水的地处，构筑属于自己的“安乐窝”。但愿这是拯救村庄、雪里送炭，可以带动乡民走出贫困、走向富裕，而非为了某种情怀、某种利益去添乱。

未来 20 年，最赚钱的行业不是做房地产，而是做农民！

农村不仅是田园、家园，还是我们的故园和原乡，未来可能就是我们的庄园。

旅游业的担当

一、推进农业农村现代化

习近平总书记代表第十九届中央委员会作的题为《决胜全面建成小康社会夺取新时代中国特色社会主义伟大胜利》的报告提出，要实施乡村振兴战略。按照产业兴旺、生态宜居、乡风文明、治理有效、生活富裕的总要求，建立健全城乡融合发展体制机制和政策体系，加快推进农业农村现代化。

二、解决好“三农”问题

巩固和完善农村基本经营制度，深化农村土地制度改革，完善承包地“三权”分置制度。保持土地承包关系稳定并长久不变，第二轮土地承包到期后再延长三十年。深化农村集体产权制度改革，保障农民财产权益，壮大集体经济。确保国家粮食安全，把中国人的饭碗牢牢端在自己手中。构建现代农业产业体系、生产体系、经营体系，完善农业支持保护制度，发展多种形式的适度规模经营，培育新型农业经营主体，健全农业社会化服务体系，实现小农户和现代农业发展有机衔接。促进农村一二三产业融合发展，支持和鼓励农民就业创业，拓宽增收渠道。

三、确保可持续发展

习近平说，既要鼓励发展乡村农家乐，也要对乡村旅游作分析和预测，提前制定措施，确保乡村旅游可持续发展。

旅游业界专家、管理部门及企业相关负责人认为，近年来，乡村旅游发展已经成为农村发展、农业转型、农民致富的重要渠道。报告中提出要实施乡村振兴战略，旅游业将会有更大作为、更大担当。“实施乡村振兴战略，旅游应坚持产业融合、环境改善和公共治理相结合的发展理念；应坚持多样化和差异化的发展路径；应坚持因地制宜、柔性建设的发展方式；应坚持资源的集体属性，壮大集体经济，培育发展动能，扩大非农就业。”中国科学院地理科学与资源研究所旅游研究与规划设计中心总规划师宁志中说，我国幅员辽阔，乡村地貌景观、乡土文化丰富多样，全国约70%的旅游资源在乡村地区，实施乡村振兴战略，旅游业将会有更大的担当。

从供给侧结构性改革视角看，乡村地区是新时期旅游业增长的主战场。乡村旅游既是新型经济业态，也是新型文化业态，旅游业发展利于乡村文物保护利用和乡土文化遗产保护传承，是展现和传播真实、立体、全面的中国故事的最佳途径之一。从加快生态文明体制改革和建设美丽中国战略视角来看，广大的乡村地区是美丽中国战略的建设重点。将乡村生态环境优势转化为生态旅游发展优势，利于促进乡村人居环境的改善，利于促进乡村地区人与自然和谐共生的现代化，利于形成节约资源和保护环境的乡村空间格局、产业结构、生产方式和生活方式。

发展乡村旅游是乡村振兴战略中的重要手段和途径，对农业、农村发展具有独特的促进作用，可以推动农村绿色发展，助推“美丽乡村”建设，促进城乡一体化发展。同时，有助于农业供给侧结构性改革，盘活闲置农村资源，有效拉动内需，是实现共享发展非常重要的途径。刘旗表示，发展乡村旅游，完善基础配套设施很重要。建议加大建设资金投入，尤其是加大对乡村旅游集聚区基础设施建设、村容村貌环境整治的投入，统筹用好乡村旅游和新农村建设、美丽乡村示范片（点）、高山生态扶贫搬迁等专项资金，搞好项目整合，重点加强道路、厕所、停车场、标识标牌、通信网络、垃圾污水处理等基础配套设施建设；着力解决好交通主干道、重点景区与乡村旅游景区景点的道路连接；在有条件的乡村旅游集聚区推动智慧乡村旅游建设，进一步优化乡村旅游发展环境。

近年来，乡村旅游快速发展，从最初“吃农家饭”的农家乐、乡村赏花游等方式起步，目前乡村旅游已成为全省旅游业的重要组成部分，各项旅游经济指标占全省总量的 1/4 左右，成为促进乡村生态保护、经济发展、文化传播和脱贫致富的重要力量。全省乡村旅游呈现多元化、融合化、品质化的发展趋势。“下一步，我们要深入思考、认真贯彻落实党的十九大精神和总书记的重要指示，做好乡村旅游的发展规划，指导乡村旅游可持续发展，充分发挥旅游业的综合功能，促进乡村振兴”。要深入学习领会党的十九大报告精神，实施乡村振兴战略，狠抓乡村旅游和旅游扶贫，构建“神女人家”特色乡村品牌，充分发挥旅游对乡村振兴战略的重要作用，达到农村变样、农民致富、农业增收。一是旅游业在新常态下对经济贡献率日益增加，将旅游业发展融入乡村扶贫开发战略中，促进贫困地区脱贫致富，带动乡村富民增收；二是大力实施乡村旅游，挖掘、保护及传承乡村文化，发展乡村旅游服务业，促进农民转移就业，推进新农村建设；三是通过旅游不断促进乡村生态环境改造，推动乡村整体建设发展，不断加快乡村现代化步伐。

要以实施乡村振兴战略为己任，加大与当地政府的旅游脱贫联动，不断加强扶贫力度。一是借助景区互联网，展示综合旅游业态大环境；二是专设咨询互动平台，多元化引入旅游消费，带动全域旅游经营收入；三是拓展带动更多周边村民，以点带面采取“1+X”的方式，统筹乡村游、农副产品、手工业制品等 100 家旅游产业户，让群众产有所销，增加经济收入，走持续发展全面脱贫道路。旅游在乡村振兴战略中发挥着不可替代的作用，不仅让广大农村的生态宜居建设上升到一个高度，同时推动了乡村文明建设，对于增加农民收入，扩大农村就业渠道，增强农民的幸福感，起着很大的带动作用。

运动休闲特色小镇

一、体育+旅游

随着特色小镇在全国发酵，“文旅小镇”成为关注的热点，一方面，相对于其他具有专业性质的小镇，文旅小镇的门槛不高，只要有一定的旅游、文化资源即可；另一方面，目前我国的旅游业一直处于浅层次的景观、景点的游览，也处于转型关键期，所以文旅小镇成为了旅游业的一次机遇。

在“健康中国，全民健身”的大背景下，以体育旅游为创新方向的产城融合，成为中国特色小镇的发展路径之一，体育特色小镇也应运而生。目前，全国各地涌现出一大批体育特色小镇，可以预见，体育特色小镇将成为我国体育产业发展的新动力。

随着中国老龄化的到来，“健康中国，全民健身”的理念深入人心，大众基本健身休闲需求将出现井喷。

“没有全民健康，就没有全面小康。”卫生部北京医院老年医学研究所原所长高芳堃表示，根据世界卫生组织的报告，人类的健康寿命40%由遗传、医疗条件、生活环境决定，而60%是由良好的生活方式决定的。预计未来几年我国体育消费将迎来爆发。

根据联合国世界旅游组织的数据，目前，体育旅游每年呈现14%的增长趋势，是全球旅游市场中增长最快的细分行业。无论从世界范围还是国内市场来看，体育旅游都是旅游产业中成长最为迅速的一个细分行业。

由此可见，中国体育旅游市场发展潜力巨大，正逐渐从传统的观赏型旅游向体验式旅游发展。接下来，“体育+旅游”的消费趋势将会湮灭“专业式”体育和“观光式”旅游，“平民式”体育和“体验式”旅游渐成主流。未来，体育特色小镇将成为我国体育产业发展的新动力。

“十三五”时期，体育消费方式将从实物型消费向参与型和观赏型消费扩展。而从国家到地方正在紧锣密鼓建设中的各类特色小镇，也将成为体育休闲产业从传统观赏型旅游向体验式旅游转变，健身休闲产业落地的最好载体。

10月28日，国务院办公厅出台了《关于加快发展健身休闲产业的指导意见》（下称《《意见》），《意见》提出，结合新型城镇化建设等国家重大部署，以健身休闲重点运动项目和产业示范基地等为依托，鼓励地方积极培育一批以健身休闲为特色的服务贸易示范区。

体育产业上升成了健康产业的一股中坚力量。以“体育产业+特色旅游”的双特产业为创新方向的体育小镇，正在走入人们的视野：

在一些发达国家，体育旅游所创造的价值大约占旅游总收入的25%。与之相比，我国体育旅游整体上约占旅游业年产值的5%。

体育旅游在中国发展尚不成熟，但是市场潜力巨大，与传统产品相比没有淡旺季、市场利润率高。伴随着供给侧结构性改革的不断深入、科技革命和产业变革的不断发展和“健康中国”战略的逐步实施，中国体育需求将从低水平、单一化向多层次、多元化扩展，体育消费方式将从实物型消费向参与型和观赏型消费扩展，体育产业将从追求规模向提高质量和竞争力扩展，体育产业必将迎来重大战略机遇。

2015年我国体育旅游实际完成投资791亿元，同比增长71.9%。山地户外、冰雪运动、水上运动呈现井喷式发展，涌现一批健身休闲产业，体育小镇成为热门趋势。可以预见，未来徒步、滑雪、潜水、滑翔、运动自行车、马拉松等新兴运动项目将注入小镇，成为体育特色小镇建设的首要选择。

二、特色

（一）以单项体育活动或赛事为核心

结合地理区位特征或地方体育产业特色，打造单项体育活动项目的产业集群和产业生态链的体育类特色小镇。如新西兰皇后镇聚焦户外运动、法国沙木尼体育旅游小镇发展滑雪特色运动等。

（二）体育产业融合新城区建设

创新一批体育类项目和设施带动小镇建设。特色小镇兼具除体育产业以外的文化、旅游、养生等其他功能，实现生态、环保、养生、宜人的属性。如北京丰台足球小镇、浙江银湖智慧体育产业基地等。

（三）引入体育类企业建设运营

参与特色小镇建设企业根据既有资源优势，谋划体育类主题创新，定位体育和旅游等产业融合，集聚资源，组合项目，创新驱动，实现企业成长和体育小镇经济的可持续发展。

1. 体育休闲类旅游小镇

钓鱼、登山、滑板、骑马、保龄球、网球、羽毛球、游泳、溜冰、潜水、放风筝、划船、冲浪等。

2. 体育度假类旅游小镇

高尔夫、房车露营、滑雪等。

3. 体育探险类旅游小镇

户外探险、海底探险、沙漠探险、攀岩、滑翔、跳伞等。

4. 体育养生类旅游小镇

太极拳、瑜伽、保龄球等。

5. 体育小镇要怎么建?

在体育特色小镇探索开发过程中，以体育产业与其他产业的整合、就业人口及休闲化消费的聚集、配套设施及服务的基础为依托，结合相关项目经验总结出体育特色小镇的综合开发结构与运营模式。

特色小镇项目建设以体育产业链的整合为主，利用各种资源，突破原有的项目推进和开发时序，将后期导入前期，在进行策划规划设计的同时，引入后期的建造、成熟项目、营销、管理、服务、投融资等资源，加快相关项目的有效落地。在建设过程中，体育小镇的关键在于体育产业的培育，可以根据体育产业的相关特性进行延伸。

(1) 增加体育旅游产品供给

体育旅游是否有特色、产品能否适应市场需求，是体育旅游发展成败的决定性因素。只有根据市场和消费者需求及时调整，做到“旅游+体育”的多元化和深层次，才能在激烈的市场竞争中赢得优势。

目前，行业内对体育旅游的深度研究较为缺乏，产品供给结构性短缺，难以有效满足广大消费者在体育旅游方面的需求。因此，旅游行业、企业应着重改善供给，提供更多热门体育旅游产品，同时要有创新精神，让旅游和体育实现更高程度的融合，以增加旅游本身的刺激性、趣味性、观赏性、参与性、体验性。

(2) 打通体育与资本的链条

国外经验表明，山地户外、水上运动、冰雪运动和高尔夫运动等占整个运动休闲市场的80%，而这些产业的发展，离不开高质量、高水准的软硬件服务。如果没有资本进入促成体育旅游市场升级，体育旅游产业化发展将遥遥无期。因此，体育产业与资本市场必须打通，资本的介入、从业者的创新思维是让中国体育旅游实现产业升级的关键。特色小镇的投融资规划就是重中之重。

特色小镇的开发建设，关键是把控好“投、融、营、退”四步结构，掌握好“六大收益模式”。四步结构，即投资的时序与规模控制、融资的对象与政府扶持利用、特色产业与旅游的运营专业化导入、资金与资本的适时适度退出安排；六大收益模式，即工程收益、地产收益、房产收益、旅游收益、特色产业收益、资本收益。这是特色小镇开发投资的核心模式设计。

(3) 体育特色小镇的运营模式

体育特色小镇应实现以企业主体，政府服务，政府负责小镇的定位、规划、基础设施和审批服务，引进民营企业建设体育特色小镇的运营模式。

体育特色小镇的项目建设，要通过要素整合和资源整合，突破原有的项目推进和开发时序，导入成功的结构，由后端导入到前端，从前期的规划设计导入到EPC导入、运营导入以及投融资导入，最后形成整套的运营模式结构，从而为旅游及特色小镇开发建设及落地运营提供全产业链整合服务，加快相关项目的有效落地。

三、国内外动态

（一）嵩皇体育小镇

基本情况：位于河南登封，坐落于风景秀美的嵩山三皇寨风景区，由河南嵩皇体育产业有限公司和河南省锦绣智达置业有限公司联手打造，规划占地31平方公里，小镇近距登封各景点。

发展特色：联合体育、航空、户外、旅游的企业共同打造大众化、多元化、体验式的体育旅游小镇。聚焦赛车、航空体育运动、登山、乒乓球、拓展等多种运动训练项目，融合观光、餐饮、住宿、会务、婚礼、养生等多种元素的户外体育运动主题公园。

（二）德清莫干山“裸心”体育小镇

基本情况：位于浙江德清莫干山，目前德清本地有体育产业企业70多家，均以体育健身休闲、场馆服务及体育用品的销售和制造为主，实现体育产业销售收入过百亿元，体育产业集群效应明显。2016年上半年，德清乡村旅游接待游客176万人次。

发展特色：小镇以打造“裸心”体育为主题，规划“一心一带两翼多区”全力打造体育特色小镇。将体育、健康、文化、旅游等有机结合，以探索运动、户外休闲、骑行文化等为特色，带动生产、生活、生态融合发展。建设部分重点项目有以下几个：

1. Discovery探索极限基地；
2. 久祺国际骑行营；
3. 莫干山山地车速降赛道；
4. “象月湖”户外休闲体验基地。

（三）绍兴柯桥酷玩小镇

基本情况：坐落在绍兴市柯桥区柯岩街道，小镇建设面积3.7平方公里，总投资110亿元，核心项目东方山水乐园投资80亿元，计划打造“旅游小镇、运动小镇、产业小镇”。小镇区域内有国家AAAA级风景区柯岩——鉴湖——鲁镇景区、乔波滑雪馆、鉴湖高尔夫球场等旅游休闲资源，还有在建和在规划中的天马赛车场、若航直升机场、毅腾足球训练基地、酷玩城市体育综合体、鉴湖水上运动基地等项目。

发展特色：小镇聚焦在体育设施方面，柯岩“酷玩小镇”包括八大体育休闲类项目，乔波滑雪馆、若航直升机场、天马赛车场，另外还将新建环鉴湖慢行道、鉴湖码头、酷玩乐园、综合体育场等，可满足大众康体休闲和专业高端运动的需要。

（四）海宁马拉松小镇

基本情况：海宁“马拉松小镇”总面积约 3.6 平方公里。产业定位为运动休闲旅游，以马拉松运动主题为核心，兼顾发展徒步、暴走、毅行、定向、拓展、露营、自行车等相关项目，形成休闲运动与旅游相结合发展的体育旅游经济。2014 年，景区游客量达 315 万人次。

发展特色：借助景区内全长约 12 公里的生态绿道，打造永久的马拉松项目，将体育与休闲结合起来促进当地发展。同时，计划引进房车营地、帐篷酒店、木屋酒店等旅游休闲、运动产业，用运动休闲来刺激当地的体育旅游产业的发展。

（五）平湖九龙山航空运动小镇

基本情况：位于平湖乍浦古城东首、杭州湾出口处、乍浦港东侧，平湖市九龙山省级旅游度假区内。小镇规划面积 3.45 平方公里，建设面积 1.06 平方公里，由浙江九龙山开发有限公司开发建设。小镇 3 年计划总投资 57.8 亿元。至 2017 年，预期实现营业收入 20 亿元，税收 1 亿元，接待游客 200 万人次。

发展特色：小镇建设航空运动体验园、赛马马球赛车运动体验园、星海湾国际安养基地、海角城堡养老养生基地、九龙山阿平汉国际学校等一批支撑项目。坚持创新国内健康运动产业发展模式，构建以健康运动为龙头、健康养生为主导、联动发展健康旅游、培育发展体育和禅修文化的综合产业体系。

（六）北京丰台足球小镇

基本情况：足球小镇占地 2200 亩，建设 50 片五人制足球场、10 片七人制足球场和 5 片十一人制足球场，足球小镇将囊括足球大厦、足球会议中心、足球风情街、足球博物馆、足球嘉年华、足球狂欢广场、足球奥特莱斯、北京第一座专业足球场等设施。

发展特色：小镇将着重发展足球产业，在建设中引入竞技体育和群众体育高度结合的智能场地技术，引入同步数据分析系统，开发专门的 APP，实现网上定场地、约赛，打造京城最大的足球社区，最终建成融合足球竞技、足球文化、足球科技等概念和要素、城市发展和足球发展相对接的创新发展平台，形成足球产业集群和足球产业链，打造中国第一个将城市发展和足球发展相对接的创新发展平台。

（七）银湖智慧体育产业基地

基本情况：位于浙江富阳银湖新区，规划面积 3 平方公里，建设面积 1 平方公里，项目一期用地约 300 亩。项目总投资逾 50 亿元，其中基础设施投入 30 亿元，产业投资 20 亿元，涵盖智慧体育相关领域的总部经济业态、旅游休闲娱乐业态、产学研综合业态，建成投运后预计年产值 300 亿元。

发展特色：聚焦各种室内外新型智慧体育健身娱乐活动，游客可以体验如打 3D 高尔夫、玩 3D 马球等各种 VR/AR 体育体验项目，突出智慧体育产业特色。

1. 新西兰皇后镇

基本情况：位于新西兰东南部，瓦卡蒂普湖北岸，被南阿尔卑斯山包围的美丽小镇，依山傍水，其海拔高度为366米。

发展特色：聚焦户外专业运动，发展综合性运动旅游，每年都有上万名的游客前来此地观光旅游，冠名“新西兰最著名的户外活动天堂”。

2. 沙木尼体育旅游小镇

基本情况：位于法国中部东侧，毗邻意大利和瑞士，阿尔卑斯山主峰勃朗峰下，市中心海拔1035米，是法国高度最高的镇之一。

发展特色：现代登山运动发源地，体育旅游服务与设施完善，包括登山缆车，山地救援及登山向导。沙木尼设有高山救援队，负责该区域山区的救援，全天候值班巡逻。目前有超过150名的高山向导，每年服务超过数以万计的各地游客。沙木尼有世界上第一所登山向导学校——法国国家滑雪登山学校（ENSA）。此外，小镇还设有国家滑雪和高山警察培训中心、高山军校、高山医学研究所等相关的高山机构。

3. 意大利蒙特贝卢纳镇

基本情况：蒙特贝卢纳镇(Montebelluna)位于意大利北部特雷维索省(Treviso)，有着悠久的手工制鞋历史，20世纪70年代这里便成为世界著名的与冰雪运动有关的运动鞋生产基地。

旅游区核心吸引力

基于市场和政策法规的双重考量，我们要做好一个旅游区，就不得不首先考虑打造核心吸引力，进一步说，这是产品影响力，也是市场竞争力。

旅游区必须有自己的特色，也就是我们通常所说的差异化。在全国到处在搞全域旅游、乡村旅游、民宿、露营地等旅游综合体的大形势下，这一点尤为重要。

特色是一个旅游区最基本的属性，但仅有特色还不足以引爆一个旅游项目，因为现在市场上雷同化的资源太多了，同一区域扎堆的景区太多了，复制性的产品太多了，所谓的特色已经不成其为特色，几乎就看不出差异化。其最直接的市场反应就是旅游者看了其中一个，就厌倦了一大片。

从市场角度讲，旅游区的特色要上升到核心吸引力层面，这种核心吸引力一定是独有的，最好是有爆点的，具备主题性、唯一性和垄断性。

旅游区的核心吸引力，首先反映在景观上，这一点不难理解，很多景区都有标志性景观或独特地貌。

如果说文化是旅游的灵魂，那么创意就是旅游的引擎，有了创意就有了爆点。创意当然要植根于文化，或挖掘，或延伸，或植入，或演绎，总之要提升，要惊世骇俗，爆破天。基于创意之上的是产品和业态，有了惊天创意，核心产品和业态就有了依托，就有卖点，以及特定的意蕴和意象，乃至携带着旅游区的独特精神气质，进而形成品牌、美誉度和知名度。

通过考察，我发现有一个较为封闭、原始的区域，保留了较为古朴、带有川东北风格的民居村落以及原生态的自然环境，更重要的是由于交通相对闭塞，较好地遗留了传统农耕文明的一些民俗风情、民风淳朴。

沿着这一思路，完全可以打造一个全封闭、全息化、全真化的农耕社会部落，在空间上包括村落和田园；在内容上，包括耕读渔樵、宗祠学堂，以及仁、义、礼、智、信、温、良、恭、俭、让、忠、孝、勇、恭、廉等一切农耕社会的生存、生产、生活形态。这些对于现代人，是陌生的、神秘的，有吸引力的。而对于整个农家文化旅游区，这个封闭运营的景区无疑是核心项目，可以活态化地诠释、展示、强化并拓展农家文化主题，可以让旅游者在此体验、互动乃至沉浸。基于旅游区自身和旅游市场两方面的考量，这当然是具有核心吸引力的。

作为旅游区，要适时推出一些有创意的活动。多年前，原群先生曾在栾川鸡冠洞策划的两个景点“一吻千年”和“千年一吻”，并由此推出了鸡冠洞热吻大赛，从而引爆了这个籍籍无名的旅游景区。热吻大赛的概念由此风行全国，热火了多年。这种推广活动，同样来自核心吸引力，没有核心吸引力，便无从演绎，或演绎不到极致。相反，有了核心吸引力，就有了市场指向性，或特定人群，或特定时间，或特定区域，继而通过精准推广、订制化营销，以小众带大众，以区域带全局。

大凡做旅游产业，一般在经济效益之外，总要考虑品牌效应和社会影响，这是相辅相成的。这就不得不提及A级景区的评价标准。这也是现行情势下，不少有志于申报顶级旅游区者绕不过的一道坎。

正在修订中的《旅游景区等级质量的划分与评定》仍然包括两个细则，其中两个实质性细则中都明确提出了文化特色和主题要求。

细则一《资源质量与市场影响力细则》中有两个大项，即“资源吸引力”和“市场影响力”，资源吸引力中，沿袭下来的资源景观价值、历史价值、文化价值和科学价值，集中体现在文化层面；新增加的“主题特色魅力”项，则直接要求“主题鲜明、特色突出，具有独创性、唯一性或引领性”。细则二《设施与服务质量评分细则》的八大项中也着重涉及了“特色文化”。

“市场影响力”中的知名度、美誉度和辐射力，堪称核心吸引力的主要风向标。最新设定的、体现产品吸引力的重要指标——主题强化度，则被确定为“市场影响力”的重要评价因子。对于旅游区，当然不局限于景观与文化，其最终要落脚到产品和业态，说到底要有产业支撑和经济来源，这一点，前面已有谈及。如果说景观和文化是休闲旅游的精神感受渊薮，那么产品和业态无疑是休闲旅游精神与物质体验的双重来源。

这在细则一《资源质量与市场影响力细则》中也有明确要求，新增加的“综合消费功能”中，从产品到产业，都存在一个核心吸引力问题。总之，旅游区的核心吸引力是产品与业态所需。有了核心吸引力，产品设计和产业布局就有了主题、灵魂和依托，就有了延伸方向和拓展空间。

基于市场和政策法规的双重考量，我们要做好一个旅游区，就不得不首先考虑打造核心吸引力，进一步说，这是产品影响力，也是市场竞争力。

乡村旅游度假模式

一、理念与特征

一个乡村就是一个野奢度假综合体。

通过乡村闲置农宅的统一收租，并进行整体改造与度假化利用，将村落打造成为高品质的乡村旅游度假区，并塑造特色乡村度假品牌。

（一）村落生态优良

与传统旅游不同，度假乡居模式对于乡村区位交通的要求较低，往往选择较为偏僻的村落。这种村落生态优良，环境幽静，最重要的是原生态的乡村味道浓郁，这种天然的、保存良好的乡土气息是度假乡居模式开发的重要载体。

（二）房屋空置率高

部分房屋空置是度假乡居模式开发的重要条件。闲置的农宅减少了项目前期的工作量，容易进行资产流转，并易于对房屋进行改造升级。因此，度假乡居模式一般选取“空心村”或新村搬迁之后的废弃旧村，既避免了闲置资源的浪费，又使得偏僻无人居住的古村落焕发出新的生机。

（三）建筑风貌良好

度假乡居模式要求村落民居建筑多为传统老院落，风貌特色突出，由砖石或木头等乡土材质砌筑而成的建筑更能彰显乡村的质朴乡土气息，而且建筑外貌、结构等保存完整，具有较高的改造价值，便于构建与城市现代化建筑风格形成强烈反差的度假模式。

二、模式要点

（一）闲置农宅整体打造

将闲置农宅集中，由村集体对村内空置民宅统一租赁回收，通过引入外来企业资本或自筹资金，进行整体度假化改造，构建具有一定规模的度假区域。

（二）高端度假品牌塑造

对于闲置农宅的改造要求文化性、乡土性与品质感兼顾，追求外旧内新、外朴质内奢华的效果，塑造独立的度假品牌。

（三）村民参与方式营造

度假乡居模式，根植于乡村生活，村民的参与必不可少，可通过探索村民房产、土地入股，或返聘村民为度假村（区）员工等多种方式，促进村民就地就业，激发村民参与乡村旅游的热情，实现社区居民的持续参与。

1. 城市返归乡村的旅游市场需求

城市的拥挤喧嚣、环境不断恶化，人们迫切渴望逃离人造空间，到丛林山谷、自然乡野，而且这种需求日益显现，因此，深处交通不便、偏僻原生态的乡村逐渐成为人们的出游热门之地，这种需求催生了乡居度假旅游产品的开发。

2. 粗放式大众旅游向精致化小众旅游转变

小众旅游是区别于大众旅游的一种精品化的旅游模式，其需求正在日益增长，并让旅游发展方式、经营方式和服务方式均面临转型和创新。高端化的度假乡居模式主要针对小众旅游需求的多样化，创新和优化旅游产品结构，让观光旅游向休闲度假转型，为高端小众提供更具品质的旅游生活。

3. 唤醒沉睡资源——闲置资产流转

闲置资产流转是度假乡居模式成功开发的首个关键因素，也是重要的资源获取途径。农村闲置资产流转，实质是一次城乡要素流动的改革，是推进美丽乡村建设和增强农村集体经济、增加农民收入的一个探索。一些乡村中，农民拥有的土地、房屋等资产普遍闲置“沉睡”，财产权、收益权得不到有效体现，进而造成了农村产权资源错配或闲置浪费。乡村闲置资产流转能够唤醒沉睡的闲置资产，发挥资产价值，进而实现一定收益。

4. 资产流转的本质

闲置资产流转的本质是资产所有权不变，通过出租其使用权来实现闲置资产的价值。农民依然对所拥有资产享有所有权，流转只是将其资产的使用权进行出租、出让等，资产的所有者以租金、分红等方式获益。

5. 资产流转的关键

资产流转能否顺畅的关键要看承租方的务农效益，这是维持其对农民租金承诺的现实基础。在充分尊重农民意愿的条件下，提供足够的效益保障，才能够让农民自愿参与到资产的流转中来。

6. 资产流转的形式

资产流转可以采取多种流转形式，出租、入股转包、出让等为资产流转的主要形式。

（1）出租：是农户与承租方之间在一定期限内的资产使用权转移，农户自愿将全部或部分资产使用权出租给承租方，承租方给出租方固定的收益。出租的期限一般由双方协商确定，最长不超过承包合同的剩余期限。出租流转的步骤一般为村集体统一收购（收回）闲置资产；农户在获得一次性补偿后，自愿放弃土地、房屋等的使用权；承租人和村集体协商租赁价格、租期（一般是20年），并签订房屋租赁合同。

（2）入股：即农户将全部或部分资产的使用权作价为股份，参与股份制或股份合作制经营，以入股的资产使用权作为分红依据，股红按经营效益的高低确定。该模式体现了旅游业“利益共享”的精神，在旅游开发的同时，兼顾村民的长远利益，获得就业机会或从事经营工作，使他们能够长期分享旅游收益。

（3）转包：主要为闲置土地流转形式。即土地承包方将全部或部分承包地的使用权包给第三方，转包期限在不超过土地承包合同的剩余期限内由双方协商确定，转包方与发包方的原承包关系不变。

（4）出让：主要为闲置土地流转形式。即取得一定量的土地补偿后放弃土地承包经营权剩余期限的形式。这部分被征用了土地的农民，在按有关规定获得资金补偿后，就将土地使用权交给发包方或当地政府，从而转交给建设方，承包方对这部分土地的使用权即行终止。

三、规范开发方式

（一）开发主体

1. 村集体统一整合开发村集体通过自筹资金的形式，将村里闲置的农宅流转过来，进行统一的整合开发。保留农宅外观，对内部进行装修改造，满足高端度假需求。如密云古北口北台乡居农宅专业合作社由村里12人发起成立，成员出资总额52.7万元，对村里闲置资产进行统一开发和经营管理。

2. 村集体与专业旅游公司共同开发村集体通过引入外来资金的形式，与专业的旅游开发公司合作，对村里的闲置资产进行统一的整合开发。这种开发形式解决了资金短缺的问题，并且开发建设相对专业，能够更好地把握市场需求，有针对性地开发产品。村集体可与专业旅游公司组成旅游合作社，通过合作社负责资源整合和统一开发。如密云山里寒舍，由北京北庄旅游开发公司和村集体共同成立北庄镇干峪沟旅游合作社，合作社为合作开发（股东单位）单位，负责资源整合、开发及提供配套服务。

（二）开发要点

1. 乡味保留与展现，最大程度展现乡村风貌。建筑材质乡土化：度假乡居的改造讲求文化性、乡土性，外表古朴陈旧，与周围环境融为一体，不突兀，不张扬。改造过程中最大限度地使用当地材质，如石材、木料、稻草等，尽力呈现传统民居形态，营造浓郁的乡味建筑。

旅游体验乡土化：旅游体验虽是度假乡居的软性资源，却涉及深入内心的情感反馈。在旅游体验活动的开发中，要最大限度地利用村落中的乡土资源，如农田、果园、乡村家禽等小动物，以及生产生活工具、场景等，配套现代休闲理念，形成极具乡土性的乡村体验产品，提升游客的度假情致。

度假氛围乡土化：度假乡居，以“乡味”为氛围基底。一方面，展现乡村原生态景观，古树老井山花、石磨草屋篱笆，营造出浓郁的乡土意境；另一方面，最大限度地保留乡村原有的生活状态和生活气息，将乡村居民的生产生活状态作为重要的无形资产，耕种的村民、喂家禽的农妇以及房前屋后休息的老人，都是乡村景观的重要组成部分。

2. 高端品质度假，最大程度地提供舒适奢华体验。满足度假功能，是度假乡居模式的重要特征，也是乡村旅游升级的重要表现。在追求乡土、质朴的同时，兼顾度假的品质与舒适。外旧内新、外朴质内奢华的反差组合，更营造出独特的度假体验。

四、专业管理方式

（一）运营主体

1. 专业运营管理公司在对闲置资产进行统一整理和开发的基础上，可以引进专业的酒店运营管理公司进行运营管理。这类公司对酒店有着专业的运营管理理念，可以有效、专业地管理乡村酒店，以获取相应的收益。如山里寒舍专门引入了马来西亚雪邦黄金海岸酒店管理公司对其进行日常管理和运营。

2. 村集体统一运营管理村集体可以通过合作社的形式，对度假乡居进行统一经营管理。由合作社统一进行结算，统一分配客源，在利益分配上以逐年递增的形式，为入社的闲置农宅合作社农户分配红利和租金，从而防止恶性竞争。

（二）运营要点

1. 全力塑造度假品牌运营管理过程中，有意识地进行度假品牌培育和塑造，力求以成功具有特色的项目开发，打造乡村旅游度假品牌，以完善的运营管理，塑造品牌，并逐渐实现品牌延伸和品牌输出，在一定区域内进行品牌复制。

2. 充分调动农民积极性。一方面，让农民充分参与其中。优先考虑本地现有居民以及返乡居民就业，并积极组织农民培训，调动农民的积极性；项目开发充分利用乡村现有资源，在力求不改变居民生产生活方式的基础上，为农民带来收益。

另一方面，让农民真正获得收益。从农民角度出发，制定切实能够满足农民利益的相关政策，进而激发农民参与旅游开发的热情。

五、效益共赢

（一）投资开发商——经济效益与品牌效益

度假乡居的成功开发建设，一方面可以获得相应的经济回报，另一方面随着项目的投资、开发、运营管理及营销推广的系统化运作，会形成自身的度假品牌，在一定区域内会逐渐形成品牌号召力，形成连锁运营模式，通过模式复制获取更大的品牌效益。

（二）农民——最直接的受益者

度假乡居模式中，农民是最直接的受益者。其收入来源主要分为三部分，即租金收入、分红收入及工资收入。

1. 租金收入农民将闲置土地（宅地）、房屋等资产以租赁的形式流转，果园、农园等的经营权也可一并外包，农民每年收取租金。比如山里寒舍，提供给农民的每个宅院年租金为6000元，每亩耕地年租金1000元，每5年递增5%；果园等的租金每5年递增20%。

2. 分红收入村民可通过房产、土地等方式入股，成为股东，每年不仅有固定的租金，年底还能按入股多少和项目的效益获取一定的分红。入股分红有助于社区居民的持续参与。

3. 工资收入度假乡居模式的开发建设为当地居民提供了大量就业机会，推动村民就地就业进程。大量工作岗位的释放，如客房服务、安保巡逻、卫生保洁、农场耕作、果树管护等，为村里的原住居民和在外打工的农民提供就业岗位，成为挣工资的新型农民。

（三）乡村——推动乡村升级发展

度假乡居模式的建设过程中，会同时推进乡村公共交通、供水供电、垃圾和污水处理、通信信息和劳动就业服务等体系的建设，推动乡村公共基础设施升级，使现代、文明的生活方式与农村田园牧歌式的传统生活方式得到有机的融合，促进乡村的可持续发展。

1. 概况

山里寒舍位于京城东北部的密云县北庄镇的干峪沟村，距离北京108公里，是一处由古村落改造成的乡村酒店群。山里寒舍将整个村子的宅基地和农民的田地租用，约15公顷。预计在废弃或闲置的宅基地上改造建设86套创意乡村民居及15亩公共配套功能设施，形成山里寒舍创意乡村休闲度假区，预计开发的配套设施还包括会所、高尔夫球场、马术场、SPA中心、会议中心、多功能娱乐中心、泳池、手工坊、农耕博物馆、观光车等。

2. 干峪沟的“山前山后”

（1）“山前”——山里寒舍开发前

由于地处偏远，交通不便，干峪沟村村民逐渐外迁，导致大量民居闲置乃至荒废，村内民居空置率高达80%，成为名副其实的“空心村”。干峪沟村户籍人口仅有41户71人，平均年龄超过60岁，常住人口不足20人。年轻劳动力纷纷外出谋生，造成土地和山场无人打理，全村43处宅院，大多处于闲置状态，村庄日益凋敝，了无生机。

（2）“山后”——山里寒舍开发后

2013年，北庄旅游开发公司，以50年租用、二套闲置房入股合作等形式，收租了村里废弃或闲置的宅基地（或集体土地），对村落的供电、给排水、通信、网络等基础设施进行高规格建设，并将传统民居院落改造成为高品质的度假酒店，以“奢华与朴素混搭，舒适和自然结合”为特色，将城市化的星级酒店享受与乡村自然宁静的生活自然融合，并配套了游泳池、高尔夫、儿童游乐场等休闲度假项目，目前开放的院落有20余座，入住价格从1500元至4000元不等。通过这一模式，村民不仅可以获得稳定的租金，同时还成为山里寒舍的员工，获得工资收入，而干峪沟村的土地、果林等各类资源也得到了系统盘活，昔日荒凉的空心村变身成为国际范的乡村度假区。

六、山里寒舍成功之路

（一）有效的土地流转

在“山里寒舍”的带动下，干峪沟成立了旅游专业合作社，着眼于干峪沟村独特的自然人文资源以及特殊的旅游市场需求，有效推动土地、房屋流转，在不改变所有权的前提下，村民以房屋、果树、土地入社，化零为整，委托企业统一管理。利用这些废弃或闲置的宅基地（或集体土地），以50年租用、二套闲置房入股合作等形式，改造建设40套创意乡村民居及15亩公共配套功能设施，形成了山里寒舍创意乡村休闲度假区。

（二）最乡土的资产升级开发

山里寒舍最大的特点就是具有乡村的原始生态特征，开发不破坏当地环境，保留了原有的古老建筑外貌。在开发建设过程中，最大限度地使用当地的石材和木料，最大限度地保持民居的原始状态。酒店房间在原有老房基础上改造装修而成，从外面看还是村民老宅，木门、木窗、椽子、石头院墙等都得到保留。而室内却别有洞天，糅合了中西设计，融合了古朴与现代理念，创建了古朴而不失现代化的混搭风。五星级的客房及卫浴设施、中西餐厅、无线网络覆盖，是最乡土的资产升级模式。

（三）有力调动农民积极性

1. 最大限度保障农民权利。北庄旅游开发公司与干峪沟村村民签署了一份为期20年的委托经营合同。20年之后，如果村民对现有的经营状况和收益表示满意，可通过召开村民代表大会的形式，优先续租给开发企业。开发若干年后，根据村民意愿，项目经营权、基础设施、房屋和土地使用权将一并交回他们手中，也可以继续委托开发企业经营。这种模式最大限度地保障了农民的土地所有权。

2. 最大程度确保农民收益。山里寒山为居民提供了租金、分红以及工资等多种收益形式，全村人均年收入达 2 万多元，在企业就业的社员年收入超过 5 万元。出租房屋、土地、果园等均可以获得租金，还可以入股合作社，按照经济效益和入股比例获取一定的分红，另外北庄镇政府还监督企业为村民优先安排社员就业，为农民带提供土建维修、客房服务、安保巡逻、卫生保洁、农场耕作、果树管护等工作。山里寒舍还吸引了本地青年回流。现在山里寒舍的客房部主管、餐饮部主管、大客户经理，都是北庄镇土生土长的子弟。

旅游业的商机

一、康养与旅游

增进民生福祉是发展的根本目的。必须多谋民生之利、多解民生之忧，在发展中补齐民生短板、促进社会公平正义，在幼有所育、学有所教、劳有所得、病有所医、老有所养、住有所居、弱有所扶上不断取得新进展，深入开展脱贫攻坚活动，保证全体人民在共建共享发展中有更多获得感，不断促进人的全面发展、全体人民共同富裕。

加强社会保障体系建设。按照兜底线、织密网、建机制的要求，全面建成覆盖全民、城乡统筹、权责清晰、保障适度、可持续的多层次社会保障体系。全面实施全民参保计划。完善城镇职工基本养老保险和城乡居民基本养老保险制度，尽快实现养老保险全国统筹。完善统一的城乡居民基本医疗保险制度和大病保险制度。完善失业、工伤保险制度。建立全国统一的社会保险公共服务平台。统筹城乡社会救助体系，完善最低生活保障制度。坚持男女平等的基本国策，保障妇女儿童的合法权益。完善社会救助、社会福利、慈善事业、优抚安置等制度，健全农村留守儿童和妇女、老年人关爱服务体系。发展残疾人事业，加强残疾康复服务。

实施健康中国战略。人民健康是民族昌盛和国家富强的重要标志。要完善国民健康政策，为人民群众提供全方位的全周期健康服务。深化医药卫生体制改革，全面建立中国特色基本医疗卫生制度、医疗保障制度和优质高效的医疗卫生服务体系，健全现代医院管理制度。加强基层医疗卫生服务体系和全科医生队伍建设。全面取消以药养医，健全药品供应保障制度。坚持预防为主，深入开展爱国卫生运动，倡导健康文明生活方式，预防控制重大疾病。实施食品安全战略，让人民吃得放心。坚持中西医并重，传承发展中医药事业。支持社会办医，发展健康产业。促进生育政策和相关经济社会政策配套衔接，加强人口发展战略研究。积极应对人口老龄化，构建养老、孝老、敬老政策体系和社会环境，推进医养结合，加快老龄事业和产业发展。

重点：养老服务业政策利好，市场空间巨大，在健康中国战略与消费升级的大背景下，康养旅游只是刚刚起步。

二、生态与旅游

坚持人与自然和谐共生。建设生态文明是中华民族永续发展的千年大计，必须树立和践行绿水青山就是金山银山的理念，坚持节约资源和保护环境的基本国策，像对待生命一样对待生态环境，统筹山水林田湖草系统治理，实行最严格的生态环境保护制度，形成绿色发展方式和生活方式，坚定走生产发展、生活富裕、生态良好的文明发展道路，建设美丽中国，为人民创造良好的生产生活环境，为全球生态安全做出贡献。

坚持推动构建人类命运共同体。构筑尊崇自然、绿色发展的生态体系。

加快生态文明体制改革，建设美丽中国。人与自然是生命共同体，人类必须尊重自然、顺应自然、保护自然。如此才能有效防止在开发利用自然上走弯路，人类对大自然的伤害最终会伤及人类自身。

我们要建设的现代化是人与自然和谐共生的现代化，既要创造更多物质财富和精神财富以满足人民日益增长的美好生活需要，也要提供更多优质生态产品以满足人民日益增长的优美生态环境需要。必须坚持节约优先、保护优先、自然恢复为主的方针，形成节约资源和保护环境的空间格局、产业结构、生产方式、生活方式，还自然以宁静、和谐、美丽。

推进绿色发展。加快建立绿色生产和消费的法律制度和政策导向，建立健全绿色低碳循环发展的经济体系。构建市场导向的绿色技术创新体系，发展绿色金融，壮大节能环保产业、清洁生产产业、清洁能源产业。推进能源生产和消费革命，构建清洁低碳、安全高效的能源体系。推进资源全面节约和循环利用，实施国家节水行动，降低能耗、物耗，实现生产系统和生活系统循环链接。倡导简约适度、绿色低碳的生活方式，反对奢侈浪费和不合理消费，开展创建节约型机关、绿色家庭、绿色学校、绿色社区和绿色出行等行动。

加大生态系统保护力度。实施重要生态系统保护和修复重大工程，优化生态安全屏障体系，构建生态廊道和生物多样性保护网络，提升生态系统质量和稳定性。完成生态保护红线、永久基本农田、城镇开发边界三条控制线划定工作。开展国土绿化行动，推进荒漠化、石漠化、水土流失综合治理，强化湿地保护和恢复，加强地质灾害防治。完善天然林保护制度，扩大退耕还林还草规模。严格保护耕地，扩大轮作休耕试点，健全耕地草原森林河流湖泊休养生息制度，建立市场化、多元化生态补偿机制。

重点：完成生态保护红线、永久基本农田、城镇开发边界，加大生态系统保护力度，是旅游产业发展的保障。

三、文化与旅游

社会文明程度达到新的高度，国家文化软实力显著增强，中华文化影响更加广泛深入。

文化是一个国家、一个民族的灵魂。文化兴国运兴，文化强民族强。没有高度的文化自信，没有文化的繁荣兴盛，就没有中华民族的伟大复兴。要坚持中国特色社会主义文化发展道路，激发全民族文化创新创造活力，建设社会主义文化强国。

中国特色社会主义文化，源自中华民族五千多年文明历史所孕育的中华优秀传统文化，熔铸于党领导人民在革命、建设、改革中创造的革命文化和社会主义先进文化，植根于中国特色社会主义伟大实践。

坚持百花齐放、百家争鸣，坚持创造性转化、创新性发展，不断铸就中华文化新辉煌。

推动文化事业和文化产业发展。满足人民过上美好生活的新期待，必须提供丰富的精神食粮。要深化文化体制改革，完善文化管理体制，加快构建把社会效益放在首位、社会效益和经济效益相统一的体制机制。完善公共文化服务体系，深入实施文化惠民工程，丰富群众性文化活动。加强文物保护利用和文化遗产保护传承。健全现代文化产业体系和市场体系，创新生产经营机制，完善文化经济政策，培育新型文化业态。广泛开展全民健身活动，加快推进体育强国建设。加强中外人文交流，以我为主、兼收并蓄。推进国际传播能力建设，讲好自己的故事，展现真实、立体、全面的家乡，提高国家文化软实力。

……实施区域协调发展战略。加大力度支持革命老区、民族地区、边疆地区、贫困地区加快发展，强化举措推进西部大开发形成新格局。

重点：健全现代文化产业体系和市场体系，创新生产经营机制，完善文化产业政策，培育新型文化业态，在居民对更高层次的精神文化生活需求下，文化将会进一步活态化、物态化、业态化。在革命老区、民族地区、边疆地区结合旅游扶贫政策后，文旅产业也大有可为。

四、乡村与旅游

实施乡村振兴战略。农业农村农民问题是关系国计民生的根本性问题，必须始终把解决好“三农”问题作为全党工作重中之重。要坚持农业农村优先发展，按照产业兴旺、生态宜居、乡风文明、治理有效、生活富裕的总要求，建立健全城乡融合发展体制机制和政策体系，加快推进农业农村现代化。

巩固和完善农村基本经营制度，深化农村土地制度改革，完善承包地“三权”分置制度。保持土地承包关系稳定并长久不变，第二轮土地承包到期后再延长三十年。深化农村集体产权制度改革，保障农民的财产权益，壮大集体经济。

确保粮食安全，把饭碗牢牢端在自己手中。构建现代农业产业体系、生产体系、经营体系，完善农业支持保护制度，发展多种形式适度规模经营，培育新型农业经营主体，健全农业社会化服务体系，实现小农户和现代农业发展有机衔接。

促进农村一二三产业融合发展，支持和鼓励农民就业创业，拓宽增收渠道。加强农村基层基础工作，健全自治、法治、德治相结合的乡村治理体系。培养造就一支懂农业、爱农村、爱农民的“三农”工作队伍。

重点：田园综合体、美丽乡村等概念获得新的依托，未来围绕“农村”的田园养生、乡村旅游、康养旅居项目大有可为。

五、城镇与旅游

以城市群为主体构建大中小城市和小城镇协调发展的城镇格局，加快农业转移人口市民化。协同发展，高起点规划、高标准建设新区。以共抓大保护、不搞大开发为导向推动经济带发展，支持资源型地区经济转型发展。加快边疆发展，确保边疆巩固、边境安全。坚持陆海统筹，加快建设海洋强国。

重点：特色小镇概念将持续发酵，此外，承接养老、旅游、休闲职能的载体，会催生大量旅游产业的投资项目。

六、其他产业与旅游

建设现代化经济体系，必须把发展经济的着力点放在实体经济上，把提高供给体系质量作为主攻方向，显著增强我国经济质量的优势。

加快建设制造强国，加快发展先进制造业，推动互联网、大数据、人工智能和实体经济深度融合，在中高端消费、创新引领、绿色低碳、共享经济、现代供应链、人力资本服务等领域培育新增长点，形成新动能。

支持传统产业优化升级，加快发展现代服务业，瞄准国际标准提高水平。促进河南产业迈向全球价值链中高端，培育若干世界级先进制造业集群。加强水利、铁路、公路、水运、航空、管道、电网、信息、物流等基础设施网络建设。坚持去产能、去库存、去杠杆、降成本、补短板，优化存量资源配置，扩大优质增量供给，实现供需动态平衡。激发和保护企业家精神，鼓励更多社会主体投身创新创业。建设知识型、技能型、创新型劳动者大军，弘扬劳模精神和工匠精神，营造劳动光荣的社会风尚和精益求精的敬业风气。

重点：涉及实体经济、互联网、基础设施、制造业，而兼具去库存和消费升级概念的旅游产业，会在产业变革浪潮中全面收益。

如何申请旅游补贴

一、简述

休闲农业与乡村旅游把自然、民族文化和农耕文化融入传统旅游文化中，丰富了旅游业内涵。随着旅游业与农村、农业的不断融合，进一步带动农村各方面基础设施建设不断发展，成为拓展农业多功能性、促进资源高效用、满足新兴消费需求的朝阳产业。

国家对农业项目政策利好、资金扶持力度大，同时也加剧了补贴申请的竞争。如何在竞争中脱颖而出，成功申请到相关补贴，让项目顺利落地呢？有哪些方法呢？

1. 未雨绸缪

根据政策与对口部门的要求，积极准备资料，尽量争取国家和地方的专项资金，能很大程度解决项目开发中的资金问题。

需要注意的是，不能挑战政策红线。比如土地流转，规划设计，抵押贷款等包括搞民宿遇到的公安消防问题，都要符合法律政策的要求，不要盲目，心存侥幸。

2. 找对部门

传统思维，往往投资和经营者只找到农业局一家单位，实际上包括农业、林业、旅游、科技、发改、合作总社、工信、财政、水利、文化、扶贫等，都是有农业方面的相关补贴的。

比如，观光农庄类可以向旅游局申请旅游专项资金、旅游扶贫资金等；特色文化类农庄可以向地方宣传部和文化局等单位申请文化产业发展资金；科教类农庄可以申请科技局的相关项目：农业科技成果转化、星火计划项目、科技推广与集成技术示范项目等。

3. 关系维护

这里指的是正常的关系维护，必要的沟通，事先见面，定期汇报，主动跟政府建立联系。

每年的项目都有很多，存在竞争，所以每个项目从通知申报到申报截止时间都比较短，因此和对口部门保持良好的沟通，能第一时间获取信息顺利完成申报。

比如扶持资金申报指导中心常年为相关部门和涉农企业沟通牵线，会根据通知下来之前的预通知帮助企业提前做好申报准备。

4. 知己知彼

申请农业补贴，当地的农业局、农办、财政局、农综办、旅游局、科技局、林业局、发改委等每年都能申报，每个项目在20万元到60万元的较多；中央财政项目一般都在几百至上千万元；水利局、环保局、老区扶贫办、经贸局等，一般项目资金较少，5万元到20万元居多。

5. 提前申报

所有休闲农业补贴项目都是提前一年申请下一年。

农业补贴年年都有，会逐年增多。一次申报后，就算是在政府上挂上号了，即便今年申请没通过，来年申请成功的机会也会大很多。

要注意的是，同一个项目，在同一个委办局以同样的名义，一般只能拿一次。

6. 重点扶持

休闲农业和乡村旅游重点扶持，包括现代农业庄园、产业园、田园综合体、农业科技园区、农业综合开发产业化发展等项目。

除了大众外，新的经营组织形式主要是龙头企业、合作社、家庭农场和种植大户，这是以后的重点扶持主题，大部分扶持资金会安排到这里来。

7. 先易后难

先着手能申请到的申请。关键在于对拆项目申请，可以拆开来报，避免单一项目对于扶持资金的封顶规定。

二、申报材料

每年各省的项目都很多，竞争激烈，提前准备。企业申报农业项目，必备的材料包括：企业的法人证书、营业执照的复印件、企业资产负债表、地方政府配套资金证明、土地使用证明或者土地租用合同、项目可行性研究报告、当地银行出具的信用等级证明、贷款证明、环评报告、企业或者荣誉证书。

三、如何写材料

在申报时最好能突出四部分：

1. 具体带动农民增收的户数，有证明，协议或者合作社数据；
2. 能否带动农民增收超过30%，通过何种方式（销售、工资等）；
3. 合作的乡民要高出周边未合作乡民30%，说明手段和原因；

4. 辐射带动当地周边多少人产生了什么新业态，新市场？

文学作品的旅游化

一、概念

文学作品是一类独特的旅游资源。文学的欣赏者通过对作品中人物和事件的想象和演绎，或者是通过对作品中所描写的意境的向往和追慕，激发出强烈的欲到其虚构的场景中一游的动机与渴求，使得文学作品通过旅游的形式得以不朽。

除了科幻作品之外，文学作品所描写的人物和场景均已变成“历史”，但中国人自古以来便有对历史的好感，中国人是世界上最具历史感的民族，最善于从历史中认识世界，从历史中寻找现实人生的出路和计策。故利用这一民族性格，可充分地将文学作品所描写的氛围开发出来，展示给有这一需要的游客。

长篇小说《水浒传》《聊斋志异》的旅游开发，分别在山东省梁山县、东平县、临淄区实施规划，名人资源蒲松龄、施耐庵和名著资源的旅游开发在空间上得到有机统一。

二、现实困境

（一）文学作品的时代主题差异

名著的写作背景具有时间上的坐标意义，反映了当时统治阶级的意志和作者的历史局限性，这就为其现实转化和旅游开发设置了障碍。例如，《水浒传》虽然刻画了一大批“路见不平一声吼，该出手时就出手”的人物形象，但同时也暴露出了种种如“反社会性”“拉帮结派”“赤裸裸的残暴与野蛮”的负面性格产生的不良影响。若不能及时采取有效措施对其合理引导，不仅很难最大程度地分享到文学作品旅游开发带来的好处和成果，反而极有可能造成不必要的损失，导致投资者对景区规划前景抱有怀疑，或者游客对旅游项目普遍抵制。

（二）旅游地的环境景观差异

名不副实是所有依托文学作品作资源载体的旅游地的通病。《水浒传》是一部文学巨著，它夸张性地描述了水泊梁山水阔山险的气势和格局，因此，与北宋时期的水泊梁山不尽相符；又因为自然环境的变迁和人为的破坏和建设，梁山周围早已无水可觅，山体也被开采得破烂不堪，乃至站在并不高的梁山之巅放眼环顾，满目都是平整的田野、整齐的村庄和高楼、厂房林立的现代化县城，没有一点水泊梁山的踪影。而淄博市临淄区仅开发了蒲松龄故居，因辟建纪念馆而破坏了故居原有格局，富丽堂皇的庭院建筑对蒲松龄在贫困中坚持笔耕不辍的精神造成误导，蒲松龄著书时村庄的田园氛围更是不复存在。

（三）不同个体的心理诉求差异

文学巨著的独特魅力不仅在于自身的历久弥新，还源于当代影视作品的大力传播。经过长期的潜移默化和个人演绎，人们在进入旅游地之前便已经形成先入为主的印象，如水浒的侠义风情，聊斋的神秘奇幻，红楼梦的缠绵悱恻。如果游客来到旅游地无法印证自己感知印象，便会产生极大的心理落差。

三、主要途径

如何扭转上述不利局面，弥合文学形象和地区旅游之间的断层，满足当今旅游休闲化、体验化需求？为此我们进行了一系列有益的探索。

（一）场景化

笔者将场景化定义为：采用“类电影艺术”，将名著中的精彩故事情节按照时空逻辑顺序实景呈现，创造“自然风光+动态场景+地域文化+体验文化”完美结合的活态景区，达到一种既忠实于自然风光、本土地域文化，又具有现代类电影艺术的体验特征的旅游开发方式。通过大量规划实践我们认为，用场景化的方式来营造作品氛围是一个不错的选择，这种方法在梁山景区和聊斋文化游览区中得到充分应用。

梁山县的核心景点为梁山景区，目前已形成相当规模。由于展示性比重较大，适于游赏观光产品，供游客参与体验的场景化景观不足，影响了盈利点。为此，在景区开发建设中要“变纪念地为实景地”“变静态景观为活态场景”。例如，其景区调整性建设的指导思路，一切要在“真”字上做文章，最大程度地利用地貌特征、山体结构、植被风貌、历史格局，逐步拆除祭祀、纪念、园林建筑，调整游线，改变结构，还历史风貌。以粗犷、豪放、荒野、雄伟、大气的主基调进行景区调整性建设，所有建筑都要体现其质朴性、简单性和临时性，如利用木质的废电线杆建成瞭望塔，以石料干插成寨门，以原木和石块垒成马圈，形成完整的防御体系、真实的生活场景、浓郁的山寨氛围。

景区游线组织依据名著《水浒传》进行场景优化与景观配置，尽量表现原作描述的环境风貌，用场景化表现名著描写的时空顺序，增加相应的山寨场景和配套设施等。景区人员要像电影艺术一样，以梁山好汉来充当，让每个山头都有一个将领把守；梁山寨忠义堂和后营作为游客和梁山好汉大摆筵席、大碗喝酒、大块吃肉之地，举办梁山好汉情景大餐；堂前举办歌舞与武术表演助兴。在实施梁山景区建设的同时，还要利用凤凰山、龟山、小安山乃至独山、金线岭等周边景区（点），建高大的瞭望哨，插旌旗，形成水泊梁山恢宏的气势、博大的场面；在旅游季节，配合场景表演，施放号炮和狼烟，营造氛围。

聊斋文化游览区是以蒲松龄故里蒲家庄、蒲松龄故居纪念馆、主题园聊斋城等为主要吸引点的旅游区，位于淄博市淄川城区东郊之蒲家庄。由于该地保留了较为完整的蒲松龄故居和故里环境，因此，以“故里、故居、故事”为主线，全方位打造聊斋文化景观。其中，田园、故里、故居做场景式活化；故事做参与式活化。例如，要全方位保护古村风貌，使蒲家庄作为展示蒲文化的环境载体得以延续。村中东西向街巷为特色小街巷，进行场景化、民俗化展示，增加卖肉、点心、药铺、茶馆、铁匠铺、饭馆、货郎挑担等项目，还原当时的环境。

原貌恢复蒲松龄故居院落和故居建筑，场景化展示蒲松龄写作《聊斋志异》情景，准确再现文学大师在穷困坎坷生活境遇中完成宏著的生活经历。以蒲松龄故居周边的房屋作蒲松龄家族的住所，场景化布置，从而形成故居—家族—乡里—田野的格局。结合《聊斋志异》文学作品对聊斋城进行拓展性和参与性开发，形成“听”故事、“写”故事、“看”故事、“住”故事、“吃”故事、“玩”故事六大板块。

（二）主题化

随着旅游需求的变化，食、住、行等行为逐渐走向休闲化和主题化，构成旅游体验的重要组成部分，因此，对于旅游产品的认识，不能局限于旅游景区，而要认识到：只有打造全要素差异、多要素互融的旅游产品，才能给旅游者最丰富的体验。这就涉及对餐饮、住宿、购物、娱乐乃至城市建设的主题文化包装。

早在20世纪90年代，就根据《三国演义》设计了三国宴，包括新野火烧、草船借箭（羊肉串）、舌战群儒（鸭舌蘸豆腐乳）、三分天下（拼盘）、火烧赤壁（铁板烧）、反间计、养生山菌大补汤、荆紫关八大碗等特色餐饮；又根据二十四孝之一“王祥孝子”的故事，创意出“卧冰鲤”（糖醋鲤鱼或清炖鲤鱼）、入幕雀（炸麻雀）、风雨柰（拔丝苹果）、聪明藕和野菜汤，四菜一汤，两荤两素，正好适合前来休闲的三口之家。

对于梁山，考虑到该地县域经济实力较强，但缺乏高等级的综合接待场所，在梁山景区山下选址规划建设了一处好汉山庄主题酒店接待区。由于主题文化酒店“是指以酒店所在地最有影响力的地域特征、文化特质为素材，来设计、建造、装饰、生产和提供服务的酒店”，故与梁山景区原汁原味的场景化建设不同，好汉山庄侧重文化包装，力图将水浒文化做到极致。这种文化包装不限于物质景观，还要渗入酒店内部的所有旅游产品以及相伴生的各种服务。

例如，在好汉山庄中，室外景观艺术小品配置、房间命名、菜谱设计、装饰物设计等都用水浒文化加以渲染。园林小院客房依次以36天罡星、72地煞星命名，并以相应的梁山英雄的故事传说来布置装饰；其中总统套房以宋江的星号命名为“天魁星院”。酒店建筑依托多层台地、崖壁的特殊地形，以北方田园式传统小院落为基本建筑形式，依山而建，错落有致；酒店的建筑材料选用当地石材，周边分布有小块农田，营造北方特有的田园气息。

（三）休闲化

文学作品尤其是我国经典名著，内容宏富，包罗万象。因此，在文学作品的现实转化中，我们不仅要关注书内的故事情节和场景展示，还要深挖里面的休闲元素为现代所用。从规划实践来看，休闲化手段多用于街区、村落、商业区、社区的整体开发。

为了将《水浒传》做到全面的休闲化，在东平湖畔规划建设了一处“水浒风情苑”作为东平县梁山泊景区的服务中心。该规划的精彩之处在于，以“大众熟知，情节生动，游客可参与”为场景表现的精选条件，以小板块空间为载体，以街巷廊道或树带做隔断，采用“折子戏”组合形式，展示水浒年代的市井风情。其中在水浒风情苑核心区，以《水浒传》故事和人物相关的街巷进行组合，重点建设四街四巷风景街、一墙一楼三大门坊；各个街巷根据情节安排，分别布局王婆茶坊、王婆婚介所、武大郎烧饼铺、西门庆生药铺、“仁”肉包子铺、徐记糕店、赵四郎纸马铺、胡正卿饮料店、姚二郎银铺、张公油炸糕铺、擂台山棚、夜来茶房（兼说书场）、樊楼（经营大众餐饮）、梁苑(高端住宿)、齐云社（蹋球游乐场所）、千步廊（市场）。

很多街巷道路上另有摆摊、经营卖药、卜卦、杂耍、卖糖葫芦、街头演唱（山东快书《武二郎》)、夜间驴皮影水浒传等参杂其中，形成热闹喧哗的气氛。水浒风情服务街则按照《水浒传》中描写的市井业态和好汉专长进行主题式打造，服务内容包含吃住行游购娱六要素，使之既有水浒文化展示功能，又有旅游接待服务功能，还能为当地社区提供基础配套。可开办的服务点有：圣手书生萧让书画店、玉臂匠金大坚玉器店、通臂猿侯健裁缝店、神医安道全诊所、铁笛仙马麟乐坊、铁叫子乐和歌厅、鼓上蚤时迁开锁服务部、燕青相扑柔道馆、浪里白条张顺洗浴中心、神行太保戴宗邮政快递（旅游购物品服务中心)、操刀鬼曹正肉铺、小李广花荣激光射击场、九纹龙史进纹身馆、赤发鬼刘唐美发店、青面兽杨志美容院、花和尚鲁智深佛具店、母大虫顾大嫂家政公司（提供农村保姆服务与资讯)、菜园子张青绿色蔬菜店（无公害蔬菜)、施恩快活林大酒店连锁店等。

而在唐山的水上红楼规划项目中，以丰润曹雪芹祖居为原点，以张爱玲的视角解读曹雪芹，消费红楼梦文化，依据现代旅游和城市开放式社区的概念，深入挖掘红楼文化、曹氏家族文化、丰润民俗文化等；同时，以水上红楼意境改造周边城市建筑和人居环境，打造以“曹氏庄园水上红楼”为核心，向周边辐射、延伸的红楼梦主题文化社区，并以此带动周边相应配套设施的建设，从而使红楼梦文化区摆脱“城市孤岛”的标异性旅游区形象，走出丰润曹雪芹故里文化“文化碎片”无所作为的尴尬局面，实现曹与张、梦境与现实、传统与时尚等要素的有效对接，从空间上扩展红楼梦文化旅游边界，使红楼梦文化成为唐山丰润城市文化名片，成为具有文化主题鲜明、功能齐备、景观独特的大型城市文化、休闲、商务、娱乐、宜居的旅游休憩区（RBD）。

（四）产业化

旅游业作为动力产业，其产业链延伸到众多行业和部门。据研究，受旅游业直接和间接影响的行业有100多个，旅游业的发展，无疑可以引领和带动这些行业的发展。同时，旅游业具有全方位带动的作用，可以促进城镇化、风貌景观、服务体系、居民素养、环保、新农村等建设，并使之资源共享和协同发展。

在旅游规划中，应重视文学作品的产业化过程。例如，在梁山县规划中，以水泊梁山影视基地、水浒博物馆、梁山武术学院、文化创意产业园等为重点，构建水浒文化创意产业；建设作坊式旅游商品基地、梁山非物质文化遗产基地，主推“水泊梁山兵器”、“梁山玩具”“梁山大块肉”“梁山大碗酒”和“义酒”等品牌。并用水浒品牌全覆盖，不仅覆盖旅游业，还要覆盖工业、农业，甚至城市建设，最终形成“政府主导、部门支持、社会参与、市场主体、企业运作、利益协调”的大产业、大旅游、大发展局面。

四、开发模式

如前所述，文学作品可以通过场景化、主题化、休闲化和产业化等规划手法，实现“书面上的逻辑”向“行动上的逻辑”的转变。进一步分析，虽然开发途径不同，但在表现手法上仍有许多相似之处，笔者将其总结为“原点打造—文化体验—产业拓展”三位一体模式。

（一）原点打造

对文学作品的旅游转化而言，首先要确定规划主题，然后进行情景模拟。这就要求规划人员在熟读、深度文化名著的同时给予活读，并以此为基础确定开发主题、合理选取故事情节，形成原点、转折点、景观节点、亮点的有序组合。在梁山规划中，考虑到水浒好汉由“逼上梁山”演绎出众多侠义故事，因此认为，“侠义”是水浒好汉的标志性符号和行动归指，梁山是“侠义”化身，应从“侠义梁山”精神层面塑造梁山形象。在景点设计上要达到陈传康先生提出的“构景蒙太奇”意境，即每一条路线都具有明确而严谨的“启承开合”的布局章法，根据故事情节的推进，以起始、过渡、重点、高潮、结束形成各景点的渐进和主次关系，从而在时空顺序上具有动态的“电影式”效果。景观视线尽量避开和传统风貌不符的地区，注意旅游者从现实到历史、从历史到现实的过渡，并通过加强绿化、史迹陈列、恢复或仿造传说故事中的建筑工程等手段，营造历史环境，使旅游地的景观特色和整体韵味与传说故事大致相似，实现故事景观的“实”。

（二）文化体验

文学作品的文化体验要做到两个活化：场景活化和参与活化。场景活化是指核心场景应有表演设计，变纪念型景点为动态型景点，实现故事事件的“实”，这类电影艺术既不同于一般景区的简单表演活动，也不同于依托名著故事拍摄形成的影视城，而是让游客在古代和现代、虚拟和现实、观摩和参与的各种场景中穿梭。而参与活化强调游客参与。这就要求设计参与性项目，让游客既动腿又动手，包括参与氛围、参与场景、参与活动、参与段落等，实现游客身体参与的“实”；同时将传说故事所蕴含的有益内容升华，让游客参与其间，自我感悟，实现游客精神体验的“实”。

（三）产业拓展

这是文化作品旅游资源的衍生功能，有利于培养旅游地新的经济增长点。具体表现在三个层面：微观上旅游六要素的主题式开发，如围绕水浒文化、聊斋文化、红楼文化打造全方位差异化的主题餐饮、主题酒店、主题购物、主题娱乐，从而营造一种无法模拟和复制的独特魅力与个性；中观上大力加强文学作品的产业化过程，拉长产业链，促使一产三产化，二产三产化；宏观上用水浒、聊斋、红楼品牌全覆盖，形成大文化、大产业、大旅游、大发展格局。

（四）结论

中国是泱泱文化大国，很多旅游景区都流传着许多历史传说、民间故事，有些甚至被文人墨客写进各种文学作品当中，但是这些景区与传说故事相对应的只是蛛丝马迹，甚至踪迹无寻。其主要特征是“名不副实”“高知名度+低质景观”，人们在进入旅游地之前因为有先入为主的印象，容易产生“不到某地真遗憾，到了某地更遗憾”的心理落差，即旅游景区“有说头”，但是“没看头”，更“没玩头”。本研究显示，解决这类问题可从场景化、主题化、休闲化和产业化入手，通过循序渐进的三个步骤，即“原点打造—文化体验—产业拓展”，将虚的做成实的，切切实实地让游客得到对传说故事的全方位体验。

农业＋文化＋旅游＋地产

一、首语

文化是人类在社会历史发展过程中所创造的物质财富和精神财富的总和，特指精神财富。农业与文化自古以来息息关联，相辅相成。现今随着旅游和地产两大行业的不断发展，以旅游吸引物及其配套服务设施为导向，结合农业与文化、休闲与度假等多功能、全覆盖的新型土地综合开发模式形成，休闲农业与地产业相结合形成休闲农业地产的趋势愈加明显。

二、五种类型

休闲农业地产是以休闲农业为依托，在经营休闲农业项目时，引入房地产的经营思维，从产品规划、景区服务、营销推广等方面进行地产化运作，从而更好地发挥项目优势，更深入地挖掘产品的市场潜力。

休闲农业地产是休闲农业同地产业的一个嫁接，涉及农业、文化、旅游业和地产业，要对其进行分类是一个综合的提炼和概括过程，以休闲农业的分类为理论基础，与房地产业进行融合、对接，从而形成休闲农业地产分类，主要包括以下五种：

（一）以农家乐为基础的地产开发

农家乐是休闲农业中最广泛的模式，是以农家为重点，即该地区农民的生活现状、生活方式和民风民俗为吸引物，满足城市居民返璞归真，回归自然需求的一种农业休闲产业形态。以农家乐为基础的旅游地产开发可以称之为农家乐升级版，它整合了乡村旅游与旅游地产，使旅游经济和地产经济相融合，实现乡村旅游凭借旅游地产提升内涵，旅游地产依托乡村旅游提高品牌价值。

（二）以农业观光园为依托的地产开发

农业观光园是以高科技农业或者成规模种植、养殖农业为主体吸引物来满足人们在休闲活动中的相关物质与精神需求的一种农业休闲产业形态。因为农业观光园本身具一定土地规模，可以某项农作物、养殖业或手工副业为卖点，综合餐饮、住宿、采摘、游乐等多项休憩内容，采用“庄园式”地产开发，如采摘篱园、生态渔村、休闲农庄、山水人家、养生山吧等系列农庄、酒庄、水庄、山庄。

（三）以古村落为依托的地产开发

古村落是经过时间和历史的沉淀而完全或部分保留下来的人类居住区域，这些村落集中反映了当时人们的生活及劳作状态，具有各自的时代特征和地域特征，通常都是遗留下来的宝贵文化遗产，此类产品是田园旅游房地产中资源条件最好的产品，以保留过往鲜活的生活方式为最佳卖点。

（四）以景区为依托的地产开发

景区是具有一定的自然、人文资源，为游客提供游览、观光、探险、休闲、科考等服务的盈利性机构。以景区为依托开发的旅游房地产：一种是在自然风景周围的度假型地产，另一种是与景区融合进行地产开发的项目。

（五）以新农村建设为基础的农业新村及农村房地产开发

随着一线城市房地产市场逐渐走向成熟和饱和，众多开发商开始向二、三线城市进军，但是迄今农村房地产市场依然是一片蓝海。政府连续颁发了几个一号文件，预示着新农村建设将成为未来几年的热点。政府加大对于农村基础设施的投入，如公路交通、供电、供水等，这些都为农村房地产的开发提供了良好的基础。农村房地产是在房地产开发的过程中渗透农业文化所形成的一种延伸模式。

现今，农业的不断发展和人们对创新农业的不断尝试，农业的概念扩大，在农业也需要与时俱进的前提下，发展农业必须颠覆对农业的理解，农业不是单纯的人与地的关系，农业的外延应该扩大到更多领域。

三、旅游产业

休闲农业和乡村旅游是目前创新农业的重要形式，将农业与旅游结合也是优化农业产业的重要方式之一，在传统种植、养殖等农产业的基础上，适当开发其他资源，尤其是旅游资源，最大程度地利用产业优势和土地资源优势。

以土地为基础的农业地产开发（养老地产、养生地产、商业地产）。

养老地产成为农业地产开发新宠。

养老地产市场真空多，潜力大。

对于养老地产的前景，无疑是相当看好的。房企以及保险机构大力追捧养老养生地产项目的现状已显现出来。形成这一潜力市场的原因包括：中国已进入老龄化社会；传统养老方式面临挑战；国内的养老设施满足不了需求。

目前国内很多开发商在研究养老地产，但养老地产在我国大部分省份还是空白，国内纯粹作为养老地产项目来发展的楼盘屈指可数。

四、尝试方向

随着人们生活水平的提高，养生成为追求更高生活品质的一大趋势，很多人都在谈养生，很多企业也都涉足这一行业，房地产也一样。

（一）养生地产的市场需求

亚健康群体的高比例和社会老龄化的发展趋势，使得中国社会在城市化推进过程中的住宅需求呈现多元化，养生地产已经被列为住宅产业的稀缺产品。2008年底，中国老年人口中60岁及以上的人口为15989万人，约占全国总人口的12%，比上年上升了0.4个百分点。中国符合世界卫生组织关于健康定义的人群只占总人口数的15%，与此同时，有15%的人处在疾病状态中，剩下70%的人处在“亚健康”状态。

解决老年健康问题和亚健康的重要方式就是通过生态人居改善人体微循环，使得身心浸润在完全生态的环境氛围中，养生专家曾有过形象的比喻：人体就像一个弹簧，外部环境和工作劳累就是外力。长时间的紧张劳作和恶劣的环境使弹簧越来越紧绷，最终弹簧无法复原。所以，人的体力精力需要保持收支上的平衡，一段时间的紧张劳作，需要相当甚至更多的时间来调整，才能使机体恢复到正常状态。人居环境的选择至关重要，而拥有休闲、度假、养生三大主体功能的人居环境和住宅产品就成为了养生地产的重要组成部分。

（二）开发养生地产要遵循的原则

养生地产必须选择在适宜人居和生态景观资源优质的土地和区域，江、河、湖、林地、山谷、湿地、种植园均可作为养生地产的选址要素作为参照；住宅建筑的科技运用一定要在通风、采光、环保方面加强创新，使得居住空间除了更具有科学性外，还要更加符合人体所对阳光、空气、水分、视觉、感官的需求。服务设施要在满足老龄化和亚健康群体的健康保健需求方面做出最具有人性化的设计和配置，如健身广场、有氧运动设施、健身房、音乐房、氧吧、休养室等。

而物业管理的服务标准也要在养生和保健内容设置上体现极强的人性化，如太极拳俱乐部、瑜伽馆、温泉洗浴馆、养生药膳餐厅、保健中心、心理咨询中心等，既要满足业主的养生消费还要创造性地将养生产业运营化，提高养生产业链的就业功能和创业功能，使得养生社区开发与养生产业完美结合，创造出养生地产独特的产业运营优势。

（三）养生地产的市场引导

养生地产，包含养老地产、健康地产、旅游地产、度假地产的四重功能，在市场引导过程中应遵循循序渐进的导入原则，将人们被扭曲的社会价值观、人生价值观进行重新梳理，再通过道教、历史文化的引导将健康、保健、养生、长寿的理念灌输给消费者，进而将养生地产的稀缺特性、投资保值特性、人生健康保健的重要性和社会圈层营销体系进行整合宣导，就会在养生地产的市场推广和消费引导中做出有特色的营销，专题的推介还会将一种全新的人生认识传达给消费者，并在做地产运营的同时传播一种人生态度和价值取向。

养生地产，是人居产品的理性回归，也是对人生价值的全新认定；养生地产所倡导的环保、健康、低碳、养生、自然、和谐也迎合着这个时代发展的最终方向。

开发农业，旅游和地产是个不错的选择，但是紧密联系当地的风俗文化，从文化层面推动当地经济无疑是更高层面的农业产业规划，以文化为依托的“会展经济”是这种形式的代表。

露营产业

一、概述

露营旅游作为一种新兴的旅游业态，契合了当前我国大力发展休闲度假旅游的现实要求，迎合了当前我国迅猛发展的自驾游及自助游市场需求，也符合了各地政府对于传统旅游创新发展的政务要求。可以说在国家相关政策的大力支持下，在可预见的未来，露营地产业将成为新的消费增长点，也将成为大众化休闲旅游方式之一，露营地产业将实现从生活方式到产业的完美进化。2017 年，中国露营地产业的发展迎来高速发展期，也就是黄金发展期。这一年出台的各项政策将更加偏向于营地内容上的细分和深化；在营地运营及发展上，也将从交通、土地、乡村、人才等领域的政策上给予露营地方向的说明与指导。

二、相关政策

国务院印发的《全国国土规划纲要（2016—2030 年）》（国发〔2017〕3 号文件，以下简称《纲要》），是我国首个全国性国土开发与保护的战略性、综合性、基础性规划。

规划范围涵盖我国全部陆域和海域国土（本次规划暂未含港澳台地区），对涉及国土空间开发、保护、整治的各类活动具有指导和管控作用，对相关国土空间专项规划具有引领和协调作用。

《纲要》贯彻落实党中央治国理政新理念、新思想、新战略，按照统筹推进“五位一体”总体布局和协调推进“四个全面”战略布局要求，对国土空间开发、资源环境保护、国土综合整治和保障体系建设等作出总体部署和统筹安排。《纲要》的编制实施，有利于优化国土空间开发格局，提高综合国力和竞争力；有利于推进城乡区域协调发展，提升国土开发的协调性；有利于提高能源资源保障能力，实现经济社会可持续发展；有利于保护和改善生态环境，保障国土生态安全；有利于加快形成合理的空间规划体系，健全国土空间开发保护制度，为建设美丽中国和实现中华民族伟大复兴的中国梦，提供重要支撑和基础保障。

三、主要内容

1. 明确了国土开发、保护、整治的指导思想、基本原则和主要目标。突出强调要加快转变国土开发利用方式，全面提高国土开发质量和效率，加强国土空间用途管制和建立国土空间开发保护制度，提出要遵循6项基本原则，把握6个方面的主要目标，加快构建安全、和谐、开放、协调、富有竞争力和可持续发展的美丽国土。

2. 确立了国土集聚开发、分类保护与综合整治“三位一体”总体格局。一是以“四大板块”为基础，即东部率先、中部崛起、西部开发、东北振兴，还有“三大战略”为引领，京津冀协同发展、长江经济带和“一带一路”倡议。以国家重点开发区域和优化开发区域为重点，打造若干国土开发重要轴带和重点集聚区，构建“多中心网络型”的集聚开发格局。二是基于资源环境承载力评价结果，针对5大类资源环境保护主题，区分3个不同保护级别，形成覆盖全域“五类三级”的国土保护格局。三是以主要城市化地区、农村地区、重点生态功能区和矿产资源开发集中区，及海岸带和海岛地区为重点开展国土综合整治，形成“四区一带”的国土综合整治格局。

3. 完善了以用途管制为主要手段的国土空间开发保护制度。设置了“生存线”“生态线”“保障线”和耕地保有量、用水总量、国土开发强度、重点流域水质优良比例等11个约束性或预期性指标，推动体制机制创新和配套政策的完善。

4. 围绕美丽国土建设的主要目标，部署了集聚开发、分类保护、综合整治、联动发展和支撑保障体系建设等重点任务。

国务院于2017年2月3日，印发《“十三五”现代综合交通运输体系发展规划》(国发〔2017〕11号，以下简称《规划》)，这是“十三五”期间22个国家级重点专项规划之一。规划明确提出要拓展交通运输新领域、新业态，积极引导交通运输新消费，大力发展自驾车、房车营地，鼓励规划建设一批航空飞行营地、汽车综合营地、山地户外营地和徒步骑行服务站。

交通运输是国民经济中的基础性、先导性、战略性产业，是重要服务性行业。构建现代综合交通运输体系，是适应把握引领经济发展新常态，推进供给侧结构性改革，推动国家重大战略实施，支撑全面建成小康社会的客观要求。根据《中华人民共和国国民经济和社会发展第十三个五年规划纲要》，并与“一带一路”建设、京津冀协同发展、长江经济带发展等规划相衔接，制定本规划。

四、重点工程

(一) 通用航空工程

积极发展通用航空短途运输，鼓励有条件的地区发展公务航空。在适宜地区开展空中游览活动，发展飞行培训，提高飞行驾驶执照持有比例。利用会展、飞行赛事、航空文化交流等活动，支持通用航空俱乐部、通用航空爱好者协会等社团发展。规划建设一批航空飞行营地，完善航空运动配套服务，开展航空体育与体验飞行。

（二）汽车营地建设工程

依托重点生态旅游目的地、精品生态旅游线路和国家旅游风景道，规划建设一批服务自驾车、房车等停靠式和综合型汽车营地，利用环保节能材料和技术配套建设生活服务等功能区。

（三）步道自行车路网建设工程

规划建设城市步行和自行车交通体系，逐步打造国家步道系统和自行车路网，重点建设一批山地户外营地、徒步骑行服务站。

五、若干意见

交通运输部、国家旅游局、国家铁路局、中国民航局、中国铁路总公司、国家开发银行六部门联合于2017年3月1日，印发了《关于促进交通运输与旅游融合发展的若干意见》（交规划发〔2017〕24号，以下简称《若干意见》）。《若干意见》提出，到2020年，我国将基本建成结构合理、功能完善、特色突出、服务优良的旅游交通运输体系。

《若干意见》从推进供给侧结构性改革出发，坚持以人民为中心、以游客需求为导向，适应新需要、创造新供给。在改善旅游交通服务方面，鼓励机场、车站、码头等客运枢纽拓展旅游服务功能，高速公路服务区增设游憩、娱乐、购物等功能，鼓励在公路路侧富裕路段建设驿站、营地、观景设施和厕所等。

《若干意见》还高度重视旅游交通安全，着力强化安全保障，要求完善房车准驾制度，健全旅游交通应急预案。

《若干意见》坚持需求导向，从当前我国快速崛起的大众旅游对交通运输新需求出发，提出构建“快进慢游”的旅游交通网络。依托高铁、城铁、民航、高等级公路等构建“快进”交通网络。推进建设集“吃厕住行游购娱”于一体的构建“慢游”交通网络。通过加强“快进慢游”的旅游交通网络建设，方便游客出行，丰富游客的旅游体验。

为进一步增强交通旅游融合发展的协调性和有效性，《若干意见》要求各省区市交通运输、旅游等部门建立健全交通旅游融合发展协调推进机制，建立交通、旅游数据共享机制，加强市场监管和信用体系建设，建立违法违规企业和从业人员“黑名单”制度，共同开展试点示范工程。要进一步拓宽投资融渠道，鼓励整合旅游资源和土地资源实现沿线旅游交通运输和旅游资源开发一体化发展。“十三五”期间国家开发银行将提供不低于2000亿元的优惠贷款，利息原则上不高于央行同期基准利率，期限可达30年。这些体制机制和政策措施，将为交通运输业与旅游业的融合发展、协同发展、高效发展提供有力保障。

《若干意见》第二条第五点完善旅游交通基础设施网络体系，加快构建便捷高效的“快进”交通网络，明确提出要做好自驾车房车营地与交通干线之间的联通公路建设。

《若干意见》第三条第九点健全交通服务设施旅游服务功能，完善普通公路服务设施：以国省干线公路服务区试点建设为契机，鼓励在路侧空间富裕路段设置驿站、简易自驾车房车营地、观景台、厕所等设施。根据需要在农村公路沿线增设简易驿站、港湾式停车带和观景台。具备条件的道班可探索配套建设旅游停车场、驿站、简易自驾车房车营地等设施。加大景区和乡村旅游点停车场建设力度，鼓励在干线到旅游景区之间增设停车场并实现景区接驳服务。

《若干意见》第四条第十一点推进旅游交通产品创新，打造精品公路旅游产品：按照景观优美、体验性强、带动性大等要求，结合旅游景区景点、旅游风景道等建设，加强沿线生态资源环境保护和风情小镇、特色村寨、汽车露营地、绿道系统等规划建设，形成有广泛影响力的自然风景线、历史人文线、红色文化线。加强与沿线产业和旅游经营对接，开展产品与公路旅游线路推介。推广精品旅游公路自驾游线路，引导自驾车房车旅游发展，培育自驾游和营地连锁品牌企业。

《若干意见》第四条第十三点推进旅游交通产品创新，发展低空飞行旅游产品：

支持开发低空旅游线路，鼓励开发空中游览、航空体验、航空运动等航空旅游产品。积极开展通用航空旅游试点，鼓励重点旅游城市及符合条件的旅游区开辟低空旅游航线。推动通用机场建设，建设低空旅游产业园、通航旅游小镇与飞行营地。支持低空旅游通用航空装备自主研制，打造低空飞行旅游装备及配套的专业化生产和产业化应用基地。

六、支持内容

建设健身休闲设施。重点落实冰雪、水上、航空、山地户外、汽车自驾车营地发展规划，支持冰雪场、航空飞行营地、运动船艇码头、山地户外营地、自驾车房车营地的建设和运营项目，并向各级体育产业示范区、示范基地和运动休闲特色小镇倾斜。

国家体育总局、国家发展改革委、工业和信息化部、财政部、国土资源部、住房城乡建设部、交通运输部、国家旅游局八部委于 2017 年 5 月 8 日印发《汽车自驾运动营地发展规划》（以下简称《规划》），《规划》将对露营地内容上提出更加详细的要求和规定，同时，这也是推动露营行业健康快速发展的又一重大政策。下面就规划的背景、模式、任务、内容、措施等方面来解读。

（一）政策扶植，营地发展是趋势

随着国民生活水平的不断提升，汽车自驾游比例的逐渐攀升，发展汽车自驾运动营地是大势所趋，《规划》的提出是对之前《国务院办公厅关于加快发展健身休闲产业的指导意见》及《关于促进自驾车旅居车旅游发展的若干意见》的深入贯彻，也是 2017

年关于支持露营产业发展的第一份政策导向性文件。从国务院到旅游局再到体育总局，露营产业所涉及的范围逐步扩大，关联性增强。《规划》的出台无疑说明露营将与体育结合而大展拳脚。

（二）三圈三线，营地串联是模式

《规划》指出到2020年将建成1000家专业性强、基础设施完善的汽车自驾运动营地，并初步形成“三圈三线”自驾线路和汽车自驾运动营地网络体系。由此表明营地将会由点到线及面的模式进行发展，将自驾线路与营地进行串联，构成营地网络体系，不得不让人思考自驾线路与营地之间的联动效应，经典的线路可以影响营地的选址，营地的位置能给原本平淡无奇的线路增添亮点。推进京津冀、长三角、珠三角等发达区域的营地建设，用自身区域的发展带动周边经济的发展，并借由线路的引导性贯通南北、东西及西南地区。

（三）示范指导，培育市场是任务

营地在快速建设发展期间，品质良莠不齐，标准示范尤为重要。《规则》指出相关部门会共同负责，建立营地评定标准，推进星级评定管理，打造示范效应的营地服务综合体。支持企业发展，壮大社会组织，提升服务水平有利于营地雨后春笋般的快速发展，同时相关营地配套产品也将获得广阔市场。

（四）丰富产品，营地活动是内容

特色产品的供给直接影响营地经营的主要收益，《规范》明确提出鼓励在营地周边提供徒步、登山、骑行、垂钓、水上、冰雪、航空、赛车、马术等户外运动设施及服务，支持营地创建自主品牌，完善相关体系，挖掘本土历史文化和当地特色资源。这表明营地的活动内容将备受关注，同时也是衔接市场、吸引客群的重要纽带。

（五）政府干预，政策体制是保障

中国营地发展历来兼备中国特色，政府职能把控成为营地发展背后的有力推手。不断创新体制机制，加快职能转变，完善政策体系，强化安全监管，夯实工作基础，强化组织领导这些有力措施都是为了营地的健康发展创造优越的条件及广阔的空间，也是营地想要快速发展的基本保障。

国家旅游局办公室于2017年6月27日印发《“十三五”旅游人才发展规划纲要》(旅办发〔2017〕177号，以下简称《纲要》)，提出为适应“旅游+”融合发展需要，加紧培养自驾车旅居车旅游、低空旅游、文化创意旅游、体育旅游等各类专门人才。此纲要反映了国民旅游消费的增长与专业化人才培养的政府重视。

《纲要》指出，当前我国旅游业已全面融入国家战略体系，走向国民经济建设的前沿，成为国家经济社会发展的战略性支柱产业。面对新形势、新任务、新要求，旅游人才队伍建设还存在一系列问题，包括人才数量、质量和结构与旅游业快速发展还有很多不适应，人才体制机制还不够完善，人才工作投入不足，发展环境有待进一步优化等。

《纲要》提出，到 2020 年，形成一支数量充足、结构优化、素质优良、充满活力、与旅游业发展相适应的旅游人才队伍。研究制定旅游业重点人才开发目录。鼓励高校根据旅游业态发展，设置相关专业或专业方向。加强与相关产业部门的合作，推进“旅游+”复合型人才开发。此次纲要从人才发展规划入手，以素质能力提升为重点，统筹推进旅游行政管理人才、旅企经营管理人才、旅游专业技术人才、旅游技能人才、乡村旅游实用人才等五支旅游人才队伍建设。

《纲要》表示：适应“旅游+”融合发展需要，加紧培养自驾车旅居车旅游、海洋及邮轮旅游、森林旅游、冰雪旅游、低空旅游、工业旅游、农业旅游、文化创意旅游、健康医疗旅游、研学旅游、体育旅游、商务会展旅游等各类专门人才。研究制定旅游业重点人才开发目录。鼓励高校根据旅游业态的发展，设置相关专业或专业方向。加强与相关产业部门合作，推进“旅游+”复合型人才开发。

考虑到露营地行业的发展因素，目前我国发布相关政策的省份多集中在东部沿海地区以及旅游资源优渥地区。从 2007 年到 2015 年间，我国露营行业主要发布政策也是基本呈曲线上升，尤其在 2012 年后大幅度上升。2007 年到 2015 年间，国家部门发布政策共 16 条，地方政府发布政策共 12 条，双方共同为露营地产业的发展保驾护航。

从发展现状来说，露营产业已成为“生活性服务业”，并将在老百姓的整个旅游生活中发挥“基础设施网络支撑”的作用。露营行业是旅游业转型发展升级的重要举措，是促进社会消费、培育消费新热点的重点内容。国家质检总局、国家标准委联合发布的休闲露营地国家标准，将促进产业健康规范发展。同时，国家还首次在时间节点以及量级规模上对自驾车、房车营地做出了明确要求，并支持少数民族地区和丝绸之路沿线、长江经济带等重点旅游地区建设自驾车房车营地。到 2020 年，鼓励引导社会资本建设自驾车房车营地 1000 个左右。2015 年，中国露营行业已发生翻天覆地的变化。

七、产业政策

从 2014 年国务院总理李克强明确提出“升级旅游休闲消费，建设自驾车、房车营地”，再到近期国土部、住建部、国家旅游局三部委联合发布旅游用地新政，定调房车营地用地性质，露营已成为我国重点培育的消费新热点产业。从最初的小众休闲玩法成长为充满生机的朝阳产业。国家和地方政府也积极围绕多个关键点共同发力，审时度势制定政策。

（一）露营行业发展探讨

现代汽车露营地的雏形 1860 年起源于美国，在当时是为组织青少年开展自然环境中的理想教育而发起的。由于这项活动既能强健体魄，磨炼意志，又能使参与者体验到人与自然亲近的种种乐趣，所以很快流行下来。经过长期演化和发展，如今露营已经成为西方人士的主要休闲方式之一。

国外汽车露营营地从诞生到发展经历了以下三个阶段：福特“T”型车的推广使汽车变得普及（出行工具）→高速公路网络的形成使得出行越来越方便（基建设施）→生活观念与生活方式的自由发挥与释放让更多的人热衷于出行度假（消费认知）。例如美国，作为西方发达国家的主要代表，1/3 的旅游设施、时间以及土地都是以露营形式存在的，由此可见露营地产业在美国已经市场化。

（二）自驾游

如今越来越多的人在露营旅游的时候会选择自行驾车，自驾游作为一种热门出游形式，属于自助旅游的一种类型，是有别于传统的集体参团旅游的一种新的旅游形态，是有组织、有计划，以自驾车为主要交通手段的一种新的旅游形式。自驾游的消费水平比传统旅游方式高，参与者一般来说普遍拥有较好的生活条件。下面一组数据也直观地表现了自驾游与经济的关系：

1. 人均 GDP1000 美元，汽车开始进入家庭，旅游业开始快速发展；

2. 人均 GDP3000 美元，汽车消费开始成为一种时尚，旅游业进入爆发时代，度假休闲产业出现；

3. 人均 GDP5000 美元，每百户居民汽车拥有量达到 20 辆以上，汽车大众消费时代开始，度假休闲产业快速发展；

4. 人均 GDP8000 美元，度假休闲产业进入爆发式增长阶段，公路旅行成为时尚；

5. 人均 GDP 达到 10000~15000 美元时，车价达到人均 GDP 的 1.5 倍时，家庭轿车出现爆发性需求。

由上述数据可以看出自驾游的发展趋势和经济水平的发展是呈正比的，收入越高的人群选择自驾游的余地越大。

随着我国汽车产业近十年的爆发式增长，2013 年我国私家车保有量突破 1 亿辆，持有汽车驾照的人员首次突破 2 亿人，预计 2020 年私家车保有量将达到 2.5 亿辆。在国家旅游局发布的《2014 中国自驾游发展报告》中显示 2014 年全年旅游人次为 36 亿，其中 22 亿人次选择自驾，占总人次的 61%，人均消费 1765 元每日次。当前，我国持有驾驶执照人数逐年增加，高速公路建设突飞猛进，基建条件的日益完善等都不同程度促进了自驾游发展，消费者经济收入的增长和消费认知的转换，都为我国的自驾游带来了巨大市场空间。

八、市场需求

2013 年 10 月 2 日，驰名中外的四川九寨沟景区发生大规模游客滞留事件，上下山通道陷入瘫痪，甚至出现游客攻陷售票处的情况，事件的发生引起了业内高度关注并引发了激烈的讨论。九寨沟事件不是一个偶然事件，它暴露了当前我国景区的普遍问题：客源结构逆转、配套设施落后、缺乏营地疏导。

目前中国汽车露营地发展严重滞后于市场需求，主要存在以下几点问题：

1. 从汽车露营地的数量与分布上看，我国露营地供给明显无法满足需求；

2. 从汽车露营产品的内容上看，我国现有的汽车露营旅游产品过于单一，季节变化性、观光性、参与性不足；

3. 从露营地的网络化发展来看，正规汽车露营地很少，正处在起步阶段。

我国汽车露营地市场的发展困难与机遇并存，但随着国家政策的进一步利好，汽车露营地产业在中国开始步入“爆发式”与“井喷式”的发展阶段。[未来3~5年有大量营地出现，未来3~5年大量营地出现生存问题] 围绕这两个现象，应当积极做出应对战略，进行企业发展的布局，整体思考，分步实施，快速占领最优资源，发展控制性节点工作，守住客源端口和资源核心枢纽。而在过去十年间，旅游产业的不断升级、汽车产业的积极转型、互联网产业的持续优化，都为露营地产业的发展提供了便利条件。依当下局势来看，我国露营地产业正处在“破茧而出”到“快速发展”的阶段，未来十年将是以露营地为代表的休闲产业爆发的十年。

度假旅游策略

一、态势

对于旅游度假投资企业来说，绝非一心只盯着旅游本身，而是同时考虑在当前形势下还能够做点儿地产文章 (毕竟回收快、利润高)，这就决定了其最关心的无非是住宅地产、旅游地产和度假消费这几个方面。那么，这三个方面当前的真实态势究竟怎样呢?

1. 住宅地产走势出现明显分化。近三年来，住宅地产整体走势出现了明显分化，主要表现为两方面：

一方面，一线城市及部分二线城市整体表现为量价齐升，尤其是优质地段的优质项目，优势资源的集中与住宅用地的剧减使这些地区的住宅地产项目有持续而稳定的上浮空间，尽管暴涨的势头已很难再现。

另一方面，绝大部分三、四线城市及部分二线城市去化 (某一特定时期内某产品的销售量占总量的百分比) 极其困难，鬼城与烂尾楼数量极大，短期内难以改观，不仅给地方政府造成负担，也使得一批中小型地产企业资金紧缺、举步维艰，甚至走向破产。

地区间明显分化的走势将成为住宅地产在未来很长一段时期内发展的新常态。

2. 伪旅游地产的路子难以为继。在上有四万亿刺激、下有炒房客助推的疯狂年代，以旅游之名、行地产之实的伪旅游地产大行其道，让一大批开发商与投资客赚得盆满钵满。

然而从 2013 年下半年开始，这一大潮悄然褪去，旅游地产的消费从击鼓传花、投机炒房式的购买回归到理性科学、谨小慎微式的置业，此类重资产、快周转、轻运营、无服务的伪旅游地产变得难以为继，没有赶上大潮的项目几乎全部搁浅在沙滩上，甚至成为拖垮企业的最后一根稻草。

对于那些仍然简单地将传统住宅搬到度假地的项目，绝对不能再报以幻想，即便是打着旅游休闲、品质度假、养生养老、避暑避寒、文创聚落等各种诱人的幌子，依然无法打动消费者的心，再也无法重现昔日荣光。

3. 旅游度假消费实现大幅上升。近年来，中国旅游产业与旅游综合消费持续快速增长 (2016 年人均出游超过 3 次，国内旅游市场规模超 44 亿人次)，2014 年以来，与伪旅游地产形势一落千丈的境况形成鲜明对比的是，以莫干山洋家乐民宿 (绝大多数来自老旧房子的改造) 为代表的旅游度假产品受到市场热捧，成为异军突起的度假潮流前线 (不仅是消费热点，也是投资热点)。

这类将情怀、生态、乡土、时尚、养心与休闲度假创新融合在一起的小而美的度假精品，由于受到中高端度假客的追捧青睐 (房价一般在数百至数千之间，甚至上万)，创造了带动旅游接待大幅提升、实现旅游综合收益大幅突破的奇迹，使投资经营者、当地老百姓与政府部门多方共赢。

之所以会出现上述态势，主要原因如下：

其一，虽然投资需求还占有相当比例，但住宅地产的消费更多回归到居住本质，投机性炒房的时代已经过去，但集中优质资源并引来大量外来人口流入依然是一个城市房地产保值增值的关键，因此一线城市与二、三、四线城市才会出现走势上泾渭分明式的明显分化。

其二，旅游地产作为一种度假产品的属性远远超过其作为住宅产品的属性，度假产品要求的是度假环境、度假意境、度假配套、度假服务、度假生活方式，而这一切，伪旅游地产根本无法提供或无意提供 (仅仅把住宅搬到了度假地)。

其三，中高端乡村民宿之所以受到热捧，是因为真实的度假需求 (消费意愿) 不仅存在，而且规模庞大、消费能力强、消费重复性高，只要有对应需求的优质产品，市场就会闻风而至——特别是在高铁与高速使客源地与目的地间交通极大改善、“互联网+旅游”使旅游休闲度假出行服务分外便捷、国家带薪假期的逐步落实使度假时间不断增加等综合因素的助推下，通过 30 多年改革开放富起来的城市人群 (2016 年中国人均 GDP 超过 8800 美元)，自然会在逃离雾霾、追忆乡愁、回归田园、休闲养生等内心愿望的鼓动下，把越来越多的消费放在休闲度假活动上。

二、商机

由上述态势可知，度假项目投资无疑是当下最具前景的投资方向，各种报告也给出了很多投资热点，但能够真正把握并落地操作的实质商机究竟何在?

笔者认为，除了对选址、投资、运营、管理水平要求极高的大型度假区项目之外，从以最低的成本与风险去谋求最大的成功与收益层面看，特别是从利于中小型企业乃至创客投资操作的层面考虑，下述五个方向的潜力极大，是当前及未来旅游度假投资的机会与热点。

（一）基于闲置村落民居或废弃设施改造的“特色民宿”

民宿成为近两年最热门的旅游度假业态。在一定程度上说，民宿是蕴含主人情怀的精品乡村度假酒店 (或曰客栈)，主要利用闲置村落、民居或废弃设施改造而成，莫干山的洋家乐是民宿最成功的典型。

尽管浙江省的民宿业已经相当发达，但这股潮流向全国其他地区的蔓延才刚刚开始，这对于中小型投资企业来说，无疑是一个巨大商机，适合在晋冀豫交界的太行山区、福建永定土楼群、广东开平碉楼群等具备良好可进入性、自然生态环境优美、老旧房屋或空心村较多的乡村郊野地带打造。具有小投资、高品质、注重情调、缺乏配套和自媒体与互联网营销等特点。

（二）基于优质度假条件打造的“小型乡土度假村”

小型乡土度假村，就是把乡土文化意境与时尚度假功能创新结合起来的小而美的精品度假项目。既不同于高楼大厦型城市商务酒店，也不同于动辄数百个房间、投资与经营压力极大的大型度假酒店，更不同于虽接地气但缺品质的农家乐，与精品民宿接近，但更多是依靠后天新建而非老宅改造，非常适合在山西省晋城沁河古堡群和沿黄河古村落、江西省婺源县、贵州黔东南自治州等具备休闲度假条件但缺乏休闲度假设施的区域打造。整体具有小型化、乡土化、品质化和市场潜力大、复合功能强、投资回报优六个特点。然而必须指出的是，这一切是以品质保障为前提的，因此对创意设计、运营管理、精细服务等方面提出了极高的要求。

（三）基于非建设用地 (流转地) 打造的“郊野休闲营地”

郊野休闲营地，是在郊野环境中建设的以休闲度假功能为主导的营地项目，主要适用于房车自驾车营地等无需建设用地的项目 (事实上，很多企业拿到的流转地都是非建设用地，没有建设用地指标)，因用地要求不高、建设成本低而成为热点商机。具有非建设用地的实用性、休闲度假设施的临建化、配套基础设施的依托性、产品开发设计的特色化等特点。

(四) 基于准城区型郊野地打造的“度假式第一居所”

度假式第一居所，是把度假功能与第一居所创新融合起来的特色地产产品。此类项目是新型城镇化潮流下地产开发的一个重要创新方向，如果把握得好，率先形成模式，将会获得极大的回报。其主要特点有双重属性 (在居住属性上是第一居所，在旅游属性上是度假物业)、双须选址 (在选址上必须同时满足准城区与郊野地两个条件)、两大市场 (一是本身已经在城市中心拥有别墅或豪宅的富裕阶层，二是讲究生活品质的中产阶级)、两大创新 (一是理念创新——超越传统地产，即强调从观念上就应形成这样的认识——度假式第一居所；二是设计创新——度假式第一居所在选址、市场、功能、产品等方面都拥有其独特的属性)。

(五) 基于城市郊区优美田园打造的“乡村度假庄园”

乡村度假庄园，是指位于交通便利的城郊地带，以优美田园环境为依托，以庄园为形态，提供度假配套与服务的度假地产 (第二甚至第三居所)。它既超越了一般的别墅地产，又不同于西方的庄园，与中国的高品质乡土院落较为接近。其特点有如下六个方面：一是超越一般别墅的传世度假物业，二是满足诗酒田园的回归需求，三是与“三养” (养生、养心、养老) 关系密切，四是市场的地域性与圈子性，五是产品的定制性，六是对土地资源有特定要求。

三、策略

要想成功打造上述列举的五种旅游度假产品，应该有新的策略，关键应做到下述三方面：

(一) 结合新态势，把握真市场

所谓新态势，就是地产购买的理性化和度假消费的刚需化。把握新态势下度假消费市场的真实来源、真实构成与真实需求，就是把握真市场，把握真市场的目的，打造真产品。从当前的市场情况来看，度假消费市场具有三个真实特点：第一，从市场来源看，区域性的度假产品的市场主要来自临近大中城市，全国性的度假产品的市场主要来自全国发达地区，国际性的度假产品的市场则主要来自国内发达地区与部分国外地区;第二，从市场构成看，家庭度假群体占主导地位，80、90 群体是新兴的主要力量，老年度假群体、学生度假群体与企业度假群体也成为重要构成;第三，从市场需求看，逃离雾霾、回归田园、放松身心、追忆乡愁、休闲养生、心灵回归是基本方向。

(二) 围绕新需求，打造真产品

打造真产品，就是围绕如上所述的真实度假需求来打造度假产品。真产品要以营造优美的度假环境为基础、以构建独特的度假主题为灵魂、以强调度假体验为核心、以配置丰富的度假配套为支撑、以提供优质的度假服务为根本。譬如中粮集团亚龙湾公主郡项目中的迷你别墅产品，就是一个典型的真产品，它虽然建筑面积只有 88 平方米，但占地达到 1 亩，热带度假需要的大床、落地玻璃窗、花园、无边际泳池、发呆亭、躺椅、SPA 房等功能设施一应俱全，成为市场热捧的优质度假产品。

（三）运用新玩法，实现真突破

在结合新态势、把握真市场，围绕新需求、打造真产品的基础上，还要讲究运用新玩法，使度假项目的投资、开发与运营最终实现真突破。主要的创新策略如下：

其一，在投资模式上，应当注重从重地产、轻运营到轻资产、重运营的转变，众筹与股权投资及经济合作社的模式要成为着重考虑的全新投资模式之一，以此将风险与成本降到最低。

其二，在商业模式上，既要针对度假项目的淡旺季特点，又要跳出项目看项目，借鉴地中海俱乐部 (ClubMed) 的成功经验，探索结合度假时长与人员数量的全包价度假收费模式，不仅要将项目内部的所有度假消费打包，还要与度假活动相关的租车、门票、观演、运动、研学、骑行、购物等多种项目建立合作机制，将相关费用统一纳入总体的度假费用中，从而突破单一住宿收费的层面，将每个度假客人的消费收益做到最大化。

其三，在创新设计上，要把握时代潮流，打造体现地域乡土特色意境、满足现代度假功能需求的“新乡土度假产品”，在引领未来度假潮流的同时，还能够实现“以现代度假的名义给乡土中国以新生”的目的。

其四，在营销模式上，要积极运用“互联网+”手段，把自媒体营销与 OTA 营销做到最优。

其五，在运营模式上，要考虑众创、创客模式的运用，让度假产品也能成为创业聚集区，从而将度假产品的个性与特色发挥到极致。

其六，在扩张模式上，要从做模式的高度做项目，积极探索品牌连锁化的机制 (而不是停留在单个项目小打小闹的层面)，形成“一个模式、多个载体”的度假项目集群，从而实现与资本的对接，进入资本运作的层面，为项目的综合回报与持续发展带来更为广阔的空间。从这个角度说，小产品也能产生大能量，关键在于模式的开创与后天的运营。

旅游标识设计

一、现状问题

标识是为游客传递路线，指明景点位置、起安全警示作用以及传达公园发展理念的标识（牌）或标识物，是公园的重要组成部分，有助于旅游者顺利完成游览过程，获得满意的旅游体验。目前我国大部分旅游标识系统存在各式各样的问题，主要体现在如下四个方面：

（一）规划设计理论匮乏

没有形成完整的理论体系。发达国家在旅游标识设计上，已经开始将标识与人体工程学、环境心理学、设计美学的内容紧密结合在一起，强调个性化和人性化设计理念，注重自然景观和人文景观的内在体现。

（二）标准有余，特色不足

同质化严重，缺乏特色，很多公园之间相互的简单复制、机械模仿，造成了旅游标识系统的趋向于“无差别风格”，缺少当地的地域风貌、风土人情、历史文化等特点。很多设计公司的旅游景区标识设计也过于形式化、表面化，没有深入挖掘景区的地方文化内涵与特点，导致设计出的旅游标识“千篇一律”。

（三）形式单一，功能不全

形式单一，功能不全，没有传递正确、完整信息，对旅游者的游程造成困扰。如有的旅游标识系统指示路线信息不明确，衔接不闭合，或者英文翻译不准确，含糊片面的信息让游客如置身迷宫，不能顺利到达目的地，影响旅游的质量和心情；有的过于简单、片面，忽视了公园文化的传播，没有发挥标识系统的最大效用。

指示牌是从游客角度出发，对园区内各个景点、公共设施及服务设施的方位及线路指示，包括方位指示牌与场所标识牌。而这是互相配合的，对必须标识的场所进行标识，有利于提高公园的服务效率

（四）缺乏明显的旅游特质，没有旅游属性

没有明显旅游特质，没有旅游属性，不能反映园区的主题特色和地域文化特色，只发挥了其表面功能，并没有充分挖掘其内在功能，属于对于自身资源的一种浪费。

二、标识作用

对旅游的标识系统进行“旅游化设计”，标准化设计的同时挖掘公园标识自身特色，使其真正融入环境，利用多种表现形式将标识打造成公园的特定符号，发挥旅游标识系统的最大价值。不仅仅是标识的“标识”，也可以成为一道亮丽风景，可以成为旅游者体验主题文化的线索，以及旅游者体验的重要组成部分。

（一）强化公园的主题线索

标识系统最重要的作用就是导引旅游线路，成为旅游者游览过程中自始至终都需要关注的“核心吸引物”，更容易潜移默化地向旅游者渗透公园的主题特色。对于具有特色主题游线的公园，标识系统可以起到“强制化游线”的作用，进一步强化旅游者对于公园主题特色的印象。

（二）完善游客的游憩体验

标识系统通过旅游化设计本身可以成为公园景观系统的一部分，而成为一道靓丽的风景，部分标识可以成为旅游者的“拍照点”和“兴奋点”，在其固有功能的基础上，增加公园的吸引力，使旅游者更加容易记住，获得良好的游憩体验。

解说牌是对公园的概况、文物、特色信息进行介绍的一个载体，便于游客在短时间内对公园进行了解，而且是寓教于乐的好途径。

公园管理需要一种有序性，为了社会公共的利益，设立必要的禁止标识和提示标识。公园提示牌包括爱护花草、小心台阶等，公园禁止标识包括：禁止抽烟、禁止摄影、禁止步入、禁止攀爬等。

（三）宣传的创意营销

标识系统可以成为公园创意化营销方式，传统的营销“轰炸”可能会遭到旅游者的反感和抵制，而融入公园标识系统的推广与营销会对旅游者产生潜移默化的影响，使旅游者不知不觉地接受公园的宣传营销。另外，在公园主题指导下设计的特色、个性、有趣的标识系统又成为公园的一个代表符号，成为旅游者间口碑相传的一个传播点。

三、标识系统

（一）人性化设计，满足游客的心理需求

充分考虑旅游者的感受，在游客获得信息时尽量减少行政方面的宣传标语，以服务者的身份引导和提醒，努力营造一种轻松、舒适的环境氛围。在具体内容上，增加标识内容的知识性、哲理性和趣味性。

（二）主题鲜明，位置突出

传达信息必须准确、清楚，文字表达简洁明快，易于理解和记忆。色彩清晰舒适，易于景区环境的辨识。在位置选择上，应设置于公园内的交通流线中，如出入口、交叉口、标志性景点前等旅游者必经之处。应有最大的能见度，使人们在一瞥之间就能捕捉到所需要的信息。

为体现一个公园的地域文化与精神状态，在环境中设置宣传标识，一部分标识涉及市民的行为规范，如：“不随地吐痰”“请关心帮助残疾人”等。一部分标识是文化知识性的，如对一些文化遗址进行介绍，或者对一些动物、植物进行介绍。

（三）连续设置，成为序列

标识设置应连贯成序，引导游客顺利完成公园内的旅游活动。同时，标识牌的设置应统一，有利于美化公园，提高美观性。

（四）景观化设计，增加吸引力

挖掘标识系统的美学价值、艺术价值、文化价值，不断丰富其内涵，同时展示其外在美感，内外兼顾，使标识系统成为公园旅游吸引物的重要组成部分。

四、空间布局

1. 对公园进行整体介绍的全景标识牌一般设置在入口处；规定性标识牌应设置在休息点与主要出入口等旅游者较集中处，宣传类标识牌应设置在公园及各景点的出入口、休息点及生态系统内；指路标识牌一般分布在通向一个或多个景点的路口处，景点标识牌一般置于景点入口或其核心区域。

另外，通过对游客行为心理的分析，应设置在容易发现、方便使用的地点，如有多处适合的地点，则选择能吸引最多游客和有特色的地点，并要避免设置在可能对游客和设施造成危害的地点。

2. 公园标识牌材料运用不仅要充分考虑材料本身的特点，而且要考虑园区自身的因素。这样才能制作出既美观时尚又符合公园内涵并且经久耐用的标识牌。在设计公园标识系统时，要亲临现场实地体验下其环境设施，以便确定其公园标识系统风格，展现出公园自身的外在形象和内在文化。其次要规划设计，确定各标识牌所放置的位置和数量、尺寸等，在确定的同时要根据人机工程学和建筑学、美学，以便标识牌能发挥到其自身功能。

3. 清晰的内容设计。语言应亲切、感人，更加人性化和贴近群众，努力营造轻松、舒适的氛围；应使用人们最常用、最熟悉的字体，并与周围环境相协调；尽量减少使用装饰性太过于花哨的字体；要根据标识牌大小和作用考虑字号的大小。

交通信息指示类、环保与安全提示类标识牌的颜色设计要严格按照相关国家标准执行，无规定的可进行个性化设计，适当融入公园或其所在地的历史、文化、风俗等元素。

在公园标识系统中，大多使用木材，再配以相应的工艺，就能够创造贴近自然、土生土长的氛围，和公园的环境相得益彰，这是自然景观所需要的。不过如果是人文景观，就要结合景观风格特色加以选择恰当的材料，使其搭配协调，自然而然的加入，而不是硬生生地放在那里。

4. 和谐的载体设计。材料的选择应综合考虑材料的成本、耐久性、安全性、环保性、视觉效果、制作安装、管理维护及园区的自然环境、历史文化特点等因素，不同的材料质地给人以不同的触感、联想和审美情趣。如：木材、竹材具有朴素无华的本质，很容易与自然环境协调；人造或天然石材给人以色彩稳重、现代感和便于清洁与管理的感受，很受欢迎。在造型方面，可选规则与不规则的几何图形，也可选动植物、山体河流等形象造型，还可选较为抽象的造型。

标识系统作为园区环境的重要组成部分，在引导游客的全程游览中，在创造和谐的游览与休闲环境，为游客提供人性化服务上起着重要作用。好的完善的标识系统，可以起到画龙点睛的作用，提升硬件环境的同时，给予了游客更美好的旅游体验。努力实现公共信息导向系统功能的合理化、实用的舒适化、空间艺术的人性化，这是我们全体标识人的最终追求。

第五部分　直言不讳

旅游小镇规划痛点

一、四大症结

(一) 法规标准不完善

虽然我国目前已经有小城镇规划建设的相关法规，但并未针对旅游小城镇指定实施细则。由于旅游小城镇在诸多方面的特殊性，目前已有的城乡规划标准难以指导其规划建设，突出体现为：

用地指标：小城镇用地指标是以常住人口进行统计的，而游客属于流动人口范畴，没有相应的用地指标，导致无地可用。

用地分类：旅游小城镇的建设需要大量的旅游建设用地，依据小城镇规划相关规范，难以细分，也难以进行分类控制；

建设标准问题：小城镇基础设施和配套设施的标准，在城市的基础上有适当的降低，但对于一个高品质的旅游小城镇来说，旅游服务设施却往往要比一般性城市设施的建设标准还要高。

(二) 历史风貌难保留

尺度宜人、特色鲜明的小镇风貌是重要旅游吸引物。但是，在旅游发展过程中，保护和发展小镇特色建筑和特色空间却难度很大。

随着经济的发展，现代化和国际化的风格开始蚕食小镇的传统街区，导致小镇历史风貌逐渐丧失，出现千城一面的结果。同时，部分旅游小城镇在规划建设过程中，容易走入大拆大改大建的误区，破坏性的建设导致小城镇风貌发生不可逆转的巨变。

(三) 环境设施压力大

旅游小城镇的环境承载压力主要体现在两方面：

一是旅游旺季时，游客对环境与设施造成的压力。游客量是随季节波动的，旺季时大量游客涌入旅游目的地，旅游设施供不应求，对环境也造成了巨大的压力。

二是设施建设对环境造成的压力。旅游设施建设往往倾向于选择景观条件或资源条件最好的地段，但目前有许多旅游设施建设标准不高，设计水平低下，导致旅游资源遭到破坏。旅游设施运营过程中，企业往往也不愿意在三废处理上进行投入，导致部分企业排污超标，对周边环境造成污染。

(四) 主题特色不鲜明

随着经济的发展，国民收入水平的提高，人们对旅游小城镇的需求大大提高，对旅游小城镇的品质要求越来越高。但是目前许多旅游小城镇的建设水平仍然较为滞后，旅游产品缺乏特色，文化特征不够鲜明，或者是同一主题重复建设，或者简单的模仿照搬，缺乏创新。

二、五大对策

(一) 特色鲜明、文化为魂

旅游小城镇，以文化及小镇风貌为主要体现特征，文化加小镇风貌就形成了其作为景区的一个前提。其中，文化是旅游小城镇的核心吸引力，也是其发展的灵魂。

要打造特色鲜明的旅游小城镇，就应该首先挖掘文化、梳理文化，确定旅游小城镇的地域背景、历史背景和文化主题，确定发展方向，寻找差异化优势和独特性内涵。在此基础上，形成一根文化主线，并对文化进行整合，打造由文化形成的文化景点、文化风貌、文化广场、文化街区，各种结点性文化项目，以及文化形成的活动节庆，构建旅游小城镇的项目体系、游憩方式、游憩节点、体验活动等。

(二) 业态聚集、休闲整合

休闲业态聚集是旅游产业发展的基础。旅游小城镇的业态类型通常有餐饮、住宿、娱乐、文化休闲、纪念品和特产销售、非遗工坊、演艺表演等类型。目前，在大众度假时代来临的大趋势下，各种商业业态逐渐从传统趋向休闲。

旅游引导的新型城镇化更多的是依靠旅游产业链中休闲产业的聚集，多样化的休闲产业业态聚集，满足游客吃、住、行、娱乐、游乐、购物、养生、运动等多种需求，由此形成我们称之为多样化旅游休闲产业业态的发展结构。因此，业态规划是旅游小城镇规划的重点之一。围绕休闲主题，形成多样化业态，业态多样化形成业态聚集，业态聚集形成产业聚集，进而完善城市配套，形成城镇化结构。

(三) 合理布局、规划塑形

合理的空间布局，是以旅游小镇的功能为依据的，是塑造小镇形态、形成小镇肌理的关键。其中，夜间聚集是小镇布局的重点，也是将游客留下来消费的关键。人群的夜间集散和业态夜间的聚集，决定了小镇的空间形态是以休闲集散广场为核心的。

街道 (包括步行街和交通干道) 构成了小镇的骨架。一条一条街，把一个一个点连接起来，从而形成合理化、多样化、特色化的业态安排，突出业态的效应，同时通过业态整合和业态交叉形成一街一品的格局。

街道围合了街区，旅游小城镇的街区，是旅游商业型街区，是旅居结合的街区。这种混合社区的结构比例、对管理的要求、对设施的要求，与传统的商业街区和社区是完全不一样的，需要创新的规划方法。

(四) 休闲元素、活化景区

旅游小城镇作为一个景区，与一般小镇的最大区别在于休闲氛围的营造，这其中，水系、亲水建筑、林荫道、游步道是最能体现休闲氛围的元素。这些元素将入口景观、公园景观、大型中心广场等诸多景点串联起来，整体形成一个惬意休闲的环境。丽江古城，水系蜿蜒，咖啡吧、酒吧、餐厅、客栈都与自然亲近，与充满灵性的水流亲近。林荫道、游步道上，漫步的人群，可以停下来脚步，驻足赏景。

(五) 核心辐射、延伸发展

旅游小城镇，围绕休闲聚集核心，规模、配套设施逐渐增加，在休闲聚集核心之外延伸发展出公共服务区、旅游商业区、交通服务区、特色养生区、养老区和安置区等多样化的功能区，使小镇在空间上扩张，随之医院、学校、金融、行政中心、办公中心和居住社区等城市配套也逐渐完善，形成完整的城市化发展结构。

从几百亩的一个休闲聚集的小镇核心，到有一定城市配套的城市化结构，到一个完整的小城镇的结构，这是旅游小城镇的延伸发展模式。其架构可概括为三个层面：旅游小城镇的核心景区结构、旅游小城镇的延伸独立功能板块结构，以及旅游小城镇的城市化发展的整体结构。对于这三个结构，旅游小城镇本身的景区化和休闲业态聚集化是核心。

三、规划手法

(一) 旅游小城镇的理想模型

城市规划中涌现过许多理论思潮，如柯布西耶与“明日城市”、沙里宁与“有机疏散轮”、文丘里与简雅各布的后现代主义等。纵观城市设计的理论思潮，霍华德的田园城市对我们的旅游小城镇城市形态具有重要的借鉴意义。

霍华德希望建立一个既有城市繁荣、高效和方便的就业与生活条件，又有农村优美自然环境的新型城市，他称之为“城乡磁体”。中心是大面积的花园广场，围绕广场布置公共服务设施剧院、图书馆、博物馆等，形成公共活动集聚，放射型的道路连接外围居住生产用地与公共中心。城市之中保留大片农田，作为楔形绿地插入其中，城市具有宜人的尺度、低密度的城市开发、合理的建设规模。

田园城市是一种理想化的城市形态，在它的指导下，我们可以构建一个理想化的旅游小城镇模型，但是具体的设计方案要受制于地形地貌、城市现状甚至文化风俗等现实条件。大体上可以概括为：宜人的城市尺度;以文化广场、夜间演艺为核心;商业轴线连接公共中心与居住区;大片的景观绿地穿插于城市之中;步行街区连接中心与节点广场;有富于活力的滨水岸线;城市外围是合院式的村落。

(二) 休闲街区规划

休闲街区也是组成旅游小城镇的细胞，每个休闲街区内部都是独立的系统，外部的城市道路不横穿街区，外部临街道路布置商业设施，街区中心是公共绿地及公共广场、邻里服务设施，每个街区有适宜的规模，约5000人，半径为0.8km，保证服务半径不过大。佩里的“邻里单元”理论，为旅游小城镇的街区规划设计提供了启发。

1. 街区分类及功能

旅游小城镇的街区是旅居混合的休闲街区，可以分为：

(1) 综合商业服务街区

以综合性的商业服务为主，提供购物、餐饮、休闲、商务等综合的生活旅游服务功能以及酒店、宾馆、客栈等游客居住场所。

(2) 商住混合街区

除了旅游商业服务之外，还提供小镇居民常住功能。

(3) 休闲养生特色居住街区

街区居住对象为停留时间较长的游客，或是养生养老等特殊人群，商业服务配套针对中长期的游客设置，尤其是有养生、养老需求的游客。

(4) 普通居住街区

居住对象为小镇居民，商业配套服务对象为小区居民。

2. 街区规划设计理念

(1) 人车分离的街区交通

街区首先要保证人的安全和活动的自由，不受汽车、噪声和其他公害的干扰。旅游小城镇的规划要实现有效的人车分离交通措施，我们可以按照车辆管理方式的不同将街道分为完全步行街、半步行街和非步行街，对不同的街区采取不同的交通措施。

(2) 独特的景观文化魅力

成功的景观会使空间结合更具有个性。街区环境除了自身沉积的文化内涵，还要对这些历史文化元素进行提炼、升华和再创造，以建立景观的可识别性。可以体现街区独特性的景观要素有铺地、标志性建筑 (如雕塑喷泉)、建筑立面、橱窗、广告店招、游乐设施、街道设施、街道小品、街道照明、植物配置等。

(3) 旅居结合的设施配置

旅游小城镇的设施配套不同于一般小镇，根据街区的不同类型，有不同的配置原则。

综合商业服务型街区满足本地居民与游客的商业服务需求;商住混合型街区以居住功能为主，辅以旅游服务功能;休闲养生特色居住街区则提供游客的长期居住服务配套;普通居住街区与其他小镇的居住街区规划原则一致。

3. 街区空间规划设计

一个好的街区应该满足不同年龄、不同层次人群各种活动的要求。因此我们必须相提供宜人的街道尺度、合理的步行路线、良好的路面条件和舒适的街道家具。

(1) 街区尺度设计

人们在街区中行走，随着时间的延长会产生一定的疲劳度。了解人们的疲劳曲线，进行有利的空间形态组织，可以起到事半功倍的效果。

不同的年龄有不同的疲劳时间和疲劳程度曲线，如青年人步行的速度 60~70 米/分钟，一般在商店内选购 30 分钟左右有疲劳感，故第一个休息点可设置在街区入口后 400~500 米左右。而老年人步行速度约为 40~50 米/分钟，一般出行 20 分钟左右需要小憩，故第一个休息点可在 200 米左右设置。因此在人们容易达到疲劳点的地方设置合理的休息空间，可让人们的体力得到恢复，激起下一轮的"步行行为"。

(2) 休憩节点设计

在休息空间处，可根据不同人群的喜好，设置不同的休憩节点。如针对老年人设置茶室、座椅、绿地凉亭等休息设施;针对年轻人设置冷饮店、咖啡屋、点心店等休息设施;同时，在每个休息点附近可布置小型儿童游戏场，以便家长休息时，儿童也有玩处，这样可兼顾不同年龄层的人们不同的疲劳需求。当街区纵深过长时，可设置一些短小的横向街道与之交叉，使不同方向的人流更加容易进入，而且会增加更多的转角空间场所设计，给人们带来新奇感。

(3) 空间拓展设计

步行街区街道不宜过直，应结合当地的地势条件，做相应的空间变化。在户外公共空间设计上，运用多种广场，如景观广场、休闲广场、活动广场等，不仅可以增加游客的体验，还能丰富游客的视觉。拓展空间的规划设计，可以通过下沉、延伸、挑台等处理方式，增加其游憩拓展空间，将景观价值最大化利用。

4. 街区建筑规划指引

(1) 标志性建筑景观效应

通过对国内外著名的旅游小城镇的研究总结发现，旅游小城镇有一个共性，即都设置有标志性的建筑。中式的标志性建筑有牌坊、码头、碉楼、钟楼等;西式的标志性建筑有钟楼、雕塑、教堂等。设置符合不同小镇的标志性建筑，空间上做一定的控制和引领，是构成吸引力的要点之一。

(2) 建筑风格组合效应

采用多种建筑风格相结合的方式。核心区域往往是采用当地的建筑风格，新开发的街区则可以采用传统与现代艺术相结合的风格。

(3) 建筑层数

旅游小城镇的商业街区、特色客栈住区街区，面对的主要人群为旅游休闲人群，建筑层数一般应设置为 1~2 层，一层为商业，二层为客栈住宿。当二层也为商业时，为增加可达性，可采取自动扶梯、空中无障碍天桥等。而商业居住混合街区、养生养老街区的建筑则以 4~6 层为宜。纯居住街区则以不破坏旅游小城镇天际线为准，合理设置层高。

(4) 建筑尺度

建筑尺度主要指开间、进深和层高等，与业态密切相关。开间方面，景观好、展示类的建筑可以做 8.4~16.8 米的大开间，而景观一般、展示内容少的建筑可以做 6 米左右的开间，小型紧凑的建筑开间可以是 3~4.2 米;进深方面，大型酒店进深可达 16.8 米甚至更深，中等商铺或小型餐饮进深可做 9 米，而小型冷饮店进深也可做 3 米;在层高方面，小型餐饮类、作坊类层高在 3.3~3.6 米之间比较恰当，大中型在 3.6~4.2 米之间比较好，其他大型商业建筑层高可在 4.2 米以上。

不平衡、不充分

一、成文之因

十九大报告指出："我国社会生产力水平总体上显著提高，社会生产能力在很多方面进入世界前列，更加突出的问题是发展不平衡不充分，这已经成为满足人民日益增长的美好生活需要的主要制约因素。""我国社会主要矛盾已经转化为人民日益增长的美好生活需要和不平衡不充分的发展之间的矛盾"。

"人民日益增长的美好生活需要和不平衡不充分的发展之间的矛盾"。这个论断具有普世性，适用于人类社会的过去、现在和将来，只不过不同国家、不同发展阶段的民众对"美好生活需要"的内容、形式不同，"不平衡不充分的发展"的状态、水平也不同。

十九大报告的这个论断可以指导与民生相关的产业、行业和部门今后的发展方向与政策。

目前旅游业存在的"更加突出的问题是发展不平衡不充分"表现在以下几个方面：

二、两元结构

根据《中华人民共和国 2016 年国民经济和社会发展统计公报》数据，全国人口 13.38 亿，"按全国居民五等份收入分组"，占人口 1/5 的高收入人群人均可支配收入 59259 元（月均 4938 元），1/5 的中等偏上收入人群人均可支配收入 31990 元（月均 2666 元），占人口 1/5 的中等收入人群人均可支配收入 20924 元（月均 1744 元），占人口 1/5 的中等偏下收入人群人均可支配收入 12899 元（月均 1075 元），占人口 1/5 的低收入人群人均可支配收入 5529 元（月均 461 元），贫困地区农村居民人均可支配收入 8452 元（月均 702 元）。在人均可支配收入方面，高收入人群与低收入人群人均可支配收入相差 10 倍以上。其实真实情况比这更严酷。约占人口 1/10 的富豪群体的年人均可支配收入何止 5 万元？

“全国居民人均可支配收入 23821 元”（月均 1985 元），这样一种收入的情况下，所谓人均出游 3 次掩盖了国民出游严重不平衡的实际状况。笔者据此推测，1 亿多的富豪群体是国内高端旅游和出境旅游的主体，约 2 亿的高收入群体是国内旅游和出境旅游中端消费的主体，近 3 亿的中等偏上收入和中等收入城镇居民参加国内近程、廉价旅游（他们往往是低价游、零团费的主要群体），占城乡人口一半左右的中等偏下收入、中低收入、低收入群体没有参加旅游。十九大报告中多次提到提高中等收入群体的比重，说明目前中国中等收入群体人口比例低，国民贫富两元结构决定了旅游市场消费的两元结构式的“不平衡不充分”。

三、城乡居民

根据《中华人民共和国 2016 年国民经济和社会发展统计公报》数据，按常住地分，城镇居民人均可支配收入 33616 元（月均 2801 元），农村居民人均可支配收入 12363 元（月均 1030 元）城镇居民与农村居民相差 3 倍以上。其实真实情况比这更严重。

2016 年国内旅游 44.4 亿人次（戴斌先生说过这个数据是以离开惯常环境 10 公里以外、6 小时以上标准测定的），其中城镇居民出游 31.95 亿人次（城镇户籍人口 5.6 亿），人均出游 5.7 次；农村居民出游 12.4 亿人次（户籍农村人口 8.2 亿），人均出游 1.5 次。国内旅游收入 3.94 万亿元，其中城镇居民花费 3.22 万亿元，人均花费 1007.8 元；农村居民花费 0.71 万亿元，人均花费 572.6 元。城乡居民之间的人均旅游次数相差近 3 倍，人均消费水平相差 1 倍。城乡居民收入结构不平衡决定了出游率和消费水平的“不平衡不发展”。

四、入出境游

入境旅游“不平衡不充分”。1980 年入境旅游 570.3 万人次，其中港澳台同胞 517.3 万人次，占 9 成，外国游客 52.9 万人次，占 1 成。2010 年入境旅游 13376.2 万人次，其中港澳台同胞 10763.5 万人次，占 8 成，外国游客 2612.7 万人次，占 2 成，自此以后一直是这种结构。2016 年入境旅游 13844.38 万人次，其中港澳台同胞 1.1 亿人次，占 8 成，外国游客 2815.12 人次，占 2 成。入境游客中同属一个中国，但属于 4 个不同关税区的港澳台游客为主体、外国游客为辅助，而且外国游客自 2007 年以来一直在 2600 万人次上下徘徊。2016 年接待外国游客 2815.12 万人次，排在法国、美国、西班牙、意大利、土耳其、德国、英国、墨西哥和俄罗斯之后，居世界第十位，与我国国土辽阔、历史悠久、资源丰富、国际大国的地位很不匹配，足以证明入境旅游市场的客源结构不平衡、国际化程度发展不充分。

出境旅游“不平衡不充分”。2016 年出境旅游 1.22 亿人次，其中去外国旅游 3812.67 万人次，占 31%，赴港澳台旅游 8390.13 万人次，占 68.76%（《中国出境旅游发展年度报告 2017》）。全国目前有 1 亿人有出境旅游证件、约占总人口的 7%~8%；有 6000 万人有护照、约占总人口的 5%。2016 年出境旅游 1.22 亿人次，占总人口的 8.8%；出国旅游 3812.67 万人次，占总人口的 2.7%。出游目的以观光与购物为主，休闲度假、文化体验和娱乐花费低；按全体人口为基准，国民出游率低、人均花费低；能出境、出国旅游的基本上是占人口 1/5 的高收入人群，占人口 9 成的民众尚未参与其中，出境旅游，尤其是出国旅游仍是少数人的专利。大陆居民出境旅游的主要目的地是中国的港澳台地区，出境旅游的国际化程度低，说明出境旅游发展相当“不平衡”，出国旅游发展更加“不充分”。

入出境旅游发展“不平衡”。我国旅游从入境旅游起步，1979—2000 年入境旅游一直以两位数的年增率高速增长，出境旅游 1997 年以前发展缓慢，20 年间入境与出境旅游发展不平衡。从 1998 年后出境旅游一直以两位数的年增率快速增长，但 2004 年以后入境旅游停滞不前、时起时伏，出现了入出境旅游发展新的不平衡。其主要原因是国内经济发展、富裕阶层增长、购物需求旺盛，同时国内旅游供给的状况既不能满足高收入群体的需求，又不能满是外国游客的需求，一定程度上折射出国内旅游供给“发展不充分”，导致出入境旅游新的不平衡。

五、国民休假

休假是休闲与旅游的时间前提。当代文明社会公认休闲权与劳动权、教育权、医疗权、居住权一样成为人权的不可缺少的一部分。目前我国已经形成了每天 8 小时工作、每周 5 天工作、一年 11 个公共节日和 7 至 15 天的职工年带薪休假组成的国民休假制度，符合我国的社会人文特点，适应当前经济发展水平。在国民休假制度的四个方面，前三个方面已大体到位，基本上与国际接轨，第四方面只占应享带薪休假职员的一半左右。从 1999 年以来实施的拼假式休假导致国民旅游（包括国内旅游和出境旅游）时段过份集中。《中国国内旅游年度报告 2017》指出：“2016 年全国七个节假日共接待游客达 14 亿人次，约占全国国内旅游市场的 32%”“旅游收入达到 15757 亿元人民币，约占全年旅游收入的 40%左右”。2017 年国庆中秋期间国内游 7 亿人次，约占全年的 1/7。

全国 7 个节假日共计 29 天，占全年的 8%，但国内游人数占全年的 32%，旅游收入占全年旅游收入的 40%左右。旅游市场的季节性波动是世界现象，也可以说是旅游市场的规律之一。“全年候旅游”只有少数地区存在，绝大多数地区不可能。但是旅游消费高峰期如此集中导致全年旅游客流运行的大起大落、高度失衡，其中主要原因是带带薪休假制度落实不充分，国民的自主休假权利保障不充分，同时国民休闲设施供给不充分也是重要原因之一。

六、旅游区域

按照《中国国内旅游报业发展年度报告 2017》的判断，“2016 年，我国国内旅游产业发展仍然呈现区域发展不均衡的局面，总的来说，东强西弱，南强北弱”。“旅游发展指数”从东向西、从南向北递减，东、中、东北、西部四大区域之间表现为 0.56:0.47:0.28:0.23。

全国游客接待量比例，东部地区占 37%，中部地区占 27%，西部地区占 29%，东北地区占 7%。全国旅游总收入比例，东部地区占 45%，中部地区占 22%，西部地区占 26%，东北地区占 7%。

旅游目的地的接待能力从东向西递减，在东、中、西三大区域“旅游产业综合发展水平”表现为 5:3:2 的三级阶梯状分布。

全国 10550 家星级饭店中，东部地区占 46%，中部地区占 47%，东北地区占 20%，西部地区占 33%。

高星级饭店数量总体呈现东多西少的格局，东部地区所占比重最大，西部次之，中部最小。各地区星级饭店平均房价高于全国平均水平的有 8 个省（区、市），位居全国前六位的为上海、北京、海南、广东、天津和浙江。

全国 27621 家旅行社中，东部地区占 50%，中部地区占 20%，西部地区占 21%，东北地区占 9%。东部地区的旅行社数量最多，占全国一半，东北地区的旅行社个数分布最少。

区域发展不平衡也体现在东部沿海地区基本与国际接轨的旅游服务设施与水平（主要体现在旅行社、饭店、景区上）与中西部大部分地区粗放式经营与接待的差别上。

区域发展不平衡体现了旅游目的地与客源产出地之间的不平衡。东、中、西三大区域之间“客源地潜在出游力”为 7:2:1 的“三级阶梯状分布”。东部地区既是主要旅游目的地，也是主要客源产出地，中、西部地区偏重于旅游目的地。尤其在东部与西部之间，东部是西部的主要客源地，西部是东部的重要目的地，两者处于不对等的状态，类似于欧洲与非洲的客源地与目的地之间的关系。

世界上旅游发达国家和地区都是目的地与客源产出地的统一，两者兼而有之，大体平衡，既有较强的出游消费能力，也有较强的接待服务和创收能力。在区域经济不平均和城乡两元结构的大背景下，我国客源地主要在东部特大城市群和中西部的大城市，广大中西部和中小镇乡地区出旅游的少，区域之间由发展不充分而导致的不平衡现象相当突出。

七、旅游发展

旅游接待总体规模迅速扩大与旅游企业经济效益普遍低下的状况并存。20 多年来，旅游企业员工的人均劳动生产率、人均利润和人均利税额长期徘徊，甚至出现下降势头。旅游业三大支柱行业增速快、数量多，但旅行社业和酒店业总体微利、景区多数不景气的局面持续多年。以星级饭店为例，2016 年全国 11685 家饭店的利润总额仅 4.7 亿元，实现税金 134.4 亿元，人均利润仅 390 元，人均实现利税仅 1.1 万元，客房出租率 54.7%，足以说明旅游企业经营的窘迫状态。正是由于“宏观形势大好”与“微观日子难熬”并存，才出现了时下旅游高层管理部门与旅游官方媒体所说的，与多数基层旅游部门、旅游企业经营者的感受大不相同的现象。

八、综合竞争

世界经济论坛（WEF）发布的《旅行和旅游竞争力报告 2017》，对中国（大陆地区）的全球旅游竞争力指标因子的排序分别如下（括号内为序位数）：

第一板块“有利环境”：商业环境（92）、安全防范安全保障（95）、健康与卫生（67）、人力资源与劳动力市场（25）、信息技术与通信技术的准备（64）、行业的价格竞争力（38）。

第二板块“旅行与旅游政策和有利条件”：旅游业的优先程度（50）、国际开放度（72）、行业的价格竞争力（38）、环境的可持续发展（132）。

第三板块“基础设施”：航空运输基础设施（24）、地面和港口基础设施（44）、旅游服务基础设施（92）。

第四板块“自然与文化资源”：自然资源自然资源（5）、文化资源与商务旅游文化资源（1）。

近几年来，中国大陆的竞争力排名从四十多位、三十多位提前到 2016 年的 15 位，可以认为世界经济论坛的这个排名总体上是客观的。在分项评估中，文化资源（1）、自然景观（5），航空运输基础设施（24）、人力资源与劳动力市场（25），说明我国旅游竞争力的强项主要在自然与文化资源方面，其次是人口众多的人力市场及航空能力；我国旅游竞争力的弱项主要在健康与卫生（67）、国际开放度（72 位）、旅游商业环境（92）、安全防范安全保障（95）、旅游服务基础设施（92）、旅游安全与保障（95），环境可持续性（132）等方面。

2014 年，中国旅游舆情智库曾发布十多个国家《来华旅游舆情报告》表明，外国人不愿来中国旅游的主要因素是在“空气污染”“食品安全问题”“治安不好”“签证不便”“语言不通”“价格偏高”“服务不好”方面，与《世界旅行旅游竞争力》的评估大体吻合，表明中国旅游的国际综合竞争力在资源与环境、硬件与软件、安全与开放度等方面突出存在着发展不平衡不充分的问题。

九、规模总量

世界旅游组织年度报告还有一种测算一个国家国民出境旅游消费水平的方法，即以该国总人口为分母、出国旅游总消费额为分子，测算该国全体国民人均出境旅游的花费水平。以 UNWTO 的《2016 全球旅游报告》为例，该报告有这样说明 2015 年十大顶级旅游支出国的一张表：

	国家	出境旅游支出（亿美元）	人口（亿人）	人均出境旅游支出（美元）
1	中国	2922	13.75	213
2	美国	1129	3.22	351
3	德国	775	0.82	946
4	英国	633	0.65	972
5	俄罗斯	384	1.46	598
6	法国	349	0.64	239
7	加拿大	294	0.36	820
8	韩国	250	0.51	493
9	意大利	244	0.61	402
10	澳大利亚	244	0.24	978

由此可见，如果以出境旅游支出总量排名，中国大陆为第一；如果以总人口为基数的人均出境旅游支出排名，中国 213 美元，排在澳大利亚（978 美元）、德国(946)、英国（972)、加拿大（820)、俄罗斯（598)、韩国（493)、意大利（402)、美国（351 美元）和法国（239）之后，居第十位。这与 GDP 排名一样，以总量排中国为世界第二，以人均 GDP 排，中国在一百位左右。以 GDP 总量排，是世界经济大国；以人均 GDP 排，是中等发展中国家。两者一起看才是中国经济及旅游业的全貌，这样才不致过低或过高评价自己。

如果用中国 3800 万的出国旅游人次与各国出国旅游的人次比较，排在美国、德国、英国和俄罗斯之后，为第 5 位。笔者认为，如设立出境旅游人数与国民总人口相比的“国民出境旅游率”概念：日本为 14%，韩国为 26%，澳大利亚为 23%，德国为 88%，英国为 95%，意大利为 40%，美国为 20%，加拿大为 88%。在金砖五国中，俄罗斯为 34%，印度为 10%，南非为 10%，巴西为 4%。如以“国民出国旅游率”进行比较，中国低于俄罗斯、印度、南非和巴西。

总体上判断，中国旅游业发展的不平衡不充分性表现如下：

从资源品质和游客规模上，处于世界上等水平，这主要得益于国土辽阔、历史悠久和人口众多，也得益于改革开放的国策；从产品质量和产业效益上，处于世界中等水平；从国民人均接待人次、人均旅游收入与花费，人均出游人次与人均花费来讲，低于世界平均水平，处于偏下水平。

我国旅游业发展的这种不平衡不充分，从根本上说就是习近平总书记所指出的："我国仍处于并将长期处于社会主义初级阶段的基本国情没有变，我国是世界最大发展中国家的国际地位没有变"。可以说，当今中国旅游业仍是"世界最大发展中国家的""社会主义初级阶段的"旅游业。如果说已进入了"大众旅游时代"，那也是社会主义初级阶段的"大众旅游时代"，实质上"半众旅游时代"。旅游业的综合性决定了永远不能超越社会发展的阶段，而且总体上受社会发展阶段的制约，正如一个人不能揪着自己的头发离开地球一样。

同时，有些不平衡的问题长期存在也与旅游指导思想上的偏差，如重速度、轻效益，重数量、轻质量，重规模、轻品牌，重形式、轻实绩，重整齐划一、轻因地制宜，重行政推动力、轻市场原动力，以及报喜不报忧、好大喜功的工作心态有关，与近年来对中央提出的隐中求进、隐中求好的工作方针贯彻不力有关。

从根本上解决旅游业发展这种"不平衡不充分"状态，归根到底是实现社会主义现代化。当前最重要的是切实转变旅游业发展的指导思想、发展模式和管理体制，从上而下，尤其是上层把思想统一到十九大的方向上："我国经济已由高速增长阶段转向高质量发展阶段，正处在转变发展方式、优化经济结构、转换增长动力的攻关期"，"坚持质量第一、效益优先，以供给侧结构性改革为主线，推动经济发展质量变革、效率变革、动力变革，提高全要素生产率，着力加快建设实体经济、科技创新、现代金融、人力资源协同发展的产业体系，着力构建市场机制有效、微观主体有活力、宏观调控有度的经济体制，不断增强我国经济创新力和竞争力"。

农业项目的败因

"幸福的家庭总是相似的，不幸的家庭各有各的不幸"。对于农业投资者来说，"活下来的项目总是相似的，死掉的项目各有各的死法"。相比那些成功的经验，创业者失败的教训更值得关注。农业项目怎么研究，可以总结为“三个一定”，即农业项目有条件一定实地调研，农业企业家有机会一定现场交流，农业干部有想法一定当面请教。

成功未必可以复制，但失败却往往在重复。农业项目的死法有千千万万，但有共性的问题往往集中在几种上，为了更好地帮助大家，我将其中典型的有普遍意义的教训总结下来，主要有如下十种。

一、无知无畏

很多人搞农业，真的是凭着一种所谓的情怀，或者是对传闻中暴利诱惑的一种冲动，在没做什么功课的情况下，就贸然决然地冲了进来。由于对农业真的不懂，这种无知，让他们很容易产生轻视、无畏的看法、想法。手上有个几十万，便开始盘算着要兼并多少企业，刚融资几百万，就想拳打京东，脚踢阿里。干多大的项目，首先就要想有没有匹配相对应数量的资金、团队和资源。不少创业者心比天高，力却不逮，敢想敢干是好事，但仅有胆大还是远远不够的，原本想成就一番大事业，最后发现连找几个初始客户都很艰难，等到后面资金链断裂，只好草草收场。

二、无法无天

粮经饲统筹、种养加一体、农牧渔结合、一二三产业融合发展，那些则是来自市场经济的规矩。入了这行，就得懂这些规矩，敬畏这些规矩，哪一条规矩咱都不能小瞧，更不能不受管束，否则到头来吃亏的一定是自己。

三、无根无蒂

选择农业项目创业的人一定要知道，这个行业需要很多资源，包括人际资源。如果在这个领域完全没有基础，下无所根，上无所蒂，实施起来，难度一定不会小的。比如说，当项目与所在地农民发生利益冲突时，如果没有有影响力的人帮你协调，或者是有关部门不能够强力介入的时候，即使法律向着你，最终你也未必能全身而退。此外，农业项目还往往需要政府的资助和产业链条上其他企业的配合，如果完全没有这些资源，做项目更是难上加难。

四、无边无涯

农业的范围太大，任何一个项目，做进去之后就会发现可关联的领域太多了。本来是想养猪，说不定养着养着就会觉得做饲料很赚钱，然后还会发现屠宰、深加工也很不错，再深入下去会发现可以做的事情多得不得了。有些项目，一开始很单纯，后来却衍生了一大堆的东西，再到后来，面对一个大摊子，发现精力完全不够，最开始的那个项目则已经被弄得不成样子了。很多人，原来只是做产业链中的一个环节或是某一个单品，等到启动后，看到了其他人赚钱的方法后，便慢慢想“三控”起来：上游控种子(研发和育苗)、下游控市场（渠道和品牌)，中间控生产（标准和追溯)。理论上讲，这些是有可能做到的，但是，要看你到了哪个程度。必须一步一步来，任何时候，都要给自己的项目设定一个边界，在这个阶段还没有跨越的时候，不要轻易越界。更有甚者，有些项目还没开始，不相关多元化的构想就已经成型，这样做，实践中能够成功的一定是非常罕见。

五、无旧无新

农业是古老的行业，但是，农业技术和农业的商业模式却是处在不断迭代之中，在这种情况下，如果还是固守过去的一套，结果就会很糟糕。古语云“顺天者易逆天者劳”，做农业必须认清农业的发展形势，必须对未来的发展趋势要有独到的认识，在此基础之上，搞清楚自己应该在哪些方面传承，在哪些方面创新，才是正确的做法。在这个知识快速更新、技术高速迭代、信息极速传播的时代，每一个农业项目的投资人必须理清思路，顺应大势，否则，不改变思路，不顺应时代，必然被行业所淘汰，被市场所淘汰。

六、无拳无勇

做项目，实力和勇气同等重要，有实力，我们用得上时便拿得出手；有勇气，我们该出手时便敢于出手。农业领域的竞争越来越激烈，项目能不能取胜，最终比拼的还是实力。

同时，在机遇来临的时候，敢不敢在别人没有尝试的情况下自己先行，决策人的勇气非常重要。有时候，一步领先，步步领先，需要我们在看准的情况下敢为人先。有的人低估了农业项目的难度，事先准备不够，到了关键时刻，一看不行，又怕起来，想退缩，这种做法，项目基本上是凶多吉少。

七、无影无踪

农业项目在很多人看来，风险非常大。大到什么程度呢？一些东西甚至可能突然完全消失，不知去向。典型的例子就是獐子岛，2014 年，公司在三季报中披露，因为北黄海遭遇异常的冷水团，公司 105.64 万亩海洋牧场遭遇灭顶之灾，扇贝无影无踪。结果，上半年公司还盈利 4845 万元，到了第三季度，转而变为亏损约 8.12 亿。碰到这种情况，如果投资人对风险没有足够的认知，多年积累可能倾刻间就灰飞烟灭。

八、无适无莫

做任何事情，都要善于抓重点，做农业项目也不例外。项目一启动，创业者就会发现千头万绪，如果分不清楚轻重缓急，只知道一把抓，但是抓不住重点，就会导致顾此失彼，甚至导致整个项目的失败。比如说，你做一个农资项目，要做的事情实在是太多了，订货拉货，配货装货，送货卸货，每一个环节都需要安排妥帖，还要与各种各样的农民打交道，还要不断选择产品，不断学习农技知识，不断想方设法地提高服务水平……如果不进行项目的事务梳理，找到关键环节和重点工作亲自抓，而只是一味的应付这些林林总总的事务性工作，不仅会把自己累得团团转，还有可能导致项目出问题，轻则利益受损，重则一败涂地。

九、无颠无倒

以传统的种植项目为例，大的方面，可以分成产前、产中、产后三大环节，每一个环节，我们又需要做大量工作。产前，我们需要进行土地的准备以及良种、化肥、农药、饲料等农用物资的采购工作；产中，我们需要关注病虫害防治、水肥、田间管理等一系列事情；产后，仓储、加工、销售、物流又是环环相扣。事前如果我们没有周密的计划，没有把这些流程安排周到，就会出现打乱仗的情况。环节一个都不能少，而且顺序也不能弄错，更不能随意调整。如果到了播种的季节地还没整好，到了施肥的时候发现肥料也没到位，产品收起来了又发现销路没落实，这样做农业项目，赔钱了当然不能怪别人。

十、无背无侧

任何项目要想真正取得成功，一定离不开团队的支持。农业项目在吸引人才加盟方面，自身存在明显不足，把非常优秀的人才吸引到团队里，客观上还是有一定难度的。

所以，很多项目由于人才缺乏而做得不太成功。在我看到的农业企业里，大多数团队的整体质量还是有很大提升空间的。在这种情况下，如果还不能解决好内部的团结问题，不能有效地管控矛盾分歧，核心团队可能会出现动荡，对项目的负面影响不言而喻。

人与人总是有差异的，对于创业团队而言，如果不能进行把关，走在一起的人并非真正的志同道合，这样做起项目来风险是很大的。第一年，大家可能还可以同甘共苦，到了第二年，就变成同床异梦了，第三年，则直接同室操戈起来，到了这一步，再好的项目，最终恐怕都是在劫难逃了。

理解错了的特色小镇

我们做了一个研究报告，这个报告里面讲：特色小镇是世界主要发达国家产业竞争力的一种重要载体，也应该成为中国新时期产业升级的主要载体之一。

有些人不太认可这个结论，认为把特色小镇的定位抬得太高。因为一想到特色小镇，大部分还是想到的欧陆风情或者江南水乡。但特色景观只是特色小镇“特”的一个方面，而且是次要方面，真正重要的还是产业。

目前来看，中国的高级人才和高端产业主要集中在大中城市，鲜有集中到小镇的。但这种情况一定会很快改变。发达国家的实践表明，高端产业并不一定要集中在大城市，高端产业发展所需的人才，也并不是全都喜欢居住在大城市。

人才对居住环境的需求是多元化的。

他们有的喜欢居住在繁华的大都市，有的则喜欢安逸宁静、风光宜人同时生活足够便利的小镇。这是经济水平和城镇化发展到一定程度之后的必然结果。

以前高端产业和高级人才都往中心城市聚集，是因为小城镇交通条件和服务配套不够好。

经过几十年的发展，小城镇的生活设施和交通便利程度有了极大的改善，特别是网络通信和购物体系的完善，使得居住在小城镇完全可以享受到跟大城市差不多的生活便利性；而中心城市经过集聚发展，房价高企、交通拥堵、空气污染等“大城市病”日渐突出，原本优越的公共品质量大打折扣。

小城镇的生活确实还有一些劣势，诸如参加一些大型活动诸如演唱会、学术研讨等不如中心城市方便等，但它的优势同样明显，包括房价便宜、环境舒适、空气宜人等。这个优劣势的偏好是因人而异的，值得权衡选择，不像以前那样如果不住在中心城市就很难谋求自身的发展，没得选。

总之，高端产业在大中城市和特色小镇共同发展，是一个成熟大国的必然选择。这种城镇化与产业的多元结合方式，既为经济的发展提供了多种模式，也为人的发展提供了更多个性化的选择方案。

随着中国城镇化水平和人均收入水平的提高，特色小镇一定会成为高端产业发展、高级人才聚集的一个重要空间载体，与大中城市形成协作互补的产业链关系，这里蕴含着巨大的发展空间和投资机会。

在当前特色小镇的研究热潮下，有一些研究者总结了如“欧洲十大特色小镇”之类的材料，选择的都是以历史文化、自然风光或者葡萄酒庄等农副食品加工为特色的旅游小镇。这样的小镇其实中国已经有很多了，再多建一两百个，对国民经济的发展影响也不会太大。

但是，如果我们搞出来一百个类似于英国的剑桥、Sinfin、美国的帕罗奥图、门罗帕克、德国的英戈尔斯塔特这样的特色小镇，那中国的经济竞争力和产业结构，就一定会有一个巨大飞跃。

我们认为，特色小镇建设的主流方向，不应该是旅游小镇，而应该是产业小镇，而且是高端产业小镇，在高等教育、科研、金融、智能制造、生物医药、新能源、新材料等方面都要有所布局。

中国特色小镇的产业发展，一定要去占领产业链的高端环节，不能按照城镇体系的分工，就给中心城市做配套，承接中心城区淘汰出来的落后产能。如果这样做，那特色小镇建设就失去了意义。

特色小镇一定需要“旅游和产业双轮驱动”吗？

现在特色小镇建设在旅游方面做得比较多，而对产业的关注则明显不足。有一些名义上叫产业的，本质上还是旅游。如健康养生、会议培训、婚纱摄影、手工艺品生产和体验之类的，从产业分类的角度来看，都属于大旅游产业或者叫“旅游+”产业的范围，属于旅游业的衍生或配套服务。

广义上讲，旅游以及与之相关的健康养生、会议培训、民俗工艺品等也是一种产业，但它们主要是“富民产业”，老百姓、开发商、乡镇政府可以从中赚到钱，对国家的经济竞争力贡献不大，与金融、制造、物流、科教等不可同日而语。

在大多数情况下，旅游和产业发展更多的是存在冲突而不是融合。

大多数认为特色小镇要产业和旅游双轮驱动的人，实际上混淆了两对概念。第一对是“大旅游”和产业的概念。这一点前面已经区分过了。

发展旅游的同时搞点健康养生、民俗工艺品制作、会议培训只能算旅游业的深化或者旅游产业链的延伸，不能算“旅游和产业双轮驱动”。

第二对容易被混淆的就是旅游休闲和宜居宜业的概念。适合旅游的地方不一定宜居，宜居的地方不一定适合旅游。

旅游是“游”，是外来游客的流动，从观光旅游到休闲旅游再到会议养生等“大旅游”，可以延长游客在某一景区的停留时间，但总体而言还是短期停留。

统计意义上一般把在一个地区停留六个月以内的叫流动人口，超过六个月的才叫常住人口，没有什么旅游项目能让游客在一个地区停留这么长时间。

旅游的核心是消费，尽可能地吸引有“财”的人来流动消费，花完钱就走人；产业发展的核心的生产，是尽可能地吸引有“才”的人来创业就业，长期定居。二者发展路径截然不同，所需要的区位条件、基础设施、配套服务、盈利模式也都差异巨大。

比如，同样是居住功能，要发展旅游就应该多建酒店、民宿或度假别墅；要发展产业，就应该多建人才公寓。旅游目的地对医疗教育设施几乎没有要求，即使是发展“旅游+健康”也是以康复疗养设施为主；而产业聚集区要促进人才聚集，则需要配套幼儿园、小学，以及功能齐全的医院。

而且就开发模式来讲，旅游景区修建配套设施是为了赚钱，通过住宿、餐饮和各种服务收费把投资在景点建设的钱挣回来；而产业聚集区的配套设施投资则不应该赚钱，而是通过配套设施吸引人才和企业，再通过产业税收把建配套的钱挣回来，这是两个正好相反的投资收益模式。

我理解政策制定者的意图，是要把产业小镇也建设得漂漂亮亮、舒适宜居，生产空间和生活空间、生态环境相互融合。

现在很多地方在搞特色小镇的时候感到很困难，其中一个很大原因，就是被“旅游和产业双轮驱动”搞晕了头脑，做产业服务和招商的被逼着去研究如何发展旅游、招揽游客，做旅游策划的被逼着加入产业内容，研究如何招商引资。我觉得这并无必要，也不符合国家提出特色小镇发展的初衷和世界发达国家特色小镇发展的经验。

搞产业的应该继续努力搞产业，只是说不能纯粹的就产业谈产业，要为产业所需的人才提供足够好的宜居环境；搞旅游的还是要继续搞好旅游，只是说不能继续在门票经济、观光旅游里面打转，要科学延伸旅游产业链，以旅游为主线带动健康养生、会议会展、民俗工艺品、现代农业等相关产业的发展。

一个特色小镇只有3平方公里，建设面积1平方公里，1500亩地，还要一边搞生产制造研发金融，一边建旅游设施迎来送往，这样的做法不符合产业升级的基本规律，最后可能是优势资源过分分散，两头不讨好。

我们对特色小镇，不能简单地理解为一次政策机遇，挂上特色小镇的牌子就方便争取上级资金政策的支持。要把它理解为一次发展机遇，它是中国经济和城镇化发展到一定程度之后的必然产物。

我们在研究报告中提出了产业特色小镇发展的三个路径。

第一个路径，是从产业园区到特色小镇。

传统产业集聚园区主要进行生产上的分工协作，开发模式相对比较单一，主要由政府征地进行基础设施建设后引入产业，存在规划设计粗放，缺乏系统的功能分区等问题，特别是生活配套和生态空间严重缺乏，做劳动密集型的产业可以，再往上升级就很困难，人才都不愿意来。

而特色小镇是产业、生活、生态一体化的空间经济平台，不仅具备产业园区的集聚生产功能，并且强调生活空间、生态环境一体协调。既符合产业发展要求，又能满足人居需求，具有强大的发展潜力。

传统产业园区应该利用特色小镇建设的机会，对园区产业进行梳理，明晰产业发展思路，清退一批低端、散乱、不符合园区定位的企业。有的园区如果比较大，可以划出来1平方公里左右的空间来，仿照现在产业特色小镇的开发模式进行集中规划建设，将园区生态予以重建，对园区生活配套加以完善，实现从产业园区向产业社区的转变。

第二个路径，是从重点镇到特色小镇。

以前很多地方都会把乡镇划分为重点镇和非重点镇。重点镇一般都负有产业发展的职能，非重点镇主要定位为为农村地区提供生产生活服务，最多搞点休闲旅游，不负有其他产业发展职能。

非重点镇一般经济发展条件不太好，不是太偏就是地形限制，一般都会选择做旅游类特色小镇。

而重点镇则位于交通区位比较好的地方，具有较坚实的产业基础。

这些重点镇就应该抓住特色小镇的建设机遇，大力发展成为产业特色小镇。

镇这一级的产业发展，突出的问题是缺乏统筹规划，基本上是自发形成的产业聚集，有些地方还非常强大，特别是在广东浙江一带，那些专业镇的产业竞争力都是世界级的。但是在宜居性方面，则往往问题突出。

由于大部分产业聚集都是家庭作坊式的，小老板加上低端的产业工人，对生活条件并不讲究，老板挣了钱也去大城市买房子。这样的状况对产业升级构成了巨大的挑战。

中国20世纪八九十年代曾经兴起过一波乡镇企业的浪潮，后来大部分经济资源都被中心城市吸走了，那一拨乡镇企业也就大部分倒闭、小部分进城，能够在小城镇发展好的极少。

这些专业镇要防止重蹈覆辙，学习发达国家，认真打造宜居宜业的特色小镇就业生活环境是很重要的一步。这方面，我前面介绍的硅谷的那些小镇、英国的Sinfin、德国的奥迪小镇等，其发展经验都是值得借鉴的。

第三个路径，是从城市综合体到特色小镇。

城市中综合体跟产业园和重点相反，不缺生活配套，关键是缺乏产业支撑。一些城市边缘地区的城市综合体建设，陷入了“卧城”的发展陷阱，就业都在中心城区，白天见不到人。

特色小镇并不一定要建在远离城市的地方，它的开发理念是生产、生态、生活的融合，只要是3平方公里的一块地区，把三生空间融合做好，都可以叫特色小镇。特色小镇个名字本身不重要，它包含的生产、生活、生态“三生融合”的开发理念和代表的城镇化发展趋势才是真正重要的。

鹿 死 于 谁 手

一、死于文件

中国关于农业的文件和政策可谓年年有，月月有，天天有，一波接一波，一个接一个，应接不暇。每年中央“一号文件”一出，全国人民就开始热议农业，等到“两会”结束，热议便渐渐降温，然后消失。这样的循环每年都会上演，这种虎头蛇尾的现象就是中国农业产业的真实现状。

与每年开春时必演的农业大戏“一号文件”互为狼狈的还有一个现象，就是各大媒体上“农业的机会来了”“下一个投资热点是农业”“农业迎来黄金期”等诸如此类的文章。这些文章多年前就已存在。这些文章秋毫明察，政策洞见，理据双全，但看多了不免心生疑惑：农业的机会到底来了没有？啥时候来？来不来？没有人会相信，其实农业根本无所谓机会。

十年前，国家开始提新农村建设，那时候很多人开始热衷于宣讲“农业的机会来了”，而且把每年的“一号文件”之类的政策提起来就灌，不少人就这样晕头转向地干起了农业。后来的日子，由媒体配合专家，继续忽悠。

当那些早年被忽悠从事农业的人开始抱怨农业不好做时，解释简单明了：农业是一个周期长、见效慢的产业，不可能一蹴而就，不要抱着急于求成的心态做农业。毫无疑问，这样的回答是双方均能认同的标准答案，所以从来没有人质疑。但是，再到后来，慢慢发现，那些出于各种理由进入农业领域发展的人所遇到的问题，不仅是因为农业本身周期长见效慢的问题，也不仅是对国家农业政策把握不到位的问题，而是有些人为项目一头扎进去投上几千万，耗上十余年，结果一败涂地。

二、机会主义

大凡一个产业，总有一个进入的最佳时间，比如汽车制造业、IT 业、文化产业等。奇怪的是，对农业而言，“机会来了”的口号居然喊了十多年。按常理，不同行业背景的人，看待问题的眼光和角度不同，得出的结论也应该不同，这才正常。像“农业的机会来了”这样的文章，基本上都是农业圈子外人写的。因为对于农业圈内的人来说，不存在讨论，不管有没有机会，该做的还得做。但奇怪的是，不同背景的人谈及农业，目光都会齐刷刷地盯向政策，答案似乎高度统一，但结果却总是南辕北辙。

农业不同于计算机，不同于汽车，不同于电影电视文玩收藏，它除了作为商品的属性外，更担当着对生命的根本维系。人可以不戴手表，可以不用计算机，甚至可以不穿衣服，但不可以不吃饭！正是由于农业伴随着对生命的担当和承载，所以选择从事农业就必须默认这种责任，无可推脱。然而，当下中国，人们讨论农业的发展机会时，却仅仅讨论它的经济属性和商品属性，而剥离农业所承载的特殊使命。虽然也有很多从食品安全的角度展望有机农业的“机会”，就是赚钱的机会来了。而一切以赚钱为根本目的，就是导致中国农业一片混乱的根本所在。

正本清源，理清思路之后，再回看每年的“机会来了”之乱象就不难理解了。因为有人从事农业产业，而有人只是在投机赚钱；有人生产的是食品，而有人只把食品当商品。

虽然都是“农业”，但讨论语境不同，对机会的理解不同，结局也就不同。

三、饲料时代

在中国几千年的文化中，有哪一种文化比“农”更古老？在所有的养生要素中，有哪个要素比“吃”更重要？可是，不知从什么时候开始，国人把“农”排斥在“国学”之外。也不知从什么时候开始，国学被剥离得只剩下儒释道和四书五经。这个问题所折射的焦点恰恰就在于，作为一个有几千年农业文明史的国家，“农”已经不被当作能登大雅之堂的文化；每天都在吃着粮食，但国人已忘记还有这么一个与自己生命息息相关的行业。这对有着创造了人类历史上最灿烂的农耕文明的中华民族来说，不得不说是一种悲哀。

是的，提起农业，我们会想起很多高大上的名词：现代农业、高效农业、设备农业、观光农业、休闲农业、生态农业、有机农业、智慧农业……但很少提“传统农业”。如果被提到了，那也是作为反面教材而存在的，它常常被另外一个名字“小农”所替代。“小农”是什么？是落后、守旧、短视的代名词。由它衍生出的是小农经济、小农意识、小农思想。

由于传统农业不“现代”，不“科学”，只能自给自足，所以必须要打破推倒。但是，中国农业在被国人斥之为“小农”并加以抛弃的同时，却被世界公认的农业机构称之为精耕细作、用养结合、地力常新的典范，被看作是中国之所以能在有限的土地上养活地球上最庞大的人群，而且几千年经久不息，绵延不绝的根本。

纵观历史，你会发现由于欧、非大陆民族没有施肥习惯，曾经的拉丁姆、西西里都是世界粮仓，在殖垦下因“地力消失”，现在均已变成荒地。如今，有着几千年农业文明史，曾创造出世界上最智慧的农业生产方式的民族，却开始在别人走不通的道路上倒施逆行。

中国的农民，像父辈那样视土地为生命的老一辈农民已经渐渐老去。新一代农民，要么已深知靠种地养活不了自己，而选择当了农民工；要么虽然继续种地，但由于没有继承和掌握传统农业的生产技术，只能沦落为“现代农业”指挥下的“产业工人”。

“现代农业”是以经济效益最大化为前提的对土地掠夺式的产业化之路。当我们都在质疑为什么现代人有那么多怪病而无药可治时，有多少人反省过曾对自己身体的伤害，自己对空气、水、食物，以及整个自然界所犯的错误？农作物以及牲畜的疾病同样如此，当我们在追问农药残留有没有超标，关心所吃的每一口食物是否安全时，有没有人追问过自己曾给予了土地什么，以及农作物疾病的来源？化肥农药之于作物，正如抗生素之于人类一样，它带给我们快捷、高效的同时，也让它们赖以生存的土地付出了昂贵的代价。当西方的祖师们无计可施时，终于提出了“有机农业”的生产方式。这难道不是传统农业的回归吗？

四、价廉物美

与农民的退出相反，城里的一个又一个土豪却租地当起了农民。没有多少人是为了赚钱，也没有多少人是因为喜爱，更没有多少人觉得当农民是高大上，只因为自己想吃到安全食品。当一个社会的食品到了不是自己种的就不敢吃的程度，是不是真的到了该深刻反省的时候。

在回答谁之罪之前，先看两组数据：一是国家发改委对2013年小麦、水稻、大豆、玉米四大粮食品种的收益成本情况做的调查，调查显示，四大粮食品种亩均产值是1039元（没有扣除成本），亩均投入费用是357元，亩均收益是682元（这个收益包括他本人的人工和他的利润）。但这个调查不含土地承包费，也不包括农民自己的人工费。另一份数据与此相得益彰：2012年农民来自种地的收入人均是2017元，占全部收入的26.6%，2013年比重又降为24.6%，即农民种地的收入占总收入的不到1/4。

没错，化肥是农民施的，农药也是农民撒的，农民的确与食品安全脱不了干系。但这里值得解读的是，当今的农民种地，已经不是按农民自己的意愿来决定。农民种粮食可能是分文没赚，然后还得靠打工来养活自己。还得遭受消费者的指责，问他种的粮食为什么会使用化肥农药！在所有人都谈经济效益最大化的时代，凭什么农民只能理所当然地白种地？凭什么只有坚守别人指定的道德规范的义务而没有追求利益的权利？

反之，在食品安全成为众矢之的的今天，我们自己又扮演着怎样的角色呢？不妨来梳理一下：当你去农贸市场买菜时，面对2元/斤的蕃茄和6元/斤的蕃茄，你会买哪一种？2元/斤与8元/斤的大米呢？10元/斤的猪肉和50元/斤的猪肉呢？……当你或者是因为自己的精明而选择了便宜的话，当你把这种选择变成一种习惯和把这个价位默认为“标准价位”的话，那么谬论被重复一千次就真成了“真理”——你就不会去关心这样的价格这样的食物正不正常。

所以，当你理直气壮地指责食品为何不安全，质问为什么“本来”2元/斤的大米变成8元/斤，“本来”10元/斤的猪肉变40元/斤……别忘了这些“本来”的前提是，农民白种地或赔本种地不是理所当然的。

于是，“本来”要生长12个月才能出栏的猪，3个月就上市了；“本来”有肥有瘦的猪，全长成了瘦肉；“本来”买的是猪肉，却被注进去了水……“本来”就应该长在土里，没有化肥农药，最自然而然地成长的白菜、萝卜，结果成了奢侈品！到底哪个才是真正的“本来”呢？难道你仅仅是无辜的受害者吗？

当人人都站在利己者的立场上打着“本来”的算盘时，你会发现所有人都是受害者，没有人是真正的赢家。而且受害者远不止人。由于人对食物、人对人的极端不信任，结果猪躺枪了，被装上了监控，强迫要求它只吃不动；羊躺枪了，被打上了耳钉；鸡也躺枪了，被囚禁在笼子里；白菜、萝卜也只有在消费者的脸皮底下生长……据说这叫物联网，二十四小时监控。

我不知道要求二十四小时监控食品的消费者，是否二十四小时盯着自己的电脑或手机——若不是，那怎么能保证自己吃到嘴里的每一口食品就是安全的呢？这种人对人，人对猪的极端不信任，结果是消费者把生产者逼疯，生产者再把猪逼疯，然后羊疯了，牛疯了……白菜萝卜全疯了。

于是，“本来”不是种地的人，为吃到安全食品，也只有自己亲自种地。或者一个大棚，或者一小块农场，或者在自家别墅的花园，或者在自己的老家，有人把这种农业叫“情怀农业”。

这里的情怀，可能是对农业的情怀，也可能是对家乡的情怀，更可能是对家人健康的关爱，还可能是因为对某一个作物的特别爱好……总之，因某种机缘巧合干起了农业。这种农业往往不是以盈利为核心目的，所以总能坚守自己“有所为有所不为”的底线。

改进休假制度

一、与主题相关

尽管我国仍处于工业化和城市化的中期，尽管仍是一个“初级阶段”的小康，尽管真正参加旅游的只占总人口的一半左右，尽管休闲旅游供给在18年中长足增长，但国民刚性休闲旅游的集中需求与国民休假时间配置的矛盾仍与18年前一样突出。在7亿旅游人次、近6000亿元收入的耀眼数字下，隐含的旅游供给与需求时空错位的弊端不能用“巨大成就”、“精彩献礼”之类的宣传语言来掩饰。

用挪假方式形成的过分集中的“黄金周”式的休假方式虽然满足了部分民众休闲旅游和探亲访友的需求，并在短时段内形成了国民休闲消费高潮，但对保护自然生态环境、呵护自然与文化遗产资源、提升休闲旅游品质、稳中求好发展休闲经济、维持国家社会生活和国际交往正常运行造成的负面影响尽管不能用肉眼直接看到，但决不能低估。改进国民休假制度的配置方式刻不容缓。

目前我国已经形成了每天8小时工作、每周5天工作、一年11个公共节日和7至15天的职工年带薪休假组成的国民休假制度，基本上已经与国际惯例接轨，并符合我国的社会人文特点，适应当前经济发展水平。在这四个方面，前三者已大体到位，第四点差距很大，是当前国民休假制度中要重点解决的薄弱环节。

笔者认为，改进国民休假制度主要在两个方面，一是改进公共节日休假安排，二是加大落实带薪休假制度的力度，逐步扩大带薪休假制的实施面。通过这两方面的努力逐步减弱“黄金周”的集中度，在满足部分民众集中休假与探亲访友需求的同时，尽量缩弱其负面作用。

笔者主张，应积极创造条件，从目前的两个“黄金周”+7个小长假+7~15天带薪休假、但“黄金周”超常集中的状况，逐步过渡到更长的带薪休假+更多的小长假+春节“黄金周”的常态化运行。这个过程的长短既取决于全面小康的实现程度，也取决于政府与社会对国民休假权的认知程度。

但是这些年来职工带薪年休假制度落实不力、推进不快、进展不大，政府说得多、做得少，“2020年基本落实职工带薪年休假制度”的目标有可能落空。除经济发展水平和企业经营状况的客观因素外，许多党政领导热心于短平快见效的政绩工程，而对事关国民休假、健康和幸福，事关社会经济和国际交往稳健运行的带薪年休假制度认识不足、实施不力、措施不当也是重要原因，导致有条件的地方、部门和单位也不执行带薪休假规定。在这个问题上不是先进带动后进，而是后进拖先进的后腿。

二、休假安排

（一）严格遵守8小时工作制与周末2天休假制

非天灾人祸或紧急状况下，坚持日8小时工作制这条底线，不搞“白+黑”之类的“创新”；坚持周5天工作制这条底线，不要搞什么“5+2”之类的“创新”，不能用损害国民休假权的手段去完成“献礼”式的政绩工程。确因工作需要加班加点要按《劳动法》加薪或补休，“黄金周”期间的工作薪酬要按《劳动法》补薪或补休。在全社会形成尊重和保障员工休息权的新风尚，改变“加班加点先进、要求补薪落后”的旧观念。

（二）增加中华民族传统节日，丰富民族传统节日的文化内涵

增加重阳节（农历九月初九）为中华民族的敬老节日。香港、澳门地区都把重阳节列为法定节日，全球华人都重视这个节日。大陆是中华共同体的主体，大陆的节日要与港澳台地区相通，与全球华人相融，形成全球华人共同的中华节日体系。还可把6月1日儿童节改为全民放假节日，让家长与儿童同乐（台湾地区如此）。以后视各方条件许可，分步增加新的七夕节（农历七月初七，约8月底）为中国的爱情节。坚持法定节日的国家、民族、人文的社会内涵，不要用铺天盖地的商业营销边缘化、庸俗化传统节日。

（三）取消挪假式的拼假安排，实行相对均匀、规范有序的周末小长假

目前每年国务院办公厅发通知具体安排7个节日的调休方案，国家机关和企事业单位的休假日子一年一变。春节、清明、端午、中秋、重阳等中华民族的传统节日一律按农历日放假，如与周六、周日相连，或与周六、周日重叠，自动形成3天连休；如不与周六、周日相连，则休假1天，不再挪用周末假调休，以此形成制度。如企事业单位愿意挪假，由他们自定。五一劳动节可调整为每年5月第一周的星期一，六一儿童节也可调整为每年6月第一周的星期一，与前2天双休日相连接，形成3天小长假。全年形成1月元旦、2月春节、4月清明、5月五一、6月儿童节与端午、9月中秋、10月国庆与重阳等长中短连休假，基本覆盖全年，同时倡导与职工的带薪休假相连接形成自己的长假（大多在暑假期间便于全家休闲旅游），便于民众自主安排合适的休闲、旅游与探亲时间。

（四）推进休闲全民化、全季化、全域化,以多样化休闲疏导长假日旅游拥堵

人生的三分之一时间在休闲，休闲生活又主要在常居地度过。无人不休闲、无时不休闲、无处不休闲，休闲是旅游的基础，旅游是休闲的时空延伸。各级政府应该像抓经济、抓环保、抓住房、抓就业、抓旅游一样抓休闲，因地制宜、灵活多样地建设各类园林、文艺、阅读、康乐、体育、餐饮和购物等室内外休闲设施，完善主要为居民，也能为游客服务的城镇、社区休闲设施，让千家万户享受休闲，也能在长假期间疏导旅游目的地拥堵。

以2020年世界休闲大会在北京举行为契机，以“休闲提升生活品质”为主题，大力倡导“全域、全季、全民休闲”的理念与行动，逐步推进休闲在空间、时间、主体方面的全覆盖，为发展大众旅游奠定基础。没有全域休闲，何谈“全域旅游”！

（五）推进“铁、公、机”机制改革，用市场价格手段疏解出行流量

取消节假日高速公路收费本意是鼓励出游、拉动消费，但加剧了节日交通的超常拥堵，并形成时段性的燃油污染，同时使自驾者也提高了出行的时间成本和耗油成本，降低了舒心感。这个做法不符合市场供求决定价格浮动的规律。调整节假日高速公路收费有两种方案：一种是借鉴海南省经验，全部取消高速公路收费，适当调高汽油费、以补贴高速公路建设资金（需征求民意、经过公示）。这种办法可以鼓励少用汽油车、发展电动车，降低燃油污染，同时体现了少开车少支出、多开车多支出的消费公平原则，还可取消收费环节、有助道路畅通。另一种方案是，取消节假日免费，与平日一样收费，不鼓励节假日扎堆出行。

民航和轮船早已按照市场供求状况实行票价格浮动，促进了企业竞争，提高了经济效益和服务水平。下一步要推进铁路、公路的市场化、企业化改革，按市场经济规律实行火车（主要是动车与高铁）、长途汽车车票价格浮动，有利于调节市场供求关系，最终有利于交通运输业发展，也有利于改善国民出行的服务质量。考虑到部分人的需求，部分列车仍保持现有票价制度。城市公交车和地铁具有公共产品性质，不在此例。其实，有些城市（如北京、上海、广州、深圳等）也可考虑在上下班时段（如 7：00~9：00，17：00~19：00）之外降地铁票价，其他时段降低票价鼓励非上班者错峰出行，用价格手段缓解高峰时段的拥堵程度。

三、制度落实

（一）普及带薪休假制度常识、唤醒国民的休假权意识

当代文明社会公认休闲权与劳动权、教育权、医疗权、居住权一样成为人权的不可缺少的内容。1948 年 12 月，联合国大会《世界人权宣言》认定，“任何人都有休息、休闲的权利，尤其是享有合理的工作时间和定期带薪休假的权利”。但历史原因形成的“重工作、轻生活”“重劳动、轻休闲”的传统观念根深蒂固，成为一种习惯势力。我国推行带薪休假比欧洲晚了 80 年，比港澳台地区晚了近 20 年。带薪年休假在企事业单位怎样执行、对国家社会和个人有什么意义等，宣传甚少，误解不少，也有的误认为实行带薪休假就是为了旅游。1998 年台湾《劳动基准法》认定，实行“带薪假期是开展终身教育、建立学习化社会的一项策略”。

广泛开展国民休假权，尤其是带薪年休假的宣传教育，唤醒国民的休假权利意识，破除享受休假是“恩赐”“恩惠”的观念，特别在领导干部中开展扫“休假盲”。应把落实带薪休假列为实现全面小康的标志之一。收入没有脱贫的要开展经济扶贫，经济脱了贫的要实现“休假脱贫”，在全社会形成休假权是国民的健康之权、求知之权、幸福之权的共识。没有休闲理念上的革新就没有休闲行动的动力。

（二）党政一把手带头，机关事业单位全面推行带薪年休假制度

在党政机关和国家事业单位全面推行带薪休假制度，阻力较小、难度不大，关键是领导干部带不带头。第一、二把手带头休假，就会关心下面的干部休假，下面干部才敢休假；公务员自己休假，就会关心民众休假。对公务员既要考核政绩、出勤，也要考核休假。只要妥善安排公务员轮流休假，提高行政效率，民众不但不会反感，而且会赞成。公务员不为民办事即使不休假民众一样不满意。

不仿制国际惯例，公布国家政要偕家眷度假的信息，破除领导人休假的神秘感，开创领袖与民同享带薪休假权利的新风尚。领导人带头休假以更充沛的精力治国理政，并带动全民休假制度化、常态化，人民群众会更满意。领导人公开带头休假对全社会有积

极的影响。

（三）各地因地制宜制定节假日方案，经济发达地区先行一步

当今中国是全球经济状况的一个缩影，发达的、欠发达的、贫困的地区并存，东西南北中工业化、城市化水平差别显著，各省内的各地区发展水平也不一，落实带薪休假的程度与方案上不可能整齐划一。允许各地有先有后、休假时间有长有短，不必相互看齐、同步推进。

各省区、直辖市可根据各自的自然环境、民族和宗教习俗、经济水平、产业结构和企事业等特点，在2007年《职工年带薪休假条例》和2008年《企业职工年带薪休假实施办法》的基础上，制定各自的国民休假实施细则，允许各市、县和企事业单位制定各自的休假方案，允许各地酌情增减节假日和带薪年休假时间。

首先在东部发达地区落实带薪休假制度。中西部地区内部经济发展水平也不平衡，省会及其他大中城市有条件率先落实。在落实带薪休假制度上，全国在大框架上统一、具体执行上不同，富于弹性先后推进。

（四）国企先行、品牌民企和外资跟进，不断提高企业带薪休假的实现率

实行带薪休假制度的重点和难点在于企业。各类企业数量巨大、类型众多、行业各异、经营状况和管理水平不同，一步到位实行带薪休假制度显然并不现实。应以国企、品牌民企和外企为重点，从少到多、滚动铺开，不断提高企业带薪休假的实现率。

国营企业有责任、有能力首先落实带薪休假制。党委有责任督促和保障职工休假，工会可应为职工说话。首先在央企和省企强制落实，再逐步推广到中小国企。品牌民企、外资或中外合资企业也可以先落实，这方面已有不少先例。媒体对此应重视报道，为职工休假权发声，也为守法企业点赞。

大型国企、民企和外企执行带薪休假是外铸企业品牌、内塑企业文化的重要一环，有利于提高员工的积极性，提高劳动生产率，增强企业凝聚力和竞争力。可组织工会、行业协会和媒体开展国企、民企和外企保障职工休假制度全国“100佳”、全省“10”佳的年度评定，提升企业形象，营造执法守法、尊重职工休假权利的良好的社会氛围。

（五）细化带薪休假的实施办法，使之具有可操作性

借鉴《法国劳动法典》中带薪休假的实施细则，对不同行业、企业、工种，对合同工、临时工、计时工和弹性工作职工，对夫妻是双职工的家庭等，制定具体的带薪休假办法，采取具有可操作性的实施措施。目前中小民营企业占城镇就业总人口的大多数，1.5亿农民工与流动就业人员，更是实行带薪休假制度的难点。农民工与流动就业人员的休假要求主要是探亲假，要针对他们的实际状况制订灵活可行的探亲休假实施办法，在时空上分流探亲访友与观光度假潮。

（六）法律强制与经济激励并举，推进带薪休假落实

在国际上通常把职工带薪休假列入《劳动法》之中，香港特别行政区的《雇佣条例》、澳门特别行政区的《就业政策及劳工权利纲要法》、台湾地区的《劳动基准法》，都明文规定了职工休息、休假、例假的具体细项，赋以职工休假的法律保障。

适时修改《劳动法》和《劳动合同法》，把《职工带薪年休假条例》的内容补充进去，在劳动合同中必须有实行职工带薪休假的条款，与“五金一险”一样列入其中，否则该合同视为无效。首先要入法，其次才要执法。

同时运用经济手段鼓励企事业单位实行带薪休假制度。劳动人事与工商税务部门采取具体措施鼓励企事业单位落实带薪休假制度，因此而增加的支出列入经营成本或减税项目，让守法企业不吃亏。倡导企业开展奖励旅游（对优秀员工）、福利旅游（对低收入群体与退休职工、残疾人等），可把奖励旅游、福利旅游支出摊入企业经营成本；旅游部门与工商税务部门可对向弱势群体提供优惠的休闲、旅游服务的企事业单位进行财政补贴或减免税收。

（七）调整职工带薪休假天数，允许有条件的企业自行规定休假方案

2007 年《职工年带薪休假条例》规定，职工工作满 1 至年不满 10 年的，年休假 5 天；已满 10 年不满 20 年的，年休假 10 天；已满 20 年的，年休假 15 天，总体上明显偏少。台湾地区职工工作 1 至 3 年为 7 天，工作 3 至 5 年为 10 天，工作 5 至 10 年为 14 天，工作 10 年以后每年增加 1 天，最多 30 天。可参考台湾地区的做法，在适当时机增加与工龄相匹配的休假天数，比如最多年休假增加到 20 天、25 天或 3 周、4 周。

由于企业地区广、类型多、工种和经营状况千差万别，应允许企事业单位在目前标准的基础上制定带薪休假办法，对休假时间做变通处理，经劳资双方同意并写入《劳动合同》。

（八）动员社会力量推进带薪休假落实

落实国民休假度涉及方方面面、事关家家户户，是一项系统的社会工程，不是一个部门所能解决的，要动员各界力量合力推进。100 多年前八小时工作制的确立是美国工人运动奋斗，甚至流血牺牲的结果，80 多年前法国带薪休假制度议会立法是欧洲工人运动和社会进步力量奋斗的结果。国民休假权的确立和扩展是社会物质和精神文明进步的里程碑，而不是救世主恩赐的礼物。至今欧美国家普及国民休假制度既是经济发展的产物，也是由于法律法规比较完善、工会组织比较健全的结果。

我国的法律已确认了国民休假的权利。工会和行业组织在保障职工休假权利中应该主动发挥作用，推动单位领导与职工协商，做出既利于企业生产又方便员工休假的合理安排。各级妇联、共青团也应开展保障妇女职工、青年职工的休假权方面发声。

法律服务机构应对保障自身休假权益的职工开展法律援助。各类媒体大力宣传实行带薪休假对社会、职工和企业的好处，表彰落实带薪休假的守法企事业单位，抨击不尊重甚至损害职工休假权利的违法违规的现象，营造文明休闲、休假文明的社会氛围。

旅游休闲界是国民休假最直接得益者，更应为职工休假旅游创造条件、提供服务。

大中企事业单位的职工旅游，特别是奖励旅游、培训旅游和福利旅游是一个有待开发的潜在市场，有眼光的旅行社应该主动地与企事业单位对接，提供对路的旅游服务产品。旅游行政部门应与工商、税务部门共同研究奖励和扶助旅行社大力开发为职工带薪休假服务产品，这方面的工作还没有突破。

（九）错开大、中、小学校寒暑假时段

实行职工带薪休假的目的之一是为职工家庭创造寒暑假举家休闲旅游的条件。我国幅员辽阔、气温差异巨大，为了缓解寒暑假出游高潮，可借鉴法国、德国等国家各地区学校错开放假的做法，根据我国南、中、北部地区气候差异的情况，大中小学错开两至三周放假时间。结合高校课程和教学方法改革，在部分高等院校可借鉴美国有些高校的做法，试行一学年放 3 个假期（寒假、暑假和春假或秋假），客观上也起到错峰旅游休闲的作用。

（十）国务院（休闲）旅游工作部际联席会议牵头落实带薪休假制度

由国务院旅游工作部际联席会议牵头，对改进国民休假制度开展调查研究，广泛听取各种意见，借鉴国际经验，工作重点从协调“黄金周”转向推进国民休闲、落实职工带薪休假制度上。建议“国务院旅游工作部际联席会议”更名为“国务院休闲与旅游工作部际联席会议”，设立双办公室，一个设在国家旅游局主管国民旅游工作，一个设在人力资源社会保障部主管国民休闲工作，全国总工会、妇联、共青团中央应参与其中。国务院新闻办公室应在每年的《中国人权状况报告》中增加落实带薪年休假制度、保障国民休闲权利的内容，反映我国国民休假权的进步。

正因为推广与普及带薪休假需要有一个较长的过程，当前一段时间可以三管齐下：一是着力推进实行带薪休假，二是增加小长假的次数，三是保留国庆、春节两个长假，适应国民休假的现状。若干年后，当带薪休假在大多数地区、部门和企事业单位落实后，当人们普遍认可和享受这种自主休假制度后，目前国庆、春节这种 7 天长假期出行就不会像现在那样集中、拥堵，对挪假式长假利弊得失的认识可望容易接近，是否还需要用拼凑国庆 7 天长假不妨留待那时去解决。

总之，“周末休假+节日休假+带薪休假”，保障并逐步增加一年 1/3 左右的休假，以本地休闲为主、异地旅游为辅，既符合人的生理与心理活动节律、有益身心健康，又适应社会生活与国际交往的持续、稳定运行。“建立和完善年度带薪休假制度和错开休假时间”（1985 年《旅游权利法案和旅游者守则》），世界旅游组织总结并取得各国共识的这个国民休假发展方向，对我们这个 13 亿人口、正在加速城市化进程的大国而言，应该是接轨的方向。有一种建议再增加几个“黄金周”。试想，当我国的城镇化达到70%以上时，要多少个这种用挪假拼凑的“黄金周”，才能满足 10 多亿的城镇居民自主选择高品质休闲方式、时间和目的地的需求？

过度粮食进口

一、现状趋势

根据《中国统计年鉴——2014》，2013年全国居民人均粮食消费量为148.7公斤。其中，谷物138.9公斤，薯类2.3公斤，豆类7.5公斤。2013年全国人口136072万人计算，口粮消费总量应是20234万吨，其中，谷物18900万吨、薯类313万吨、豆类1021万吨。或者简单地说，2013年我国口粮消费总量大约是2亿吨，其中谷物占93.4%。

我国居民直接消费的谷物中，以小麦和稻谷为主。推测"十二五"期末我国居民口粮消费中来源于小麦和稻谷所占比重最高值大约90%。小麦和稻谷是我国农村居民人均口粮消费的主要食源。

从农村居民口粮消费量及其结构的变化态势来看，自20世纪90年代以来我国农村居民人均口粮消费量整体呈现下降的态势，而其中小麦和稻谷在口粮消费量中所占比重呈现出上升的态势。1990年，我国农村居民人均口粮消费量超过260公斤，到2000年下降到大约250公斤，到了2010年后年度人均口粮消费量下降到200公斤以下。

虽然我国农村居民人均口粮及其中的小麦和稻谷消费量呈现下降态势，但是小麦和稻谷直接消费量在口粮消费中所占比重总体上呈现上升态势。1990年，我国农村居民人均口粮消费中小麦和稻谷所占比重为82%，而到了2005年这一比重上升到87%，2011年和2012年这一比重进一步上升到88%以上。

根据我们的估算，"十三五"初期，我国城乡居民口粮消费量最高值估计大约1.9亿吨，其中小麦和稻谷作为口粮的直接消费量大约1.7亿吨。受到城乡人口结构变化和食物消费结构变化等因素的影响，到"十三五"末期，即2020年，我国城乡居民口粮消费量最高值估计将下降到1.8亿吨，其中小麦和稻谷作为口粮的直接消费量需求大约1.6亿吨。

利用国家统计局的资料，我们估计城乡居民口粮消费量呈现不同的变化趋势。从2016年到2020年，城镇居民口粮消费总量估计由9000多万吨增加到1亿吨，而农村居民口粮消费由大约由1亿吨下降到7000万吨。

值得说明的是，我国城乡人口结构、青壮年所占比重下降及其老年化社会对粮食消费的影响也不容忽视。在城乡居民食物消费结构变化中，非粮消费对粮食消费的替代都对口粮消费产生影响。动物源类食物和油脂消费对口粮消费的替代、蔬菜水果消费对粮食消费的替代、在外用餐对家中消费的替代；加工食物对原粮直接消费的替代，等等，都可能使城乡居民人均口粮消费减少。还有我国粮食浪费控制与粮食节约如果能够取得一定实效，也会使城乡居民人均口粮消费减少。

根据《中国食物与营养发展纲要（2014—2020）》，“到2020年，全国人均全年口粮消费135公斤”。按照2020年全国人口14亿到15亿计算，口粮消费总量应在18900万吨与20250万吨的区间，或者简单地说，到2020年我国口粮消费在2亿吨左右的水平。

二、保障程度

2014年，我国粮食总产量达到60710万吨，创历史新高。这已经是我国粮食总产量连续2年超过6亿吨，意味着我国6亿吨的粮食生产能力初步形成。我国粮食生产能力不断提高，与国家加大农业投入和实施粮食价格政策以及近年来我国自然灾害对粮食生产负面影响相对较小等因素密切相关。

“十三五”期间，我国粮食生产结构可能还会进一步调整，科技进步还会带来粮食单产水平的不断提高，粮食增产仍然会有潜力。虽然我国粮食播种面积继续扩大的潜力不大，但是农业科技进步、高产创建范围的扩大、高标准农田建设的推进，粮食单产水平具有提高的潜力。

假定我国耕地保护到位，农民种粮积极性得到巩固，全国粮食播种面积不会下降，考虑我国粮食消费结构变化和玉米等单产提高潜力，按照粮食单产水平年均增长1.5%到2%估算，到2020年，我国粮食单产水平每公顷6000公斤到6200公斤，粮食生产能力达到6.7亿吨到7亿吨水平。

2014年，我国粮食产需虽然存在着较大的缺口，需要从国际市场上进口近亿吨的粮食，但是从总量来看，我国粮食总产量保障城乡居民直接口粮消费和间接粮食消费的保障性相当宽松。2014年，我国粮食总产量超过6亿吨，城乡居民口粮和间接消费粮食量（饲料粮）分别是大约2亿吨和3亿吨，粮食总产量与城乡居民粮食口粮和间接粮食消费量之比大约为1.2。

根据新形势下国家粮食安全战略，我国提出了谷物基本自给和口粮绝对安全的基本目标，这就要求保障城乡居民粮食消费必须确保我国具备较强的粮食生产能力。考虑到粮食市场供求关系变化可能会改变市场相关主体的预期，出现抢粮或者粮食惜售等问题，结合粮食还有相当一部分要用作种子和工业加工等，加上在粮食收获、运输和储存等过程不可避免的损耗，我国能够生产的粮食数量必须高于城乡居民直接口粮和间接饲料粮的消费数量。为了便于讨论和估计，可以将我国的粮食生产能力与城乡居民消费所需要的粮食数量之比率定义为国内粮食安全保障系数。根据我国粮食生产能力和城乡居民粮食消费数量，估计“十二五”期末我国粮食安全保障系数大约为1.2。

尽管自2003年以来我国曾出现过局部地区部分品种粮食抢购和惜售等现象，粮食价格不断上涨，但是现实中既没有出现长期普遍抢购粮食，也没有出现长期普遍囤积粮食，表明粮食供求关系总体上相对宽松，我国不断提高的粮食生产能力对国家粮食安全的保障性相对较好。这样，可以推断大约1.2的国内粮食安全保障系数可以实现新形势下国家粮食安全目标。

从国家统计局公布的数据来看，我国稻谷和小麦产量明显高出用于口粮消费的数量。2012年，我国人均稻谷和小麦占有量分别为150.8公斤和89.4公斤，而农村居民家庭人均稻谷和小麦消费量分别为92.6公斤和52.3公斤，前者分别是后者的1.63倍和1.71倍，其倍数明显高于2008年前的相关年份。城镇居民家庭人均稻谷和小麦消费量理应低于农村居民，稻谷和小麦用于口粮消费需要相当宽松，国内生产的稻谷和小麦的粮食安全保障系数相对更高。

三、对策建议

择机调整三大谷物生产与种植结构。如果按照乐观粗略估计，到2020年，我国城乡居民直接消费的口粮和间接消费的饲料粮可能超过6亿吨，再加上种子用粮、工业用粮和生产加工流通环节等不可避免的损耗，以及保障相对宽松的粮食供求关系，我国粮食消费和消耗总量可能接近8亿吨，相应地需要国内形成大约7亿吨的粮食生产能力。如此庞大的粮食消费消耗规模，必须尽早谋划，才能更好地适应居民食物消费结构升级和满足人们生活水平提高的需要。

当三大谷物供求关系偏松（库存水平高和市场价格下行压力加大）时，总体思路应是提高质量品质和调整数量供求关系。要在保障口粮绝对安全的观念上有所突破，把生产能力保障与实际产量两个目标严格区分开来；要让粮食生产能力或者粮食产量潜力在需要的时候发挥出来，在不需要的时候休养生息，现有的思路是做好农业的生态功能和保障供给之间的平衡。

“十三五”期间，至少是前期，甚至是整个“十三五”时期，我国三大谷物面临市场供求关系偏松的状况可能相对较大。当然，也不排除“十三五”期间我国三大谷物前期市场供求关系偏松而后期供求关系偏紧情形的出现。

如何理解口粮绝对安全？或者说，我国的口粮绝对安全，是以满足消费需要的生产量来衡量，还是以市场运行状况来衡量？若以满足消费需要来作为判断标准，则未来我国的小麦和大米合计起来产量达到2亿吨。若以粮食市场运行状况来看，既不要让消费者到市场上抢粮，经营者囤粮，也不要让生产者卖不出粮食，经营者不敢合理地储备粮食。一句话，任何情况下，粮食市场始终保持基本稳定，这才是口粮的绝对安全。显然，在市场存在预期的情况下，保证口粮绝对安全的目标所要求的粮食产量，按市场运行情况评估所要求的粮食生产能力要高于实际口粮消费量。

为了确保口粮绝对安全，不仅必须保证用于口粮的主要谷物生产能力明显超过城乡居民直接消费需求，而且也需要年度实际产量明显高于城乡居民直接消费量。考虑到我国人口众多，低收入群体数量庞大，国家针对低收入群体和特殊群体的安全保障体系尚不健全和措施还不够有力的实际情况，建议国家“十三五”期间要进一步通过改善粮食支持保护政策手段和落实省长负责制等措施保证主要用于口粮的稻谷和小麦等产量与居民口粮直接消费量的比率不低于1.5。按照“十三五”城乡居民直接消费的口粮原粮大约1.9亿吨计算，应保证口粮原粮的年度预期产量大约3亿吨。

确保口粮绝对安全，要求主要用于口粮的谷物生产必须保持在一个较高的保障程度。既然如此，那么每年度就可能出现实际产量大于实际消费量的情形，这该怎么办？如果因为追求口粮高保障而没有处理好年度多余的主要谷物剩余量，且国家通过农业基础设施建设提高了抗御自然灾害的能力而没有出现以丰补歉的情形，长期的年度谷物剩余累积就可能出现高库存，造成资源、财力和粮食的浪费，最终会使主要用于口粮的谷物支持保护政策所带来的矛盾冲突不断加剧，使国家确保口粮绝对安全而确立的主要谷物生产高保障目标无法长期坚持。

解决口粮绝对安全及其所要求的主要谷物生产较高保障水平与其所可能带来的累积性相对过剩难题，就需要加大科技攻关，放宽一般情况下粮食加工业发展的限制，开发用于口粮和饲料粮等的多种用途。除了出现用于保障粮食安全的谷物供求出现明显缺口，且国际市场供求也很紧张和国内谷物进口受阻等特殊情况，应允许一定数量的相对过剩谷物用于非食物用途的加工需要。我国在加大土豆主粮化等科技储备的同时，也需要加大主要谷物非食用等方面的科技攻关，不要为了追求口粮绝对安全而开展主粮化科技研发。主要用于粮食安全的谷物多用途开发成功了，虽然增加了非食用加工等与人吃饭争粮的风险，但也扩大了国家调控粮食安全的空间，为国家在特殊情况下确保口粮绝对安全带来了可能，创造了条件。

近些年来，价格剧烈波动成为国际粮食市场运行的基本特征。据联合国粮农组织资料，美国出口玉米价格在2012年11月曾达到324美元/吨，而到了2014年9月则下降到164元/吨，下降近50%。当前国际市场粮价低迷，粮食出口国家通过多种手段想要扩大我国市场，这对国家粮食安全的冲击不能低估。粮食消费总体上是缺乏弹性的。当粮食进口规模过大时，国内粮食生产势必会萎缩。因此，粮食进口总体上只能适度，不能过度依赖。对于口粮，更是要确保万无一失，绝对安全。

应对国际粮食市场价格低迷的冲击，“十三五”时期要着力规范我国粮食进出口贸易秩序，打击走私，查处进口劣质粮食掺杂国内优质粮食销售等不法行为。从长远来看，我国必须实现粮食进口多元化和契约化，降低国际粮食市场剧烈波动对国内的传导。

从长远计议，保障国家粮食安全的根本是潜在生产能力的提升。这就要求坚守耕地红线、推进高标准农田建设、加快农业科技创新、构建新型农业经营体系、培育新一代农民、发展适度规模经营和粮食产业化。

改革创新我国农业支持制度。要着力探索我国农业补贴和农产品价格政策改革与创新。我们提出的总体设想是：在中央财政预算的约束下和世贸组织承诺许可的范围内，着力优化农业支持结构，确保国家粮食安全，兼顾农业的其他多功能性目标。近些年来，世界主要国家都在探索尽可能小地扭曲生产和市场的农业支持政策。我国也在着力探索新型的农业支持制度，实施更加有效的农业支持政策。我国地域广阔，各地差异大，希望单一且在各地都有效的农业支持方式，可能也不符合实际。任何以某种农业支持手段或者方式取代另一种农业支持手段或者方式，可能都是徒劳的。因此，我们认为应优化农业支持结构，组合运用财政直接补贴、收购价格支持和金融支农等手段实现农业发展多重目标。

第六部分　他山之石

房子是用来住的

——以荷兰为例

一、荷兰的住房建设条件

荷兰的国土面积只有41426平方公里，扣除内陆水面积就只有33783平方公里，是欧盟第六个最小的国家。人口1600多万，人口密度483人/平方公里（2005年），是欧盟人口密度最高的国家之一。由于用地紧张，所以需要空间规划保证各项功能的用地和空间，将住房、经济活动、休闲、自然保护、交通、环境以及其他用地尽可能平衡地配置。每个市镇都有土地利用计划管制各项功能。

二、总量适中，空置率低

2005年，荷兰有住房685.9万套。住房空置率只有2.2%（2002年）。住房存量的80%是1945年以后建设的，92%的住房质量属于“好”和“很好”等级。

尽管人口密度很高，但平均每套住房的使用楼面面积达到98平方米（2000年），其中新建住房的平均使用面积到达115.5平方米（2000年）。出于安全和健康的考虑，大多数地方政府规定最低居住面积人均10平方米。

三、租赁房几占半壁江山

自有住房和租赁住房是荷兰住房占有的两种基本形式。整个住房存量中租赁住房占46%（2005年），其中社会租赁住房占整个住房存量的35%（大约240万套），占租赁住房的75%，这个比例比所有欧盟国家都高。社会住房绝大数由住房协会拥有和管理。

荷兰的政府分为三级：中央政府、12个省政府和大约430个市镇政府。各级政府承担相应的住房责任。

中央政府在住房领域发挥重要作用，宪法规定：“促进足够的居住住房是政府关注的主题。”

法律上赋予人民具有住房“权力”，即政府必须千方百计地为每个人提供住房。宪法规定的职责是为居民提供充足的、能够得到的、经济上能够承受的、交通便利的和高质量的住房。

省政府在住房方面的职责较有限。它主要从三个方面对住房产生影响，一是批准市镇政府的土地利用计划，二是制定结构（区域）规划，三是给城市再分配来自中央政府关于小城镇及村庄更新的资源。

市镇当局在住房方面的作用更大。制定行政区域内的土地使用规划和住房计划。土地利用规划的重要性体现在它确定了住房开发的区域，还在于土地利用规划是荷兰唯一对公共部门和私营部门都有法律约束力的计划。土地利用计划至少 10 年更新一次。20 世纪 90 年代以来，只有极少数市镇有公共（社会）住房公司，它们很难自己承担住房建设任务。公共住房公司已经转变为私营公司或者卖给非盈利的社会住房协会。这种趋势说明住房建造已经不是市镇政府的核心事务。

政府在一定程度上可以保证住房的数量和质量。但是住房的供给很大程度上依赖买房者、开发商和地主的私人投资。政府自身并不建造住房，政府也不能强迫私营部门提供充足的住房。政府只能采取一定的手段刺激供给满足需求。20 世纪 90 年代之后到目前，中央政府向市镇政府分权，对方住房部门私有化，增强住房协会的自主性。

四、住房政策目标

（一）在住房和居住环境方面给人们更大的发言权

经过几十年强调建设足够数量的住房，荷兰住房市场目前没有人们实现住房方面的希望提供足够的可能性。为了弥补这个偏差，政府要给住房购买者和租房者更大的发言权。

（二）为处于不利地位的人们提供机会

社会上的部分人群面临赶不上在住房市场找到住房的强势群体的步伐。政府要以各种方式改善他们的地位，包括利用住房政策。

（三）促进住房和护理

由于人口老龄化等因素，需要照料的人口数量将显著增加。为解决这个问题，政府的住房政策把住房和老人照料的需要紧密结合起来。

（四）改善城市住房质量

尤其在城市住房的质量不能满足消费者的需求。存在有选择的人们大量离开城市的危险。政府应努力提高城市住房质量以避免这种情况发生。

（五）满足绿色地区对住房的需要

荷兰有很多人寻找位于绿色环境中的大面积房子。政府既要满足这种需求，又要不损害空间质量和生态价值。

（六）保障可持续建筑

住房和居民区需要对不可再生资源施加最小的负担。因此政府推广节能措施和使用环境友好的材料。

五、住房政策工具

（一）财政补贴以及政府的住房预算

住房、空间规划和环境部2004年有关住房的预算包括：战略性政策开发和控制、住房支付能力（包括住房补贴）、可持续住处和建筑（保证最低质量）、城市重建（改建和新建）、住房和居住环境的社会质量（包括对住房和护理的支出）等。

大多数住房投资来自私营部门，包括住房协会、私营开发商和投资者，以及建筑商。从欧洲结构基金得到的资金非常少。

（二）法律工具

法律包括：《住房法》《空间规划法》《租金补贴法》《居住法》《关于居住空间租费执行法》《承租人和房东协商法（1998年修订）》《民法典（关于租金和公寓所有权的立法》《城市重建投资法》《优先购买权法》《住房自有促进法》。

指令包括：《社会住房出租部门管理指令》《关于与住房相关补贴的指令》《关于与区位相关补贴的指令》《住房中央基金指令》《建筑指令》（或《建筑法典》）《居住租金价格指令》。

（三）租金政策和租金补贴

目前政府只确定租金上涨的最高幅度。受管制的出租房屋的租金水平每年调整一次，这个部分目前占出租房屋的比例低于95%。2006年，政府确定最大租金增长率为3.2%。按照2005年的通货膨胀率1.7%，再加上1.5%。但是，只允许住房协会在通货膨胀率之外增长0.8%。这是认为作为经济适用房的提供者没必要挣太多。

同时，由于住房协会在改造地区不收租金，因此允许它们比其他地区收的租金高一点。这样促使他们把低收入阶层和中等收入阶层混合居住。

租金补贴是租金政策的核心部分。2007年，平均实际年补贴大约1716欧元，大约30的租房户和全国15%的住户得到不同程度的租金补贴。不管是租住房协会的房子，还是租私人的房子，都可以享受补贴。

政府每年的租金补贴支出大约15亿欧元，这是最重要的政府住房预算科目。补贴的对象是低收入人群。

决定一个住户得到的租金补贴的因素包括应税所得；租金和服务成本的水平；家庭规模和年龄；个人资产。

同时，政策认为所有承租人不管其收入水平如何，都能够自己支付一定的租金，这种租金称为“标准租金”。2007年“标准租金”最高199.52欧元，低于此水平不予补贴。

以上补贴政策全国统一，没有地区差别。少数市镇政府（如阿姆斯特丹）有附加的租金补贴体系，由市镇基金出资。

扣除补贴因素后，2006年平均月房租为365欧元。

（四）住房协会

荷兰几乎所有出租的社会住房都是由私有的、非盈利的住房协会拥有并管理的。目前，住房协会拥有和管理228万多套社会租赁住房（2007年），占全荷兰出租住房的75%，占整个荷兰住房存量的35%~37%。与欧盟成员国相比，荷兰的社会住房比例是最高的。

住房协会是官方注册并认可的住房机构，目的主要是为低收入阶层提供社会租赁住房。因此，住房协会也被称为“社会房东”或“社会企业”。住房协会产生于19世纪晚期，是由教堂、企业家、劳工运动和市政当局等出于改善低收入阶层健康状况的考虑发起的。

六、措施和行动

（一）知识和组织

荷兰公众在住房市场上没有获得强有力的地位。供应商（项目开发商、住房协会、投资者）通常决定向人们提供什么样的住房。政府希望加强个人的地位。以各种方式刺激购买者和租房者组织起来增加知识，同时通过互联网提供信息。全国住房消费者协会的谈判地位由法律管治。

（二）促进家庭拥有住房所有权

政府努力提高荷兰自有住房的比例。2000年自有住房比例为53%，低于大多数其他欧洲国家。拥有者比租房者通常对住房有更大的发言权，也有更大的责任感。所有者也通常对所居住的地区有更大的认同感。建设自有住宅也创造重新布点的居住区，导致比仅仅得到高质量住房的购买者聚集更多的人。

表1　荷兰住房自有率（owner-occupancy）

年　份	1950年	1980年	2002年	2005年
自有率	29%	42%	52%	55%

注：国外住房自有的含义是指住在自己购买的住宅中。

（三）出售租用住房

政府住房政策希望2010年荷兰自有住房占住房存量的65%左右。这一目标单靠新建自有住房不可能实现。因此，政府鼓励出售租用住房。

（四）私人建筑

荷兰只有农村部分人们一定程度上有预定建造自己住房的传统。城市很少发生这种情况。

（五）减少建筑管制

简化建筑管制有助于增加荷兰消费者的选择自由。想翻新或扩建房子的房屋所有者需要申请许可的建筑活动与原来的要求相比很少了。同样，承租人将有更大的可能性改变住房。只要对住房的改变不削弱财产的市场价值，承租人搬走时，不需要把房子恢复成原始状态。

七、弱势群体的政策

很多荷兰住户还没有足够的能力实现自己的住房梦想。这些住户很多位于第二次世界大战后围绕内城建设的地区。这些地区的存量住房老化，其中包括很多面积小、设施水平低和隔热差的房子。荷兰住房政策寻求给予弱势群体更多的选择自由，采取多种手段来实现这一目标。

（一）个人租金补贴

住房补贴构成了荷兰住房政策的核心手段。大约100万户住户得到住房补贴，在国家预算中每年有大约7亿欧元（几乎是住房、空间规划和环境部年度支出的一半）。租金补贴给予那些住房租金相对于收入太高的居民。为了增加接受补贴的人的选择自由，政府考虑引入住房券。住房券是固定的受益凭证，与支付租金的数量无关。承租人可以根据自己的情况决定怎么使用住房券。这将增加选择的自由，人们对自己的住房开支负责。

（二）房租政策

政府每年设定一个界限，在这个界限之内房东可以提高房产租金。对于房租低于租金补贴线家庭的规定要比高于租金补贴线的家庭更严格。全国性的承租人组织和房东组织在政府确定的框架下协商准确的租金增长率。基本原则是租金随通货膨胀调整。如果租金相对于房产质量来说太低，一般允许租金增长高一点。房屋评估体系用于这个目的。通过这个方法，荷兰的租房者享有稳定的住房占有权和租金控制。若干年后，这种保护可以放松一点，给租房者和房东更大的自由达成协议。

（三）抵押贷款利息税收减免和买房补贴

住房所有者可以要求从应税收入中减去已支付的抵押贷款利息仍然是政府鼓励拥有住房政策的基础。2001年，政府采取了一项补贴计划，使低收入者容易购买自己的住房。买房补贴与房租补贴类似，并给可能的买房者在找房方面更大的选择自由。

八、老年人的住房政策

政府住房政策以各种方式满足老人住房需求，政策的基础是允许老人继续在家独立居住尽可能长的时间。

增加老人住房和设施：中央政府要求地方政府为老年人建设尽可能多的住房。还有计划调整现有住房满足老年人的需要，如安装电梯。

提高可承受能力：65岁以上的人比65岁以下的人接受住房补贴的条件更优惠。

改善质量：荷兰住房法律要求所有新建住房改造得适合残疾人使用和便于通行。激励把住房和护理结合起来。

九、荷兰的经验

荷兰政府实行了一整套行之有效的住房政策，归纳起来就是通过一系列的税收、补贴、金融、贷款、担保和保险六大手段鼓励高收入的家庭建房，推动中等收入的家庭买房，帮助低收入的家庭租房。

税收：贷款额越大，免税额越大。荷兰是个人所得税征收很高的国家，但对贷款购房的人来说，个人所得税就享有一定比例的免交额度，这个免交额度是根据银行贷款的利率和贷款的总额来确定的。

补贴：低收入者都可享受住房补贴，根据政府确定的收入标准，符合低收入标准的个人都可以享受住房补贴，是一种直接补贴，居民可以以自己的住房意愿支配补贴。

金融：政府鼓励银行及其他金融机构发放各种住房贷款，通过自由竞争，创新住房贷款手段，将住房贷款的利率降低到居民能够接受的合理程度。

贷款：实行全过程分阶段固定利率住房贷款。这样可以有效地减少银行贷款管理手续，并大大增强借款人的预期稳定性。

保险：因荷兰执行住房贷款利息和人寿保险收入免征所得税政策，荷兰金融机构推出了把人寿保险和抵押贷款捆绑在一起销售的做法。荷兰的银行业和保险业混合经营，银行都有保险业务，所以运用这个手段来得简便易行。这种金融手段的好处是将人寿保险和住房贷款一起实施，不单独核算，所以比分别购买人寿保险和住房贷款的成本低。借款人贷款后只按月偿还贷款利息，而不需要偿还贷款本金，但要购买一份与抵押贷款期限相同、本金数额相等的人寿保险，保费直接打入贷款利息由借款人按月支付。贷款到期后，借款人所购买的人寿保险也到期，保险收入正好还清贷款本金。这种贷款工具对借款人来说可最大限度地享受免税政策，而人寿保险公司还可得到额外保险分红。对金融机构来说，因借款人在贷款的同时还购买了人寿保险，如果贷款人因突发事件丧失还款能力，由保险公司代贷款人偿还贷款，从而极大地降低了贷款风险。目前荷兰大约八成以上住房贷款采用这种贷款形式。

担保：设立国家住房担保基金住房担保基金是政府进行住房干预政策的主要手段。国家将一批经济效益好、管理规范、资产规模大的房地产企业组织起来，按照企业资产的规模缴纳一定比例的资金，当担保基金不能履行担保义务时，政府出面代为担保基金履行担保义务。

台湾的经验

一、农业6级化

所谓“农业6级化”的概念已成为共识。即生产+加工+行销应该是1+2+3的关系，产业链应该尽量向后延伸，从注重农产品的生产和品质，提升到注重农产品的加工环节，再利用营销环节最大限度地提升价值，最终使农民利益最大化。

一级是各地特色的农产品；二级是将产品深度加工，然后包装和行销后变成伴手礼；三级是搭配深度体验、互动、住宿等活动。“一乘二乘三就是六，而不是加法，因为这些要素只要有一个是零，就不会有效果。”

以中山休闲农业区盛产的柚子为例，他们不仅已经开发出以柚子为原材料的精油、香皂、木雕等产品，更把柚子树提前“卖”了出去：让前来游玩的城市人以每棵树7500元台币的价格“认领”。

这样，农民和城里人之间建立了一种固定的联系。在开花的季节，农民会邀请树的主人前来赏花；遇到台风时，主人会主动询问果树的受灾情况；收获的季节，游客会在采摘过程中体会到丰收的快乐，也可以自己动手用果实做点香皂、洗发水或精油带回去享用。

二、农民直接互动

作为连续数届当选农会执行长的林文龙，在园区也经营着自己的农场——东风有机农场，他目前每年收入可达到1000万新台币，这在行业中只算是中等水平，15年前他从父亲手中接过来这片林地时，每年的产值也只有60万新台币。

林文龙说：“农场最大的产值是农民的水平”。这里每个农场，都由农民亲自做导游，他们的工作就是向城市游客“讲农村的事”，一棵树、一株草、一片叶子、一只飞虫都有故事可讲。

农场最大的产值是农民的水平。从生产到加工，游客都深度参与进来，这构成行销的重要环节，也是农民增收的法宝。

最初，当游客来到乡村，一下难以适应的就是“好山好水好无聊”。这时拥有人情味的文化和故事就显得尤为重要。

“家是一咧好所在”，中山休闲农业区的家庭农场超过20家，每家农场的宣传牌标上都印着这样一句话。林文龙说，乡村休闲，就是让来自城市的游客有一种回归乡野、找到“家”的感觉。

东风农场盛产柚子，柚子本是中秋前后产出的水果，集中上市，行销不当就要价低伤农。一个“柚见幸福”的创意完美解决了这一问题。他们做了一个卡通化的柚子形象“小柚”，从小柚的成长故事推出柚子的整棵认养计划，鼓励市民周末来农场照看柚子树。同时推出柚子料理、柚花精油SPA、柚花茶饮等各种富有特色的活动和产品。

做户外活动也是丰富乡村旅游内容的好方式。比如台湾有的少数民族做饭是用石头烧热了之后，丢进草里面，把食物蒸熟。他们就邀请游客一起来生火做饭，十分有趣。

宜兰县境内有14个区域在做休闲农业，各自有不同的特色，这不是因为谁复制了谁的成功经验，而是因为向脚下的土地学习，传承了当地文化。“成功经验是不能复制的。农业最大的产值是农民的素质和水平，唯有内涵、文化不怕复制，不怕竞争。”

三、农村的原生态

林文龙本是印刷专业毕业的中专生，因为“想亲近大自然土地”，20年前返乡接手老父亲的柚子园，开始打造有机的田园生活，减轻土地负担。超过10年不洒农药、不施化肥的坚持，东风成功转型为有机农场，恢复了原始样貌。

林文龙说：“农村的原生态、农民的生活和耕作才是休闲农业的根本，做好休闲农场，就是要增加现有资源的价值，而不是改变已有的东西。”

因为使用自然农法，经过自然淘汰，柚子园的柚树变少了，但是，存活下来的都变强壮了，凤头仓鹰、黑枕蓝鹟、领角鸮等各种鸟类，甚至稀有的八色鸟也回来了，农场被鸟语花香包围，变化多端的自然生态令人流连忘返，来的游客越来越多。

而在自然淘汰掉的柚树位置，林文龙种上了芳香植物，加工各种美容护肤品，并给游客提供植物精油提炼DIY活动。“由于保持了纯天然的品质，游客购买加工产品带来的增值空间，比种柚树要大很多”。

林文龙说：“城乡之间的差距和割裂在这个互动的过程中被弥合，农民的自尊心得以重建。农民不再是社会中弱势群体，而成为高收入的服务业者，他们是农业文化的传承者和传播者，只要把我们的农业文化融入农场经营，就不怕竞争，也不怕被模仿。”

四、抱团发展

中山休闲农业区17家农户采取抱团模式，成立中山休闲农业区发展协会，集体选举出总干事、理事、组长等职，“台湾农民很多年没上过街了，农会在其中发挥了很大的作用。”中山休闲农业区发展协会总干事林文龙说。

在台湾的农村，99%的农户加入了农会组织。农会机构完善，自治性很强，不受政府的限制，是完全独立的农民合作组织，有完善的民主体制运行，主要任务是提高农民的素质和技能，保护农民的权益和提高农民的政治地位。

同时农会还帮助农民解决资金问题，因此而兼有金融机构的性质。在台湾，农会就是农民最可靠的组织，也是政府与农民之间沟通的桥梁。

知识加分由下而上的培训。

每年农会会对农民进行多次培训，大多数情况下由农民自己提出需求，农会再向政府农业部门——农委提出申请，最后由农委派专家进行授课。

农民素质强、农业强不是个人的成功，而是整个政府、民间通力合作达到的良好局面。台湾的精致农业、文创农业等，是我们耳熟能详的词语，我们要学习其创意、模式，更要学其思想精髓。如何让农民有尊严地赚钱，有理想地留在土地上，或许应该是我们探寻一切模式的重点。

六大特色小镇

今年河北省美丽乡村建设的重点任务之一就是建设100个特色小镇。冰雪小镇、粮画小镇、音乐小镇、教育小镇、杂粮小镇......在河北境内有一批独具特色的乡村小镇。

一、音乐小镇

周窝村是周窝镇的中心村。该村建成了国内最大、世界第二的管弦乐器生产企业——河北金音乐器集团，生产木管、铜管、提琴、吉他四大系列100多个规格的乐器产品，产品85%以上出口，畅销欧美等30多个国家和地区，村里家家户户都有人在金音集团上班，使该村不仅跨入人均收入超6000元的富裕村，而且村民在天天制作乐器中耳濡目染，对演奏乐器着了迷。

很多人下班后，在街头巷尾，三个一伙、五个一群地聚在一起演奏乐器，玩乐器已成了村民生活中不可或缺的乐趣。渐渐地，周窝村孕育成了农村中独具特色的音乐村。

二、粮画小镇

村民祖祖辈辈靠传统种植为生——馆陶县城西3公里的寿东村，曾是一个默默无闻的小村、穷村。美丽乡村建设开展以来，短短两年，寿东村“粮画小镇”声名鹊起，成了远近闻名的乡村旅游景区。寿东村以创作粮画为特色，是馆陶县精心打造的“粮画小镇”。粮画是用三四十种粮食为原材料，创作出的历史人物、成语典故、山水风光等各类题材的画作，颇受市场青睐。如今，寿东村粮画加工户有80余户，同时带动周边10多个村庄、300余户从事粮画创作，成为村民增收的特色产业。

三、冰雪小镇

崇礼县位于河北西北部，地处燕山山脉西端、华北平原与内蒙古高原的过渡带，也是张家口市坝下与坝上地区的过渡带，属东亚大陆性季风气候中温亚干旱区。

崇礼县生态环境十分优良。山川大地，原始白桦林和松林逶迤蜿蜒，天然草坡绵延不绝。夏季满目碧绿，山清水秀；冬季雪野无垠，如梦如幻。

四、黄瓜小镇

一排排黄瓜大棚规划整齐，棚与棚之间点缀种植的其他植物错落有致。村内，艺术家部落、摄影基地等在竹林中坐落，酒吧一条街、青砖胡同等建设得如火如荼。这就是馆陶县寿山寺乡翟庄村——一个正在打造中的宜居、兴业、宜游的时尚“黄瓜小镇”。

翟庄村有黄瓜大棚户256户，占总户数的96%。该村从20世纪80年代开始种植黄瓜，黄瓜日交易量20万斤，2014年销售额达到1.5亿元，人均收入3万元，黄瓜市场目前初具规模，全国各地的黄瓜采购商聚集翟庄。2014年，该村荣获“中国黄瓜之乡”之称，“馆青”牌黄瓜获得全国金奖。

五、教育小镇

一个百十户人家的小村庄，因为崇尚教育，几乎家家都培养出了大学生，成为当地民众竞相传颂的一段佳话。如今的馆陶县王桃园，被人们称作现代“进士村”，也成为馆陶县委、县政府着力打造的“教育小镇”。

现在的孩子们都能在宽敞明亮的教室里发奋学习。桃园村小学的前身是1941年的抗日游击小学，现在村里的学校遗址，是在旧址的基础上翻新改造的，这里设有小型教育博物馆、80前教室、80后教室、老师宿舍、做饭屋等。

在王桃园，有这样一个惯例：每逢有学生考上大学，都是村里的大喜事。每逢哪家出了大学生，村委会都会到家里祝贺，并在这家门口挂上光荣牌。这些光荣牌，成了村里的一道亮丽风景。

六、杂粮小镇

杂粮小镇郭辛庄村位于馆陶县城北15公里处，北临神农大道，永济河贯穿南北，这里有高低差别、颜色差异的云梯式高粱种植园区，有多姿多彩的小杂粮种植园区，有令人神往的高粱迷宫，有记得住乡愁的土场，还有别具一格的高粱田园艺术字，更有红红火火的红高粱。

集世界杂粮发展史和品种之大成的杂粮博物馆、煎饼铺、香油坊、磨坊、豆腐坊、挂面坊等杂粮作坊，绘就了杂粮小镇的独特产业和人文特色，成为游人必看的地方。

为老年人营造居住环境

某保健疗养中心计划将其中一个楼层辟作建设可容纳33人同时入住，且包含单人房和双人房两种房型的养老院设施。于是，院方下属的运营公司KSP便委托Ippolito Fleitz Group承接这个养老院楼层的室内设计。相应的楼层方位标识系统由舍恩多夫Joussen Karliczek机构承接设计。

对该楼层进行室内设计的目的在于为入住的老年人营造舒适的个性化居住环境。设计理念注重老年人独立生活空间的建设，同时也将他们的一些特殊需求纳入设计考量的范畴中。即使居住于养老院中，也要给予老人们充分安全感，并能感受到院方对于生命无尚尊崇的虔诚之心，让老人感觉到宾至如归的温馨氛围。

该养老院尽管只是单一的一个楼层，但其内部布局明朗、结构清晰。所有房间都有便于轮椅进出的相应无障碍设施，并且轮椅可自如地放置于房中两个附带侧间的任意一间，不占据房间的主体空间。宽敞的休闲区成为整个养老院的焦点区域，清晰明了的方向标识为老人们指明了相应的功能区。

楼层走廊上由各个独立半透明式布帐分隔成若干坐椅间，每间坐椅间内都配备有两张舒适安全的锥座式安乐椅、一张小方桌和一盏小台灯，形成相对私密的交流场所，使得原先的步行通道空间拥有了双重功能。人们可以在这里进行一些私密话题的讨论，也可以读书看报，半开放式的空间格局，避免了老人与外界的阻隔而平添孤独感，设计师们的用心体现于每一个细节中。

除个人卧房安逸的私密环境外，各个功能性休闲服务区的设置也为老年人量身订制，满足了他们日常生活中的各种娱乐与休闲需求：有可供畅谈、交流或参与公共娱乐活动的公共休闲空间；有可闲静阅读的走廊坐椅间；有可供积极参与美食制作的餐厅；有可进行各式理疗的理疗区；也有可尽情享受新鲜空气的公共露台。

设计材质和色彩的选择以创造温馨的家庭环境为主旨，避免凝重的医疗氛围。墙面主色为浅色调，易于后期灵活的装饰性色彩搭配或墙纸的应用。橡木家具赋予柔和的视觉感受，加之灰棕色油毡地板的应衬，传递出温情的日常家居体验。此外，各休闲场所内以嵌入式地毯作为主导性地面铺装形式。

每间卧房的空间及色彩布局各不相同，设计师将个性化理念贯穿于所有卧房的布局设计中。卧房中的墙面色彩、空间基色与窗帘色彩形成和谐统一的整体，使其充分彰显出应有的个性特征。别样的卧房布局为普通的标配设施增添了几分亲切与舒适。每间卧房中的储物架和相应的收纳设施也都有着形式各异的定制式灵活设计风格，便于迎合个人的储物习惯。所有这些设计元素造就出每间卧房各自独特的布局风格。

楼层内的方位标识系统设计也极具特色地延续了卧房设计的个性化理念。不同于其他养老院中枯燥无味的抽象性房间编号，该项目中，标识设计师根据各个房间不同的空间布局特点，为它们分别有趣地命名：“城堡”“豪宅”“小屋”等等。房间依次按字母顺序排列，易于老人们轻松识别自己的房间方位。

每间卧房的门外都安有一个相框，上面展示着房间主人一两张过往的照片，同时也标注着他们的姓名。这样的标识设计易于建立起房间与主人的对应联系，便于老人们相互间的尽快熟识，同时，也为老人们在昔日美好与今日风采间架起一座无形的岁月桥梁。

除了半开放式坐椅间设施外，楼层主体走廊空间内还设有与廊道长度相当的特色照片墙展示墙体。170余个相框中展示着老人们在养老院中丰富多彩的集体生活和珍贵的个人生活片段，还有各种音乐专辑的封面展示，从贝多芬音乐到滚石唱片，应有尽有。此外，小型装饰桌巾、剪影、诗集、古式地图、明信片、海报、趣味摄影，甚至书籍，都成为了这面墙体的展示元素。多样化的展示折射出这些老年人生活故事中的个性与独特性。欣赏着这些墙体展示品，人们会不由地沉浸于蕴含在它们背后的那些美好回忆，进而联想到自己的一些难忘的人生经历，微笑着，欣赏着眼前的美好，脑海中交替浮现着那些动人的画面。这些墙体展品将会随着一波又一波入住老年人的更新而更新，新旧展品更替间，生活依然继续，墙体也随着岁月的流逝而不断发生着变化。

照片墙展示墙体的设置充分展现该项目的核心设计理念：着重体现老年人的自尊、个性和独立性，并促进整个养老院人与人之间的沟通和交流，使养老院的机构性质渐渐淡化，几乎完全融化于这面充满着生活气息的照片墙中。

发展中的关键

首先，觉得这个标题有点奇怪：农村地区将是发展中国家经济增长的关键——为什么是“将”？现在及以前在干什么？联想到中国经济社会发展的几个阶段，基本上是。每当经济发展出现停滞时候，就想起了农村；然而，等形势有所好转，农村就立马靠边站；等下一波危机到来，农村在官方文件中又成为下一个“将”……就这样，几次三番，就像割韭菜一样，于是“农村地区将是发展中国家经济增长的关键”这一邪恶诊断形成了。

难道所有发展中国家都是如此吗？还是，所有的发展中国家的农村都是后娘养的？这一论断到底是发达国家总结出来的，还是发展中国家总结出来的？

当然是发达国家总结的！发展中国家唯发达国家马首是瞻，所以谬论重复了一千次便成了真理。

其次，报告中指出“农村地区若能与粮食生产和相关行业挂钩，其经济增长潜力将是巨大的。”这是什么话？哪个国家的农村地区没有与粮食生产和相关行业挂钩？难道农村地区贫穷的原因是没有与粮食及相关行业挂钩？

但偏偏的，这话似乎又被言中了。因为农民为了吃饭，都跑到城里打工了。现实情况正是这样：农民由于越来越穷难以为继，他们只好把希望寄托在城市。

你说这怪也不怪？

最后，还有更荒唐的呢！在报告中提出的一系列解决方案和建议中，提到了农村必须改变“自给自足”的生产方式。一听这话真是气不打一处来！“自给自足的小农生产”这是所有“新中国”人人耳熟能详的表述，它似乎是千真万确的。但这是真的吗(当然上古的农耕时代除外)？如果农村在“自给自足”，那城市人吃的粮食是从哪里来的？是他们自己生产出来的吗？

中国农业缘何会如此光景？因为犯了第三种错误。即由一个愚蠢的人提出了一个错误的命题，一帮自认为聪明的人用一种自以为正确的方法寻找解决办法。论文写了一堆一堆，报告一沓一沓，最后还得回到原点。

根据粮农组织今天发布的一份最新报告，在未来数十年里，发展中国家将有数百万青年进入劳动力市场，但他们无须为摆脱贫困而逃离农村。

《2017年粮食及农业状况》指出，实际上，农村地区若能与粮食生产和相关行业挂钩，其经济增长潜力将是巨大的。鉴于世界上大多数贫困和饥饿人口生活在这些地区，2030年发展议程的实现将需要发掘这一通常被忽视的潜力。

若要做到这一点，将需要克服一系列棘手问题，包括自给自足型农业生产力低下，许多地方产业化程度有限，以及人口快速增长和城市化等。所有这些都对发展中国家为其国民提供粮食和就业的能力构成挑战。

有充分的证据表明，农村经济变革将产生重大影响。该报告指出，农村经济转型被认为是20世纪90年代以来帮助数亿农村人口摆脱贫困的主要因素。

然而，进展情况不尽如人意，而且人口增长使所面临的挑战更加严峻。

在2015—2030年间，处于15~24岁年龄段的人数将增长约1亿，达到13亿。几乎全部增长都将出现在撒哈拉以南非洲地区，其中大部分在农村地区。

但在许多发展中国家，尤其是南亚和撒哈拉以南非洲地区，工业和服务业增长缓慢，无法解决大量准备进入劳动力市场的新求职者的就业需求。

以其目前的状况，农业部门也无能为力。

因此，迁入城市的农村人口不仅找不到脱贫的出路，而且更有可能加入城市贫民的行列。其他人则需要到其他地方寻找工作，导致季节性或永久性移徙。

转型后的农村经济并不一定能够消除导致人们迁移的所有压力，但能够创造许多急需的就业机会，并有助于移民成为一种选择而非必需。

“小城镇地域网络往往被决策者和规划人员忽视，但地域网络却是农村人口的重要参照标准，是农村人口购买种子、送子女上学、获取医疗和其他服务的场所。”粮农组织总干事若泽·格拉济阿诺·达席尔瓦在报告的引言中指出。

“决策者应承认小城镇在调节城乡关系，为小农提供更多农产品销售机会，分享经济增长的红利中发挥的催化作用。”他补充说。

城市粮食需求如何推动农村复兴？

《粮食及农业状况》强调，必要的农村经济转型可以通过利用城市对粮食不断增长的需求来促进粮食系统多样化，并在非农场和农业相关活动中创造新的经济机遇。

这其中包括各类涉农企业，如从事粮食加工或精加工、包装或运输、储存、销售，以及供应种子、工具和设备、化肥等生产投入物，或提供灌溉、耕作或其他服务。

报告指出，即使在农村人口较多的国家，城市食品市场需求日益增长，目前消费量已经占到国内食品供应的70%。

无捷径可走。

虽然城市化为农业提供了“黄金机会”，但也为数百万小农户提出了挑战。

更加有利可图的市场可能导致粮食生产集中于大型商业农场，价值链以大型加工商和零售商为主导，小农被排除在外。

因此，扶持性公共政策和投资对于利用城市需求推动转型和公平增长至关重要，而且将旨在确保小规模家庭农民参与市场的措施充分纳入各项政策势在必行。

家庭农民、基础设施、小城镇

该报告提出了三个行动方向：

一是要制定一系列政策，确保在满足城市粮食需求方面小生产者的充分参与。备选方案包括采取加强土地权属权利的措施，确保供应合同的公平性和改善信贷服务。

二是建立连接城乡市场的必要基础设施，在许多发展中国家，缺乏农村道路、电网、仓储设施和冷藏运输系统是限制农民利用城市对新鲜果蔬、肉类和乳制品需求的主要障碍。

三是不仅要将大城市，而且还有那些较小的、范围更广的城郊地区纳入紧密连接的城乡经济。

报告强调，较小的城市中心是一个被忽视的粮食市场。在发展中国家，城市居民中有半数生活在人口不足 50 万的城镇。

重要数字

农村转型始于 20 世纪 90 年代，从那时起，另有 7.5 亿农民每人每天的收入高于 3.10 美元的中度贫困线。

在 1960 年，发展中国家人口的 22%（4.6 亿人）居住在城镇。到 2015 年，这一数字达到 49%（30 亿人）。

发展中世界的农村人口在 1960 年（16 亿人）至 2015 年（31 亿）期间增加了 15 亿。

在南亚和撒哈拉以南非洲地区，2010—2015 年期间平均每年分别有 100 万和 220 万青年进入就业市场。

人口 500~1000 万的大城市和人口超过 1000 万特大城市的居民只占世界城市居民的 20%左右。

在发展中国家，大多数城区相对较小（占总人口的大约 50%），即 14.5 亿人生活在人口 50 万以下的城镇。

全球近半数人口目前生活在居民不超过 50 万的城市或其周围的农村地区。

在全球范围，较小的城市地区目前约占城市粮食需求的 60%。

到 2030 年，世界欠发达地区的城市人口将达到 40 亿。这些城市居民的 80%将生活在非洲、亚洲和拉丁美洲。

在 2030 年，世界大多数城市人口将居住在人口 100 万或不到 100 万的城市；其中这些人中的 80%将生活在居民不超过 50 万的城市地区。

在 2010—2030 年间，撒哈拉以南非洲的城市粮食市场价值将会从 3130 亿美元增至 1 万亿美元。

在东部和南部非洲，城市消费者在粮食市场购买中所占的比重已达 52%，预计到

2040年将增至67%。

古村落保护

一、古村落开发，莫要赶走原住民

冯骥才老师提出以下观点：一是如果失去了千姿百态的文化个性和活力，传统村落的保护将无从谈起，“留住乡愁”也将落空；二是必须正视中国传统村落保护工作面临的三大问题：空巢化、全面旅游化、村民自身对于村庄及传统的冷漠；三是主人走了，原汁原味的生活状态没有了，村落记忆消失了；四是村落文化遗产有其独特性，它并非物质和非物质文化遗产的简单叠加。留住乡愁最重要的恐怕是指它的精神文化价值，那就是留住我们对于民族家园的情感、土地的情感和文化的情怀，而不是如何留住游客；五是传统村落的价值是多种价值的融汇：历史见证的价值、研究的价值、欣赏的价值、怀旧（情感）的价值，还有旅游价值。不能只为了其中一个价值，损害甚至牺牲其他更重要的价值。

对于以上观点，笔者感触颇深，也深为赞同，在此不妨也附会五段文字：一是现代城市和村庄已经千村一面，可不能再把古村落也搞成千村一面了，因为每个古村落由于地域不同、地势不同、地貌不同、历史不同、人群不同，都带着自己独有的气质和文化基因，不能混淆乱来；二是古村落旅游不是目的，目的是生活方式，为了吸引旅游者，增加原住民的收入，就尽管保持纯净醇厚的风光、风貌、风俗、风物、风情和风味，“花香蝶自来”，旅游者是吸过来的，不是运过来的；三是“六风”的主体是人，没有了人，“六风”便不复存在；四是留住乡村的精神文化价值，就留住了我们对民族家园的情感、土地的情感和文化的情怀，就留住了华夏民族的根和文化基因，就留住了游客；五是传统村落最根本的价值还在于传统文化价值、精神价值和传承价值。

二、古村落不只有遗存和遗物，旅游者要体验的还有遗风

这才是一个完整、系统、原生的文化聚落。正如文中所说，古村落必须在发展中保护，必须与现代生活共融，这点是毋庸置疑的。至于如何发展？如何共融？旅游无疑是一个最现实、最通达、最有效的途径。旅游者来做什么？一看、二体验，看是观光，看

包含古村落在内的田园风光和建筑风貌；体验就是一种短暂的生活，体验民族民俗风物、风俗、风情和风味。但这一切离不开“人”，更确切地讲是原住民，因为原住民和这块土地上携带着与生俱来的“四风”文化。所以，我的观点是，古村落保护不仅要保护建筑、布局、风水、环境等物质性资源；更重要的是保护原住民及附着于原住民身上的文化习俗。当然，这种保护最好是“传承+培育”，传承文化，培育一种“好客”民风。

开发古村落，请勿驱离原住民！因为没有了原住民的古村落只是一个古建筑群，那是遗迹、遗址和遗存，旅游者要看的，还有遗风和遗物，这才是一个完整、系统、原生的文化聚落。

留住古村落

从事文化遗产保护，在世人看来，是一个充满使命感和责任感的义举，但冯先生自己明白，这个工作使他更加了解和深爱中华民族的文化，他一直将它视为精神的母亲，对天、地、人的关切，已经融入他的血液中。

文学与绘画中的冯骥才，是神采飞扬的。他的作品优美深邃，有艺术的美和直抵人心的灵动。但在文化遗产保护事业中的冯骥才，如果你只是看他一次次展出的抢救成果，唯有感叹他的了不起和有意义，但这个过程，非亲眼所见或经历，无法体会其中的心酸与波折。有这样一幅照片，冯骥才和同伴脚套塑料袋，在泥泞的雨地里徒步前行。这幅照片背后的故事是，冯骥才去河北武强县周窝乡旧城村做田野考察，路上突遇大暴雨，车子滑进了沟里，大家只好下车。冯骥才在脚上套了两个塑料袋，深一脚浅一脚的，摔了几个大跟头，浑身上下都是泥汤。回到天津后，他像笑话一样讲述自己那天的遭遇，但妻子顾同昭看着照片，却难过得掉了泪。

比身体疲累更加焦灼的，是进行文保过程中的种种心痛。如果用一个词描述各地奔走保护文化遗产冯骥才的心情，大概可以是“痛心疾首”四个字吧。每天，他都会接到来自全国各地的电话和来信，这儿的东西要拆了，那儿的手艺要失传了，冯骥才有时觉得，即使用了全身的劲，保护的速度也比不上文化被破坏和消亡的速度，他就这样在和时间的赛跑中，跑到了自己的七十岁。

虽然常感到力不从心，但冯骥才也不想放弃。“既然民族文化是养育我们的母亲，如今她遇到麻烦而且是大麻烦，有什么理由不撇开个人的事，牢牢守候在她的身边？”

他一边奔走各地，在濒危的文化中进行普查和抢救，一边在各种场合不停地呼吁、宣讲，以唤起社会对文化遗产的关切和保护的自觉。这些年来，冯骥才以政协委员的身份给政府递交提案，以作家的笔批判市场化对文化遗产的破坏，更因为要筹措文化遗产保护基金，数次卖掉自己的绘画作品。“前几年的画大部分都做民间文化遗产抢救了，九十年代的画完全是为了卖出去筹集保护经费，到了二十世纪前十年中期的时候，我们也缺钱，所以我成立了基金会，基金会的来源主要靠卖画，当然现在还是靠卖画。其间也有文艺界的朋友像赵文瑄、朱军等给了资助，但很少有来自企业家等社会的资助。但最近好了很多，因为国家把文化遗产保护拿过去了，我个人压力就会小一些，但这种物质压力不重要，重要的还是精神压力。”

武强县的泥地行走，后来很快在冯骥才的身上重演。2008 年 11 月，冯骥才到河南滑县考察年画，路遇风雨，车子陷入黄色的泥泞，这一次，他很有经验地提前向人要了两个塑料袋，在雨里泥里入画乡，冯骥才形容这样的经历是“新长征”，那是一幕很美的画面，他泥泞行走中的身影与风雨中的天地，彼此映衬，融为一幅绝美的风雪行人图。

“我记得有人说过，我们这一代人是太沉重了，经历了国家最为特殊的一个时代。我们的七十岁经历了太多时代的变迁，我们的心里有太多的光亮，也有太多的阴影，我们和国家民族捆绑在一起，但是这一段历史告诉我们这一代知识分子和文化人，责任永远是第一位的，所以我绝对不可以放弃我的责任。我写过一篇文章叫《拒绝逗号》，我们的责任永远是跟着生命走的。”冯骥才说。

七十岁后，冯骥才说他最想做的事是保护古村落。他曾在考察山西古村落时写下一幅字：古村哀鸣我闻其声，巨木将倾谁还其生。快快救之我呼谁应。“2000 年，中国村落共 370 万个，十年之后的 2010 年，还剩下 261 万个，这些消失的村落中有多少是古村落谁也不知道。这是整个中国文化粗鄙化的最大表现。这个时候如果我们再不抓住，就没有机会了。”冯骥才说。

在 2017 年的两会上，作为全国政协委员的冯骥才建议立法保护古村落。2016 年的两会，冯骥才就建议保护古村落国家要有所作为，他的建议得到了关注，国务院 2016 年给传统村落拨款，由住建部、文化部、国家文物局和财政局建立了一个传统村落保护的项目。冯骥才带领专家组对中国的所有村落进行了田野考察。

在冯骥才的心中，古村落的价值不比长城小。2001 年，冯骥才当选中国民协主席后做的第一件事就是选择了山西榆次的后沟村作为调查对象，为的是形成古村落的保护标准。就在调查结束时，有一件事让冯骥才至今难忘。“在我准备离开的时候，来了几位村里的大娘，每人提着一个装满枣的篮子，大娘们拼命往我口袋里塞。同行的一个人说了一句话，让我很感动。他说，你做的这件事是给老百姓做好事，老百姓是不会忘记你的。”冯骥才回忆说。

之所以启动为古村落建档的项目，是因为冯骥才认为，我们的村落没有村落历史。

“比如山西最近扒了一个泽州的村子，就是陈廷敬，《康熙字典》作者那个村子，那个村子也没有村落史，就是村民一点记忆，但是大量的，没有考证、没有调查的那些村落，实际上就是扔在那里的，没有人管。”

留住了古村落，就留住了乡愁。“城镇化越快，村落就消失得越快。游子们迈出乡村到大城市寻找新的生活，留在家乡的老人们也逐渐跟着孩子移居大城市。相反，乡村的商业建设项目却没有随着人流的离去而减少。驾车到二三线城市的村落里看看，到处是空置的房地产，满眼是卖房广告。当年那片绿油油的田野、新鲜的空气，早已不复存在。这样的故乡，该怎么安放我们的乡愁？”冯骥才说。

冯先生曾写过一段自画像，称自己“站没站相，做没坐相，吃没吃相，头发乱七八糟，衣扣经常扣错，袜子经常穿反”，这或许是他的家居形象，反正，公众场合中的冯骥才只要一出现，就会迅速成为圆心，不是因为他个子高，琢磨其中的原因，也只能说是他内外兼具的人格魅力。

他 1.92 米的身高，普通身材的人站在身边与其交流，难免要仰视，但这种仰视并无心理上的压力。画家韩美林个子不高，但很喜欢和冯骥才站在一起，因为们二人早已达成一个共识——灵魂不能下跪。而他自从事文化遗产保护以来，许多多年的好友都常常为他感到高兴自豪，同时也惋惜心疼。

几年前，文学评论家陈思和在参观完坐落在天津大学的冯骥才文学艺术研究院后说：“对于这个人，我们不知道的比知道的要多得多。”写作、绘画、文化遗产保护、教育，冯骥才以一己之力做着四件大事，但他却很举重若轻地说：“我可没闹累，没说拉不动了。因为这四件事皆是我的最爱，或非做不可，或必须承担。”

二十种杂粮的药用

一、小米

小米能益肾和胃、除热补虚、安神健胃。小米所含丰富的色氨酸，可轻松被人吸收，色氨酸会促使分泌五羟色氨酸促睡血清素，是很好的安眠健胃食品。

二、高粱

高粱能温中涩肠、止霍乱、利小便、健脾益中、补气清胃。高粱对小孩消化不良、大人脾胃气虚现象有显著的治疗功效，对体质有着非常好的作用。

三、薏米

薏米能够清热强身、健脾补肺、止泻和胃、消浮肿，可缓和肠、胃轻度炎症。薏米适合脚气病、浮肿者食用，也可改善粉刺、淡化黑斑、雀斑与皮肤粗糙等现象。

四、芡实

芡实能补脾益肾、收敛止泻、镇痛镇静、缓和腹泻、神经痛、风湿骨痛要膝关节痛等症状。芡实也能健脾胃、补脾生血，使人耳聪目明，美化肌肤，防老抗衰。

五、荞麦

荞麦能益气力、开胃宽肠、清热解毒。荞麦在医学临床上被使用于防治高血压、脑中风、动脉硬化、肾炎等疾病。其中所含大亚油酸，可降低胆固醇与体内血脂。

六、黄豆

黄豆能够健脾开中、润燥消水、宽中益气、清热散血；黄豆能预防改善乳癌、前列腺癌及改善妇女更年期症状、骨质疏松等；保持血管软化、改善缺铁性贫血、神经衰弱。

七、燕麦

燕麦能够补脾益肾、止血消肿、补虚强体。燕麦所含的亚油酸对糖尿病、便秘有很好的改善作用，并抑止胆固醇、调理病后体弱、预防心血管疾病、维持身体血糖稳定。

八、茯苓

茯苓是一种名贵的真菌，有健脾祛湿、宁心安神的作用。茯苓可治脾湿、糖尿病、失眠多梦，常服有养颜防衰老的作用。

九、核桃

核桃富含维生素 E，能抗氧化、抗衰老。核桃所含的主要是不饱和脂肪酸，能降低胆固醇，防止血管硬化，核桃能健脑益智，经常吃能润血脉，黑须发，使皮肤细腻光滑。（一斤核桃仁相当于 5 斤鸡蛋或者 9 斤牛奶的营养）

十、枸杞

枸杞具有滋补肝肾、名目、益面色、长肌肉、竖筋骨之功效。

久服枸杞可以延年益寿、延缓衰老。常吃枸杞可以美容，因为枸杞可以提高皮肤吸收氧分的能力，还能起到美白作用。

十一、淮山（山药）

淮山有滋养补阳的功效，可预防心血管脂肪沉积，有助于肠胃的消化吸收。淮山是一种天然的纤体美食，具有高营养，低热量的特点，多食也不会有发胖之忧。

十二、糙米

糙米能帮助消化，比白米更容易消化吸收，能预防脚气病和排除毒素。糙米保留了胚芽，胚芽只占米的30%，但所含的微生素和抗物质却占到了70%，特别是维生素B1。因此，更适合婴儿和糖尿病以及想保持苗条身材的人食用。

十三、红枣

红枣含有丰富的维生素C，有补气血和健脾生血的作用。经常食用红枣，能使人面色红润，老少皆宜。

十四、杏仁

杏仁能润肺止咳，其内镁、钙含量丰富，对骨骼的生长极为有利。杏仁所含的脂肪和挥发油可滋润皮肤，使皮肤光滑有弹性。常食用可以延年益寿，耳聪目明。

十五、银杏

银杏有很好的促进血液循环的功能，能提高血液中的携氧量，因此能活化脑细胞，提高注意力和记忆力。银杏能预防中风和动脉硬化，并能使肤色红润，有美白和防治色斑的效果，银杏有很好的抗氧化作用，能延年益寿。

十六、南瓜子

南瓜子含有丰富的锌元素，锌能促进大脑发育，学生或脑力工作者多食南瓜子能健脑益智。南瓜子也是保护男性健康的重要微量元素，是天然男性活力来源，对糖尿病患者或前列腺患者有益。

十七、黑豆

中医认为黑豆是一种清凉性滋养壮阳药。适量食用黑豆，对糖尿病、视力下降、须发早白、湿疹脚气、贫血，有很好的疗效。每天吃些黑豆粉，拌上芝麻粉、核桃粉，能使头发乌黑亮丽。

十八、黑米

黑米是糯米中的珍贵品种，是糖尿病和心血管疾病患者理想的膳食调养品，也是营养价值极高的滋补品，《红楼梦》中称之为“御田胭脂米”。

十九、芝麻

芝麻润肠通便，而且活血养颜，生发黑发，更有健脑和增强记忆力以及延缓衰老的作用。芝麻中含有防止人体发胖的物质，在节食减肥的同时，配合芝麻食用，粗糙的皮肤可获得改善。

二十、葛根

葛根能防止动脉硬化，有降血压、抗衰老、治冠心病、增加脑及冠状血管血流量的作用。日本、韩国风行食葛根，其独特的丰胸、美容效果，使得众多爱美女性趋之若鹜。

非物质文化遗产的“催化”作用

民族的也是世界的，民俗的也是大众的。非物质文化可促进旅游项目产业化、旅游景区差异化、旅游休闲深度化、旅游产品体验化、旅游业态丰富化和旅游客源多元化。

联合国有《保护非物质遗产公约》和《保护世界文化和自然遗产公约》，前者管“非物质”，后者管“物质”。对于非物质文化遗产，我国已实施“国家+省+市+县”4级保护体系，国务院先后于2006年、2008年和2011年、2014年批准命名了4批国家级非物质文化遗产名录，共计1372项非物质文化遗产，涉及民间文学、传统音乐、传统舞蹈、传统戏剧、曲艺、传统体育、游艺与杂技、传统美术、传统技艺、传统医药、民俗等，涵盖社会生活、生产、文化的方方面面。

非物质文化遗产对旅游规划与开发至少存在六大“催化”作用：

1. 可促进旅游项目产业化

非物质文化遗产产生于民间，是一种社会实践的产物，本身就是一种产品，因此具有广阔的大众市场。这些非物质文化具有很大的产品再转化、再拓展、再辐射意义，且无一不是市场垄断性、唯一性、品牌性产品，甚至是绝无仅有的。各种不同的非物质文化遗产，一旦转化为旅游产品，可以对接不同群体、不同区域的旅游市场人群。

2. 可促进旅游景区差异化

我国地域广博，民族众多，拥有多姿多彩的非物质文化遗产，而非物质文化遗产是激发旅游动机和诉求的重要因素之一。作为旅游不可或缺的重要元素，民族性、民间性、民俗性的文化，时间越久远，地域性越强，市场差异化和异质性就越强，市场影响力就越大，旅游开发意义就深远。

3. 可促进旅游休闲深度化

传统文化村落是乡村历史文化的“活化石”、自然遗产的“博物馆”和田园生活的“守望地”，非物质文化遗产涉及不同地域和民族独特的生活方式、风尚习俗和风土人情，是中华几千年农耕文明的“基因库”和城里人乡愁思绪的“心动点”，可以满足游客“求新、求异、求乐、求知”的旅游诉求，在这种传统文化浸润中，可以濡染一种精神、一种情怀，有助于推动旅游向深层次发展，这正是深度旅游休闲所需求的。

4. 可促进旅游产品体验化

非物质文化遗产具有原始性、原真性和异质性，其操作、展示、技术功能，连带着产品很大的附加值，已然是一种绝品，而不能简单地视之为旅游产品或纪念品，这也符合休闲旅游的体验化和参与性要求，可拉近与游客的距离，利于开发有互动性、有文化内涵、有传承意义的旅游产品。

5. 可促进旅游业态丰富化

非物质文化遗产丰富多彩，广泛存在于民间物质文化、社会组织、意识形态和口头语言中，包括民俗风情、生活习惯、生产方式、居住环境、节庆典礼、宗教信仰、传统服饰、民间艺术、烹调技艺、工艺特产、音乐歌舞等，而这与旅游六要素吃、住、行、游、购、娱是相一致的，因而有利于打造旅游拓展新六要素，商、养、学、闲、情、奇所衍生的旅游产品和业态。

6. 可促进旅游客源多元化

非物质文化遗产在生态观光之外，拓宽了旅游领域和内容。不仅仅为城市居民、外地游客所喜欢，境外游客也普遍对中国原始乡村的生活方式、地域文化抱有浓厚兴趣。民族的就是世界的，民俗的就是大众的。非物质文化遗产超越了国界，超越了文化层次，增加了游客的群体，可使旅游客源达到多元化。

作 者 游 记

每个人心中都有一种古镇情怀。流水江南，烟笼人家。

城市里生活久了，心灵都会渴望回归宁静。那种古色古香的古镇村落几乎成了每个人理想的家园。

一个人，或者结伴而行，在风雨长廊下，在青石板上，在木板厢房之间，静静地感受来自远古的优雅气息，自感心旷神怡。

国内最耐人寻美的30个古村镇，让你心灵回归安宁！在连绵的雪峰下，有图瓦族人和哈萨克族人的棕色木屋和帐篷，溪水从村中穿流而过，清澈的水流倒映着云影天光，远离尘嚣，是不是像一个无比恬静的童话？

许是造物主的偏爱，地处大埔东南部的枫朗镇上木村，竟有如此旖旎绮丽的自然风光，让人啧啧惊叹。

这个客家世界的神奇“喀纳斯图瓦村”，犹如一位清丽脱俗、婀娜多姿的纯情少女，羞答答地撩开面纱，款款步入人们的视野。

错高之美，美在朴拙，灰色的屋顶经常笼罩在雨雾中，与不远处的青山绿水相映，这种原始的、自然的感觉与都市的钢筋水泥截然相反。

丽江，是情侣的天堂，可能国内任何一座古镇都不会有丽江这样的氛围适合情侣们的厮守、缠绵，透澈的天气、明媚的阳光、和煦的春风、浪漫的景致……

光滑的石板路，古朴沉静的老房子，清澈的溪流，没有路灯的安静的夜晚，让人感觉生活的宁静与安详还有古城外碧绿的水稻，稻田中悠闲自在的白鹭，唯美得那么不真实……

沙溪古镇位于大理古城和丽江古城之间，一个真正的古镇，古色古香，今仍然保持着最原始的建筑特色。那一份原始的韵味，是商业大环境下其他古镇不能比拟的。

全镇依河成街，桥街相连，深宅大院，重脊高檐，河埠廊坊，过街骑楼，穿竹石栏，临河水阁，共同构造了一幅美妙的“小桥、流水、人家”的水乡风景画。

同里古镇是名副其实的江南水乡，同里是一场梦，一场青葱的梦。无数急的、慢的脚步蹭亮的只是坚硬的石板路，却惊不了千年的梦。

姑苏第一水镇，镇上古宅庭院深深，小桥流水悠悠，游人却并不太多，独有一片水乡的静谧和清幽。木渎的每一条河、每一座桥都有一个古老美丽的传说。

乌镇，是心灵极易抵达的一片圣土，很近，触手可及的美，晴天的日子，乌镇很透明；

阴天时，乌镇会变得很宁静，阳光并不能渗透到每一个角落，但光亮和阴影让她变得很真实。白墙墨顶，舟影波光，在薄雾的晕染下恰如一幅淡彩的宣纸画。西塘的精华在一早一晚，找一家临水客栈，或推开窗凭栏而眺，或坐在临水院落的躺椅上沏杯茶，静静享受古镇的慢时光。

走过江南古镇、古村落的游人都会对那些散落于青山碧水间白墙青瓦的古建筑留恋不已，不管外面的世界如何繁华热闹，安适和恬静的生活似乎都会在这里自然延续。

粉墙黛瓦，飞檐翘角的二三十幢古民居依山而建，层层迭迭，错落有致。

漫山遍野的乌桕树呈现绿、黄、红的斑斓色彩，田地里白墙黑瓦的小村升起袅袅炊烟……总能吸引无数长枪短炮。

在平遥，城墙、民居、衙署、寺庙、道观、钱庄、镖局，无不是历经数百年的岁月走到了今天。在中国，只有云南丽江可以与之比拟。走马平遥，恍如隔世。凤凰因有了沈从文而以一个无比淳朴的、自由的、满溢了生命力的历史名城出现在世人面前，吸引无数人去探寻。

如今，凤凰除了沱江、吊脚楼和“翠翠”一般美丽的苗族少女，更多了咖啡和酒杯，逐渐成为文艺青年浪漫邂逅之地。

碧水蓝天、亭台楼榭、古屋老树、小桥翠竹……黄姚古镇好似画家笔下的一幅图，在流转的时光中惊艳世人！

有人这样评价她：“黄姚古镇如同一本千年的诗集，被人遗忘在图书馆僻静的书架上，当人们不经意地走过，翻开这美丽的篇章，古朴而优雅的格调立即征服了人心。”

无垠的草甸，曲折的溪流，金黄的秋叶，山坡上大片牛羊在安详地觅食，远处散落着几簇藏族村寨，这就是新都桥，号称“摄影家的天堂”。

在秋日阳光的描绘中，凸现着流畅的色彩和线条，恍如置身画中。怪不得这里被誉为“光与影的世界”“摄影家的天堂”。

在蓝色天空的映衬下，山峦的轮廓青黑晶亮，山谷的尽头，巍峨的日雪峰毫无保留地沐浴在阳光下，简练而险峻，像寥寥几笔勾勒出的简笔画。而亚丁村，就坐拥这样的美景中！

村子共有 28 户人家，每一户藏房的摆放都十分随意，但细看又觉得似乎都经过大师的精心设计，与自然那样协调。

夏天的油绿、秋天的金黄，甚至是收割后露出的泥土本色都极为忠实地装饰着亚丁村的美丽。

约瑟夫·洛克曾经这样说：我平生未见如此绮丽的景色。如果《创世纪》的作者曾看见迭部的美景，将会把亚当和夏娃的诞生地放在这里。

风景秀丽的村寨，飞檐翘角、古朴坚固的鼓楼，精描细绣、风情万种的民族服饰，嘹亮悦耳、情深意长的歌子，饱经沧桑却依然静默屹立的古城，还有清秀的山，灵动的水……这就是千户苗寨。

一条纤秀的溪水从寨中蜿蜒流过，五座别致的花桥静卧其上，鳞次栉比的吊脚木楼，簇拥在溪河两岸。

小桥流水人家，润绿了几多旅人的印象，迷醉了几多游人思乡的情结。站在这片土地上，躁动的灵魂变得宁静而纯粹。

城内古街巷曲径通幽，石桥城垣错落有致。青砖黛瓦、飞檐翘角、雕梁画栋，每一块青石板、每一块青砖都留存着历史痕迹，无不向游人展示着千年古镇的神韵。

行走在镇远妖娆的夜色里，沐浴在清凉的空气中，住在沿河而建的民宿里，体验“东方威尼斯”的魅力。

古老的石板小路，有些褪色的老式屋子，天井中的坛坛罐罐，吆喝着的小贩，伴着小河流水的古桥，幽长的小巷里飘来的阵阵吴语呢哝，这就是青岩古镇，一座静逸的小城。

这个世外桃源不似云南广西的古镇那样触手可得，它埋在了南太行这座深山里，很深很深的地方……

这里埋藏在南太行最深处，远离尘嚣；这里只有7户人家，却独占了大半个南太行的美景；这里有悬崖，这里有飞瀑，这里有天梯，是一个真正的世外桃源！

青藤盘绕的古民居晒架上，悬挂着一团团火红的辣椒，高大的红枫下，是金黄的稻杆垛，漫山遍野的野山楂，是即将上演的秋日盛景！

卵石砌成的狭窄、幽静的石巷，经过雨水的冲刷，石梁上留下古老印记。缠在石墙上的老藤，给石屋增添了一份沧桑。

斑驳的石墙早已变成一幅油彩画，在阳光的照射下，那么绚丽、缤纷，俨然一幅油彩画。

培田古村，虽然没有蜂拥的人潮，但她的确实与宏村、周庄、乌镇、婺源等古村落名列中国十大最美古村落，也许就是以为默默无闻，才让这里保持了最纯净的美景！

每一个转角，每一处小院，每一块被踩踏百年的石头，蕴藏着一个年代、一个家族的故事！

上岳，一个被都市人遗忘在岳山脚下的古村落。青瓦顶、压瓦砖、翘正脊、花玻璃……虽没有广东古代园林那样美轮美奂，但却是精美和实用的统一，彰显了时代特色。

青山环绕，清泉潺流，古屋成群，古桥飞架，古木参天，如同刘家廊桥上对联所云：“水秀山青古道萦纡墨第，峰回路转小桥飞跨刘家桥。”

穿梭游走在古巷幽弄，一幢幢木楼花窗，一只只竹篮，一盏盏明灯，三百六十行当，深邃的防空洞，军大衣、毛主席像章、粮票、布票，救火会……仿佛踏入了时光隧道。